Halit Öztürk
Wege zur Integration

Unser Name ist Bescheidenheit,
Unser Feind ist der Hass,
Wir hassen niemanden,
Die ganze Welt ist für uns eins.

Yunus Emre
(türkischer Dichter, 1238-1320)

Halit Öztürk (Dr. phil., Dipl.-Päd.) ist wissenschaftlicher Mitarbeiter am Fachbereich Erziehungswissenschaft und Psychologie, Arbeitsbereich Weiterbildung und Bildungsmanagement der Freien Universität Berlin. Seine Lehr- und Forschungsschwerpunkte sind: Globalisierung und Pädagogik; Institutions- und Organisationsforschung; Lehr- und Lernforschung und Qualitative Forschungsmethoden.

HALIT ÖZTÜRK

Wege zur Integration

Lebenswelten muslimischer Jugendlicher in Deutschland

[transcript]

Bibliografische Information der Deutschen Bibliothek
Die Deutsche Bibliothek verzeichnet diese Publikation in der Deutschen Nationalbibliografie; detaillierte bibliografische Daten sind im Internet über http://dnb.ddb.de abrufbar.

© 2007 transcript Verlag, Bielefeld
Zugl. Diss.: FU Berlin 16.02.2006

Umschlaggestaltung & Innenlayout: Kordula Röckenhaus, Bielefeld
Umschlagabbildung: Akram Chaabeni (myspace.com/akiphoto)
Lektorat: Kai Reinhardt, Bielefeld
Korrektorat: Birgit Klöpfer, Paderborn
Herstellung: Justine Haida, Bielefeld
Druck: Majuskel Medienproduktion GmbH, Wetzlar
ISBN 978-3-89942-669-4

Gedruckt auf alterungsbeständigem Papier mit chlorfrei gebleichtem Zellstoff.

Besuchen Sie uns im Internet: *http://www.transcript-verlag.de*

Bitte fordern Sie unser Gesamtverzeichnis und andere Broschüren an unter: *info@transcript-verlag.de*

Inhalt

Vorwort

PROF. DR. JOSEF OLBRICH
PROF. DR. DR. H.C. JOACHIM H. KNOLL

Nach langen, auch ideologisch eingefärbten Diskussionen über Integration, Segregation und Assimilation als Formen des Umganges mit Zuwanderung hat sich in der Bundesrepublik die Stimmung auf einen Kompromiss eingependelt, der in zwei Dokumenten seinen Ausdruck gefunden hat, die, so möchte man vermuten, Klarheit und Besonnenheit im Einwanderungsland Bundesrepublik Deutschland hergestellt haben: das grundlegende »Gesetz zur Steuerung und Begrenzung der Zuwanderung und Regelung des Aufenthalts und der Integration von Unionsbürgern und Ausländern« vom 30. Juli 2004 und die konkretisierende »Verordnung über die Durchführung von Integrationskursen« vom 13. Dezember 2004. Zuvor hatten vor allem die Träger gesellschaftlich verantworteter Integrationsarbeit – wie der Deutsche Volkshochschulverband – Möglichkeiten und Modelle der Integration in der Praxis erprobt – bis hin zu Versuchen, in sogenannten gläsernen Moscheen deutsche und türkisch-islamische Initiativen einander näher zu bringen (Mannheim).

Zugleich hat sich die Theorie der Integration auf Begriffe wie präventive, begleitende und nachholende Integration verständigt, wobei sich Theorie und Praxis einig darüber sind, dass es *das* Konzept der Integration nicht gibt und geben kann, sondern dass die je angemessenen Konzepte im Dreieck von Herkunftsland, Zuwanderungsland und Betroffenen stets konkret entfaltet werden müssen. Aber trotz der gesetzlichen Regelungen von Seiten des Staates ist die Zuwanderung als individuelles und kollektives Problem und Phänomen perspektivisch nicht etwa auf dem Weg zu einer positiven Lösung. Es zeigt sich, dass z.B. sprachliche Integration für sich noch keineswegs eine Garantie für ein einträgliches Miteinander von Minderheits- und Mehrheitsbevölkerung darstellt. Das zeigten z.B. die Unruhen in den französischen Banlieus von Paris, in denen die Zuwanderer aus den nordafrikanischen Maghreb-Ländern mit ihrer Sprachtradition eigentlich keine Schwierigkeiten haben dürften, sich im französischen Sprachmilieu zu bewegen. Hier liegen vermutlich soziale Ursachen vor: mit der Tendenz der Selbstgettoisierung, die die Sorgen um die sprachliche Integration hierzulande vergessen lassen.

In der Bundesrepublik hat der mediale »Alarmismus« auf Schwachpunkte aufmerksam gemacht, die Diskussion verkürzt und auf Phänomene fokussiert, die bislang in der Integrationsdebatte beschwiegen wurden – wie Jugendgewalt und Devianz jugendlicher Zuwanderer, die sich in der Formel verdichteten, dass die Integration gescheitert sei.

In diese Situation tritt nun die Dissertation von Halit Öztürk ein.

Diese auf qualitativ-empirischen Untersuchungsergebnissen beruhende Abhandlung über muslimische Jugendliche in Deutschland stellt sich der Herausforderung, die Integration in ihrer Wechselbeziehung zur islamischen Religiosität und diese wiederum in ihrer Reflexion im Leben der muslimischen Jugendlichen zu untersuchen.

Der an modernen Maßstäben gemessene Begriff der Integration bedeutet die Eingliederung in die neue soziale Umgebung durch gegenseitige Akzeptanz. In diesem reziproken Prozess sind die zu integrierenden Personen und Gruppen gefordert, sich einander anzunähern, sodass unter Erhaltung der Elemente der eigenen Herkunftskultur (Retention) ein interkulturell und transethnisch verwobenes, ineinandergreifendes Geflecht hergestellt wird. Das Ergebnis der Arbeit ist, dass die Integration durch drei Indikatoren gekennzeichnet wird:

1. Die Beachtung der vor allem im Grundgesetz formulierten Grundwerte,
2. der Wille zum intra-/interkulturellen Austausch und intra-/interreligiösen Dialog und
3. das Interesse und Engagement für die Ergreifung der bereitgestellten oder die zur Verfügung stehenden Chancen.

Öztürks These lautet in etwa – und hier natürlich nur verkürzt angedeutet –, dass die Integration von der Religiosität muslimischer Jugendlicher nicht behindert werde, vielmehr lasse sich in der Religiosität eine Voraussetzung dafür erblicken, dass die Integrationsbereitschaft muslimischer Jugendlicher gefördert werden kann. Im Wesentlichen lasse sich dies zwanglos bereits daran erkennen, dass die muslimischen Jugendlichen, denen der Islam ihre Vollkommenheit zum Ziel setzt, diese in den zwischenmenschlichen Beziehungen erlangen können und müssen. Darin liege ein besonders gewichtiger Dienst an Gott und zugleich eine nicht aufkündbare religiöse Verpflichtung zur Integration. Diese sei daher die Lebensaufgabe eines jeden religiösen muslimischen Jugendlichen.

Und in der Tat kann Öztürk in einer qualitativen Analyse muslimischer Jugendlicher den Nachweis erbringen, dass Religiosität und Integration eng miteinander verbunden sind und dass über diesen Weg auch Integration erreicht wird.

Es ist lohnend, interessant und aufschlussreich, hier einen Ausschnitt aus den selbstständigen Integrationsleistungen der muslimischen Jugendlichen kennenzulernen. Die Arbeit wird gewiss eine intensive Diskussion auslösen, die neue Perspektiven des interkulturellen Gesellschaftsverständnisses in den Sozialwissenschaften anregen kann.

Berlin im August 2006

Danksagung

Eine persönliche Anmerkung

Seit Langem sind die Gedanken an eine baldige Rückkehr ins Herkunftsland vergangen: Deutschland ist unsere neue Heimat und wir sind Deutschlands neue Bürger!

Mein besonderer Dank

Vom tiefsten Herzen möchte ich meiner Mutter und meinem Vater danken. Sie haben mich die Liebe, den Respekt vor allen Lebewesen und den Wert lebenslangen Lernens gelehrt.

Während des Verfassens dieser Arbeit habe ich meine Ehefrau und meine Tochter leider zu sehr vernachlässigt. Doch haben sie mir viel Geduld und Nachsicht entgegengebracht. Ich danke ihnen beiden.

Ausdrücklich möchte ich mich bei meinem Erstgutachter, Herrn Prof. Dr. Josef Olbrich, bedanken. Seine Unterstützung, Ratschläge und Hinweise haben mir überhaupt erst die Perspektive der Promotion eröffnet und mich seither geführt.

Weiterhin danke ich meinem Zweitgutachter, Herrn Prof. Dr. Dr. h.c. Joachim H. Knoll, der mich mit seinen Ideen entscheidend unterstützt hat.

Dank bekunden möchte ich auch Herrn Prof. Dr. Richard Münchmeier, der mich motiviert hat, nach monatelanger Überlegung doch dieses Dissertationsthema zu bearbeiten.

Ein großer Dank gilt auch meiner ehemaligen Klassenlehrerin, Sabine von Normann, die mich unbeschreiblich engagiert bei der Entwicklung dieser Arbeit als Korrektorin unterstützt hat.

Den zahlreichen Jugendlichen, die sich an Vorgesprächen und Interviews beteiligten, sich zu so anregenden wie informativen Gesprächen bereitfanden und mir darüber hinaus gastfreundlich begegneten, gilt mein Dank für ihr Vertrauen und ihre Geduld.

Ich hoffe, dass diese Arbeit zu einem gedeihlichen und harmonischen Zusammenleben aller Menschen beitragen wird und widme sie deshalb denjenigen, die sich für Völkerverständigung, Weltfrieden, Toleranz und Respekt einsetzen.

1. Einleitung

Deutschland gehört zu den vielfältigsten und spannendsten Ländern dieser Erde. Es hat trotz seiner wechselvollen Geschichte nicht nur die Kultur und das politische Bewusstsein Europas mitbeeinflusst, sondern viele berühmte Denker, Philosophen und andere Persönlichkeiten hervorgebracht. Sieht man einmal kurz über die »dunklen historischen Facetten« Deutschlands, die zutiefst abscheulich und inhuman waren und die Aufklärung sabotierten, hinweg, dann hat Deutschland viele heikle Situationen, die in die Weltgeschichte eingegangen sind, nachahmenswert bewältigt – erinnert sei nur an die Zeit des Wiederaufbaus nach dem Ersten und Zweiten Weltkrieg sowie die deutsche Wiedervereinigung. In diesem Zusammenhang begeisterten die schnelle *Reeducation* und der Wiederaufbau Deutschlands zu einem demokratischen Sozialstaat viele Staaten und Gesellschaften. Durch die Solidaritätsgemeinschaften wie die der »Trümmerfrauen« konnte sich Deutschland bereits nach einigen Jahren zu einem ökonomisch bedeutungsvollen Staat entwickeln. Inzwischen sind hier nahezu alle Nationalitäten, Kulturen und Religionen vertreten, sodass sich die Bundesrepublik erneut einer Herausforderung, nämlich der Verantwortung eines Einwanderungslandes, zu stellen hat. Seit einigen Jahren musste dies unser bewährtes Land laufend unter Beweis stellen:

Bald standen Linksradikale im Mittelpunkt, bald Rechtsextreme, bald Asylanten, bald Ausländer – und heute der Islam und die Muslime. Schlagzeilen und Themen wie »Islam, Muslime und Terror«, »Islam und Islamismus/Fundamentalismus«, »Kopftuch«, »Islam und Innere Sicherheit«, »Islam und der EU-Beitritt der Türkei« begleiten unseren Alltag. Berichte über den Islam und die Muslime finden wir fast allerorts, im Fernsehen wie im Radio und in etlichen Printmedien. Dabei kommt es heutzutage nicht selten vor, dass Einzelne entgegen ihren eigenen Überzeugungen in bestimmten »Schubladen« kategorisiert oder mit Vorurteilen konfrontiert werden. Wie weit wird hierin noch die Realität abgebildet?

Auch wenn die Geschichte des Islam in Deutschland bereits im Mittelalter begann (vgl. Khoury 1991, S. 161), erlebte er seinen bisherigen Höhepunkt, als in den 1960er Jahren viele Muslime als »Gastarbeiter« nach Deutschland geholt wurden. Durch diese Immigration wuchs die muslimische Minderheit in Deutschland sprunghaft an und ist heute – nach der katholischen und evangelischen – die drittgrößte Religionsgemeinschaft. Das Bundesministerium des Inneren (BMI) legte auf eine Große Anfrage der CDU/CSU-Bundestagsfraktion im Jahre 2000 hin lediglich eine Einschätzung der Zahl in Deutschland lebender Muslime vor, nach der 2,8 bis 3,2 Mio. deutsche und ausländische Muslime in Deutschland leben (davon 2,5-2,7 Mio. Muslime nicht deutscher Herkunft und 370.000-450.000 Muslime mit deutscher Staatsbürgerschaft). Somit machen die Muslime circa drei Prozent der Gesamtbevölkerung in Deutschland aus (vgl. Bericht 2000, S. 169).

Der heranwachsenden Generation der muslimischen Kinder und Jugendlichen mit migratorischem Hintergrund wird eine schwierige Lebenssituation zugeschrieben, die oftmals als Kulturkonflikt oder als »Sitzen zwischen zwei Stühlen« charakterisiert wird. Diese Annahme wurde besonders im Zusammenhang mit dem EU-Beitritt der Türkei diskutiert: Obwohl die Türkei bereits 1963 einen Antrag auf Mitgliedschaft in der EU gestellt hatte, bekam sie erst 1999 den Status eines Beitrittskandidaten. Nach heftigen Auseinandersetzungen hat man nun der Türkei am 3. Oktober 2005 endlich den Weg für Beitrittsverhandlungen frei gemacht. Doch immer noch werden die Aufnahmebemühungen von Stimmen flankiert, die der Beitrittsaussicht der Türkei sehr kritisch gegenüberstehen. Seit über 35 Jahren werden hierfür im Wesentlichen folgende Punkte genannt: Ein EU-Beitritt könne zur »Überfremdung« Europas führen bzw. die abendländisch-christlichen Grundwerte Europas seien dadurch gefährdet. Warnungen vor der weiteren Zusammenführung der Türkei und der EU bauen auf den Mutmaßungen, dieses Land sei zu groß und zu arm, die Menschen seien mehrheitlich zu islamisch. Auch hier wird die öffentliche Diskussion von dem Verhältnis des Islam zur Demokratie und zur Integration bestimmt.

Durchaus signifikant ist, dass die grundsätzlich legitime Diskussion um die Belange und Hindernisse dieser Menschen im Schatten terroristischer Attentate in Hysterie abgleitet. Es ist daher erforderlich, den Islam und das muslimische Leben in unserem Land losgelöst von diesen verzerrenden, ja verfälschenden Assoziationen objektiv-analytisch zu betrachten. Nur so kann ausgelotet werden, was die Ursachen dieses Problems sind und wie wir die anstehende Herausforderung gemeinsam meistern können. Diese Arbeit nimmt sich dieser Aufgabe an und soll ein Wegbereiter dafür sein.

In dieser Studie werde ich Gedanken und Verhalten muslimischer Jugendlicher hinsichtlich ihrem Verständnis von Religiosität und Integration einer Untersuchung zuführen und, gestützt darauf, die Beziehung ihrer

Religiosität zu ihrer Integration betrachten. Trotz spärlicher Publikationen zu diesem Thema werden meine Forschungsleitfragen versuchen, diesen Weg auszuleuchten.

Zu diesem Zweck werde ich im *ersten Kapitel* auf die Forschungslage zur muslimischen Religiosität zu sprechen kommen. Hierbei werden die maßgeblichen Arbeiten von Wilhelm Heitmeyer, Frank-Ole Sandt, Yasemin Karakaşoğlu, Nikola Tietze, Hans-Ludwig Frese und die Shell-Studie »Jugend 2000« näher vorgestellt. Aspekte, die sie ausgelassen haben, werde ich aufgreifen, um meine Forschungsleitfragen zu bestimmen.

Im *zweiten Kapitel* werde ich den theoretischen Fundus bereiten, um es dem Leser zu erleichtern, den weiteren Ausführungen zu folgen. Grundinformationen zum Islam und zum kulturellen Hintergrund der Muslime leiten diesen Abschnitt ein. Insbesondere werde ich hier Hauptquellen des Islam, die theologischen Rechtschulen, das islamische Menschenbild, die Glaubensgrundsätze, die Hauptpflichten eines Muslim und die Bedeutung der Moschee eingehender darstellen.

Sodann fokussiert das *dritte Kapitel* die Begriffe »Integration« und »Religiosität«, um sie an heutigen Maßstäben zu messen. In der Folge werde ich den für diese Arbeit maßgeblichen Integrationsbegriff mit seinen Indikatoren bestimmen.

Die Begriffe »Religion« und »Religiosität« aus islamischer Sichtweise werde ich nun eruieren. Zur Erfassung der Religiosität von muslimischen Jugendlichen wird der vom amerikanischen Religionssoziologen Charles Y. Glock begründete *mehrdimensionale Ansatz* zugrunde gelegt.

Im *vierten Kapitel* werden die methodologischen Perspektiven erörtert. Ursprünglich hatte ich beabsichtigt, diese Studie mit quantitativen und qualitativen Forschungsmethoden zu unterlegen. Leider musste ich mich von der quantitativen Methode trennen, da die islamische Religion und Religiosität in Deutschland nicht hinreichend empirisch erforscht sind, mithin Faktenmaterial nicht ausreichend vorhanden ist. Auch eine Übertragung der Forschungsergebnisse über die christliche Religiosität und die vorhandenen Untersuchungen genügt nicht. Folglich entschied ich mich für eine Beschränkung auf qualitative Sozialforschungsmethoden, werden doch – wie ich aufzeigen werde – nur sie dem Forschungsthema gerecht.

Empirisch werde ich die gängigste Form qualitativer Befragung, nämlich das Leitfadeninterview, verwenden (vgl. Mayring 2004; Lamnek 1993; Bortz 1995). Durch diese Leitfadengespräche werden die subjektive Bedeutung von Handlungen, die Strukturierungen des Lebensraums und die Ziele und Wünsche der muslimischen Jugendlichen aufgezeichnet. Mit dieser Methode ist ferner die Vergleichbarkeit der Interviews gewährleistet. Die Fragen im Leitfaden umfassen Freizeitgestaltung, Beziehung zu den Eltern, Rückkehrwünsche, gegenwärtige Situation, das Leben als Muslime in Deutschland, Dimensionen der Religiosität und Bindung sowie Einstellung zu Moscheen und Imamen.

Mit zwölf muslimischen Jugendlichen aus Berlin habe ich intensive Leitfadengespräche geführt, vor deren empirischer Darstellung eine Einführung zu Islam und Muslimen in Berlin sowie zur Familien-, Bildungs- und Berufssituation der muslimischen Jugendlichen steht.

Geleitet von der Husserl'schen Phänomenologie werde ich die transkribierten Interviews auswerten, wozu ich an der Perspektive der einzelnen Jugendlichen, mithin an ihren subjektiven Bedeutungsstrukturen und ihren Intentionen, ansetzen werde. Diese »Reduktion« auf die Sicht und Intentionen des Subjekts bietet einen Weg, »zum Wesen der Dinge« vorzustoßen.

Im *fünften Kapitel* werde ich in Einzelinterviews meine zwölf Gesprächspartner, je zur Hälfte weiblich und männlich, aus sieben verschiedenen Nationen porträtieren.

Nach dieser personenbezogenen Auswertung werden im *sechsten Kapitel* die Gespräche einer dimensionenbezogenen Analyse nach dem phänomenologischen Ansatz unterzogen.

Im *letzten Kapitel* werden die wichtigsten empirischen Ergebnisse dieser Arbeit zusammengestellt und für einen Ausblick verwertet. Letzterer ist mit der prospektiven Hoffnung verbunden, dass ein ausschließlich sachlicher, gesellschaftlicher Diskurs über den Islam und die Muslime, insbesondere die muslimischen Jugendlichen, zustande kommt. Womöglich kann hiermit der von der UNO und dem Europarat seit den Anschlägen vom 11. September 2001 in wachsendem Maße festgestellten »Islamophobie« Einhalt geboten werden (vgl. UN-Resolution 56/267; UN-World Conference Declaration 2001; EUMC-Annual Report 2002, 2005, 2006; IHF-Report 2005). Es gilt auf eine Gesellschaft zu hoffen, die auf gegenseitiger Akzeptanz und gegenseitigem Respekt basiert und die durch eine von jedem persönlich verbürgte Ordnung geprägt ist.

2. Forschungslage und -leitfragen

2.1 Forschungslage

Forschungen und Berichte zum Themenfeld »muslimische Jugendliche« sind rar in Deutschland. Es ist zwar eine Fülle von Einzeluntersuchungen zu religiösem Verhalten von Jugendlichen, ihrem kirchlichen Engagement oder der Verbreitung okkulter Praktiken erschienen. Jedoch fehlt es nicht nur an deren Verzahnung in einer Gesamtuntersuchung, sie sind auch heterogen in ihrer Tiefenschärfe, thematischen Breite, methodischen Solidität und Repräsentativität (vgl. Barz 1992; Mischo 1991; Nembach 1987; Zinser 1997). Die sozialwissenschaftliche Jugendforschung Deutschlands ist noch weithin auf die christliche Religion fixiert und verengt ihren Blickwinkel oftmals auf die Partizipation an kirchlichen Veranstaltungen.

Ferner weist die empirische Jugendforschung in Bezug auf muslimische Jugendliche ernsthafte Defizite auf. Denn bislang wurden die religiösen Orientierungen dieser Jugendlichen ausgeblendet. Dies liegt daran, dass sozial- und migrationswissenschaftliche Publikationen der 1970er und 1980er Jahre mehrheitlich den türkischen Mitbürgern im Allgemeinen gewidmet waren, nicht aber die Muslime ins Zentrum ihres Fokus gerückt haben. Ferner wurde weder nach der Bedeutung des Islam im Leben der Jugendlichen in Deutschland noch nach ihren religiösen Vorstellungen sowie der subjektiven Perspektive ihrer religiösen Praxis und ihrem Zugang zum Islam gefragt. Folgerichtig hat Auernheimer in den 1990er Jahren das sozialwissenschaftliche Forschungsdesiderat »Islam und Religiosität der Muslime in Deutschland« festgestellt. Auf diesem »schiefen Fundament« aufbauend haben die genannten Untersuchungen im Ergebnis zu einem Zerrbild geführt: Die türkischen Jugendlichen seien »Opfer« ihrer Herkunftskultur und diese, als deren Subkultur der Islam angesehen wurde, wiederum die Ursache für Konflikte. Dies führte in den 1970er und 1980er Jahren unumgänglich zu Diskussionen über Persönlichkeits- und Identitätsstörungen, Kulturschock und Kulturkonflikt (vgl. Holtbrügge

1975; Renner 1975; Schrader 1976; Neumann 1980; Thomä-Venske 1981; Berkenkopf 1984; Schaumann 1988).

Aufgrund ihrer Neuheit und ihres Gewichts für die Forschung über »muslimische Jugendliche« werden im Folgenden sechs Untersuchungen vorgestellt, die sich in Form quantitativer und qualitativer Forschungsansätze mit der Religiosität und Lebenssituation muslimischer Jugendlicher in Deutschland befassen.

2.1.1 »Verlockender Fundamentalismus«

Diese quantitative Erhebung ist im Jahre 1997 erschienen. Hierzu wurden 1221 türkische Jugendliche zwischen 15 und 21 Jahren aus 63 allgemein- und berufsbildenden Schulklassen in Nordrhein-Westfalen schriftlich mit einem standardisierten Fragebogen in deutscher Sprache befragt. In diesem Fragebogen wurden zu den Themenbereichen Schul- und Familiensituation, Lebensbedingungen, politische und religiöse Orientierungen, nationale und ethnische Identifikation sowie religiös motivierte Gewaltbereitschaft verschiedene geschlossene Fragen gestellt, zum Teil mussten die Jugendlichen vorgegebene Aussagen bewerten. Hauptsächlich geht es hierbei um die Affinität türkischer Jugendlicher zu »islamistischen und nationalistischen« Gruppen und deren Ideologien. Die Autoren beabsichtigten mit dieser Erhebung die Erfassung des Ausmaßes persönlicher Religiosität, religiös fundierter Gewaltbereitschaft und islamzentrierter Überlegenheitsansprüche (vgl. Heitmeyer 1997, S. 27-32).

Die empirische Untersuchung von Heitmeyer geht in erster Linie nicht der Frage der Diskriminierung muslimischer Jugendlicher in Deutschland nach, sondern eher den Reaktionen türkischer Jugendlicher auf diese Situation.

Heitmeyer behauptet, dass die türkischen Jugendlichen vermehrt von »islamischem Fundamentalismus« betroffen seien. Der Mehrheit dieser Jugendlichen wird ferner ein islamzentrierter Überlegenheitsanspruch und eine Bereitschaft zu einer religiös fundierten Gewalt gegen Nichtmuslime und andere Religionen sowie die Ablehnung der westlichen Lebensweise zugeschrieben (vgl. ebd., S. 124-135).

Auch zu der Situation in türkischen Familien wird Stellung genommen. Die türkischen Jugendlichen werden zu den Gründen befragt, die zur Auseinandersetzung mit ihren Eltern führen. Die Jugendlichen gaben unter den vorgegebenen Antworten an, dass sie häufig wegen »schulischer Leistungen«, »abends länger ausgehen« und »Kleidung/Aussehen« Konflikte hätten (ebd., S. 73).

Die türkischen Jugendlichen verbringen nach diesem Bericht ihre Freizeit überwiegend mit Fernsehen oder Musikhören (74,9 % bzw. 84,1 %), aber auch mit Sporttreiben (53,7 %).

Des Weiteren spiele bei der Wahl einer möglichen Lebenspartnerin bzw. eines möglichen Lebenspartners die Nationalität (33,7 % sehr stark bzw. 18 % stark) und die Religionszugehörigkeit (37,5 % sehr stark bzw. 22,9 % stark) eine erhebliche Rolle (vgl. ebd., S. 92f.).

Die Befragung ergab nach den Angaben der Jugendlichen, dass sie im Ramadan[1] zu 61,4 % durchweg, zu 25,1 % über mehrere Tage und zu 12 % nie fasten. Auf die Frage nach dem Gebetsverhalten antworteten 21,9 % der befragten Jugendlichen, dass sie »nie« beten würden, 26,9 % »selten«, 20,4 % »nur freitags«, 7,4 % »einmal täglich«, 10,2 % »mehrmals täglich« und 10,8 % »fünfmal täglich«. Die Moschee wird von den Jugendlichen zu 21 % »jede Woche«, 10,3 % »mehrmals im Monat«, 12,1 % »mehrmals im Jahr«, 22,8 % »an Feiertagen« und 23,3 % »nie« aufgesucht (vgl. ebd., S. 116).

Die persönliche Religiosität der türkischen Jugendlichen zeichne sich überwiegend durch ein »hohes Maß« an Eigeninterpretationen aus. Circa zwei Drittel aller Befragten wiesen eine »hohe oder sehr hohe« Religiosität auf. Eine Ablehnung des Islam finde keinen Halt bei den befragten Jugendlichen (vgl. ebd., S. 119f.).

Wilhelm Heitmeyer hat als Gesamtergebnis festgehalten, dass die Ursachen für die Hinwendung »zu einer religiös fundierten Gewaltbereitschaft die Reaktionen auf fremdenfeindliche Gewalt und die Verweigerung der Anerkennung einer kollektiven Identität durch die Mehrheitsgesellschaft, aber auch konkrete Diskriminierungserfahrungen im privaten Bereich« seien (ebd., S. 183f.). Das kulturell-religiöse Eigenleben vermittle ihnen Sicherheit und Geborgenheit und befähige sie dazu, gesellschaftliche Anforderungen zu bewältigen und Diskriminierungen zu widerstehen. Die türkischen Jugendlichen würden sich deshalb »islamisch-fundamentalistischen« Organisationen zuwenden, weil sie ihnen bei der Suche nach kultureller Sicherheit vertrauenswürdig erschienen. Hieraus entstehe die Gefahr, »dass Religion in einer desintegrierenden Gesellschaft zunehmend für pluralismus- und demokratiefeindliche politische Zwecke instrumentalisiert« würde (ebd., S. 193f.).

Mit Verweis auf Desintegrationsprozesse fordert Heitmeyer Differenzierung und demokratische Aufmerksamkeit:

»Die türkische Bevölkerung wird in der öffentlichen und politischen Diskussion in der Regel über ihren Migrantenstatus und ihre ethnisch-kulturelle Zugehörigkeit fälschlicherweise künstlich homogenisiert. Dies führt zu der bekannten schlichten Schematik negativer Diskriminierung aus konservativen und rechtsextrem orientierten sowie positiver Diskriminierung aus sozialliberalen und linken Gruppen der

---

1 | Der Fastenmonat Ramadan ist der 9. Monat des islamischen Kalenders, in dem täglich von der Morgendämmerung bis zum Sonnenuntergang Enthaltsamkeit gegenüber Essen, Trinken und Sexualität vorgeschrieben ist.

Mehrheitsgesellschaft. Dramatisierungen oder Tabuisierungen statt Differenzierungen sind deshalb immer noch an der Tagesordnung.« (Ebd., S. 187)[2]

2.1.2 Shell-Studie »Jugend 2000«

In dieser Shell-Studie »Jugend 2000« wurden deutsche und türkische Jugendliche über ihre Vorstellungen von ihrem derzeitigen und zukünftigen Leben befragt.

Im Folgenden sei unser Augenmerk auf zwei Abhandlungen einer Reihe unterschiedlich akzentuierter Beiträge gerichtet: der eine von Richard Münchmeier mit dem Titel »Miteinander – Nebeneinander – Gegeneinander« und der andere von Werner Fuchs-Heinritz mit dem Titel »Religion«.

Richard Münchmeier geht in seinem Aufsatz der Frage zum Verhältnis zwischen deutschen und ausländischen Jugendlichen nach (vgl. Münchmeier 2000, S. 221-260):

»Wie häufig (oder wie selten) haben sie miteinander zu tun, welche Freizeitaktivitäten unternehmen sie in der eigenen oder in gemischten Gruppen, in Bezug auf welche Gewohnheiten empfinden sie sich als untereinander ähnlich oder als anders, wie bewerten sie aus ihrer Sicht den Ausländerteil an der Bevölkerung und was kritisieren bzw. lehnen sie an den Ausländern ab?«

Auf die Frage der Häufigkeit der Begegnung mit ausländischen Jugendlichen antwortete fast ein Viertel der deutschen Jugendlichen, dass sie »überhaupt nicht« mit ausländischen Altersgenossen zu tun hätten. Geschlechts- und altersspezifische Unterschiede finden sich auf dieser Ebene kaum. Lediglich den Bildungsinstitutionen wie der Schule und der Universität komme eine besondere Bedeutung zu, weil die Begegnung hier bereits sichtbar würde. Die Prozentwerte für »häufig« und »sehr häufig« liegen für Schüler bei 37,1 % und für Studenten bei 41,1 %.

Der Kontakt zu Ausländern sieht dagegen in der Arbeitswelt, also bei Auszubildenden und Berufstätigen, aber auch bei Arbeitslosen anders aus. Weniger als ein Viertel der berufstätigen Jugendlichen gab an, »häufige« bzw. »sehr häufige« Kontakte mit ausländischen Jugendlichen zu haben (vgl. ebd., S. 222f.). Vor allem Jugendliche aus Ostdeutschland hätten so gut wie gar keinen Kontakt zu Nichtdeutschen. Münchmeier stellt somit fest, dass »sich Begegnung und Kontakt zwischen deutschen und ausländi-

---

2 | Diese Publikation Heitmeyers wurde heftig diskutiert, einige stimmten mit den Ergebnissen überein, andere hielten sie für umstritten und kritisierten seine Methodik. Dies nicht zuletzt deshalb, weil Heitmeyer mit seinen (Sensations-) Ergebnissen den Weg in die Öffentlichkeit gesucht haben soll (Bukow/Ottersbach 1999; Pinn 1999; Berliner Studie im Auftrag der Ausländerbeauftragten des Senats – Repräsentativumfrage 1997).

schen Jugendlichen eher noch in Grenzen halten und bei der großen
Mehrheit eher selten sind« (ebd., S. 222).

Zu der Frage »Freizeit mit wem?« ist Folgendes festzuhalten:

»Zumindest im Freizeiterleben der (west-)deutschen Jugendlichen spielen deutsche
Freunde die Hauptrolle. Freizeit ›nur‹ mit ausländischen Freunden kommt eher
nicht oder nur in marginalem Umfang vor. Meist bleibt der Kontakt zu ihnen in der
Freizeit dem Zufall überlassen, eben ›je nachdem‹, wie es sich so ergibt.« (Ebd.,
S. 235)

Bei den ausländischen, insbesondere türkischen Jugendlichen ist die ge-
wichtigste Antwortkategorie »gemischt, je nachdem« (ebd., S. 234f.).

In einer anderen Fragestellung wurden die Bedingungen für das Eingehen einer gemischten Ehe erfragt. 28,4 % der Deutschen und 21,5 % der
Türken können sich gar nicht vorstellen, jemanden mit einer anderen Nationalität zu heiraten. Die türkischen Mädchen seien ablehnender als die
türkischen Jungen. Noch ablehnender zeigten sich die deutschen Jugendlichen aus Ostdeutschland – 42,4 % von ihnen lehnten gemischte Ehen ab
(vgl. ebd., S. 252f.). Wenn man sich jetzt die Bedingungen für eine natio-
nalitätengemischte Ehe im Vergleich von deutschen und türkischen Jugendlichen anschaut, dann ergeben sich folgende Zahlen: 54,6 % der deutschen bzw. 52,9 % der türkischen Jugendlichen zählen die Liebe als wichtigste Bedingung für das Eingehen einer gemischten Ehe. Für das Zustan-
dekommen einer Ehe sehen 25,1 % der deutschen bzw. 37,6 % der türkischen Jugendlichen die Akzeptanz durch ihre Familie als eine Voraussetzung an. Auch das Einverständnis der Eltern wird von 14,6 % der deutschen und 28,2 % der türkischen Jugendlichen als wichtig erachtet. »Dieselbe Religion (und die Annahme meiner Religion)« spielt keine wichtige
Rolle für eine nationalitätsgemischte Ehe: 6,1 % (4,0 %) der deutschen und
12,9 % (11,2 %) der türkischen Jugendlichen äußerten dies (ebd., S. 254).

Richard Münchmeier resümiert, dass sich die Selbstbilder der in
Deutschland lebenden Jugendlichen nicht fundamental unterscheiden.
Nach seiner Untersuchung sind die Unterschiede vielmehr gradueller Art.
In fast allen Bereichen, außer Religion und Familie, überwiegen die Ähn-
lichkeiten (vgl. ebd., S. 252).

Werner Fuchs-Heinritz (2000, S. 157-180) widmete sich dem Themenfeld Religion und geht in seinem Beitrag folgenden Fragestellungen nach:
»Welche Bedeutung haben religiöse Feste? Werden ›Heilige Schriften‹ gelesen? Gibt es außerkonfessionelle, spirituell-okkulte Praktiken? Gibt es einen grundlegenden Schicksalsglauben?«

In seinen quantitativen Untersuchungen wurden ebenfalls Jugendliche
befragt, die zu 33 % katholisch, 33 % evangelisch, 6 % muslimisch oder
25 % keiner Religion angehörig sind (vgl. ebd., S. 157).

Im Folgenden werden wir uns auf die Feststellungen über die befragten

273 muslimischen Jugendlichen beschränken. Fuchs-Heinritz stellt in seiner Studie fest, dass diese zögernd und in Erwartung von Belastungen der Zukunft entgegengehen – lediglich 42 % der Befragten haben eine optimistische Zukunftseinstellung (vgl. ebd., S. 159). Zu dem Themenfeld »religiöse Praktiken« stellt der Autor fest: 46 % der befragten männlichen und 38 % der weiblichen türkischen Jugendlichen gehen in die Moschee zum Gottesdienst, 49 % bzw. 55 % beten, 31 % bzw. 35 % lesen religiöse Bücher, 46 % bzw. 43 % glauben an ein Weiterleben nach dem Tod, 78 % bzw. 80 % wünschen eine religiöse Hochzeit und 73 % bzw. 72 % wollen ihre Kinder religiös erziehen. Für die Feststellung »ich bin nicht religiös« wählen 75 % der männlichen bzw. 80 % der weiblichen türkischen Jugendlichen die Kategorie »trifft überhaupt nicht zu« (ebd., S. 158) aus. 76 % der muslimischen Jugendlichen ist die Bedeutung des Ramadans sowie die Teilnahme daran sehr wichtig (vgl. ebd., S. 169).

Anhand seiner Untersuchungen konstatiert Fuchs-Heinritz abschließend, dass infolge des Ansässigwerdens von muslimischen Arbeitsmigranten die Zugehörigkeit zu einer Religionsgemeinschaft und eine religiös bestimmte Lebensführung eine Bedeutungsaufladung erfahren haben. Religiöse Lernprozesse fänden kaum statt:

»So bleibt die Merkwürdigkeit, dass die Zugehörigkeit zur islamischen Religionsgemeinschaft und die davon bestimmte Lebensführung im jugendlichen Alltag dauernd erfahrbar ist, ohne dass sich die evangelischen und katholischen Jugendlichen und auch nicht die ohne Religionsgemeinschaft davon beeindrucken lassen.« (Ebd., S. 180)[3]

2.1.3 »Religiosität von Jugendlichen in der multikulturellen Gesellschaft«

Fred-Ole Sandt veröffentlichte im Jahre 1996 eine qualitative Untersuchung zur Religiosität von Jugendlichen in Deutschland, in der er Schülerinnen und Schüler zwischen 14 und 16 Jahren in Hamburg zu atheistischen, christlichen, spiritualistischen und muslimischen Orientierungen befragte. Er setzte auf qualitative Verfahren und wählte das Interview und die teilnehmende Beobachtung. Sandt hat zwischen 1992 und 1995 in Hamburg insgesamt 158 Jugendliche, darunter 49 christliche, 44 muslimische, 28 atheistische und 21 spiritualistische, interviewt (vgl. Sandt 1996, S. 60-67). Zusätzlich führte er auch Expertenbefragungen mit Lehrern und Repräsentanten religiöser Einrichtungen durch.

In der Einleitung seines Buches bemerkt der Autor, dass die Religiosität von jugendlichen Immigranten in den Untersuchungen nur als Randphä-

---

3 | Diese Schlussfolgerung ist allerdings nicht durch die Daten abgedeckt. Auch wurden die Jugendlichen nicht über den christlich-islamischen Dialog gefragt.

nomen behandelt werde und aus diesem Grund keine vorweisbaren Ergebnisse in Hinsicht auf die eigenständige Erfassung der Religiosität von muslimischen Jugendlichen vorliegen. Trotz dieser berechtigten Feststellung widmet auch er den muslimischen Jugendlichen nur einen Teilbereich innerhalb der Gesamtstudie (vgl. ebd., S. 44). Hierbei wurden die muslimischen Jugendlichen über ihre religiösen Orientierungen, Glaubens- und Gottesvorstellungen sowie über ihr Menschenbild von der eigenen religiösen Praxis befragt (vgl. ebd., 195f.). Aufgrund seiner Studie stellt Sandt fest, dass sich diese Jugendlichen beim Glauben an Gott einig seien, aber in Bezug auf das Verständnis und die Ausführung der religiösen Pflichten unterschiedliche Einstellungen und Orientierungen aufzeigten.

Diese Unterschiedlichkeit gebe sich dadurch zu erkennen, dass ein Teil der muslimischen Jugendlichen in der religiösen Praxis ein orthodoxes Verhältnis zu den Glaubensvorstellungen vertrete, sich weitgehend an den islamischen Glaubensvorstellungen zu orientieren versuche und die Individualisierungstendenzen der Moderne beanstande. Der andere Teil der muslimischen Jugendlichen zeige eine relative Trennung von religiöser Praxis und westlich-moderner Orientierung. Diese Jugendlichen bewegten sich laut Sandt in »zwei Kulturen, indem für sie die muslimischen Glaubensvorstellungen im familiären Bereich lebensweltliche Relevanz haben, während in der Schule und der Freizeitgestaltung die westlich-moderne Jugendkultur bestimmend ist« (ebd., S. 259).

Nach Sandt wird die Institution Moschee von den befragten Jugendlichen mit dem islamischen Glauben identifiziert, weshalb der Besuch der Moschee als »sehr religiös« eingeschätzt und als moralische Verpflichtung angesehen werde. Sandt führt seine Aussagen über die Moschee weiter und fügt hinzu, dass die Vorstellung der muslimischen Jugendlichen von der Moschee geprägt sei, da das Gotteshaus für sie »eine unverfälschte Natur« habe. In der Moschee fänden sie eine automatische Trennung zwischen Heiligem und Weltlichem, dem reinen Glauben und der Alltagswelt. Der regelmäßige Moscheebesuch festige die Bindung an die Religion und durch die gemeinschaftliche Ausübung religiöser Praktiken komme es zur »Vergemeinschaftung« zwischen den Gläubigen. Diese Vergemeinschaftung ruht auf zwei Aspekten: dem gemeinsamen Glauben und der gemeinsamen Immigrantenkultur. Somit hat dieser Aspekt der Vergemeinschaftung die Funktion der sozialen Bestätigung und Verfestigung des Glaubens (vgl. ebd., S. 222-223).

Der Autor unterstreicht in dieser Studie ein weiteres interessantes Befragungsergebnis: Die muslimischen Jugendlichen sehen im Christentum eine gleichwertige, verwandte Religion des Islam und stehen dem Atheismus trotz der expliziten Abgrenzung mit Toleranz gegenüber (vgl. ebd., S. 252-255).

2.1.4 »Muslimische Religiosität und Erziehungsvorstellungen«

Die empirische Untersuchung zu Orientierungen bei türkischen Lehramts-
und Pädagogikstudentinnen in Deutschland ist eine im Jahre 1999 in Essen zugelassene Dissertationsarbeit von Yasemin Karakaşoğlu. Die Autorin
hat neun Diplompädagogikstudentinnen, eine Sozialpädagogikstudentin
und 16 Lehramtsstudentinnen zu Themenkreisen wie beispielsweise Familie, religiöse Sozialisation, religiöse Praxis, Kleidung und Kopftuch sowie
Erziehung der Kinder befragt (vgl. Karakaşoğlu 2000, S. 160-167).

Grundlage für diese qualitativ angelegte Befragung sind narrative Interviews, bei denen die Befragungsgruppe nicht zuerst nach Bekenntnis oder
Zugehörigkeit, sondern nach islamisch geprägtem Familienkontext als in-
dividuellem Hintergrund gebildet ist (vgl. ebd., S.160 ff.).

Durch ihre eigenen persönlichen Kontakte hat Karakaşoğlu mit sieben
Alevitinnen, neun Sunnitinnen ohne und zehn Sunnitinnen mit Kopftuch
– im Alter zwischen 20 und 26 Jahren – Gespräche geführt, deren Aussagen sie nach Kriterien der strukturierenden qualitativen Inhaltsanalyse
auswertete. Im ersten Kapitel ihrer Studie vergleicht sie allgemein die Religiosität und Erziehungsvorstellungen in türkischen Familien in der Türkei
und in Deutschland. Als analytischen Bezugsrahmen zur Interpretation der
Befragungsergebnisse zu religiösen Orientierungen bei türkisch-muslimi-
schen Studentinnen hat sie sich unter anderem an den Erkenntnissen von
Clifford Geertz über die Entwicklung von islamischer Religiosität in der
Moderne orientiert (vgl. ebd., S. 115ff.).

Karakaşoğlu hat anhand ihres empirischen Materials eine differenzierte
Typenbildung nach Alevitinnen und Sunnitinnen vorgenommen und die
Probandinnen als *Laizistinnen, Atheistinnen, Spiritualistinnen* sowie *Ritualis-
tinnen* eingestuft (vgl. ebd., S. 178-182). Ausgehend davon hat sie dann je-
weils die familiären und religiösen Erziehungsvorstellungen und religiöse
Einstellungen untersucht (vgl. ebd., S. 183-412).

Zu den zentralen Feststellungen aus ihrer empirischen Untersuchung
lässt sich sagen, dass alle Probandinnen – unabhängig von ihrer Zuord-
nung zu einem bestimmten Typ religiöser Orientierung – die Zugehörigkeit zum Islam als einen wichtigen kulturellen Bezugspunkt interpretieren.
Sie teilen ein säkulares Grundverständnis und begreifen Religiosität als
private Angelegenheit des Einzelnen.

Zu der Frage der Erziehungsinhalte und -ziele befürworten alle Befragten, die elterlichen Erziehungsentscheidungen den Kindern gegenüber
transparent zu machen, indem eine partnerschaftliche Beziehung zum
Kind gepflegt wird. In diesem Zusammenhang lehnen sie auch rigide und
autoritäre Erziehungsmethoden ab. Auf die Vermittlung islamischer
Grundprinzipien – vor allem durch Korankurse und Religionsunterricht –,
legen alle Probandinnen, insbesondere auch die äußerlich »nicht religiös«
in Erscheinung tretenden türkischen Pädagogikstudentinnen, sehr großen

Wert (vgl. ebd., S. 442f.). Nach dem Verständnis der angehenden Pädagoginnen stellen der gelebte Islam und eine moderne Erziehung keinen Widerspruch dar.

2.1.5 »Islamische Identitäten«

Die Autorin Nikola Tietze stellt in ihrer Dissertationsarbeit die »Formen muslimischer Religiosität junger Männer« in Deutschland und Frankreich vergleichend gegenüber. Sie versucht anhand von Interviews und teilnehmender Beobachtung am Beispiel junger muslimischer Männer eine Typologie verschiedener Formen muslimischer Religiosität aufzuzeigen. Dabei beleuchtet sie das Phänomen muslimischer Religiosität unter jungen Männern mit dem historischen Verlauf der Migration in Deutschland und Frankreich. Hierbei fördert sie zutage, dass sich die Selbstverständnisse muslimischer Migranten in Frankreich und Deutschland unterscheiden und unterstreicht dabei, dass das »Muslim-Sein« kein statischer Prozess oder ein codiertes Verhalten ist, sondern sich ständig ändert. Der Islam sei zu einem Subjektivierungsfaktor geworden. Es zeigt sich deshalb ein Spektrum von Religiositätsformen unter jungen Muslimen: »Der eine ist Muslim, weil es seine Eltern schon gewesen sind oder er hat sich dem Islam zugewandt, weil seine Eltern keine oder nur in unzureichender Weise Muslime sind.« (Tietze 2001, S. 7ff.) Die Autorin geht bei ihrer Analyse der Glaubensformen und der Zugehörigkeit zum Islam von vier Formen der Religiosität aus, fasst diese Dimensionen in der Reihenfolge der Porträts junger Muslime zusammen und zerlegt die religiöse Tradition in je eine ethisierte, utopisierte, ideologische und kulturalisierte Form, die von den Muslimen unterschiedlich betont werden.

»Das Zirkulieren zwischen den verschiedenen Dimensionen ist also nicht nur möglich, sondern sogar entscheidend für den Prozess der Subjektivierung. Ein Muslim kann die Religiosität in einer Lebensphase ›ethisieren‹, in einer anderen Situation, bei einem anderen Gesprächspartner oder in einer anderen politischen Konstellation ›utopisieren‹, ›kulturalisieren‹ oder ›ideologisieren‹.« (Ebd., S. 160)

Auch betont sie, dass der Islam und die Muslime in Frankreich und Deutschland mit ihrem Glauben in der Öffentlichkeit sehr unterschiedlich wahrgenommen werden. Während in Deutschland der Islam und die Muslime mit der Integrationsproblematik türkischer Einwanderer identifiziert werden, steht der Islam in Frankreich in einem Zusammenhang mit Integrationsproblemen junger Erwachsener aus sozialen Brennpunkten:

»Die Zugehörigkeit der zweiten Generation zum Islam wird generell mit dem kulturellen und familiären Erbe gleichgesetzt, wodurch die Gläubigen auf ein ethnisches Milieu in der deutschen Gesellschaft reduziert werden.« (Ebd., S. 39)

Hinzu kommt, dass der Alltag der muslimischen Jugendlichen in Frankreich und Deutschland vor allem von Arbeitslosigkeit, mangelnder Qualifizierung und gesellschaftlicher Stigmatisierung als »Immigrant« oder »Ausländer« gekennzeichnet ist und mit politischer Diskriminierung verbunden ist. Die Jugendlichen seien Anhänger einer institutionell nicht anerkannten Religionsgemeinschaft, die im öffentlichen Diskurs häufig die Rolle eines Feindbildes einnehme bzw. den von der Gesellschaft fernzuhaltenden Fremden darstelle. Aus diesem Grund fühlen sich die muslimischen Jugendlichen »vom gesellschaftlichen Ausschluss bedroht, obwohl sie im alltäglichen Verhalten – hinsichtlich ihres Konsumverhaltens, ihrer Berufswünsche oder ihrer jugendkulturellen Vorstellungen – jungen Erwachsenen desselben sozialen Milieus gleichen« (ebd., S. 10-17).

Tietzes Fazit: Die *nachindustrielle Moderne* und die *Globalisierung* in Frankreich und Deutschland haben zu einer *Individualisierung* und zur *Schwächung traditioneller Institutionen und Wertesysteme* geführt. Aus diesem Grund ist der Einzelne gefragt, *sich seine Biografie zu basteln*. Gerade der Islam biete diesen jungen Muslimen eine Möglichkeit dazu. Die Pluralität und Flexibilität der muslimischen Identifikationsformen sind somit eine entscheidende Ressource für die individuelle Emanzipation und die Teilhabe an der Gesellschaft.

2.1.6 »Den Islam ausleben«

Die qualitative Untersuchung von Hans-Ludwig Frese ist ebenfalls eine Dissertationsarbeit, die im Jahre 2001 in der Universität Bremen angenommen wurde. Der Autor befasst sich in seiner Arbeit mit Fragestellungen, »die zum einen die Gemeinden und das von ihnen Geglaubte und zum anderen die spezifische Situation der in den Migrantengemeinden aufgewachsenen und sozialisierten Jugendlichen und jungen Erwachsenen betreffen« (Frese 2002, S. 11).

Um auf seine Fragen Antworten zu bekommen, hat er insgesamt 29 männliche türkische Jugendliche zwischen 14 und 26 Jahren aus vier Dachverbänden (DITIB, IGMG, ATIB und ADÜTDF) befragt. Als Untersuchungsmethode wählte Frese das *problemzentrierte Interview*. Alle Interviews fanden in Bremen, jeweils in Räumen der betreffenden Gemeinden sowie überwiegend als Gruppenbefragung, statt (vgl. ebd., S. 337-344).

Frese hat die Jugendlichen über das Bild vom Islam und den Muslimen, über Familie, Freundschaft und Freundeskreis, über die Türkei, die Türken und das Türkentum, über den ›richtigen‹ Muslim, über die islamische Gemeinde und das Verhältnis zu Nichtmuslimen und Andersgläubigen interviewt. Die organisierten Muslime in Deutschland stünden, so Frese, häufig im Mittelpunkt des öffentlichen Interesses und zögen vielfältigen Argwohn auf sich, der in *Massenmedien*, aber auch in *wissenschaftli*-

chen Publikationen genährt und verbreitet werde. Die Muslime hätten auch unter den Migranten selbst nicht selten einen schlechten Stand, bildeten doch sie in Deutschland immer noch den Prototyp des »unverstandenen Fremden« (ebd., S. 9-17).

Auf der Grundlage seiner Interviews schlussfolgert Frese, dass für die befragten Jugendlichen die Familie und der Freundeskreis den zentralen Wert für das Selbstverständnis bilden (ebd., S. 81f.). Nach Freses Untersuchungen nehmen die Jugendlichen für sich als Menschenrecht in Anspruch, »die Religion auszuleben«, und »vertreten dabei vehement Pluralismus als ein taugliches gesellschaftliches Konstitutionsmerkmal« (ebd., S. 305-309). Sie stellen impulsiv die Forderung nach strikter Trennung von Islam und Parteipolitik.

2.2 Forschungsleitfragen

Trotz dieser (Einzel-)Untersuchungen ist zu konstatieren, dass keine Ergebnisse in Hinsicht auf die eigenständige Erfassung der Religiosität, der religiösen Einstellungen und der religiösen Praxis von muslimischen Jugendlichen vorliegen.

Nach wie vor bestehen erhebliche Forschungsdefizite hinsichtlich der Lebensbedingungen, der Lebenssituation, der Lebenswelt und der Zukunftsvorstellungen der muslimischen Jugendlichen. Die vorhandenen empirischen Untersuchungen konzentrieren sich auf die Auseinandersetzung mit den »religiös-kulturell-gesellschaftlichen« Existenzformen der Muslime und dem »modernen westlichen« Lebensstil. Über die Weltanschauung und die Religiosität der muslimischen Jugendlichen ist bislang sehr wenig bekannt – und das Bekannte auf einige wenige Untersuchungen beschränkt. Diese wiederum konzentrieren sich lediglich auf den Sozialisationsprozess, die Identität sowie die Konflikte politischer und religiöser Glaubensvorstellungen (vgl. Berkenkopf 1984; Bouman 1983; Ehlers 1997; Heitmeyer 1998; Proske 1999; Schaumann 1988; Stöbe 1998; Thomä-Venske 1981). Entsprechende Präsumtionen richten sich dabei insbesondere auf die Arbeit islamischer Gemeinden und den Einfluss, den sie auf ihre jugendlichen Mitglieder nehmen.

Hierbei wird nicht berücksichtigt, dass sich die religiösen Einrichtungen bzw. Moscheen in ihren Strukturen und Angeboten unterscheiden. Dieser Bereich ist insgesamt nicht hinlänglich untersucht worden. Er ist ein »blinder Fleck«, weshalb auch viele Analysen lediglich projizieren. Bewegt sich nicht demzufolge die These, die Frequenz der Moscheegänge der Jugendlichen zeige die Ausmaße ihrer Religiosität, auf unerforschter Grundlage – mithin auf »dünnem Eis«?

Gerade deswegen ist es wichtig, diese Thematik im Zusammenhang mit der Religiosität junger Muslime zu beleuchten. Deshalb besteht die Aufgabe dieser Studie darin, eine dringende sachlich-objektive Diskussion über die folgenden Forschungsleitfragen zu initiieren:

Die zentrale Fragestellung zielt darauf, die Religiosität muslimischer Jugendlicher facettenreich aufzugreifen. Wenn die islamische Religiosität in die wesentlichen fünf Teilbereiche zergliedert wird, dann konkretisiert und präzisiert sich die Fragestellung wie folgt:

- Bekennen sich die muslimischen Jugendlichen zu den islamischen Glaubensgrundsätzen und den Hauptpflichten?
- Was sind ihre religiösen Einstellungen und Praktiken? Wie schätzen sie ihre eigene Religiosität ein?
- Wie erleben die muslimischen Jugendlichen den islamischen Glauben und was bedeutet der Islam für sie?
- Wie schätzen sie ihr religiöses Wissen um den Islam ein und was sind ihre Anliegen diesbezüglich?
- Welche Bedeutung wird dem Islam in Fragen der Kindererziehung, Partnerschaft, der Wahl von (Ehe-)Partnern zugewiesen? Was assoziieren sie mit dem Begriff »Moschee« und »Islam«? Erfüllen ihrer Meinung nach die Moscheen ihre Aufgaben? Wie ist ihre Einstellung zu Imamen und muslimischen Organisationen?

Nach der Erschließung dieser Fragen werden die Befunde im Zusammenhang mit der Integrationsthematik diskutiert. Insoweit wird sich diese Studie der Frage annehmen, welche Wirkung ein Leben in Konformität mit dem Islam für einen jungen religiösen Muslim auf dessen Integration hat.

3. Theoretische Grundlegung

Zur Vertiefung der im letzten Kapitel entwickelten Fragestellungen und zur Verständlichkeit der Forschungsumwelt bedarf es einer theoretischen Grundlegung. Zunächst soll deshalb im Folgenden eine Einführung in den Islam und den kulturellen Hintergrund der Muslime gegeben werden.

3.1 Einführung in den Islam und den kulturellen Hintergrund muslimischer Jugendlicher

Das arabische Wort »Islam« bedeutet wörtlich »heil sein, unversehrt sein, einer Gefahr entrinnen, friedvolle und freie Hingabe und Ergebung, Friedenmachen« (Mertek 2001, S. 125). Das Wort »Muslim« stammt ebenso aus dem Arabischen und bezeichnet denjenigen, der sich zum Islam bekennt, und bedeutet: »eine/r, die/der Frieden macht« (ebd.). Folglich sind Muslime aufgefordert, »Frieden mit dem Schöpfer, der Natur, den Mitmenschen und sich selbst zu schließen und Gott ergeben zu leben« (ebd.), quasi als »Friedensstifter« auf dieser Erde zu fungieren. Die allgemeingültige Grußformel der Muslime untereinander und gegenüber Fremden lautet demzufolge auch *as salaamu alaikum.* Mit diesem Grußwort wünscht man einem Mitmenschen gewissermaßen ein unversehrtes, heiles und sicheres Leben, kurz: Frieden. Der Islam mit seiner Glaubens- und Pflichtenlehre baut vor allem auf zwei Quellen auf: dem Koran und der Sunna (vgl. Döndüren 1998; Bilmen o.J.; Bursali 1991; Balic 1993).

3.1.1 Die Hauptquellen des Islam: Koran und Sunna

Der Koran ist für einen Muslim in jedem Wort eine unmittelbare Offenbarung des einzigen Gottes, die dem Gesandten Muhammed übermittelt und in einem Buch aufgezeichnet worden ist. Das Wort »Koran« bedeutet wörtlich »das oft Gelesene«, »Lesung« und »die Rezitation«. Für ein Verständnis dafür, was der Islam verkündet und an was die Muslime glauben, ist der Koran elementar, denn er enthält die Grundprinzipien der islamischen Glaubens-, Sitten- und Rechtslehre. Die Sprache des Korans ist, nach Meinung der arabischen Stilisten, von bezwingender Ausdruckskraft: Sie ist symbolreich, barock, rhythmisch und sprunghaft. Stellenweise sind die Gedanken nur durch Schlagworte umrissen. Häufig werden Topen gebraucht: Metapher, Ironie, Euphemismus und Metonymie. Zusätzlich führen etwa die Verquickung verschiedener Themen in einer einzigen Sura, die erwähnten sprachlichen Besonderheiten, die ungewöhnliche Reihenfolge der Gedanken und das im Koran wiederholt vorkommende Appellieren an den Verstand bei einem nicht geschulten Leser zu Verständnisschwierigkeiten.

Der Originaltext des Korans ist erhalten geblieben. Die einzelnen Koranausgaben unterscheiden sich voneinander nur in Zeilenlänge, Seitenumfang und -größe, Materialqualität und äußerer Aufmachung des Druckwerks. Die Übersetzung des Korans aus dem Arabischen in eine andere Sprache, beispielsweise ins Deutsche, ist äußerst schwierig. Die Ausdrücke *kufr* und *kafir* sind in den Übersetzungen auf »Unglauben« bzw. »Ungläubiger« reduziert und damit der tiefen Bedeutung beraubt worden, die der Koran diesen Ausdrücken verleiht. Der Begriff *kafir* hat auf der sprachlichen Ebene unterschiedliche Bedeutungen: »Ackerbauer«, »undankbar sein«, »zudecken« usw., und auf der religiösen Ebene steht er als Sammelbegriff für den Nichtgottergebenen oder den Nichtmuslim. Ein weiteres Beispiel: Der Begriff *dschihad* wird häufig mit »heiliger Krieg« ins Deutsche übersetzt, obwohl dieser Begriff von seinem Wortstamm her weder »Krieg führen« noch »töten« bedeutet, sondern »die Anstrengung, das niedere Selbst zu überwinden, entgegen den eigenen schlechten Eigenschaften, Angewohnheiten, Neigungen und den niederen Gelüsten zu arbeiten« (vgl. Heine 2001; Hofmann 1999, S. 191-196; Mertek 2001, S. 42-43). Obwohl weitere zahlreiche zentrale koranische Begriffe, die immer wieder auch in der Sunna auftauchen, falsch oder nicht hinreichend ins Deutsche übertragen worden sind, bedient man sich dieser kärglichen Übersetzungen – mitunter tun dies die Muslime selbst. Die Unzulänglichkeiten der Übersetzung sind in erster Linie für die Entstehung von Missverständnissen über den Islam verantwortlich.

Da der Koran eindeutige, vieldeutige und sogar nicht deutbare Verse enthält und die offenbarten Verse zumeist Antworten auf bestimmte Situationen waren, denen sich die Gemeinschaft der Muslime um den Gesandten Muhammed ausgesetzt sah, ist es nach der islamischen *tafsir*-Lehre (Koranwissenschaften) nicht legitim, nur einzelne Verse zu interpretieren. Nur die vollständige Exegese dient dem genauen Verständnis des Korans. Es ist von der Methodologie der Koranexegese her unerlässlich (und bei Unterlassung ein Vergehen), die anerkannte Tradition der früheren Korankommentatoren wie beispielsweise at-Taberi, al-Kurtubi und Ibn Kesir zu beachten und die Meinung derjenigen zu berücksichtigen, die mit Muhammed gelebt haben. Bei der Koraninterpretation muss man sich vornehmlich der Sunna des Gesandten Muhammed widmen (vgl. Bilmen o.J., Band 1, S. 5-7; Elmalılı 1979, S. 5-17; Khoury 2000, S. 37-40).

»Sunna« bedeutet »gewohnte Handlung, Sitte, Brauch oder Weg« und bezeichnet im Islam die prophetische Tradition. Die Sunna stellt in der islamischen Glaubens- und Pflichtenlehre nach dem Koran die zweite Quelle religiöser Normen dar (vgl. Khoury 2000, S. 38f.; Mertek 2001, S. 204). Der Gesandte Muhammed ist nach dem Glauben der Muslime der Verkünder der göttlichen Offenbarung und zugleich auch deren bester und authentischster Interpret. Seine Kompetenz ist im Koran verankert, der von den Muslimen die Anerkennung und Befolgung der Sunna postuliert: »[...] und gehorchet Allah und Seinem Gesandten« (Koran, 8:46). Die Sunna ist quasi die Interpretation und die Ausübung des gesamten Korans durch den Gesandten Muhammed. Die Sunna ist heute wie der Koran schriftlich in Ahadith[1] fixiert. Kurzum: Die Sunna ist die Gesamtheit der vorbildlichen Bräuche und Worte des Gesandten Muhammed und umfasst darüber hinaus seine Aussagen zu den unterschiedlichsten Themen wie Glaube, Wissen, religiöse Grundpflichten, soziale Beziehungen, Sitten und Bräuche sowie Einsatz für den Glauben, Auslegung, Tugenden usw.

Zwar stellen der Koran und die Sunna die fundamentalen Quellen des islamischen Glaubens dar, aus denen unzählige Grundsätze abgeleitet werden können, aber klar definierte Prinzipien des Glaubens kann man allein aus den Suren oder Ahadith nicht herleiten. Dementsprechend beschäftigten sich die muslimischen Theologen ganz früh mit der zentralen Frage:»Was sind die elementaren Prinzipien des Glaubens für einen Muslim?« Auf diese gab es natürlich keine einheitlich und alle Muslime bindende, sondern verschiedene Antworten (vgl. Alizade 1990; Ebu Hanife 1979; Ebu Davud o.J.; Ibn Kesir 1991; Imam Gazali 1979; Tirmizi o.J.; Imam-i Rabbani o.J.; Ibrahim Hakki 2003; Halebi o.J.; Canan 2003). Bevor wir uns mit den wichtigsten theologischen Lehrmeinungen beschäftigen, ist es nötig, einen kurzen Rückblick auf die Auseinandersetzungen innerhalb der muslimischen Gemeinschaft nach dem Tode des Gesandten Muhammed zu werfen.

---

1 | Hadith, Plural Ahadith, ist die Bezeichnung für die Berichte, in denen die Sunna des Gesandten Muhammed überliefert wurde. Die bekanntesten und wichtigsten Ahadith-Sammlungen der sogenannten Sunniten sind: Sahih von Bukhari, Sahih von Muslim, Sunan von Abu Dawud, Sunan von Tirmizi und Sunan von Nasai (vgl. Mertek 1999). Die Traditionswerke der sogenannten Schiiten (Zwölferschia) heißen Nahjd al-Balagha, al-Kafi von Kulini, Tazhib al-ahkam von Tusi (vgl. Tabatabai 1996).

3.1.2 Theologische Rechtschulen im Islam

Zu Lebzeiten des Gesandten Muhammed erhielten die Muslime auf all ihre Fragen konkrete und für alle verbindliche Antworten. Nach seinem Tode im Jahre 632 n. Chr. entstand ein Streit um den rechtmäßigen Nachfolger als Leiter der Gemeinschaft. Zwar konnte der Streit mit der Wahl von Abu Bakr (Regierungszeit 632-634 n. Chr.) zum Vorsteher der Gemeinschaft in Medina vorerst beigelegt werden, aber eine kleine Gruppe – die entgegen der überwiegenden Mehrheit der Muslime mit dieser Wahl nicht einverstanden war, da sie nur die Familienzugehörigkeit zum Gesandten Muhammed als Zeichen der Rechtmäßigkeit des Nachfolgers ansah – sorgte für Unruhen. Mit dieser Meinungsverschiedenheit – der Frage nach der Herkunft, dem Charakter und der Qualität des Vorstehers der muslimischen Gemeinschaft – wurde der Grundstein für die heute noch fortschreitende Differenzierung in verschiedene politische sowie theologische Richtungen innerhalb der muslimischen Gemeinschaft gelegt. Der erste Vorsteher Abu Bakr und der zweite, Omar (Regierungszeit 634-644 n. Chr.), konnten durch ihre Führungsqualität den kollektiven Zusammenhalt wahren, sodass diese Diskussion offiziell ausgeräumt war, wenngleich sie in kleineren Kreisen fortgeführt wurde. Mit der Wahl Uthmans (Regierungszeit 644-656 n. Chr.) zum dritten Vorsteher der muslimischen Gemeinschaft keimte sie erneut auf. Hinzu kamen die Vorwürfe, Uthman bevorzuge seine eigenen Familienangehörigen. Noch während seiner Regierungszeit trennte sich eine Gruppe Unzufriedener namens »Kharidschiten«, die bis 657 n. Chr. der schiitischen Ausrichtung angehörten, von der muslimischen Gemeinschaft und forderten, dass Ali, Schwiegersohn des Gesandten Muhammeds, die Führung übernehme. Dieser Forderung wurde nicht entsprochen. Daraufhin gab es einen Aufruhr, bei dem die Kharidschiten Uthman ermoderten. Alsdann wurde Ali zum vierten Vorsteher der muslimischen Gemeinschaft gewählt (vgl. Büyük Islam Tarihi 1994, Band 2, S. 200-222). Doch hörten die Kontroversen nicht auf, weil eine Gruppe um Muawiya, dem Statthalter von Damaskus, mit der Vorgehensweise Alis, die Mörder Uthmans ausfindig zu machen, nicht einverstanden war: Sie verlangten eine sofortige Bestrafung aller, die in das Attentat und den Aufruhr verwickelt waren. Ali erwiderte diese Forderung und mahnte gründliche Ermittlungen gegen die wahren Schuldigen an. In der Folge akzeptierte die Gruppe um Muawiya die Wahl Alis zum vierten Vorsteher nicht mehr. Sie kündigten die Gefolgschaft auf, sodass Muawiya zum Vorsteher der muslimischen Gemeinschaft ausgerufen wurde. Während dieser Auseinandersetzung vermehrte sich eine Gruppe, die »schiat Ali« (die Schiiten) genannt wurde. Auch die Kharidschiten, anfänglich noch Ali gewogen, sagten ihm die Treue auf, weil er dem Vorschlag Muawiyas, diesen Streit durch ein Schiedsgericht zu beenden zu lassen, zustimmte: Die Kharidschiten deuteten dies als eine Fehlentscheidung und Sünde. Nach ihner

Auffassung muss der Führer der Muslime fehler- und sündenlos sein. Sie sprachen daher Ali das Recht auf die Nachfolgschaft des Gesandten Muhammeds ab und bekämpften ihn und Muawiya zugleich. Aufgrund dieser Entwicklung isolierten sie sich ganz von der islamischen Gemeinschaft und erklärten alle – ausgenommen ihre eigenen Anhänger – als Nichtmuslime. Nur sich selbst sahen sie als »wahre Muslime« an, obwohl ihr Handeln vollends gegen die Grundlagen des Islam verstieß: Sie verstanden ihn nunmehr als eine Stammesreligion und führten die vorislamische beduinische Tradition weiter, die sie nur punktuell durch islamische Elemente ergänzten. Ausschließlich sich selbst räumten sie eine unantastbare Würde ein. Regelmäßig waren die Menschen – vor allem die Muslime – der politisch geprägten Ideologie dieser Gruppierung ausgesetzt (vgl. ebd., S. 506-555). In ihrer Konfrontation mit allen übrigen Muslimen ermordete diese »fanatische und extremistische Beduinengruppe« auch Ali und lehnte sich gegen Muawiya, der nunmehr das offizielle Amt des Vorstehers innehatte, auf. Im Laufe der Zeit gelang es Muawiya, der Einflussnahme und der Demagogie der Kharidschiten gegenüber der Bevölkerung Einhalt zu gebieten.

Die Kharidschiten und ähnliche ideologisch geprägte Organisationen werden heute wie damals von der breiten Mehrheit der Muslime abgelehnt und eindeutig als nicht islamisch eingestuft (vgl. Gümüşhanevi 1994, S. 78).

Gegenwärtig bekennen sich etwa 1,3 Milliarden Muslime weltweit zur islamischen Religion, davon richten sich ca. 87 % nach der sunnitischen und 13 % nach der schiitischen Theologie (vgl. Abdullah 2002, S. 19).

Als Sunniten, korrekt *ahl-as sunna we'l chemaat*, bezeichnet man die Gesamtheit einer Gruppe von Rechtschulen, nämlich der hanafitischen, malikitischen, schafiitischen und hanbalischen, die alle gleichermaßen auf den Koran, der Sunna, den Konsens der Gelehrten (*idschma-el-ummah*) und der Vergleichsmethode (*qijas-el-fuqaha*) beruhen. Sie sind von anfänglich zahlreichen Rechtschulen die einzig erhalten gebliebenen und haben eine bis heute solide Anhängerschaft. Sie gelten nicht als Sekten oder Sondergruppen, sondern als gleichwertig anerkannte Rechtschulen innerhalb der sunnitischen Religionswissenschaft und unterscheiden sich lediglich in ihren Methoden der Rechtsfindung.

Neben diesen Rechtschulen gibt es auch heute noch Gruppen und Schulen, beispielsweise die Wahhabiten, Ahmadiyya, Alawiten, Drusen, Ismailiten, Nusairiten u.a., die von den führenden vier sunnitischen Rechtschulen nicht anerkannt werden, da sie mit ihrer theologischen Auslegung den prinzipiellen Grundlagen des Korans und der Sunna widersprechen.

Abbildung 1: Theologische Ausrichtung der Muslime

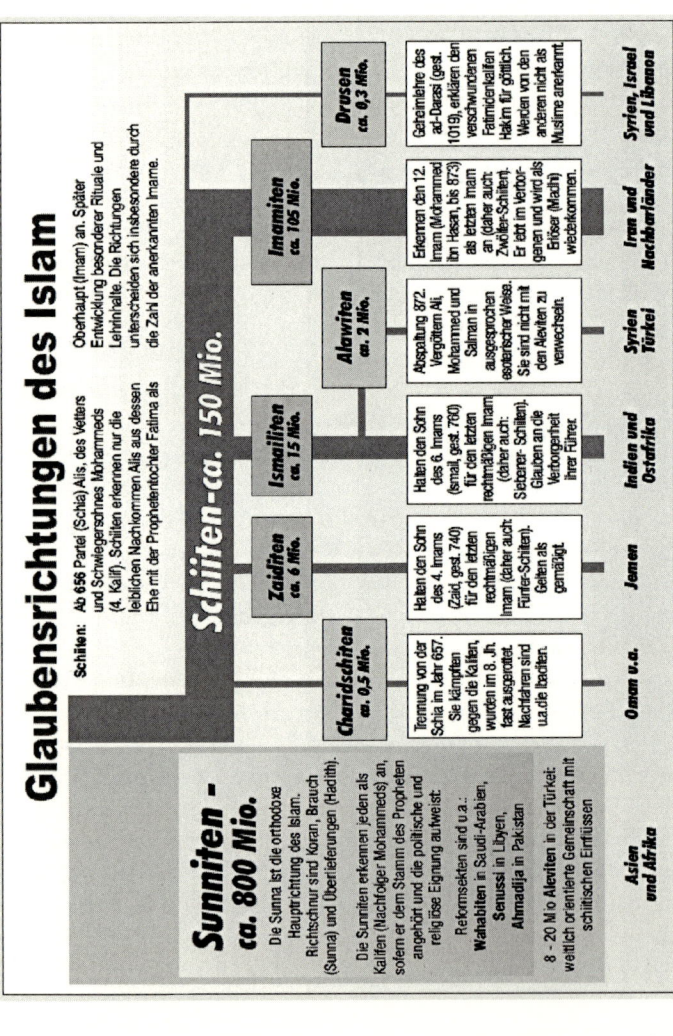

Quelle: Isoplan (Hg.): AID, Ausländer in Deutschland, Dezember 2001

Die Schiiten: Seit ihrer Entstehung beharrt die schiitische Glaubensrichtung darauf, dass die Führung der Muslime nur den Nachkommen aus der Familie Alis gebührt. Aus diesem Grund betrachten die Schiiten die ersten drei Vorsteher Abu Bakr, Omar und Uthman als unrechtmäßige Nachfolger des Propheten Muhammed. Die Rechtschulen unter den Schiiten weichen voneinander in der Sukzessionslinie des jeweiligen Imams sowie in der Vorstellung von einem geschichtlich anwesenden oder abwesenden Imam ab. Die Autorität innerhalb der muslimischen Gemeinschaft schreiben die Schiiten einem Imam zu, der in der Nachfolge von Ali stehen muss. Er stellt praktisch eine unfehlbare Instanz dar, dem zusätzlich das Freisein von Sünden bescheinigt wird. Die wichtigsten schiitischen Rechtschulen sind die Imamiten, Zaiditen und Ismailiten (vgl. Halm 1988).

Da das Alevitentum eine historische Nähe zum Schia hat, wird es ebenfalls in diesem Abschnitt behandelt. Die *Aleviten* stellen eine schiitische Sondergruppe, die sich als heterodoxe und synkretistische Glaubens-, Lebens- und Lehrform im Verlauf des 13. Jahrhunderts aus einer Verbindung vorislamischer und volksreligiöser Elemente anatolischer Turkmenenstämme und der islamischen Mystik heraus entwickelte. Die Ethik und das Menschenbild der Aleviten unterscheiden sich in vielen Punkten wesentlich von derjenigen der sunnitischen Theologie. Hier sei aber darauf hingewiesen, dass auch die Aleviten nicht als eine homogene Gruppe angesehen werden dürfen, denn sie selbst haben untereinander sehr deutliche Differenzen.[2]

Im Folgenden wird der Islam in seinem normativen Selbstverständnis, wie er mehrheitlich von Muslimen in Deutschland verstanden und propagiert wird, weiter dargestellt.

---

2 | Es gibt unter ihnen solche, die sich der schiitischen Theologie, insbesondere der imamitischen Rechtschule, bzw. der sunnitischen Theologie, wie der schafiitischen Rechtschule, zugehörig fühlen und dieselben Glaubensgrundsätze und religiösen Pflichten mit den Sunniten bzw. Schiiten teilen (bspw. die *Ahlu'l bayt*-Gemeinschaft, die Anhänger der *CEM-Vakfi* u.a.). Diese alevitische Gruppe unterscheidet sich, abgesehen von den vorstehenden Aspekten, von der schiitischen und sunnitischen Theologie, indem sie diesen Glaubensrichtungen als »Religion der Zunge« ablehnen – als oberflächlich, wenn nicht gar heuchlerisch. In der Tradition der *Batiniya*, einer gnostischen Richtung, besagt diese alevitische Lehre, dass der göttlichen Offenbarung eine esoterische und eine exoterische Dimension zugrunde lägen. Da sie sich für jene halten, die zu dem Verborgenen durchgedrungen seien, haben rituelle Pflichten wie Beten, Fasten usw., die der äußeren Sphäre angehören, keine Bedeutung für sie. Daher werden, bis auf das Glaubensbekenntnis, die im Koran und der Sunna begründeten religiös-rituellen Pflichten – wie beispielsweise die vier anderen Grundpfeiler des Islam (die fünf täglichen Gebete, das Fasten im Monat Ramadan, die Zakah, die Pilgerfahrt) – nicht akzeptiert (vgl. Vorhoff 1995; Kehl-Bodrogi 1988; Karakaşoğlu-Aydin 1997, S. 295-322).

3.1.3 Das islamische Menschenbild

1. Menschen sind durch Gott erschaffen.
2. Der erste Mensch und erste Prophet ist Adam (Urvater aller Menschen).
3. Alle Menschen sind vor Gott gleich.
4. Es gibt keinen Zwang im Glauben.
5. Die Vielfalt der Völker und Stämme ist von Gott gewollt.
6. Diesseitige Hauptaufgaben des Menschen sind die Anbetung Gottes und die Erfüllung der religiösen Grundpflichten.

Die Erschaffung des Menschen wird wie folgt im Koran beschrieben: »Und wahrlich, Wir erschufen den Menschen aus reinstem Ton. Dann setzten Wir ihn als Samentropfen an eine sichere Stätte [Gebärmutter, H.Ö.].« (Koran, 23:12-14) Der Koran begründet die Erschaffung der Menschen damit, dass sie sich zu ihrem Schöpfer bekennen und ihm im freien Willen dienen (vgl. ebd., 51:56; 15:99; 51:56-57; 67:2; 72:16-17).

Mit Adam, dem Urvater aller, besteht nach dem islamischen Glauben unter den Menschen völlige Gleichheit vor Gott und keiner ist einem anderen vorrangig. Ferner besteht der Mensch aus zwei Elementen: seinem Körper und seiner Seele (vgl. ebd., 2:28-30; 3:6; 4:1; 23:12-14, 79; 76:1-2; 95:1-5; 96:2). Die Seele des Menschen ist »gottergeben« und wird vollkommen von göttlicher Offenbarung beherrscht. Das andere Element, der »Körper«, ist mit Vernunft und Intellekt bedacht worden, sodass der Islam die Fähigkeit »zu denken, um sich eine Meinung zu bilden, zu wollen oder nicht zu wollen, zu akzeptieren oder abzulehnen« als elementar erachtet. Daher hat es der Islam dem Menschen freigestellt, einen beliebigen Lebensweg einzuschlagen, den Glauben seiner Wahl anzunehmen. Der Koran legt emphatisch fest, dass es im Glauben keinen Zwang geben darf (vgl. ebd., 2:256).

Der Mensch hat die Aufgabe, zwischen den Erfordernissen seines Körpers und seiner Seele ein harmonisches Gleichgewicht herzustellen; beide Elemente sind gleichberechtigt und dürfen somit nicht zum Nachteil des anderen vernachlässigt werden.

Im Koran ist über die Vorzüge des Menschen viel zu lesen. Darin ehrt, schätzt und würdigt Gott den Menschen (vgl. ebd., 17:70). Er verfügt über die Fähigkeit, Wissen zu erfassen (vgl. ebd., 2:31-33). Der Mensch ist der Statthalter Gottes auf Erden (vgl. ebd., 2:30). Der Koran weist ausdrücklich darauf hin, dass Gott den Menschen mit Verstand und Klugheit, Willens- und Entscheidungsfreiheit geschmückt hat. Aus diesem Grund ist der Mensch für sich selbst verantwortlich. Nach dem Koran haben alle Menschen, ob Mann oder Frau, schwarz oder weiß, arm oder reich, denselben Wert vor Gott. Das Einzige, das sie unterscheidet, ist nach Sura 49, Vers 13 der Grad ihrer Gottesfurcht und ihre Nähe zum Schöpfer.

Der Koran weist aber auch ganz deutlich auf die Schwachstellen des

Menschen hin und ermahnt ihn: Der Mensch vergisst Gott, wenn er seine Schwierigkeiten überwunden hat; er erinnert sich an Gott nur in der Not (vgl. ebd.,16:12), er ist hochmütig und selbstgefällig (vgl. ebd., 89:15-16), geizig, gierig und ungeduldig (vgl. ebd., 17:100; 70:19), undankbar, streitsüchtig, feindselig, ungerecht und voreilig (vgl. ebd., 18:54; 14:34; 21:37). Ferner ruft der Mensch zu Schlechtem auf und wird aufsässig, sobald er sich unabhängig fühlt (vgl. ebd., 12:53; 96:6).

Der Mensch wird mit all seinen Eigenschaften – Vorzügen und Schwachstellen – beschrieben, weil der Koran damit fühlbar macht, dass er nicht einen perfekten Menschen zu formen versucht, sondern einen Menschen, der in all seinem Wirken verantwortungsbewusst handelt und gottergeben ist. Der Koran mahnt die Menschen, eigens die Muslime, sich auf dieser Erde zu *al-insan-al-kamil* (einem guten, vollkommenen Menschen) zu entwickeln. Bei dieser Entwicklung zu einem *al-insan-al-kamil* existiert aber auch die Gefahr, dass der Mensch, aufgrund seiner Schwächen, dieses Ziel verfehlt. Um dieser Gefahr zu entgehen, geben der Koran und die Sunna Anstöße, wie der Mensch sich davor bewahren kann (vgl. ebd., 96:1-5; 20:114; 103:1-3; 2:277; 2:148; 2:44; 25:63; 61:2-3; 31:18-19; Ahadith in An-Nawawi 1996, S. 41, 94 und 112).

Der Koran und die Sunna drücken aus, dass Gott als Schöpfer des Universums den Menschen in der denkbar schönsten Gestalt erschaffen und ihm eine natürliche Würde (*fitrah*) verliehen hat (Koran, 90:4). Dementsprechend liegt es am Menschen – aufbauend auf diese Auszeichnung –, die göttlichen Anordnungen mit Leben zu erfüllen. Laut der islamischen Primärquellen Koran und Sunna liegt es in seinen Möglichkeiten, ein *al-insan-al-kamil* zu werden. Deswegen ist es die Hauptaufgabe eines jeden Muslim, alles ihm Mögliche zu unternehmen, um vorbildlich den göttlichen Anordnungen nachzustreben. Dementsprechend expliziert Muhammad den Menschen in einem seiner Ahadith, was seine Aufgabe als Gottes Gesandter auf Erden ist: »Ich bin gekommen, um die guten Anlagen der Menschen zu vervollkommnen.« (Özbek 1994, S. 45)

Auf dass die guten Anlagen dem Menschen eigen sind, wurde er biologisch als vollkommenes Wesen erschaffen (vgl. Koran, 32:7; 95:4) und ist ebenso ein soziales, welches Gott mit technischen und kulturellen Fähigkeiten begabt hat (vgl. ebd., 17:70; 67:23; 90:8). Das menschliche Wesen, das mit geistigen und moralischen Werten ausgestattet wurde, ist somit nach koranischer Auffassung zum *Kalifa* (Statthalter Gottes) auf Erden berufen (vgl. ebd., 2:30; 6:165; 10:14; 38:26). Derart steht er über den anderen Geschöpfen, wie Gott über den Menschen (vgl. ebd., 2:255; 3:34; 112:2).

Mit diesem hohen Rang hat Gott allen Menschen eine Würde und gleiche Rechte verliehen, unabhängig von ihrer Religion, ihrem Geschlecht und ihrer Hautfarbe (vgl. ebd., 4:58, 105, 111; 5:48; 17:70; 30:22; 49:13). Ihre Uneinheitlichkeit soll die Menschen nicht gegeneinander aufbringen, denn sie sind allesamt Nachkommen (vgl. ebd., 49:13), mithin Kinder (vgl. ebd.,

7:26-27, 31) von Adam und Eva. Daher verbietet der Koran jeglichen Zwang: »Und wenn dein Herr es gewollt hätte, so wären allesamt auf der Erde Muslime. Willst du etwa die Menschen zwingen, Muslime zu werden?« (Ebd., 10:99) Damit bezieht der Islam gemäß den koranischen Anweisungen u.a. mit dem Vers »Es gibt keinen Zwang in der Religion« (ebd., 2:256) anschaulich Stellung für Religionsfreiheit und Toleranz.[3]

Die religiöse Vielzahl gründet darauf, dass Gott, der die Menschen als Angehörige zivilisierter und kultivierter Völker geschaffen hat (vgl. ebd., 5:49), allen Nationen und Stämmen seit der Entstehung dieses Universums zu unterschiedlichen Zeiten Propheten gesandt hatte, die ihnen die Offenbarung Gottes überbrachten (vgl. ebd., 13:7), um sie vor dem Irrglauben zu bewahren (vgl. ebd., 35:24). Nach dem Koran stammen daher alle Religionen – beginnend mit dem ersten Menschen und Gesandten Adam und endend mit dem Gesandten Muhammed – von Gott ab. Dementsprechend werden die Religionen, die mit dem islamischen Glauben nicht im Konsens stehen, nicht ignoriert und deren Anhängern ein uneingeschränktes Recht auf Religionsausübung zugestanden: »Euer Glauben für Euch, mein Glauben für mich.« (Ebd., 109:6) Der Koran hebt in diesem Zusammenhang hervor, dass die realen Glaubensunterschiede kein Grund für feindselige Konfrontationen zwischen den Religionen sein sollten (vgl. ebd., 5:48). Er fordert die Muslime auf, diese realen Glaubensunterschiede als Grund für einen edlen Wettbewerb zu erkennen, um in einen Dialog zu treten:

»Und schmäht nicht diejenigen, die sie außer Allah anrufen, damit sie nicht in Übertretung ohne Wissen Allah schmähen! So haben Wir jeder Gemeinschaft ihr

---

3 | Die UNESCO veranstaltete gemeinsam mit einer internationalen islamischen Organisation 1981 in Paris eine internationale Konferenz über die Menschenrechte im Islam. Während dieser Konferenz wurde ausdrucksvoll festgehalten, dass der Islam bereits seit seiner Entstehung mehr als 20 grundlegende Menschenrechte seinen Gläubigen bewusst gemacht hat – darunter sind Recht auf Leben, Freiheit, Schutzrecht vor Aggression und Misshandlung, Asylrecht, Minderheitenschutz, Glaubensfreiheit, soziale Sicherheit und Arbeitsschutz (vgl. Falaturi 1996, S. 125). Die erste allgemeine Erklärung der Menschenrechte im Islam vom 19. September 1981 durch den Islamrat für Europa ist ebenfalls sehr bedeutungsvoll (Forstner 1982). Neben diesen Erklärungen gibt es zahlreiche andere Veröffentlichungen über das Thema »Menschrechte und Islam«. Viele Wissenschaftler, Autoren und andere Fachleute stellten sich die Frage, ob sich die »westlichen Menschrechtsvorstellungen mit dem Islam und Koran« vereinbaren lassen (vgl. Falautri 1992, 1996; Islamic Council 1984; Khoury 2001; Mernissi 1993; Ramadan 1996, 2000 u.a.). Unter den Stellungnahmen zur Frage der Menschenrechte im Islam ist die am 5. August 1990 in Kairo durch die Organisation islamischer Staaten verabschiedete »Kairoer Erklärung« die bekannteste (vgl. BpB 2002, S. 65-67).

Tun ausgeschmückt erscheinen lassen. Hierauf wird ihre Rückkehr zu ihrem Herrn sein, und Er wird ihnen kundtun, was sie zu tun pflegten.« (Ebd., 6:108).[4]

Anerkannte Koranexegesen wie Elmalılı Muhammed Hamdi Yazir (1878-1942) halten fest, dass diejenigen Muslime, die Nichtmuslime beleidigen oder herabwürdigen, aus der muslimischen Gemeinschaft ausgeschlossen werden können (vgl. Elmalılı 1979, Band 3, S. 2022 und Band 5, S. 2923). Der Sinn dieser strengen Bestimmungen besteht darin, den interreligiösen Frieden, der von Gott gewollt ist, zu bewahren.

Auch zu der Frage der zwischenmenschlichen Beziehungen geben die primären Glaubensquellen des Islam eine Antwort. Der Muslim ist verpflichtet, gegenüber Nichtmuslimen gütig und gerecht zu sein. Darüber hinaus empfiehlt der Koran den Muslimen, auch Nichtmuslimen zu helfen und mit ihnen freundschaftliche Beziehungen zu pflegen:

»Allah verbietet euch nicht, gegenüber denjenigen, die nicht gegen euch der Religion wegen gekämpft und euch nicht aus euren Wohnstätten vertrieben haben, gütig zu sein und sie gerecht zu behandeln. Gewiss, Allah liebt die Gerechten. Er verbietet euch nur, diejenigen, die gegen euch der Religion wegen gekämpft und euch aus euren Wohnstätten vertrieben und zu eurer Vertreibung Beistand geleistet haben, zu Schutzherren zu nehmen. Diejenigen, die sie zu Schutzherren nehmen, dass sind die Ungerechten.« (Koran, 60:89)[5]

Noch deutlicher spricht Gott im Koranvers 36 der Sura 4:

---

4 | Dieser Koranvers belegt aber auch, dass die Muslime damals die Nichtmuslime verwünscht hatten. Demnach sollte hier gleichzeitig klargestellt werden, dass die damaligen Nichtmuslime keineswegs Juden oder Christen waren, sondern vielmehr Polytheisten. Obwohl Vielgötterei islamisch betrachtet eine der größten Sünden ist, hat Gott durch diesen Koranvers den Muslimen verboten, andere zu verfluchen. Dieses Verbot gilt weder geographisch noch zeitlich begrenzt und ist somit allgemeingültig. Der Muslim ist daher verpflichtet, Nichtmuslime zu respektieren und sie nicht zu beleidigen (vgl. Koranexegesen von Taberi 1996, Band 7, S. 207; Kurtubi 2001, Band 7, S. 61).

5 | Der Koranvers »Gott verbietet euch nicht« sagt nach Meinung der anerkannten Koranexegesen, dass die Nichtmuslime gut behandelt werden müssen. Somit widerlegt dieser Koranvers die Meinung einiger Muslime eindeutig, die heute meinen, dass man Nicht-Muslime nicht gerecht behandeln und ihnen auch nicht helfen darf. In diesem Koranvers wird unmissverständlich der Wille Gottes klar, nämlich zu allen Nicht-Muslimen, die nicht an den Islam glauben, gut und gerecht zu sein, denn derjenige, der einen Menschen ungerecht behandelt, verliert die Liebe Gottes (vgl. Koran, 2:190).

»Und dient Allah und gesellt Ihm nichts bei. Und zu den Eltern sollt ihr gütig sein und zu den Verwandten, den Waisen, den Armen, dem verwandten Nachbarn, dem fremden Nachbarn, dem Gefährten zur Seite, dem Sohn des Weges [d.h. dem Reisenden, insbesondere, wenn er unterwegs in Not geraten ist, H.Ö.] und denen, die eure rechte Hand [dieser Ausdruck bedeutet Sklaven oder Gefangene, H.Ö.] besitzt. Allah liebt nicht, wer eingebildet und prahlerisch ist.«

Allen voran legt dieser Koranvers für die Gläubigen fest, alle möglichen Gruppen von Menschen, mit denen sie leben bzw. leben können (Eltern, Verwandte, Nachbarn usw.), gut zu behandeln und mit ihnen harmonisch zusammenzuleben. Gegenseitige Besuche und gemeinsame Mähler mit den Nachbarn werden im Islam besonders empfohlen, da solche Ereignisse die nachbarschaftlichen Beziehungen fördern. Da dieses von Gott verlangt wird, ist das sozialmoralische Verhalten im Islam ein besonders gewichtiger Gottesdienst.[6] Ein Muslim soll auch insoweit vorbildlich leben. Demnach ist eine eigene soziale Integration in die Gesellschaft für jeden Muslim nach dem Koran und der Sunna eine notwendige moralische Verpflichtung.

Gerade in der Frage der zwischenmenschlichen Beziehungen liegt der Schlüssel für die höchste Stufe des *al-insan-al-kamil* und damit der sozialen Integration in die Gesellschaft. Die anerkannten Rechtschulen der sunnitischen Theologie beispielsweise sind offenkundig der Meinung, dass die zwischenmenschlichen Fehler solange nicht von Gott verziehen werden, bis sich die betroffenen Menschen gegenseitig vergeben. Demgemäß werden auch Menschenrechtsverletzungen von den islamischen Gelehrten als sehr gravierend und verachtenswert eingestuft (vgl. Alizade 1990, S. 359-410; Bilmen o.J., S. 434-473; Cetin o.J., S. 412-415; Kotku 1977, S. 110). In einer seiner berühmtesten Reden wies Muhammed mit seiner »Abschiedspredigt« im Jahre 632 n. Chr. auf die Rechte und Pflichten der Menschen hin und ermahnte deren Einhaltung. Dort heißt es u.a.:

---

6 | Die Wichtigkeit dieses sozialmoralischen Verhaltens wird neben Koranversen auch durch prophetische Ahadith bestätigt. Auf die Wichtigkeit der guten nachbarschaftlichen Beziehungen hin sagte Muhammed: »Bei Allah, er glaubt nicht, bei Allah, er glaubt nicht, bei Allah, er glaubt nicht! Als Muhammed gefragt wurde, was er damit meint, sagte er, dass der, vor dessen Übel sein Nachbar nicht sicher ist.« In einer anderen Überlieferung heißt es: »Derjenige wird nicht in den Paradiesgarten eintreten, vor dessen Übel sein Nachbar nicht sicher ist.« (Vgl. von Denffer 1981, S. 90) Von den islamischen Rechtsgelehrten wurden die nachbarschaftlichen Beziehungen zusammengefasst: die Achtung vor den Verstorbenen – auch wenn sie Nicht-Muslime sind –, den Nachbarn zu besuchen, sich um den kranken Nachbarn zu kümmern, sich gegenseitig Geschenke zu machen, Gutes vom Nachbarn zu berichten, ihm Ratschläge zu geben, falls er es wünscht, ihn nicht zu erniedrigen (vgl. Seyyid Hulusi 1997, S. 251-255).

»O ihr Leute, wahrlich, euer Blut, euer Leben, euer Eigentum, eure Würde und eure Ehre sind heilig und unantastbar, bis ihr eurem Herrn gegenübersteht, ebenso wie der heutige Tag und der jetzige Monat und diese eure Stadt Mekka heilig sind.« (Mertek 2001, S. 172-175)

Nach islamischem Selbstverständnis sind den Muslimen durch Gott einige regelmäßige gottesdienstliche Handlungen vorgeschrieben, damit sie durch die Erfüllung der religiösen Grundpflichten Gott und dem ihnen vorgegebenen Ziel, *al-insan-al-kamil* zu sein, näher kommen können. Durch die Erfüllung der rituellen und ethischen islamischen Gebote erhält der Mensch seinen Wert und seine Auszeichnung. Den Muslimen stellt der Prophet Muhammed das religiös-ethische Vorbild und Idealbild dar – das es als gläubiger Muslim, als gläubige Muslima nachzuahmen gilt – weil er seinen Dienst vor Gott in vorbildlicher und vollkommener Weise verwirklicht hat (vgl. Koran, 17:1; 53:10).

3.1.4 Die Glaubensgrundsätze des Islam

Der Muslim glaubt an:

1. Allah, den einen, allmächtigen, allwissenden, allgütigen und barmherzigen Gott;
2. die Engel, die aus dem Licht Gottes erschaffenen geistigen Wesen;
3. die Offenbarungsbücher sowie -schriften und den Koran;
4. alle Gesandten und Muhammed als den letzten Gesandten;
5. die Auferstehung (das Leben nach dem Tode), das Jüngste Gericht und
6. die Vorherbestimmung, sei es im Guten oder im Schlechten.

Im Islam ist der Glaube die zweifelsfreie Überzeugung von den Glaubensgrundsätzen (vgl.ebd., 2:177; 4:136), die der Ausgangspunkt für die religiöse Haltung sind.

Das Glaubensbekenntnis des Islam lautet: *Es gibt keinen Gott außer Allah, und Muhammed ist sein Gesandter.* In ihm wird die Einheit Gottes bezeugt, die sich gleichsam wie ein roter Faden durch das gesamte Gefüge der islamischen Denk- und Lebensweise zieht. Im Koran Sura 112, Verse 1-4 beschreibt sich Gott wie folgt: »Er ist Allah, ein Einziger, Allah der Absolute [Ewige, Unabhängige, von dem alles abhängt, H.Ö.]. Er zeugt nicht und ist nicht gezeugt worden und Ihm ebenbürtig ist keiner.« Daher ist es einer der wichtigsten Glaubenspfeiler im Islam, dass der Muslim an einen Gott glaubt, der erhaben und ewig, unendlich und mächtig, gnädig und barmherzig, Schöpfer und Versorger von allen Geschöpfen ist. Ferner sind die Muslime davon überzeugt, dass Gott den Menschen Frieden, Glück, Wissen und Erfolg gibt. Im Koran sind zahlreiche Eigenschaften Gottes erwähnt: der Liebende, der Versorger, der Großzügige, der Großherzige, der Reiche, der Unabhängige, der Vergebende, der Milde, der Geduldige, der Einzigartige, der Beschützer, der Richter und der Frieden (vgl. ebd., 17:110; 20:8; 59:22-24). Laut dem muslimischen Verständnis besitzt Gott keinen Vater noch Mutter noch Sohn.

Im Koran gibt es zahlreiche Verse, die über die Existenz von Engeln berichten. Engel sind geistige und sanfte geschlechtlose Kreaturen, die aus *Nuur*, dem Licht Allahs, erschaffen wurden. Über die Anzahl der Engel gibt es keine Auskunft, lediglich vier sind bei den Muslimen allgemein bekannt: Gabriel, Michael, Raphael und Azrael (vgl. Mertek 2001, S. 23f.).

Seine Heiligen Schriften offenbarte Gott den Menschen als Richtschnur für das irdische Leben. Zu ihnen zählen die Thora, der Psalter, das Evangelium und der Koran, die in chronologischer Reihenfolge an Moses, David, Jesus und Muhammed übermittelt wurden. Nach koranischer Lehre und muslimischem Verständnis war die Botschaft aller Gesandten die gleiche: die Bezeugung des einen Gottes – und damit Glückseligkeit auf Erden und im Paradies.

Überlieferungen zufolge wurden mit dem ersten Menschen und Propheten Adam bis zum letzten Propheten Muhammed 224.000 Propheten gesandt; davon sind aber nur 28 im Koran namentlich genannt. Die Muslime glauben also unterschiedslos auch an Adam, Noah, Abraham, Jakob, Moses, Johannes und Jesus, denn sie kamen alle im Auftrag Gottes und waren Träger göttlicher Offenbarung sowie standhafte Diener Gottes (vgl. Koran, 2:285). Ehrlichkeit, Vertrauenswürdigkeit, Übermittlung von Gottes Anweisungen, Intelligenz, Sündlosigkeit und Freiheit von allen körperlichen und mentalen Mängeln zeichnen alle Propheten aus (vgl. Mertek 2001, S. 15ff.).

Die Muslime sind überzeugt, dass die Menschen nach ihrem Tod zum neuen Leben auferweckt und für alles, was sie in ihrem diesseitigen Leben getan oder unterlassen haben, Rechenschaft vor Gott ablegen werden. Am Jüngsten Tag werden von Gott die guten Taten besonders belohnt und die schlechten bestraft: »Kein Staubkörnchen Gutes oder Schlechtes wird verloren gehen und Gott wird am Jüngsten Tag absolute Gerechtigkeit walten lassen.« (Koran, 18:47-49; 20:105-112; 17:49-52, 97, 98, 99; 86:9; 39:70; 99:78)

Die Vorherbestimmung ist das zeitlose Wissen Allahs und die Macht, seine Pläne vorzubereiten und durchzuführen. Nach dem muslimischen Selbstverständnis ist Gott weise, gerecht und voller Liebe – was er tut, hat Gründe. Manchmal aber sind die Menschen nicht in der Lage, die Weisheit hinter Gottes Handeln zu erkennen. Aus diesem Grund darf der Muslim nicht die Hoffnung und die Geduld verlieren, wenn die Dinge sich nicht so entwickeln, wie er es sich vorgestellt hat. In solchen Situationen ist ein Muslim aufgerufen, Allah zu vertrauen, geduldig auszuharren und das hinzunehmen, was Gott für ihn bestimmt hat (vgl. ebd., 2:214; 6:59; 9:51; 57:22-23; 54:49).

3.1.5 Die Hauptpflichten eines Muslim

Die religiösen Grundpflichten sind unter der Überschrift »Hauptpfeiler bzw. Säulen des Islam« zusammengefasst – diese einzuhalten ist unerlässlich für einen Muslim (vgl. Döndüren 1998; Bilmen o.J.; Kerimoğlu 1985; Ebu Hanife 1979; Özcan 1998; Akaltun o.J.; Asimgil 1992). Die Hauptstützen dienen nach dem Islam dazu, den spirituellen Bedürfnissen des Menschen entgegenzukommen und dem Leben auf dieser Erde einen göttlichen Aspekt zu geben.

Die Säulen des Islam sind:

1. Glaubensbezeugung (*shahada*)
2. fünf tägliche Gebete (*salah*)
3. Fasten im Monat Ramadan (*saum*)
4. Pflichtabgabe (*zakah*)
5. Pilgerfahrt (*hacc*)

Die *shahada* ist das Kernstück des Islam. Wer das Glaubensbekenntnis »Ich bezeuge, es gibt keinen Gott außer Allah, und Muhammed ist der Gesandte Gottes« aufrecht ausspricht und die Absicht hat, den Islam als seinen Lebensweg anzuerkennen, ist Muslim bzw. Muslima. Der Glaube an Allah bedeutet nach dem Koran, an Seine Existenz zu glauben, ohne Ihn mit seinen Geschöpfen zu vergleichen und Ihm einen Platz beizumessen. Der Glaube an Muhammed besagt, an seine Gesandtschaft zu allen Menschen zu glauben, und ebenso, dass er die Wahrheit spricht, in allem, was er von Gott verkündet.

Salah, das Pflichtgebet, ist im Islam nach dem Glaubensbekenntnis das Wichtigste im Leben eines Muslim. Morgens, mittags, nachmittags, am Abend und in der Nacht sind die Muslime aufgerufen, durch das Gebet ihre geistige und körperliche Ergebenheit gegenüber Gott auszudrücken. Durch die Häufigkeit und zeitliche Festsetzung der Gebete sollen die Muslime Ziel und Sinn des Lebens nicht aus den Augen verlieren.

Saum, das Fasten, ist einmal im Jahr im Monat Ramadan für Muslime im Koran vorgeschrieben. Im Monat Ramadan sollen sich die fastenden Muslime ab der Morgendämmerung bis zum Sonnenuntergang von Essen und Trinken jeglicher Art sowie sexuellen Beziehungen fernhalten. Mit diesem Fasten lehrt der Islam die Muslime das Prinzip der wahren Liebe zu Gott und die Erfahrung von Hoffnung, Demut, Geduld und Selbstlosigkeit, Mäßigung, Willenskraft, Selbstdisziplin, dem Geist sozialer Zugehörigkeit, Einheit und Brüderlichkeit.

Jeder Muslim, dessen Vermögen eine festgesetzte Grenze überschreitet, ist nach dem Islam verpflichtet, jährlich einen bestimmten Teil von seinem Vermögen (genannt *zakah*) an einen bedürftigen Mitmenschen, einen in Not gekommenen Reisenden oder einen mit Schulden Belasteten zu bezahlen (vgl. Koran, 9:60; 9:103). Für den Islam ist das Spenden ein gottesdienstlicher Akt und eine spirituelle Investition. Die Einhaltung dieses Gebotes gereicht dem Herzen der Wohlhabenden zum Schutz vor Selbstsucht und dem des Bedürftigen zum Schutz vor Neid.

Die einmalige Pilgerfahrt nach Mekka, *hacc*, steht jedem Muslim, der die Mittel dazu aufbringen kann, zu Gebote. Die Muslime sehen diese Pilgerfahrt als ein großes Ereignis an. Bei ihr begegnen sich Hunderttausende von Menschen mit unterschiedlichen Sprachen, Kulturen und Ethnien unter gleichen Konditionen. Sie haben neben der Erfüllung von rituellen Pflichten der Pilgerfahrt auch ihr Bewusstsein zu schärfen, dass alle Menschen gleich sind und die Liebe und das Mitgefühl der anderen verdienen – unabhängig von ihrem geografischen oder kulturellen Ursprung. Auch soll diese Pilgerfahrt die Muslime an den Tag des Jüngsten Gerichts erinnern, an dem die Menschen vor Gott stehen werden, um für ihre Taten Rechenschaft abzulegen (vgl. Döndüren 1998, S. 191-626; Bilmen o.J., S. 103-404; Kerimoğlu 1985, Band 1, S. 191-572; Ebu Hanife 1979, S. 29-78; Özcan 1998, S. 192-432; Akaltun o.J., S. 84-255).

3.1.6 Die Moschee – Zentrum des Glaubens und Ort des Gebetes und der Lehre

Summarisch betrachtet ist der Glaube ein Erlebnis, das sich nach dem Koran und der Sunna wesentlich im Einzelnen manifestiert. Dementsprechend ist die Religiosität im islamischen Verständnis der Ausdruck von individueller Frömmigkeit. Das muslimische Gemeindeleben entfaltet sich durch das persönliche Einverständnis zur Erfüllung der religiösen Grundpflichten in und um eine *masdschid* bzw. *dschami* (Gebets- und Bildungsstätte, Moschee).

Das Wort »Moschee« leitet sich aus dem arabischen *masdschid oder dschami* ab und steht für den »Ort, wo man sich niederwirft«, oder den »Ort, an dem man sich versammelt«. Die Moschee dient als Gebetsstätte, zur Unterweisung in den Ritus, als Ort der Begegnung und des Austausches sowie als Treffpunkt der Gläubigen. Demnach sind Moscheen vor allem Orte, an denen das Gebet verrichtet wird, in welchem sich die direkte Beziehung des Gläubigen zu Gott ausdrückt.

Zusammengefasst ist eine Moschee der Ort religiöser Praxis für Muslime, an dem sie sich allein oder in Gemeinschaft zum Gebet und zur Besinnlichkeit einfinden. Darüber hinaus hat sie eine soziale Funktion, nämlich als Versammlungsort für soziokulturelle und religiöse Zwecke.

Als erstes Gotteshaus auf Erden wird im Islam die *Kaaba* in Mekka gezählt. In der Zeit des Gesandten Muhammeds wurde die erste Moschee im Jahre 622 n. Chr. bei Medina errichtet. Besonders die drei Moscheen *masdschidul-haram* in Mekka, *masdschidul-nabawi* in Medina und *masdschidul-aqsa* in Jerusalem werden von den Muslimen als heilig angesehen.

Das ganze Leben der Gemeinschaft spielt sich in und um eine Moschee ab. Auch wenn sie überall ihre fünf täglichen Gebete verrichten können, sind die Muslime nach der Sunna des Propheten Muhammed dazu aufgerufen, dies mit der Gemeinschaft in einer Moschee zu tun, da es mehr Wert als das einzelne Gebet hat. Freitags- und Feiertagsgebete können Muslime aber nur in einer Moschee ausführen (vgl. Döndüren 1998, S. 292f.). Mit dieser Empfehlung und der Vorschrift, das Gebet in der Moschee zu verrichten, wird beabsichtigt, die Muslime zu vereinen, die Brüderlichkeit und den gemeinsamen Dialog zu fördern. Deshalb wird Schulter an Schulter in einer Reihe gebetet.

Die Moschee wird auch als Unterrichtsraum genutzt. Früher wurde dort den Kindern und Erwachsenen neben religiösen Inhalten auch das Lesen, das Schreiben und das Rechnen beigebracht. In der islamischen Geschichte wurden aus vielen Moscheen Orte hoher islamischer Gelehrsamkeit. Die Moschee ist damit zugleich eine Bildungsstätte, in der alle Wissenschaften erlernt werden können. Die Moscheen sind heilige Orte, an denen von Muslimen ein respektvolles Verhalten erwartet wird. Sehr wichtig in diesem Zusammenhang ist, dass sie sich lautlos unterhalten und rücksichtsvoll miteinander umgehen. Politische und wirtschaftliche Interessen Einzelner dürfen nicht verfolgt werden (vgl. Alizade 1990, S. 107-110; Bilmen o.J., S. 230-235). In der Moschee muss die Ruhe gewahrt bleiben. Auf Sauberkeit und Reinheit der Moschee wird großer Wert gelegt, daher darf niemand – ob Muslim oder Nichtmuslim – den Gebetsraum mit Schuhen betreten. Dabei ist auch auf die Sauberkeit und Reinheit des Körpers und der Bekleidung zu achten. Männer und Frauen müssen besonders auf die Bekleidungsvorschriften (keine engen, durchsichtigen Kleider) achtgeben, wenn sie eine Moschee begehen. Nach Meinung vieler islamischer Rechtgelehrten sind alle Muslime für den Unterhalt der Moschee in ihrer Umgebung verantwortlich (vgl. Khoury 2000, S. 93ff.).

Neben den aufgeführten Eigenschaften muss eine Moschee noch folgende aufweisen, um überhaupt als Moschee anerkannt zu werden:

Die Moschee muss öffentlich und allen Menschen zugänglich sein. Die Muslime müssen sie als solche wahrnehmen. Sie darf nicht nur einigen Auserwählten bekannt sein. Die Moschee darf nicht ein Ort der Austragung von politisch-ideologischen sowie wirtschaftlichen Kämpfen Einzelner oder Gruppen sein. Die Moschee muss auch als Moschee gekennzeichnet und deklariert sein. Die Finanzierung kann nur durch legitim erworbene Gelder erfolgen. Die Moschee sollte in der Regel Eigentum der Muslime sein, das immer diesem Zwecke zu dienen hat und daher nicht veräußert oder nach einer gewissen Zeit ihrem Zweck entfremdet werden (vgl. Bilmen o.J., S. 230-234).

Es gibt keine gesicherten Daten über die Anzahl der Moscheen bzw. Gebetsstätten in Deutschland. Groben Schätzungen zufolge gibt es 2400 bis 2600 Gebetshäuser bzw. Moscheegemeinden in Deutschland, die in der Regel als Kulturvereine gegründet wurden und von Vereinen und Dachverbänden betreut und verwaltet werden (vgl. Bericht 2002, S. 224). Allerdings sind diese in Form von Gebetsräumen in den Gemeinden meistens in Wohnhäusern, gewerblichen Gebäuden oder Lagerhallen untergebracht, die zu Gebetsstätten umfunktioniert wurden und nach außen kaum sichtbar sind. Größe und Ausstattung solcher Stätten reichen von einem schlichten Wohnzimmer bis zu einem prachtvollen Gebäude. Moscheen wie die »Blaue Moschee« in Istanbul, die aus vielen Reiseberichten bekannt ist, findet man sehr selten im bundesrepublikanischen Raum. Um dies zu erklären, sollte man einen Blick auf die Historie der muslimischen Gastarbeiter werfen. Damals, als die ersten Muslime als Gastarbeiter ihren kulturellen und/oder religiösen Bedürfnissen nachgehen wollten, waren sie gezwungen, auf Orte auszuweichen, die ihnen erschwinglich waren. Ihnen blieben Räumlichkeiten, die meist in Hinterhöfen lagen und aufgrund der Lage anderweitig nicht vermietet werden konnten. Zu jener Zeit dachte keiner unter ihnen an den Erwerb oder Neubau einer Moschee, denn sie lebten mit dem Gedanken, in ihre Herkunftsländer zurückzukehren. Diese Entwicklung ist die Ursache dafür, dass sich der Begriff »Hinterhofmoschee« in unserem Sprachraum eingebürgert hat.

Seit einigen Jahren ist allerdings zunehmend zu beobachten, dass viele Organisationen und Initiativen verstärkt den Wunsch nach repräsentativen Moscheen haben, die als solche auch im Stadtbild erkennbar sind, also mit Kuppel und Minaretten, und an zentral gelegenen Plätzen liegen. Diese Entwicklung verdeutlicht, dass der Islam und die Muslime von einer *gastweisen* zu einer *dauerhaften* Präsenz in Deutschland übergegangen sind. Die Muslime möchten nun die äußerst unbequemen Hinterhöfe und die kaum zweckdienlichen Räumlichkeiten verlassen, sie möchten zum modernen Erscheinungsbild unserer Städte beitragen. Doch ihre repräsentativ großen Moscheebauprojekte stoßen häufig auf massive Widerstände der zuständigen Behörden und anderer Organisationen sowie der Nachbarschaft (vgl. Miehl/Lemmen 2001, S. 27f.).[7] Dessen ungeachtet konnten nach jahrelangen Auseinandersetzungen einige repräsentative Moscheen in Deutschland errichtet werden, so z.B. die »Mannheimer Moschee«, die »Neue Zentrum Moschee« in Frankfurt a.M. und die »Şehitlik Moschee« in Berlin. Von den 2400 bis 2600 Gebetshäusern bzw. Moscheegemein-

---

7 | Die Entstehung von islamischen Gebetsstätten dürfte in Deutschland nicht befremden, denn die erste Moschee in Deutschland entstand bereits vor 250 Jahren, als Friedrich Wilhelm I. türkisch-muslimische Soldaten in die Reihe seiner »langen Kerls« aufnahm und in der Nähe der Potsdamer Garnisonskirche einen Saal entsprechend umbauen ließ. Daneben entstand während des Ersten Weltkrieges in Wünsdorf eine Moschee mit einem 27 Meter hohen Minarett, die 1926 wegen Baufälligkeit abgerissen werden musste (über Moscheen und Moscheebaukonflikte in Deutschland vgl. Leggewie 2002; Jonker 2002).

den sind lediglich 66 gemäß der Tradition der islamischen Architektur erbaut worden (vgl. Hannemann 2000, S. 60).

Neben der Bereitstellung von Gebetsmöglichkeiten widmen sich die Moscheen in Deutschland vor allem sozial-kulturellen Aktivitäten. So finden wir neben dem Koranlese- und Religionsunterricht auch Deutsch- oder Alphabetisierungskurse sowie Freizeitangebote für Kinder und Jugendliche. Die Moscheen nehmen also inzwischen nicht nur religiöse, sondern auch soziale und kulturelle Aufgaben vermehrt wahr. Die Bedürfnisse ihrer Mitglieder verlangen besonders nach soziokulturellen sowie bildungsrelevanten Angeboten. So haben sich die Moscheen in Deutschland zu einem Gemeindezentrum besonderer Art entwickelt. In diesem Zusammenhang sei darauf hingewiesen, dass, wie bei den beiden großen Kirchen üblich, eine Mitgliedschaft in einem muslimischen Verein oder in einer Moscheegemeinde keine Voraussetzung für die Religionszugehörigkeit und -ausübung ist.

Auch über den Besuch der Moschee von Muslimen gibt es keine gesicherten Zahlen. Laut einer telefonischen Befragung des Zentrums für Türkeistudien (ZfT) über die religiöse Praxis und organisatorische Vertretung türkischstämmiger Muslime in Deutschland im November 2005 besuchen 21,5 % der Befragten nie oder so gut wie nie eine Moschee, 7 % nur zu den Feiertagen und 12 % mehrmals im Jahr. Die Mehrheit besucht jedoch regelmäßig mindestens einmal im Monat eine Moschee – 42 % mindestens einmal in der Woche. Fünfmal am Tag suchen nur 2 % den Weg zur Moschee (vgl. ZfT 2005b, S. 28-30). Muslimisch-türkische Jugendliche zwischen 18 und 30 Jahren begehen zu 35,7 % einmal in der Woche, zu 30 % mehrmals im Jahr, 30,3 % fast nie bzw. nie und lediglich 4 % einmal/ mehrmals am Tag eine Moschee (vgl. ebd., S. 29).

Die Herkunftssprache und -kultur der Muslime haben auch auf die Gründung solcher Gebetsstätten und Moscheegemeinden einen Einfluss gehabt. Daher sprechen die Muslime von »türkischen«, »arabischen«, »kurdischen« und »bosnischen« Moscheen – je nach Sprachbezug ihrer Gemeinde. Es gibt auch Gebäude, die mehrere Moscheegemeinden behausen. Die fünf täglichen Gebete, Freitags- und Feiertagsgebete werden zwar in arabischer Sprache verrichtet, die Ansprachen und die Predigten aber immer noch in der Herkunftssprache abgehalten. Erfreulicherweise ist zu beobachten, dass in den Moscheen, in der junge Erwachsene die organisatorische Verantwortung übernommen haben, vermehrt die deutsche Sprache in Ansprachen und Predigten beherzigt wird. Damit wird freilich der bestehende Bedarf noch nicht gedeckt, worauf gerade junge Muslime verstärkt hinweisen.

Nach dieser Einführung zum Islam und dem kulturellen Hintergrund der Muslime möchte ich mich im Folgenden zunächst mit dem Begriff der Integration und anschließend mit dem der Religiosität beschäftigen.

3.2 Integration

Die Erörterung der Forschungsfragen erfordert die Auseinandersetzung mit den theoretischen Ansätzen zum Integrationbegriff. In diesem Abschnitt werde ich zunächst auf die Bedeutung von Integration als Begriff und Prozess näher eingehen, um anschließend daraus den für diese Arbeit gültigen Begriff der Integration zu fixieren.

Der Integrationsbegriff ist durch folgende Merkmale charakterisiert:

– Rekonstruktion einer Einheit aus dem Differenzierten;
– Ausgehen von einem gesellschaftlichen »Ganzen«, das oft als Kollektiv oder System verstanden wird und aus einem Quantum von Teilen besteht;
– Prozess, der nicht einseitig ist und daher Integration erfordert, damit beide Seiten aufeinander zugehen und dass Toleranz für eine andere Lebensart einerseits und das Bemühen sich einzufügen andererseits vorherrschen;
– Verlangen, die Andersartigkeit nicht nur zu tolerieren, sondern als positive Bereicherung willkommen zu heißen;
– Beinhaltung einer Synthese aus beiden Kulturen.

Der Begriff »Integration« ist mittlerweile zum zentralen Leitwort in Politik und Wissenschaft auf europäischer wie bundesdeutscher Ebene geworden: Sowohl in der Migrationsforschung als auch in der allgemeinpolitischen Debatte um Einwanderungspolitik hat er große Bedeutung erlangt. Zudem beherrscht der Terminus in Assoziation mit dem Islam seit geraumer Zeit intensiv die öffentliche Debatte (vgl. Bade 2000, 2001, 2005, 2005a; Deutscher Bundestag, Drucksache 15/4260; 14/7747; 15/4394; Die Welt vom 5.10.2004; TAZ vom 27.2.2004; Frankfurter Rundschau vom 6.12.2004; Verordnung Integrationskurse 2005; Zuwanderungsgesetz 2004).

Das Thema der gesellschaftlichen Integration war zweifellos schon immer eines der zentralen Probleme der Sozialwissenschaft. Gleichwohl wurde es in soziopolitischen Debatten anders aufgefasst als in den sozialwissenschaftlichen Erörterungen. Folglich wurden zu dessen Lösung verschiedene Ansätze entwickelt, die häufig einen spezifischen Aspekt von Integration in den Mittelpunkt stellen. Integration lässt sich ökonomisch, politisch und kulturell begreifen. Des Weiteren wird zwischen sozialer und systemischer Integration unterschieden (vgl. Lockwood 1964; Esser 1980, 2001).

Im Hinblick auf Integration lassen sich epochal Stammesgesellschaften, traditionale und moderne Gesellschaften voneinander differenzieren. In der Stammesgesellschaft war die verwandtschaftliche Beziehung das essenzielle Bindeglied der Gesellschaft. Neue Formen sozialer Integration waren zu ermitteln, als diese Stammesgesellschaft sich durch Expansion

und durch die Entwicklung des ökonomischen Tauschverkehrs in größere
gesellschaftliche Einheiten ausgebaut hatte. Durch Etablierung eines zentralen Herrschaftssystems wurde die politische und durch Arbeitsteilung
die ökonomische Integration der Gesellschaft ermöglicht (vgl. Durkheim
1999). Die Stammesgesellschaft wurde durch die traditionalen Gesellschaften abgelöst. Mit der Zeit stieß auch die traditionale Gesellschaft an die
Grenzen ihrer Integrationskraft. Historische Ereignisse wie die Aufklärung
sowie die demokratische und die industrielle Revolution führten zur Ablö-
sung der traditionalen Gesellschaftsform durch die moderne. Die Bildung
von europäischen Nationalstaaten sowie deren Zusammenrücken im Zuge
der europäischen Einigung wurden durch die Modernisierungsprozesse
verstärkt (vgl. Mann 1958; Schwanitz 1999). In der modernen Gesellschaft
bildete die Aufklärung die Grundlage für die kulturelle Integration, die
demokratische Revolution für die politische und die industrielle Revolution
für die ökonomische Integration.

Hieraus haben sich in der modernen Gesellschaft zwei Perspektiven
der Integration herausgebildet: die Integration der Gesellschaft und die
Integration in die Gesellschaft (vgl. Schäfers 2003, S. 152-155). So befassen
sich die allgemeinsoziologischen Theorien mit der Frage der Integration
der Gesellschaft (vgl. Beck 1986; Luhmann 1994), während die migrations-
soziologischen Theorien sich dem Begriff der Integration über die Sicht
der »Einwanderer« nähern (vgl. Hoffmann-Nowotny 1973; Heckmann
1981, 2000; Esser 1980, 2001).

Da die Integration der muslimischen Jugendlichen im Mittelpunkt dieser Studie steht, werde ich mich im Folgenden auf Integrationsmodelle beschränken, die sich mit dem Thema der Integration von Einwanderern in
die Aufnahmegesellschaft befassen.

3.2.1 Integrationsmodelle

Bislang haben sich diesbezüglich unterschiedliche Integrationsansätze herausgebildet. Es gibt Theorien, die den Integrationsprozess als Stufenmodell beschreiben und dabei die Assimilation in den Mittelpunkt stellen. Im
Gegenzug formten sich – insbesondere durch die soziokulturellen Bewegungen – Denkrichtungen, die den Integrationsprozess offenlassen und
dabei auf die Wechselseitigkeit aufmerksam machen.

Integrationstheorien wie das sozialökologische Modell der *Chicago
School,* das strukturelle Migrationsmodell von Hoffmann-Nowotny und das
handlungstheoretische Modell von Esser gehen davon aus, dass es auch in
modernen Gesellschaften noch für alle Gesellschaftsmitglieder verbindliche kulturelle Normen gibt, die für die Integration in die Gesellschaft bestimmend sind (vgl. Park 1950; Hoffmann-Nowotny 1973; Esser 1980,
2001).

So fundiert Robert Ezra Park, der Begründer der *Chicago School,* seine

Integrationsvorstellung mit dem Assimilationsparadigma, weil innerhalb des Nationalstaates eine homogene Lebensweise notwendig sei. Die Zugehörigkeit zu und Mitgliedschaft in der aufnehmenden Gesellschaft sei nur durch Assimilation möglich. Eine heterogene Lebensweise der Bevölkerung diene nicht dem friedlichen Zusammenleben der Gesellschaft; sie sei vielmehr »Quelle von Unruhe und Irritationen« (Park 1950, S. 196ff.). Durch die Unabdingbarkeit der Homogenität in einer Gesellschaft gerät sein Integrationsgedanke zu einer Assimilationsforderung.

Hans-Joachim Hoffmann-Nowotny und Hartmut Esser haben im deutschsprachigen Raum maßgeblich die Überlegungen zur Integration von Einwanderern beeinflusst.

Das Stufenmodell der Integration von *Hoffmann-Nowotny* (1973) basiert auf dem Assimilationsmodell von Samuel N. Eisenstadt. Er überträgt dessen drei »Absorptionsstufen« *Akkulturation, Anpassung* und *Dispersion* in die Begriffe »Assimilation« und »Integration«. Im Mittelpunkt seiner Untersuchungen stehen Migrationsprozesse, die Auswirkungen von Wanderungen auf das Aufnahmeland und auf den einzelnen Einwanderer haben. Er versteht Integration als Partizipation an der Gesellschaft. Dazu soll den Einwanderern die Angleichung an die strukturellen Standards der Einheimischen ermöglicht werden. Folglich stehe die positionale Integration über der kulturellen. Ferner sei die Integration nur in »diskriminierungsfreien« Systemen vorstellbar.

Dagegen kann nach *Hartmut Esser* Integration nur dann erreicht werden, wenn die Spannungen zwischen der Mehrheitsgesellschaft und den Einwanderern überwunden werden. Dies setze einerseits kognitive, strukturelle, soziale und identitätsbezogene Assimilationsprozesse der Einwanderer voraus, andererseits eine Chancengleichheit in der Aufnahmegesellschaft. In seinem handlungstheoretischen Modell unterscheidet er daher zwischen der System- und der Sozialintegration. Mit dem Begriff »Systemintegration« meint er den Zusammenhalt eines sozialen Systems in seiner Ganzheit mit den drei Mechanismen »Markt«, »Organisation« und »Medien«. Bei der »Sozialintegration« erkennt er dagegen vier Dimensionen:

»[D]ie *Kulturation* als den Erwerb von Wissen und Fertigkeiten, einschließlich der Sprache; die *Plazierung* als die Übernahme von Positionen und die Verleihung von Rechten; die *Interaktion* als die Aufnahme sozialer Beziehungen im alltäglichen Bereich; die *Identifikation* als die emotionale Zuwendung zu dem betreffenden sozialen System.« (Esser 2001, S. 8-11)

Während diese Integrationstheorien die Assimilation in den Fokus rücken – und dabei die Unterordnung unter die Leitkultur der Aufnahmegesellschaft meinen –, gehen die durch die soziokulturellen Bürgerbewegungen entstandenen Integrationsmodelle von einem wertarmen Integrationsbegriff aus. Sie definieren die Integration als einen komplexen und interaktiven Prozess. Damit die Integration der eingewanderten Menschen überhaupt stattfindet, müsse die Mehrheitsgesellschaft die soziale, ökonomische und rechtliche Gleichstellung der Einwanderer sicherstellen. Im Gegenzug werde von ihnen neben dem Erlernen der Sprache die Kompetenz gefordert, als Bürger in diesem Staat zu handeln (vgl. Habermas 1996). Die synchrone Identifikation sowohl mit der Herkunftsgesellschaft als auch mit der Aufnahmegesellschaft ist bei diesem Modell möglich. Der Multikulturalismus wird bei diesen Ansätzen betont. Doch auch hier haben sich unterschiedliche theoretische Positionen entwickelt: eine kommunitaristische (vgl. Taylor 1993) und eine liberale (vgl. Habermas 1993, 1996) Begründung des multikulturellen Integrationskonzeptes.

Die *kommunitaristische* Begründung des multikulturellen Integrationsansatzes etablierte sich vor allem in den Vereinigten Staaten von Amerika durch die Forschungsaufsätze von Amy Gutmann und Charles Taylor. Sie schlussfolgern, dass alle Kulturen von gleichem Wert und demgemäß anzuerkennen seien. Daher fordern sie eine »Politik der Anerkennung«, damit die Identität eines Individuums bzw. einer Gruppe als gleichwertig anerkannt wird. Sie haben mit ihren Veröffentlichungen und Diskussionen vor allem die amerikanische Bildungspolitik ins Visier genommen und dabei gefordert, dass die ethnozentristische Sichtweise in den (hoch-)schulischen Lehrinhalten zu beseitigen sei (vgl. Taylor 1993).

Die *liberale* Begründung des multikulturellen Integrationsansatzes bekräftigt sowohl die allgemeinen Menschenrechte als auch die Werte der einzelnen Kulturen. Erstere seien für die Integration in die Weltgesellschaft zentral. Die Autonomie des Individuums dürfe dabei nicht außer Acht gelassen werden (vgl. Kymlicka 1999). Jürgen Habermas hat die Grundzüge einer liberalen Begründung des Multikulturalismus in der Auseinandersetzung mit Charles Taylor entwickelt. Demnach bedeute eine soziokulturelle Anerkennung keineswegs »ethnischer Artenschutz«, sondern eine Anerkennung, die Kulturen um ihrer selbst willen respektiert und sie zu erhalten trachtet. Die Notwendigkeit einer Anerkennung von »natio-ethno-kulturellen Lebensformen« begründet er damit, dass diese den Handlungs-, Erfahrungs- und Selbstgestaltungskontext, in dem sich die Individuen darstellen, ausbilden (vgl. Habermas 1993, S. 147-196).

Jürgen Habermas unterstreicht in diesem Zusammenhang, dass der demokratische Rechtsstaat von Einwanderern nur die *politische Sozialisation* verlangen darf:

»Auf diese Weise kann er [der Staat, H.Ö.] die Identität des Gemeinwesens, die auch durch Immigration nicht angetastet werden darf, wahren, weil diese an den in der *politischen Kultur* verankerten *Verfassungsprinzipien* und nicht an den *ethischen Grundorientierungen* einer im Lande vorherrschenden *kulturellen Lebensform* festgemacht ist. Demnach muss von Einwanderern nur die Bereitschaft erwartet werden, sich auf die politische Kultur ihrer neuen Heimat einzulassen, ohne deshalb die kulturelle Lebensform ihrer Herkunft aufgeben zu müssen.« (Ebd., S. 183f.)

Das Integrationsmodell des Bamberger Migrationsforschers *Friedrich Heckmann* berücksichtigt zwar die Grundsätzlichkeiten der bisher ausgeführten Ansätze, sieht aber in diesem Zusammenhang ein Machtgefälle zwischen Einheimischen und Einwanderern. Dabei stehe Integration für die Angleichung von Lebenslagen und die kulturelle sowie soziale Annäherung zwischen Einheimischen und Einwanderern. Politisch-gesellschaftliches Ziel sei somit eine Integration, in der die Eingliederung neuer Bevölkerungsgruppen in bestehende Sozialstrukturen und die Art und Weise, wie diese neuen Bevölkerungsgruppen mit dem bestehenden System sozioökonomischer, rechtlicher und kultureller Beziehungen verknüpft werden, im Vordergrund steht. Folglich sei Integration als Beziehung zwischen Einwanderern und Aufnahmegesellschaft ein wechselseitiges Verhältnis, in welchem beide Seiten bestimmte Bereitschaften und Leistungen zeigen müssten. Heckmann unterscheidet vier Hauptdimensionen des Integrationsprozesses: strukturelle, kulturelle, soziale und identifikative Integration. Bei der *strukturellen Integration* gehe es vorrangig darum, dass die Migranten und ihre Nachkommen sowohl einen Mitgliedsstatus und Rechte erwerben als auch Zugang zu Positionen in den Kerninstitutionen, wie Wirtschaft und Arbeitsmarkt, zu Bildungs- und Qualifikationssystemen der Aufnahmegesellschaft erhalten. Die *kulturelle Integration* beziehe sich hauptsächlich auf die Migrationsbevölkerung und setze einen Lern- und Sozialisationsprozess seitens der Migranten voraus, damit diese eine Mitglieds- und Partizipationsrolle effektiv ausfüllen können. In diesem Sinne bedeutet Integration den Prozess kognitiver, kultureller, verhaltens- und einstellungsmäßiger Veränderungen der Migranten. Auch wenn Integration eine notwendige kulturelle Anpassung und Veränderung seitens der Aufnahmegesellschaft beinhalte, beziehe sie sich hauptsächlich auf die Migrationsbevölkerung. Der Erwerb von Mitgliedschaften in der neuen Gesellschaft forme die *soziale Integration*, die sich im Bereich sozialer Beziehungen, einschließlich der Freundschafts- und Partnerwahlstrukturen, Gruppen- und Vereinsmitgliedschaften zeige. Der Integrationsprozess werde mit der *identifikativen Integration* abgeschlossen. Auf der subjektiven Ebene erweist sich die neue gesellschaftliche Mitgliedschaft in Zugehörigkeits- und Identifizierungsbereitschaften und -gefühlen mit ethnisch-nationalen, regionalen und lokalen Strukturen (vgl. Heckmann 2000, S. 8). Infolgedessen stellt Heckmann für eine erfolgreiche Integration für beide Seiten Bedingungen auf. Dabei sind auf Seiten der Aufnahmegesellschaft insbesondere der Arbeits-, Bildungs-, Qualifizierungs- und Wohnungsmarkt gefordert; auf Seiten der Zuwanderer geht es um deutsche Sprachkenntnisse und um ihre Integrationschancen auf diesen Märkten. Eine Aufgabe kultureller Traditionen, wie dies der Begriff der »Assimilierung«

impliziert, ist demnach mit erfolgreicher Integration im oben genannten Sinne nicht vereinbar. Denn zum Zukunftspotenzial großer Einwanderungsstädte gehören kulturelle Differenzen; sie sind eine Voraussetzung von Urbanität (vgl. ebd., S. 10-17).

3.2.2 Folgerungen

Zur erfolgreichen Integration sind also folgende Voraussetzungen erforderlich:

- *Interkulturelles Lernen:* Erkennen des eigenen, unvermeidlichen Ethnozentrismus, Umgang mit Befremdung, Grundlegung von Toleranz, Akzeptanz von Ethnizität, Thematisierung von Rassismus, Betonung des Gemeinsamen, Ermunterung zur Solidarität, Einüben von Formen vernünftiger Konfliktbewältigung/vernünftigen Umgangs mit Kulturkonflikt und Kulturrelativismus, Aufmerksamwerden auf Möglichkeiten gegenseitiger kultureller Bereicherung;
- flächendeckende Kurse in Schulen und außerschulischen Bildungsinstitutionen zur Aneignung der interkulturellen Kompetenz und Kommunikation;
- interkulturelle Öffnung der öffentlichen Dienste und Einrichtungen;
- ein positiver Migrationsbegriff (Migration als Bereicherung) und die Betrachtung der Vielfalt als eines Ausdrucks des kulturellen und religiösen Reichtums des Landes;
- kontinuierliches Engagement, Kompromissbereitschaft und Geduld;
- gleichberechtigter Zugang zu Bildung, Ausbildung, Arbeit sowie Wohnen und zu politischen und kulturellen Angeboten;
- Gleichbehandlung und Anerkennung der Religionen und Kulturen (bspw. für Islam u.a.: Erteilung von islamischen Religionsunterricht in den öffentlichen Schulen, Errichtung von Lehrstühlen für islamische Religion an Hochschulen, Schaffung von Einrichtungen zur Ausbildung von muslimischen Geistlichen und Gemeindeleitern, die Militär- und Krankenseelsorge, die staatliche Unterstützung eines muslimischen Wohlfahrtswesens, die Beteiligung an den Verkündigungs-Sendezeiten im Rundfunk, finanzielle Dauer- sowie Projektförderung);
- Ressentiments und Klischeebildungen entgegenwirken, indem in den Schulen, der Erwachsenenbildung und den Medien ein differenziertes Wissen um die Kulturen und Religionen vermittelt wird;
- Minderheiten und ihre Themen nicht für parteitaktischen Wahlkampf benutzen und nicht populistisch agieren, vielmehr konkrete Hilfestellungen entsprechend den Bedürfnissen leisten;
- Extremismus, Kriminalität und Terrorismus unabhängig von Ethnie, Religion und Kultur thematisieren.

Nur so ist eine »Kultur der Toleranz und des Miteinanders« möglich.

Die hier aufzeigten Integrationstheorien können allein nicht die Grundlage für die Erörterung meiner Forschungsfragen bilden, weil sie entweder individualistisch oder systemtheoretisch eingefasst sind. Des Weiteren sind viele ihrer Induktionen nicht zeitgemäß, weil sie die Folgen der anschwellenden Globalisierung und die Realität vom »Globalen Dorf« (vgl. McLuhan 1995) nicht ausreichend einbeziehen. Darüber hinaus wird zunehmend die klassische, auf Dauer angelegte Einwanderung an Bedeutung verlieren, während die kurzfristige »Pendel-Migration« zunimmt (vgl. IOM 2003). Die herkömmlichen Abgrenzungen von Gruppen nach Kriterien der Sprache, Kultur und Religion werden fortwährend durchlässiger und sich schließlich gar auflösen.

Sonach kann die von Park geäußerte Forderung nach Homogenität beispielsweise in Anbetracht einer europäischen Einigung und des Prozesses der Globalisierung, in der die Pluralität und Heterogenität der Bevölkerung anwächst, nicht mehr aufrechterhalten werden. Überdies gehen diese Ansätze von einer ethnozentristischen Sichtweise aus, die ein Gebilde der Hierarchie von Kulturen zum Grunde hat und zudem Identitäten und Kulturen statisch betrachtet (vgl. Auernheimer 2003, S. 73-77 und 107-118). Zwar haben einige, wie der Esser'sche Integrationsansatz, eine solide Basis, aber das Assimilationsparadigma verfälscht deren Konsequenzen, da die Anpassung der Aufnahmegesellschaft an die Einwanderungssituation kaum reflektiert wird. Seine Annahme, dass die Identifikation mit der Aufnahmegesellschaft in dem Maße zunimmt, wie die Identifikation mit der Herkunftsgesellschaft abnimmt, ist mit den aktuellen Gesellschaftsbeschreibungen (vgl. Beck 1986, 1995, 1998) nicht verträglich. In diesem Zusammenhang verkennen diese Integrationsmodelle auch die Tatsache, dass die Menschen aufgrund der neuen weltlichen Lage zunehmend Wanderer zwischen den Kulturen sind und demnach unterschiedliche transkulturelle Erfahrungen in ihre Identität einpassen müssen (vgl. Auernheimer 2003, S. 103-107). Folglich wird die »Multiple Identität« nicht nur in Subkulturen ausgebildet, sondern entwickelt sich zunehmend zum Entwurf von Normalität. So sind alle Gesellschaften dieser Welt – auch die unsere – kulturell vielfältig geworden. Es leben Menschen mit unterschiedlichen Religionen, Kulturen und Ethnien überall auf der Erde in engster Nachbarschaft und Gemeinschaft zusammen. Aus diesem Grund gehört durch das Konzept der »kulturellen Hybridität« nicht nur die räumliche Isolation der Kulturen und Religionen voneinander der Vergangenheit an, sondern auch die Vorstellung, in der das »Entweder-oder« galt (vgl. Bhabha 1990, 1994). Daneben wirken diese Integrationskonstruktionen grobschlächtig und wenig differenziert, deduzieren sie doch, dass mit der Angleichung der Lebensverhältnisse ethnische Differenzen verschwinden würden. Dieser Erklärungsversuch ist nicht haltbar: Viele neuzeitliche Studien wie die von Arjun Appadurai dokumentieren eher das Gegenteil. Appadurai stellt fest,

dass gerade durch die höheren Lebensstandards und Entfaltungsmöglichkeiten die kulturellen Differenzen erhalten bleiben (vgl. Appadurai 1988,
1991, 1996). Somit wird sich innerhalb nationalstaatlicher Grenzen die *glo-
bale Gesellschaft* entwickeln. Demnach sollte Deutschland seine Integra-
tionsvorstellungen korrigieren und seine Kräfte für ein erfolgreiches Konzept eines Einwanderungslandes bündeln, damit die Bürger auf die neuen
und vielfältigen Herausforderungen in Zeiten der Globalisierung und Migration gut vorbereitet sind. Gerade diese mannigfaltigen Aspekte werden
in den beschriebenen Modellen kaum zur Sprache gebracht, sodass sie weder zeitgemäß noch praktikabel anmuten. Erforderlich ist daher ein Konzept, das die Verschiedenartigkeit und Vielfalt als Ressource wie Bereicherung auffasst. In diesem Zusammenhang wäre ein Ansatz, der aus der
US-amerikanischen Managementlehre stammt, überaus diskutabel: *Diversity Managment* (vgl. Koall 2001; Roosevelt 2001).

3.2.2.1 Diversity Managment– Empowerment durch Vielfalt

Der *Diversity*-Ansatz wurde ursprünglich von Unternehmen als Reaktion
auf die US-amerikanische Antidiskriminierungsgesetzgebung entwickelt,
um Schadensersatzzahlungen von vornherein vorzubeugen.

Der Terminus *Diversity* steht für »Unterschiedlichkeit« bzw. »Vielfalt«
und wird deswegen von Menschen, die eine Vielfalt von Lebens- und Be-
rufserfahrung, Sichtweisen, Werten und Weltanschauungen als Kapital in
ihren Arbeitsbereich einbringen, als ein Mosaik definiert (vgl. Deutsche
Gesellschaft für Diversity Management). Das bedeutet, dass sich Menschen
in vielem unterscheiden – und in manchem ähnlich sind. Infolgedessen ist
es durchaus wichtig, dass die Unterschiedlichkeiten nicht zum Zwecke der
Diskriminierung oder Ausgrenzung benutzt werden, sondern der Wert der
Vielfalt anerkannt und im positiven Sinne in seinen Synergieeffekten genutzt wird. Daraus leitet sich das Ziel des *Diversity Management* ab: die gezielte Wahrnehmung sowie das bewusste nutzbringende Wertschätzen der
Unterschiedlichkeiten und im Allgemeinen die Förderung der Toleranz im
Wirtschaftsleben. Sie will also die personale Vielfalt und Verschiedenheit
für die Unternehmung produktiv nutzen, um einerseits die Wettbewerbs-
vorteile zu sichern und sich andererseits neue Handlungsmöglichkeiten zu
eröffnen (vgl. Roosevelt 2001).

Diese Managementstrategie zeichnet sich durch folgende Besonderheiten aus:

– Beachtung der Diversität auf allen Ebenen der Institution;
– Steuerung und Leitung der Diversität als Querschnittsaufgabe der gesamten Institution;
– Betrachtung der Diversität des Personals als eine Ressource und Bereicherung;

- *Diversity Managment* impliziert einen Interessenausgleich zwischen Mensch und Institution und nicht etwa eine einseitige Unterordnung der Minderheit unter die dominante Mehrheit;
- *Diversity Managment* ist kein einmaliges, zeitlich begrenztes Projekt oder Fertigrezept, sondern vielmehr ein längerer, kontinuierlicher Prozess, der die Vielfalt fördert, Spannungen unter Beteiligten löst, Kommunikationsprobleme beseitigt, insgesamt zur Verbesserung des betrieblichen Gesamtergebnisses führt und zudem fortlaufend auf Feedback der Beteiligten angewiesen ist (vgl. Koall 2001, S. 3f.).

So ist festzuhalten, dass durch diesen Ansatz die Idee der »Leitkultur«, da sie kaum mit den Grundsätzen von *Diversity* vereinbar ist, durch die einer »Lernkultur« abgelöst wird, in der die Diversität als ein ganzheitliches organisationales Lernen verstanden wird. Hierzu werden die Beteiligten bestärkt, sich bewusst in ihrer Diversität, in ihren unterschiedlichen sozialen, kulturellen und religiösen Kontexten einzubringen, statt sich einer homogenen Dominanzkultur zu unterwerfen. Das *Diversity Management* setzt darauf, sich die Vielfalt zunutze zu machen und so die Toleranz im Wirtschaftsleben zu fördern. Während dieses Konzept Partizipation, Chancengleichheit, Gleichwertigkeit und Antidiskriminierung erstrebt, stellt es dabei grundsätzlich die herkömmlichen Hierarchien infrage. Eben genau darin liegt das gesellschaftspolitische Potenzial dieses Ansatzes begründet, die Möglichkeiten der Einwanderungsgesellschaft produktiv für die Neugestaltung der Gesellschaft zu verwenden. So werden im deutschsprachigen Raum »Diversity« und » Diversity Managment « zunehmend an Universitäten, in Unternehmen, in der Verwaltung, im Non-Profit-Bereich und in Nichtregierungsorganisationen diskutiert, sodass sie sich auch mittlerweile zu einem gesellschaftspolitischen Ansatz (*Politics of Diversity*) weiterentwickelt haben. *Politics of Diversity* (»Politik der Verschiedenheit«) geht von der Tatsache aus, dass durch die Globalisierung eine zunehmende Zahl von Menschen mit einer sehr großen Vielfalt an Eigenschaften, Kulturen, Religionen, Eigenheiten usw. konfrontiert wird und viele Gesellschaften inzwischen multikulturell sind – mit vertrauten und fremden Aspekten. Homogen sind auch die Gruppen innerhalb einer Gesellschaft selbst nicht; zwischen und in ihnen gibt es Trennendes wie Verbindendes. So stellen Ohms und Schenk (2003, S. 1) fest:

»Es ist die Aufgabe moderner Gesellschaften, das Prinzip der Chancengleichheit zu verwirklichen, d.h. Diskriminierungen und Ausgrenzungen aufgrund von Geschlecht, sexueller Identität, Alter, Lebensweise, ethnischer Herkunft, Weltanschauung usw. entgegenzuwirken.«

Die Europäische Union hat sich diesen Ansatz zu eigen gemacht – ihre Antidiskriminierungspolitik hat den Slogan: »Für Vielfalt – Gegen Diskriminierung« (vgl. *www.stop-discrimination.info*) und ist damit bei der Weiterentwicklung dieses Konzeptes federführend. Mit der Verabschiedung von Antidiskriminierungsrichtlinien sind jetzt die EU-Mitgliedstaaten am Zuge, dieses in das nationale Recht umzusetzen. Somit wird eine Implementierung des »Diversity Management«-Ansatzes unaufschiebbar sein (vgl. John 2004). Nicht nur, dass viele deutsche Großunternehmen (bspw. *Daimler Chrysler, Lufthansa, Ford* und die *Deutsche Bank*) inzwischen diesen Ansatz aufgegriffen haben, auch einige Kommunen u.a. Göttingen, haben Experimente mit diesem Konzept begonnen (vgl. Bernert/Lange 2000, S. 23-44).

3.2.2.2 Perspektivwechsel in der Integrationsdebatte

Die Ausführungen verdeutlichen, wie sehr ein Perspektivwechsel auch in der Integrationsfrage vonnöten ist, dass die bisherige Agenda der Sozialwissenschaften in Deutschland nachhinkt. Permanent ist die Integrationsdebatte auch im deutschsprachigen Raum von der Vorstellung einer »homogenen« Mehrheitsgesellschaft geprägt, in der die Kulturen der eingewanderten Minderheit zu integrieren sind. Zunehmend müssen wir aber erkennen, dass der Ausgangspunkt einer »homogenen Mehrheitsgesellschaft« wirklichkeitsfern und zugleich anachronistisch ist. Fortan kann man sich nicht weiter der Einsicht verschließen, dass wir vielmehr in einer hoch ausdifferenzierten und sehr individualistischen Gesellschaft mit einer Vielfalt an sozialen, ethnischen, kulturellen und religiösen Gruppen mit jeweils eigenen Werten, Umgangs- und Kommunikationsformen leben (vgl. Beck 1986, 1995). Demzufolge ist die Trennungslinie zwischen Mehrheits- und Minderheitsgesellschaft ebenfalls überholt, da in einer heterogenen Gesellschaft solche Unterteilungen für ein gedeihliches und harmonisches Zusammenleben und -wirken nicht förderlich sind. Ebenso wenig ist die Defizitorientierung in der Integrationsdebatte von Nutzen. Immer noch werden die eingewanderten Gruppen als »belastend« und »anstrengend« empfunden. Oftmals werden sie unter der Bezeichnung »Randgruppe« subsumiert, augenblicklich wird die Integrationsdiskussion sogar entlang der »Inneren Sicherheit« geführt. In einer Zeit, in der wir uns im Übergang zur globalen Wissensgesellschaft befinden, sollte die Migration nicht mehr als »Störfall«, als Abweichung vom Normalen oder als Folgeerscheinung von Krisen und Umbrüchen verstanden werden. Migration, die für die Verlagerung des Lebensmittelpunktes von Menschen über den Grenzen ihres Wohnlandes steht, wird zunehmend durch den globalen Alltag und die Forderung nach Mobilität und Flexibilität zum Normalfall. In einer solchen Zeit fragt man sich unbefangen, wie richtig und wichtig noch die Klassifizierung und die Überbetonung des Kulturellen im Sinne der ethnischen Abstammung, der Herkunft und der Nationalität sind. Zuschreibungen wie »die deutsche«, »die italienische« oder »die arabische« Kultur sowie »die Deutschen«, »die Italiener« oder »die Araber« sind im Verfall begriffen. Die Integrationsdebatte sollte sich von solchen kulturalistischen Zuschreibungen befreien, da diese schnell diskriminierende und rassistische Züge annehmen und dadurch allzu oft die erfolgreiche Integration und Partizipation der beteiligten Menschen verhindern können. Daher kann eine ›Entweder-oder‹-Vorstellung nicht mehr beibehalten werden, sodass es erforderlich ist, mit einer ›Sowohl-als-auch‹-Betrachtung neue Wege zu beschreiten.

Um den Prozess einer erfolgreichen Integration und Partizipation aller betroffenen Menschen zu beschleunigen, sind einige Anforderungen nötig:

– Der Staat mit seinen unterschiedlichen Instanzen hat unter Wahrung seiner rechtsstaatlichen Grundwerte dafür Sorge zu tragen, dass alle Menschen ungeachtet ihrer ethnischen, religiösen oder kulturell geprägten Herkunft gleichbehandelt werden, weil das Verlangen nach Anerkennung ein menschliches Grundbedürfnis ist (vgl. Taylor 1993, S. 15ff.).

– Zudem hat er die kulturelle Differenz zu pflegen, indem er sowohl einer unmittelbaren als auch einer mittelbaren Diskriminierung einen Riegel vorschiebt. Freiheitsrechte wie das Erziehungsrecht der Eltern, die Freiheit von Ehe und Familie und die Religionsfreiheit sollten ohne Abzüge für alle so effektiv gelten, dass auch insoweit keine assimilatorischen Tendenzen geduldet werden. Eine heterogene Lebensweise der Menschen und die Bildung von ethnischen, kulturellen oder religiösen Selbstorganisationen sollten nicht per se als riskant bzw. integrationshemmend gehalten werden (vgl. Park 1950; Esser 1980, 2001). Gerade die Bildung von »multiplen Identitäten« sollte unterstützt werden, damit eine gleichzeitige Identifikation mit der Herkunftskultur wie mit der Kultur des Einwanderungslandes sichergestellt wird. Die Gründung von ethnischen, kulturellen oder religiösen Selbstorganisationen oder ihre Rolle im Integrationsprozess sollte daher als weiteres Mittel zur Integration aufgefasst werden.

– Die Grenzen der Toleranz sollten unmissverständlich festgelegt und dann für alle kongruent angewandt werden. Dabei muss aber aufgemerkt werden, dass nicht die Individuen ausgegrenzt, sondern ihre Vorstellungen angegangen werden – soweit sie mit den rechtsstaatlichen Grundwerten und einem harmonischen Zusammenleben nicht vereinbar sind. Zudem haben die regionalen und überregionalen Institutionen dafür zu sorgen, dass alle Gesellschaftsmitglieder in das wirtschaftliche Leben weitgehend integriert werden, indem sie für einen chancengleichen Zugang zum Arbeitsmarkt, zum Bildungs- und Qualifikationssystem usw. sorgen. Die gegenwärtige weltpolitische Konstellation und die zunehmende europäische Integration erfordern m.E. einen Paradigmenwechsel, in der alle zu ebenbürtigen Bürgern erklärt werden und für alle Politik gemacht wird – ohne dass in Mehrheit und Minderheit klassifiziert wird. Das Ungleichgewicht zwischen den einzelnen gesellschaftlichen Gruppen muss abgebaut werden, damit allen der gleiche Zugang zu gesellschaftlichen und staatlichen Ressourcen ermöglicht sowie soziale und politische Partizipation auf allen Ebenen der Gesellschaft gewährleistet wird. Hierfür bietet das »Diversity Managment« sowohl in organisationaler als auch in gesellschaftspolitischer Hinsicht einige wertvolle Anregungen.

– Auch alle gesellschaftlichen Gruppen müssen sich dieser lebenslangen Aufgabe annehmen. Jeder, ob einheimisch oder eingewandert, hat die Bereitschaft und Bereitwilligkeit zu zeigen, die grundlegenden rechtsstaatlichen Werte, wie sie beispielsweise im Grundgesetz der Bundesrepublik Deutschland festgelegt sind, anzuerkennen und im Alltag zumindest weitgehend umzusetzen.

– Um ein harmonisches (»symbiotisches«) Zusammenleben zu ermöglichen, sollten sich alle aktiv und ehrlich für einen interkulturellen Austausch und einen interreligiösen Dialog einsetzen. Das bedingt lebenslanges Lernen, indem sich jeder um die Bildung von Kernkompetenzen (Sprachkompetenz, interkulturelle und interreligiöse Kompetenz etc.) bemüht. Gesellschaftliche Initiativen bzw. Gemeinschaften haben in diesem Zusammenhang die hohe Priorität, für die Bildung von Kernkompetenzen ihrer Mitglieder zu sorgen, um die eigene Integration und die ihrer Mitglieder voranzutreiben. Zudem haben alle dafür zu sorgen, dass sie nach außen und nach innen transparent auftreten.

Aus dem Ganzen folgt nunmehr der dieser Studie zugrunde gelegte *Begriff der Integration*:

Unter *Integration* verstehe ich die Eingliederung, insbesondere Akzeptanz von Individuen oder Gruppen in der für sie neuen sozialen Umgebung. Demnach schließt Integration sowohl Assimilation als auch Segregation aus. Sie ist vielmehr ein dynamischer, kontinuierlicher und vielseitiger Prozess, an dem einzelne Personen oder Gruppen und die aufnehmende Gesellschaft aktiv beteiligt sind. Sie stellt somit nichts Statisches dar. Daher fordert Integration, dass die Menschen aufeinander zugehen. Aus diesem Grund sollte die Andersartigkeit von Migranten von der Aufnahmegesellschaft nicht nur toleriert, sondern als positive Bereicherung willkommen geheißen werden. Integration beinhaltet eine Synthese aus beiden Kulturen und demzufolge ein Leben in beiden Kulturen (vgl. Auernheimer 1996, S. 85-92). Zusammengesetzt bedeutet sie, dass man zwar der Herkunftskultur – oder den Herkunfskulturen – in elementaren Bereichen verbunden bleibt, jedoch einen transethnischen und interkulturellen Zusammenhalt herstellt.

Daraus folgen zugleich die *Indikatoren für den Integrationsprozess*, die ich für die in dieser Arbeit behandelte Zielgruppe als notwendig erachte:

Ein Jugendlicher mit muslimischem Hintergrund gilt im Allgemeinen dann als »integriert«, wenn er ein positives Verhältnis zum »System« und seinen Zielen hat und/oder durch sein Verhalten zum Erhalt des »Systems« und zum Erreichen bestimmter Systemziele beiträgt. Hier wird das System an den Grundwerten (v.a. im Grundgesetz) aufgehängt. Daneben müsste er einen beharrlichen Willen zum intra-/interkulturellen Austausch und intra-/interreligiösen Dialog hegen und dabei offen und empathisch auftreten. In diesem Zusammenhang wäre nicht die Stärke des Kontaktnetzes zu Einheimischen, Mitgliedschaften in deutschen Vereinen und Verbänden o.Ä. maßgeblich, sondern bereits der Wille dazu, da die Dichte des Kontaktnetzes ein wechselseitiges Verständnis und beidseitige Anerkennung voraussetzt. Gleiches gilt auch für den Schul-, Ausbildungs- oder Arbeitsmarktbereich, weil auch hier nicht nur seine Einstellung und sein Wille entscheidend sind. Wichtig ist, dass er nicht zuletzt ein Interesse, ein Engagement entwickelt, um die bereitgestellten oder zur Verfügung stehenden gesellschaftlichen Chancen auch tatsächlich zu ergreifen.

3.3 Begriff der »Religion« und »Religiosität« aus islamischer Sicht

Zum Begriff »Religion« existiert keine einheitliche Definition. Die Erläuterungen sind so mannigfalt wie ihre individuellen Erscheinungsformen. Es gab deshalb unterschiedliche Versuche, diesen Begriff zu definieren. Wir beobachten, dass hier, angefangen von der Theologie, Religionssoziologie bis hin zur Religionspsychologie, Versuche einer Definition unternommen worden sind. Freilich ist eine präzise Bestimmung eines Sammelbegriffes, welcher die verschiedenen Modalitäten der Religion und der Religiosität hinreichend umfasst, problematisch (vgl. LthK 1999, S.1034ff.).

Das Standardwerk »Lexikon für Theologie und Kirche« (LthK) leitet den Begriff »Religion« von den Verben *relegere* (sorgfältig wahrnehmen) und *religare* (zurückbinden) ab, wobei die erste Ableitung auf kulturelle Verpflichtungen und die zweite auf die personale Bindung des Menschen zu Gott hinweisen soll (vgl. ebd., S. 1034ff.).

Im »Evangelischen Kirchenlexikon« (EKL) ist zu lesen:

»Die Religion dient in unserem Sprachgebrauch als Oberbegriff, und zwar zunächst in dem Sinne, dass er alle Vorstellungen, Einstellungen und Handlungen gegenüber jener Wirklichkeit bezeichnet, die Menschen als Mächte oder Macht, als Geister oder auch Dämonen, als Götter oder Gott, als Heilige oder Absolute oder schließlich auch nur als Transzendenz annehmen und benennen. Diese Wirklichkeit ist für den Menschen von höchstem Belang, ihr gilt Respekt und meistens Verehrung.« (EKL 1997, S. 1543)

Bei Émile Durkheim (1858-1917), einem Klassiker der Religionssoziologie, erfüllt die Religion eine Integrationsfunktion für die Gesellschaft. Religion sei der Zement, der die Gesellschaft zusammenhält. Sie verkörpere Werte und Normen, über die die Integration des Einzelnen in das Gemeinwesen geleistet werde. Religion sei das kollektive Bewusstsein in einer Gesellschaft, das dem Einzelnen einerseits gegenüberstehe, an dem er andererseits aber auch Anteil nähme. Das kollektive Bewusstsein hat für Durkheim sakralen Charakter. Demnach ist Religion für ihn in erster Linie Kult und erst in zweiter Linie Verpflichtung.

Max Weber (1864-1920), ein weiterer Klassiker der Religionssoziologie, sieht in der Religion vor allem die Funktion, soziales Handeln mit Sinn zu versorgen. Somit ist Religion für Weber die Sinnganzheit der Welt.

Thomas Luckmann verwendet eine funktionalistische Definition dieses Begriffes mit der Absicht, ein möglichst breites Spektrum von Glaubensinhalten und sozialen Formen zu erfassen. Demnach ist für Luckmann Religion anthropologisch und sozial ein Prozess der Individuierung. Für ihn transzendiert der Mensch in der Religion sein biologisches Wesen und wird so erst zum Menschen (vgl. Luckmann 1991, S. 12ff.).

Das arabische Wort für Religion lautet *din* und zu seinem Bedeutungsfeld gehört *Anbetung, Gehorsam, Fügung, Urteil, Frömmigkeit, Bestrafung, Belohnung, Rechenschaft* und *ein Weg* bzw. *ein Pfad*. Diese Bedeutungsinhalte sind miteinander verknüpft.

Laut Koran werden die Menschen im Jenseits über all ihre guten und schlechten Taten, über alles, was sie auf der Erde getan haben, volle Rechenschaft vor Gott ablegen. Religion bedeutet demnach »die Gesamtheit des göttlichen Gesetzes, das jeden, der im Besitz seiner geistigen Kräfte ist, dahin führt, Gutes zu tun« (Gülen, o.J., S. 42-43).

Religion setzt sich im islamischen Sinne aus *iman* (Überzeugung), *islam* (Hingabe) und *ihsan* (Rechtschaffenheit) zusammen (vgl. Koran, 2:83). Daher kann das arabische Wort für Religion (*din*) nicht an der Bedeutung des lateinischen *religion* oder *religare* gemessen werden. Im islamischen Kontext wird *din* vielmehr als die von Gott vorgegebenen Normen und Richtlinien verstanden, die den Orientierungs- und Handlungsrahmen für ein gottgefälliges Leben vorgeben, innerhalb dessen die Muslime frei entscheiden und agieren und das sämtliche Koran- und Kultvorschriften einhält (vgl. ebd., 2:193; 3:5; 7:29; 8:39; 9:29, 33; 16:52; 24:73, 85; 29:65; 30:30).

Aus dieser Perspektive ist Religion weder ein Überbleibsel der vorpositivistischen Periode, wie Auguste Comte (1798-1857) sie definiert, noch ein Überbau nach marxistischem Verständnis, noch ein Bestandteil der Nation, wie sie die Nationalisten begreifen. Hier wäre es wichtig, noch näher auf die drei Begriffe *iman – islam – ihsan* einzugehen.

3.3.1 Zum Begriff iman

Der Begriff *iman*, der im Arabischen die Wortwurzel *a-m-n* hat, bezeichnet in der arabischen Linguistik *die Zustimmung, die Bestätigung, die Anerkennung, etwas als wahr und gewiss annehmen (al-tasdiq)* und *das Vertrauen (ath-thiqa)*. In diesem Sinne ist *iman* die apodiktische Verinnerlichung der gesamten Inhalte, die von Gott an Seinen Gesandten Muhammed offenbart wurden – der Koran und die Sunna (vgl. ebd., 40:12; 12:17; 4:136; 2:62; 63:3; 16:106; 40; 10; 5:5; 2:25).

Nach der Mehrheit der islamischen Gelehrten umfasst *iman* zwei Pflichtteile: das rein äußerliche Bekunden der Zugehörigkeit zum Islam durch das bewusste und im freien Willen ausgesprochene Glaubensbekenntnis (*schahadah*) und die Verinnerlichung des zunächst nur verbal abgelegten Glaubensbekenntnisses. Den Muslim zeichnet metaphysisch aus, dass er an Allah, den einen Gott, an die Engel, an den Koran und die anderen Offenbarungsbücher, an Muhammed als den letzten Gesandten und alle anderen Gesandten Gottes, an die Auferstehung (das Leben nach dem Tode) und an die Vorherbestimmung (sei es im Guten oder im Schlechten) im freien Willen und bewusst glaubt. Dies sind die sogenannten sechs Glaubensgrundsätze (vgl. Bilmen, o.J., S. 9-38; Ebu Hanife 1979, S. 33-50).

Die muslimischen Gelehrten vertreten übereinstimmend die Ansicht, dass der *iman* eines Muslim nur dann vollkommen sein kann, wenn die gesamten Inhalte dessen, was der Gesandte Muhammed als abschließende Offenbarung definitiv für alle Muslime verkündete und was per definitionem notwendiger Bestandteil des islamischen *din* ist, apodiktisch verinnerlicht werden. Diese Verinnerlichung ist mit Wissen gepaart. Aus diesem Grund sind der Erwerb von Wissen und das Streben nach Erkenntnis unter Einsatz der Vernunft ausnahmslos eine fundamentale Pflicht aller Muslime (vgl. Bilmen 1972, S. 96-105; Bilmen o.J., S. 12f.).

Der verpflichtende Erwerb von Wissen und das Streben nach Erkenntnis wird durch den Koran und die Sunna des Gesandten Muhammed immer wieder betont (vgl. Koran, 96:1-5; 5:35; 35:28; 39:9; 58:15; Hadith-Sammlungen, ibn Mace, Mukaddime 17 o.J.; Ebu Davud, Ilm 1 o.J.; Tirmizi, Daavat 68 o.J.). Darüber hinaus ist sie in fast allen Aufsätzen der muslimischen Gelehrten Gegenstand, wenn auch oft nur in Nebensätzen oder in der Einleitung – immer wird auf jeden Fall Bezug zu diesem Thema genommen (vgl. Alizade 1990; Asimgil 1992; Bursali 1996; Döndüren 1998; Gümüşhanevi 1994; Islam Ansiklopedisi 1991; Said-i Nursi 1999). Alle Koran- und Hadithinterpretatoren sind einhellig der Meinung, dass *iman* eine Beziehung ist, die den Menschen mit Gott verbindet und ihn so zur Einheit, die Einheit zur Hingabe, die Hingabe zum Vertrauen, das Vertrauen zur Glückseligkeit im diesseitigen und jenseitigen Leben führt. Das wiederum ist nicht durch »blinden« Gehorsam, Zwang, Gewalt oder dergleichen möglich.

Die islamische *Mensch-Gott-Beziehung* ist bestimmt von Reue und Vergebung sowie durch Hoffnung und Vertrauen auf die göttliche Güte und Barmherzigkeit. Die Erbsünde des Menschen wird im Islam abgelehnt, weil der Mensch nach dem Islam mit einer naturgegebenen guten Anlage der Gottesausgerichtetheit geboren wird. Eine aufrichtige Beziehung zu seinem Schöpfer entsteht nach islamischer Auffassung durch *ihlas*, d.h. durch aufrichtige Ergebenheit und Zuneigung allein um Gottes willen, die eben von dem freien Willen des Individuums abhängen. Im koranischen Kontext hat Gott das Individuum mit einer freien Willenskraft ausgestattet und ihm die freie Wahl gelassen, zu glauben oder nicht zu glauben. Daher rührt das bereits oben erwähnte Verbot, Menschen durch missionarische Tätigkeiten, Zwang oder Gewalt zu bekehren (vgl. Koran, 2:256; 109:1-6).

3.3.2 Zum Begriff islam

Der Islam geht aus der Überzeugung (*iman*) hervor. Im Allgemeinen bedeutet »Islam«, die von Gott für den Menschen vorgesehene Lebensweise der friedvollen Hingabe und des Friedens mit Gott, den Mitmenschen, der Umwelt und sich selbst (5:5). Der Islam, vom Wortstamm *s-l-m*, bezeichnet die *Gefügigkeit, die Unterwerfung, die Versöhnung, das Frieden-Schließen, den Frieden, das Sich-Fügen, das Sich-Ergeben* und *die Hingabe* (vgl. Islam Ansiklopedisi 1991, S. 179-180). In diesem Sinne beschreibt Islam die Lebensweise aller gottergebenen Menschen und aller Gesandten Gottes und erhält im koranischen Kontext die Bedeutung von bewusster Hingabe und Ergebenheit vor Gott, auf die von ihm im Koran und in der Sunna übermittelte Art und Weise, und zwar auf spiritueller (die innere Überzeugung) und profan-praktischer Ebene (die Verwirklichung und Reflexion der inneren Überzeugung durch Taten). Der Bekenner des Islam heißt Muslim, der kraft seines Bekenntnisses angehalten ist, das zu nutzen, was die Schöpfung ihm bietet, um seine seelische Bestimmung zu erreichen.

Der Gesandte Muhammed definierte in einem Hadith – wie in den bedeutendsten Hadith-Sammlungen wie Bukhari, Muslim und Tirmizi zu lesen ist – die Schwerpunkte des Islam, die in den islamischen Publikationen unter den »fünf Säulen des Islam« subsumiert werden. Der Muslim hat die Aufgabe, eben vor allem diese zu »den Säulen seines Lebens« zu machen (vgl. Koran, 2:2,3, 43, 83, 177, 183, 196-200, 203, 277; 9:5, 11, 71; 23:1-11; 22:26-37).

Mit der ersten Pflicht, also dem *schahadah* (Glaubensbekenntnis), wird der Bezug zum Glauben (*iman*) hergestellt, während die anderen vier Pflichten auf das Handeln im praktischen Leben deuten.

Im Islam steht der Mensch als Individuum im Vordergrund, weshalb der Islam ein besonderes Priestertum u.Ä. nicht vorsieht; daher sind alle Muslime gleichrangig und an die islamischen Rechtsquellen Koran und Sunna gebunden.

3.3.3 Zum Begriff ihsan

Neben Iman und Islam hat auch *ihsan* einen elementaren Wert für die islamische Religion. Nach koranischem Verständnis ist der geehrteste Mensch bei Allah der Frömmste (vgl. ebd., 49:13). Nach einem Hadith des Gesandten Muhammed ist *ihsan* das Bewusstsein der ständigen Gottesgegenwart, es gilt, »Gott so zu dienen, als sähe man ihn, denn obwohl man ihn nicht sehen kann, sieht er einen doch« (vgl. Bukhari, Tefsiru sure 31; Müslima, Iman 57). Diese Haltung sollte ein Muslim nicht nur bei gottesdienstlichen Handlungen einnehmen, sondern auch in all seinen anderen Handlungen und Verhaltensweisen zwischenmenschlicher Beziehungen und mit seiner Umwelt, wie es in einem Hadith des Gesandten Muhammed lautet:

»Allah, der Barmherzige, erweist dem Barmherzigkeit, der [seinerseits anderen, H.Ö.] barmherzig ist. Seid [darum, H.Ö.] allen auf Erden barmherzig, dann ist euch barmherzig, der im Himmel ist.« (Zit. n. von Denffer 1981, S. 75).

Der Islam verurteilt jegliches Scheinverhalten (*riya*) in Worten und Handlungen. Ein gutes Werk bzw. eine gute Handlung soll um den Wohlgefallen Gottes willen, nicht für Macht, Ruhm oder materielles Interesse bei den Menschen getan werden. Jede Art von *riya* wird als Unmoral bewertet und jeglichen derartigen Handlungen die Gültigkeit und der Wert bei Gott abgesprochen, und im jenseitigen Leben kündigt Gott solchen Menschen harte Sanktionen an (vgl. Koran, 2:264, 266, 270, 272; 3:188; 4:38-39, 108; 107:6). Das niederträchtigste *riya* ist also der Missbrauch der Religion für den Eigennutz, bei dem die Religion als Mittel dazu benutzt wird, die oben aufgeführten weltlichen Interessen zu verfolgen (vgl. ebd., 2:264).

Nach diesen Erläuterungen können wir jetzt auf den für unsere Fragestellung notwendigen Begriff der Religiosität zu sprechen kommen:

Im Allgemeinen ist ein Mensch religiös, wenn er nach einer Religion lebt (vgl. Brockhaus 1980, S. 423; Boudon 1992, S. 418-427; Fuchs-Heinritz 1994, S. 555-556). Der Islam als eine Religion setzt sich – wie oben gesehen – aus der Überzeugung (*iman*), der Hingabe (*islam*) und der Rechtschaffenheit (*ihsan*) zusammen. Also ist ein Muslim religiös, wenn er diese drei Merkmale menschlichen Verhaltens in seinem Leben vereint. Es ist jedoch nicht möglich, wahrzunehmen, wer überzeugt und rechtschaffen ist. Man kann zwar einen Menschen beim Beten oder bei der Ausübung anderer gottesdienstlicher Handlungen beobachten, aber man kann daraus nicht zwingend auf seine innere Einstellung schließen, da weder die geistige Welt des Menschen noch seine Absicht zu erblicken ist.

Ebenso wenig ist es uns möglich, bereits daran, dass jemand religiöse Akte vollzieht, zu erkennen, ob dieser zugleich überzeugt oder gar rechtschaffen ist. Vielmehr müssen diese der immateriellen Sphäre und der psychischen Welt eines Menschen zugehörigen kumulativen Teile (*iman* und *ihsan*) der Religiosität erst gesondert konstatiert werden. Allerdings kann man das Vorliegen dieser Komponenten nicht bereits deshalb unterstellen – eine Vielfalt an Motivationsunterschieden unter den Menschen besteht dadurch, dass in der materiellen Sphäre als religiös zu wertende Handlungen vorgenommen werden. Freilich können Menschen grundsätzlich diese Bestandteile der Religiosität nicht feststellen, »einzig der Schöpfer kann dies aufgrund seines unbegrenzten Wissens« (vgl. Koran, 9:78; 49:18; 2:29, 33, 77, 231, 282; 3:29; 16:19, 23; 58:7; 31:34).

Nach den primären Quellen des Islam – Koran und Sunna – können weder der Moscheegang noch die Einhaltungen der gottesdienstlichen Handlungen ein Indiz für die Religiosität sein, denn der Islam lehrt keinen bloßen Ritualismus und akzeptiert einen solchen auch nicht. Insofern spricht der Koran nicht nur die religiöse Praxis an, sondern vielmehr auch die komplementäre innere Einstellung:

»Den Gläubigen wird es ja wohl ergehen, denjenigen, die in ihrem Gebet demütig sind, und denjenigen, die sich von unbedachter Rede abwenden [...].« (Ebd., 23:1-3)
»Und nichts anderes wurde ihnen befohlen, als nur Allah zu dienen und [dabei] Ihm gegenüber aufrichtig in der Religion [zu sein], als Anhänger des rechten Glaubens, und das Gebet zu verrichten und die Abgabe [*zakah*] zu entrichten; das ist die Religion des rechten Verhaltens.« (Ebd., 98:5)
»Es ist keine Frömmigkeit, wenn ihr eure Angesichter in Richtung Osten oder Westen wendet; Frömmigkeit ist vielmehr, dass man an Allah, den Jüngsten Tag, die Engel, die Bücher und die Propheten glaubt und vom Besitz, obwohl man ihn liebt, der Verwandtschaft, den Waisen, den Armen, dem unterwegs in Not geratenen Reisenden, den Bettlern und für [den Loskauf von] Sklaven hergibt, das Gebet verrichtet und die Abgabe [*zakah*] entrichtet; und diejenigen, die ihre Verpflichtung einhalten, wenn sie eine eingegangen sind, und diejenigen, die standhaft bleiben in Not, Leid und in Kriegszeiten, das sind diejenigen, die wahrhaftig sind, und das sind die Gottesfürchtigsten.« (Ebd., 2:177)
»Sag: Mir ist befohlen worden, Allah zu dienen und dabei Ihm gegenüber aufrichtig in der Religion zu sein.« (Ebd., 39:11)
»O ihr Menschen! Dient eurem Herrn, Der euch und diejenigen vor euch erschaffen hat, auf dass ihr gottesfürchtig werden möget!« (Ebd., 2:21)
»Beim Nachmittagsgebet! Der Mensch befindet sich wahrlich in Verlust, außer denjenigen, die glauben und rechtschaffene Werke tun und einander die Wahrheit eindringlich empfehlen und einander die Standhaftigkeit eindringlich empfehlen.« (Ebd., 103:1-3)

Für den Alltag bedeutet das aber, dass man sich in den zwischenmenschlichen Beziehungen nach äußeren Umständen richtet. Bereits das Bekennen eines Menschen zum Islam genügt, damit sein aufrichtiger Glaube ange-nommen wird.[8] Hierdurch wird aber nichts Verbindliches über seine Re-ligiosität, insbesondere seine Überzeugung und Rechtschaffenheit, ausge-sagt. Im Grunde können wir uns für die weiteren Untersuchungen auf den Bestandteil der Religiosität beschränken, der die zwischenmenschlichen Beziehungen betrifft, nämlich das äußere Leben nach islamischen Prinzi-pien, während die innere, individuelle Seite der Religiosität auf der Bezie-hung des Menschen zu Gott beruht; dies gilt umso mehr, als nachstehende Ausführungen zum Verhältnis der Integration zur Religiosität lediglich die soziologische Komponente dieser Religiosität thematisieren.

Im Folgenden ist deshalb zu ermitteln, welche Modelle sich für die Er-fassung der islamischen Religiosität auf der Grundlage perzeptibler Mo-mente authentisch eignen.

3.4 Dimensionen der Religiosität

Es ist offensichtlich, dass Religion und Religiosität universelle Phänomene sind. So ist zu beobachten, dass in sämtlichen Kulturen zu allen Zeiten unmittelbare oder mittelbare religiöse Vorstellungen und Handlungen existieren. Der Mensch – egal welcher Herkunft oder Weltanschauung – hat stets sich und sein Leben zu seinen Mitmenschen und seiner Umwelt in Beziehung gesetzt, hat nach seinen Ursachen geforscht und nach Be-gründungen für Unerklärliches gesucht. Dies beschäftigt auch die Wissen-schaft, sodass sich im Laufe ihrer Entwicklung verschiedene Disziplinen gebildet haben: die Religionspsychologie, Religionsphilosophie, Religions-pädagogik und Religionssoziologie.

Die *Religionspsychologie* wurde durch Friedrich Schleiermachers Schrift »Psychologie« (1862) angestoßen. Ihre Aufgabe besteht im allgemeinen Sinne darin, das Erleben, Erkennen und Verhalten, in dem sich Menschen in Beziehung zu etwas Übermenschlichem sehen, erfahrungswissenschaft-lich zu beschreiben sowie unter seinen psychosozialen und intrapsychi-schen Bedingungen zu erklären. Dabei steht die Untersuchung individuel-ler Ausdrucksformen des Religiösen im Mittelpunkt religionspsychologi-scher Forschung. Hierbei interessiert die Religionspsychologie nicht der »objektive« Wahrheitsgehalt im Sinne eines Gottesbeweises, sondern der individuelle Umgang mit existenziellen Fragen des Menschseins.

---

8 | Heutzutage ist es zur Gewohnheit geworden, den Menschen die Recht-gläubigkeit abzusprechen. Doch dies ist ein Fehler: Niemandem steht das Recht zu, Menschen, die sich selbst als Muslime verstehen, ihre Rechtgläubigkeit abzuspre-chen – ungeachtet dessen, ob und wie sie die religiös-rituellen Pflichten umsetzen. Dies gilt sogar als eine sehr große »Sünde«, die zum »Abfall vom Islam« führt (vgl. Gümüşhanevi 1994, S. 133ff.; Ebu Hanife 1979, S. 427ff.).

Die *Religionsphilosophie* ist die philosophische Betrachtung der Religion als vorliegende Wirklichkeit. Hierbei sucht die Religionsphilosophie in diesem Sinne Charakter und Bedeutung der religiösen Phänomene aufzuklären und die religiösen Grundfragen (nach Wesen und Existenz Gottes) zu untersuchen (vgl. Guardini 1990; Feuerbach 1851; Biser 1962).

Die *Religionspädagogik* ist sowohl eine humanwissenschaftliche, eine erziehungs-wissenschaftlich-pädagogische, eine kulturwissenschaftliche als auch eine theologische Disziplin. Derzeit fehlt jedoch ein allgemeiner terminologischer Konsens. Eine Begrenzung allein auf den Religionsunterricht in der Schule erweist sich als zu kurz. Daher geht es im Allgemeinen um Erziehung, Bildung, Sozialisation, Lernen und Entwicklung in Kirche, Schule und Kirchengemeinde (vgl. Bitter 2002; Mette 1994; Nipkow 1992; Schilling 1970; Schweitzer 2004).

Mit Georg Simmel, Émile Durkheim und Max Weber formte sich die wissenschaftliche Disziplin innerhalb der Soziologie – die *Religionssoziologie*. Dieser Forschungszweig interessierte sich für den Zusammenhang von Religion und gesellschaftlicher Entwicklung, für das Schicksal der Religion unter den Bedingungen der Modernität und für die Strukturen und Prozesse kirchlicher Handlungszusammenhänge (vgl. Simmel 1989; Durkheim 1984; Weber 1988; Luhmann 1996).

Eines der Hauptprobleme dieser wissenschaftlichen Disziplinen – v.a. der *Religionspsychologie* und *Religionssoziologie* – liegt darin begründet, dass Religion vielfältig und deswegen schwer bestimmbar ist. Folglich fällt es denn auch schwer, die Merkmale der Religion zu identifizieren, die man etwa mittels Fragebögen messen kann.

Vor diesem Hintergrund entwickelten sich verschiedene Modelle zur Erfassung von Religiosität und religiösen Einstellungen: der *eindimensionale Ansatz* nach Thurstone und Chave (1964), der *zweidimensionale Ansatz* nach Allport (1967) und der *mehrdimensionale Ansatz* nach Glock (1968). Doch die eindimensionalen bzw. zweidimensionalen Ansätze wurden in der Wissenschaft beanstandet. Auch deshalb, weil die Religiosität eine sehr komplexe Größe ist und daher die Vielfalt, in der sich die Religiosität ausprägt, nur durch eine Vielzahl von Charakteristika und Dimensionen einigermaßen erfasst werden kann (vgl. u.a. Boos-Nünning/Golomb 1974, S. 21-26). Weil der mehrdimensionale Ansatz von Glock dieser Tatsache besser gerecht wurde, gewann er mit der Zeit an Einfluss und wurde daher vielfach angewandt. Glock sieht die Religion als ein System von Symbolen, Glaubenssätzen, Werten und Praktiken, die sich auf übernatürliche Dinge und Kräfte einer jenseitigen Welt beziehen und die Welterfahrung interpretierend ordnen.

Er entwickelte ein paradigmatisches Kategoriensystem, welches zwischen fünf Ausdrucksformen der Religiosität (Glaube, Ritual, Erleben, Kenntnis und Konsequenzen) als zu differenzierenden Dimensionen unterscheidet. Der Glock'sche Ansatz wird für diese Forschungsarbeit deshalb gewählt, weil die zentralen Gesichtspunkte der islamischen Religiosität problemlos integriert in diese fünf Dimensionen werden können.

Glock hat in seinem viel zitierten Aufsatz »On the Study of Religious Commitment« die Dimensionen der Religiosität konzipiert. Er hat sich auf die Kerndimensionen der Religiosität, die zwischen den Weltreligionen übereinstimmen, konzentriert.

»Wenn wir die verschiedenen uns bekannten Weltreligionen betrachten, wird sofort deutlich, wie sehr sie in ihren religiösen Ausdrucksformen variieren. Verschiedene Religionen richten höchst unterschiedliche Erwartungen an ihre Anhängerschaft. So wird etwa von Katholiken wie von Protestanten erwartet, dass sie regelmäßig an der christlichen sakramentalen Handlung der heiligen Kommunion oder des Abendmahls partizipieren. Dem Moslem ist diese Übung unbekannt. Umgekehrt findet das Gebot, dass jeder Moslem im Laufe seines Lebens eine Pilgerfahrt nach Mekka unternehmen solle, keine Entsprechung in der christlichen Religion. Trotz derartiger Unterschiede besteht jedoch eine gewisse Übereinstimmung zwischen den Weltreligionen über mehr allgemeine Dimensionen, in denen sich Religiosität ausdrücken sollte. Wir wollen im Blick auf sie von den Kerndimensionen der Religiosität sprechen.« (Glock 1968, S. 151)

Ausgehend von der Frage, was die Religiosität einer Gruppe im Hinblick auf ähnliche Vorstellungen, Symbole und Werte kennzeichnet, schlägt Glock für die Erforschung der Religion und für die Abschätzung von Religiosität fünf Dimensionen vor: die *ideologische*, die *ritualistische*, die *experientielle*, die *intellektuelle* und die *konsequentielle* Dimension (vgl. ebd., S. 151f.).

Der Glock'sche Ansatz mit diesen fünf Dimensionen der Religiosität stellt somit das Fundament für die Leitfadeninterviews dar. Doch konnte dieser Ansatz für die Erforschung der Religiosität in der Lebenswelt muslimischer Jugendlicher nicht ohne Weiteres transferiert werden, da die bisherigen empirischen Arbeiten mit dem Glock'schen Ansatz hauptsächlich kirchensoziologische Perspektiven in den Mittelpunkt stellen und tendenziell dem christlichen Menschen- und Weltbild verhaftet sind (vgl. Boos-Nünning/Golomb 1972; S. 21-26). Darüber hinaus sind zwar die Eigennamen der Dimensionen der Sache nach triftig. Ihre Bezeichnungen geben aber Anlass zu Missverständnissen, mithin vermögen sie den Inhalt der Dimensionen nicht deckungsgleich zu veranschaulichen, sodass ich im Folgenden einerseits die Dimensionen auf den Islam hin, wie sie von Muslimen in Deutschland vorherrschend verstanden werden, übertrage und andererseits die Bezeichnungen der Dimensionen modifiziere, damit sie prägnanter werden.

3.4.1 Die Dimension des Glaubens

Die *Dimension des Glaubens* (nach Glock die »ideologische Dimension«) umfasst die zentralen Glaubensüberzeugungen der Mitglieder einer Religion. Demnach gibt diese Dimension Aufschluss über die Glaubensstruktur. Diese setzt sich laut Glock aus drei Subdimensionen zusammen:

1. die Behauptung der Existenz eines göttlichen Wesens und die Bestimmung seiner Natur, der Erläuterung von Inhalt und Ziel des göttlichen Willens;
2. die Definition der Rolle des Menschen in Bezug auf den göttlichen Willen;
3. das Aufstellen von Glaubensaussagen, die das rechte Verhalten des Menschen gegenüber Gott und gegenüber seinen Mitmenschen festlegen (vgl. ebd., S. 155ff.).

So soll diese Dimension Aufschluss über die Glaubensstruktur des Islam geben. Die Religiosität drückt sich hier als Zustimmung zu bestimmten Glaubenssätzen aus. Diese stützen sich auf die primären Quellen des Islam. Hierzu zählen die Vorstellungen von Gott, der Auferstehung (dem Leben nach dem Tode) und seinen Gesandten sowie die Zustimmung zum Koran und zur Sunna (vgl. Interviewleitfaden, Items 5.1.1-5.1.4).

3.4.2 Die Dimension der religiösen Praxis

In der *Dimension der religiösen Praxis* (»ritualistische Dimension«) werden all jene spezifischen religiösen Praktiken, die die Anhänger einer Religion einzuhalten haben, erfasst: Beten, Fasten, religiöse Vermählung (*Nikah*) usw. (vgl. Interviewleitfaden, Items 5.2.1-5.2.5). Für die Untersuchung der religiösen Praktiken schlägt Glock sowohl quantitative (z.B. die Frage nach der Häufigkeit, mit der sich Individuen rituell betätigen) als auch qualitative (z.B. die Frage nach dem Inhalt von Gebeten) Strategien vor.

3.4.3 Die Dimension der religiösen Erfahrungen

Die *Dimension der religiösen Erfahrungen* (»experientielle Dimension«) beinhaltet subjektives religiöses Erleben und fixiert den emotionalen Charakter, die affektive Komponente religiöser Phänomene und erhebt, in welchem Ausmaß die Gläubigen erlebnismäßig von dem, was sie glauben, ergriffen und berührt werden, und welche Gefühle der Sinnerfüllung, der Geborgenheit oder der Furcht dadurch auslöst werden (vgl. Glock 1968, S. 161ff.).
      Um die gefühlsmäßige, emotionale Beziehung der befragten muslimischen Jugendlichen zum Islam untersuchen zu können, wurden sie darüber befragt, ob ein Mensch überhaupt einer Religion bedürfe und was

der Islam in diesem Zusammenhang bedeute. Darüber hinaus wurden die Erwartungen von der Religion erfragt (vgl. Interviewleitfaden, Items 5.3.1-5.3.3).

3.4.4 Die Dimension des religiösen Wissens

Die *Dimension des religiösen Wissens* (»intellektuelle Dimension«) erfasst, wie gut die Anhänger einer Religion mit den grundlegenden Lehrsätzen ihres Glaubens und ihrer Heiligen Schrift vertraut sind, also das Wissen um Lehrsätze und Quellen der Religion sowie den argumentativen Umgang damit (vgl. Glock 1968, S. 163ff.).

Um bei dieser Dimension die religiöse Kenntnis der muslimischen Jugendlichen zu ermitteln, hätte ich sie fragen können, inwieweit sie mit den grundlegenden Lehrsätzen ihres Glaubens und ihrer Heiligen Schrift vertraut sind. Da ich als Methode der Befragung das persönliche Interview gewählt habe, war eine direkte Nachfrage ihres Wissens über den Islam m.E. nicht praktikabel, weil dies einerseits ein weit gespanntes Instrumentarium erfordert hätte und in einem persönlichen Gespräch das Abfragen eine »Test«-Stimmung erzeugt hätte, die ich mir nicht anmaßen wollte. So wurde lediglich die Rezeption des eigenen Wissens zum Islam sowie das Interesse an religiöser Weiterbildung ermittelt (vgl. Interviewleitfaden, Items 5.4.1-5.4.3).

3.4.5 Die Dimension der Konsequenzen aus religiösen Überzeugungen

Die *Dimension der Konsequenzen aus religiösen Überzeugungen* (»konsequentielle Dimension«) betrifft die Erkundung, inwiefern die Gläubigen aus ihren religiösen Überzeugungen und Erfahrungen Folgerungen für das alltägliche Leben, d.h. die Integration in die Gesellschaft ziehen. Diese Dimension meint also die Normen und Werte, die sich aus der Religion ergeben und in Handlungen ausdrücken (vgl. Glock 1968, S. 164ff.).

Diese Dimension drückt sich im sozialen Handeln aus. Demnach wurden muslimische Jugendliche zu der Wichtigkeit einer religiösen Kindererziehung, Ehe- und Sexualmoral, Wahl des (Ehe-)Partners usw. befragt (vgl. Interviewleitfaden, Items 5.5.1-5.5.3).

Glock hat in seinem mehrdimensionalen Ansatz die Bindung und Einstellung zu Gemeinden und religiösen Würdenträgern nicht berücksichtigt. Aus diesem Grund möchte ich in Anlehnung an Boos-Nünning/Golomb (1974, S. 21-57) diese *Dimension* einbeziehen, um die *Bindung und Einstellung* der muslimischen Jugendlichen zu Moscheen und Imamen sowie die Rolle des Islam bei der Integration in diese Gesellschaft zu beleuchten (vgl. Interviewleitfaden, Items 5.6.1-5.6.7).

4. Methodologische Perspektive

Im Bereich der empirischen Forschung gibt es unterschiedliche Paradigmen, die im Rahmen der Wissenschaftstheorie und der daraus abgeleiteten Methodologie definiert werden und festlegen, welche Methoden als wissenschaftlich gelten können: die *qualitative Sozialforschung* bzw. das *interpretative Paradigma* und die *quantitative Sozialforschung* bzw. die *standardisiert-statistisch* arbeitende Methodologie.

Die *quantitative Forschung* hebt auf Verteilungen, Größenänderungen, Wahrscheinlichkeiten sowie repräsentative Aussagen über Sachverhalte und Vorgänge im soziokulturellen Bereich ab. Das Herausarbeiten von wichtigen und erklärenden Unterschieden zwischen Teilpopulationen auf der Basis interner Gemeinsamkeiten ist das Ziel der quantitativen Methoden. Das Methodenspektrum reicht von standardisierten Befragungstechniken und schematischen Beobachtungsformen über inhaltsanalytische und statistische Verfahren bis hin zu Skalierungsverfahren zur Analyse von sozialen Beziehungen und Strukturen (vgl. Atteslander 2000; Schnell 1995; Roth 1993).

Während die quantitativen Methoden meist voll standardisiert und strukturiert sind und jeder Befragte möglichst exakt die gleichen Voraussetzungen bei der Beantwortung der Fragen bekommt, zeichnet sich der *qualitative Ansatz* durch wesentlich größere Offenheit und Flexibilität aus. Die Besonderheit liegt gerade darin, dass auch der Interviewte das Gespräch lenken kann.

Das Methodenspektrum reicht von einer breiten Palette von Interviewformen, wie beispielsweise das fokussierte, narrative und Leitfadeninterview oder Gruppendiskussionen, bis hin zu qualitativen Beobachtungen und Experimenten zur Erfassung der subjektiven Sichtweisen von Akteuren und Analyse von verborgenen Strukturen (vgl. Flick 1999; Lamnek 1995; Schnell 1995).

Tabelle 1: Qualitative Interviewarten

Interviewtyp	Ziel und Methodik
narratives Interview	eingeleitet durch einen Erzählanstoß generiert der Befragte Stegreiferzählungen zu Lebens- episoden
fokussiertes Interview	Leitfadeninterview über ein fokussiertes Objekt (z.B. Film, Foto), Leitfaden entsteht durch Analyse der Reizvorlage
problemzentriertes Interview	Thematisierung gesellschaftlich relevanter Probleme, einzelne biografische Interviews und Gruppendiskussion
Leitfadeninterview (halbstrukturiertes Interview)	allgemeine Technik des Fragens anhand eines vorbereiteten, aber flexibel einsetzbaren Fragen- katalogs, für jedes Thema geeignet

Quelle: Bortz 1995, S. 290

In der qualitativen Sozialforschung ist es die Aufgabe des Forschers, die Alltagswirklichkeit des Untersuchungsobjektes in dessen eigenen Katego- rien zu beschreiben: Der Forscher muss sich somit von seiner Alltagswirk- lichkeit lösen, indem er »Distanz zu sich selbst« und »Identifikation mit dem Forschungsobjekt« entwickelt (vgl. Lamnek 1995, S. 246f.). Ebenfalls ist der Kontakt zum Feld dichter und intensiver als in der quantitativen So- zialforschung, weil der Forscher auf die unterschiedlichen Objekte – etwa anhand offener Interviews – viel näher eingehen kann, als dies etwa bei der Bearbeitung eines Fragebogens der Fall ist.

Im Folgenden soll das qualitative Interview als Methode der qualitativen empirischen Sozialforschung gemäß des für unsere Zwecke definierten Forschungsdesigns im Vordergrund stehen, weil bei dieser Arbeit der ver- bale Zugang, das Gespräch eine besondere Rolle spielt, denn hier sollen gerade die Befragten zu Wort kommen. Die subjektive Sichtweise von In- terviewten über ihre Erlebnisse, Meinungen, alltäglichen Erfahrungen, Zu- kunftspläne etc. sollen hier besonders berücksichtigt werden. Eben gerade diese subjektiven Bedeutungen lassen sich nur schwierig aus Beobachtun- gen oder durch standardisierte Vorgaben ableiten. Daher ist es unaus- weichlich, dass muslimische Jugendliche hier selbst zur Sprache kommen, da sie die Experten für ihre eigenen Bedeutungsgehalte sind.

Die Entscheidung fiel auf das Leitfadeninterview, weil die damit erho- benen Daten eine Struktur gewinnen und dadurch Vergleichbarkeit ge- währleisten. Auch habe ich mich für diese Art des Befragens entschieden, weil der Leitfaden sicherstellt, dass die wesentlichen Untersuchungsfragen erfasst werden.

Das Leitfadengespräch (*Leitfadeninterview*[1]), das nach Bortz die gängigste Form qualitativer Befragung ist, weist im Vergleich zum narrativen Interview mehr Struktur auf, da es teilstandardisiert ist. Es basiert nicht auf einem vorgegebenen Fragebogen, sondern ist durch einen »roten Faden« gekennzeichnet, der lediglich die Zielvorgaben des Gesprächs bestimmt (vgl. Bortz 1995, S. 289; Lamnek 1993, S. 47-52). Die Teilstandardisierung erfolgt durch den Interviewleitfaden, in dem die einzelnen Themen des Interviews definiert und Fragen ohne Antwortalternativen vorformuliert sind.

Die Leitfadengespräche starten mit einer Problemanalyse, die sich auf Literaturrecherchen und methodische Festlegungen stützt. Hierauf basiert die Konstruktion und Erprobung des Leitfadens. In einem nächsten Schritt werden die Gespräche geführt. Der Leitfaden enthält hierzu Gesprächseinstiegsfragen, allgemeine und spezifische Sondierungsfragen sowie Ad-hoc-Fragen. Der letzte Schritt der Forschung besteht dann in der Aufzeichnung bzw. Transkription des Gesprächstextes und in der Auswertung.

Den Interviewten werden zwar mit diesem Leitfaden bestimmte Fragestellungen zugewiesen, aber durch Verzicht auf Antwortvorgaben haben sie die Möglichkeit, frei darauf zu reagieren. Ebenfalls ist die Reihenfolge im Leitfaden nicht die Reihenfolge während des Gesprächs, sondern er wird an die jeweilige Interviewsituation angepasst. Daher dient der Leitfaden als »Merkzettel« für wesentliche Aspekte im Interview. Überdies hat er den Vorteil der Verzahnung von Strukturierung, Fokussierung und Offenheit, wodurch eine höhere und forschungspraktisch einfachere Vergleichbarkeit mit anderen Interviewten gegeben ist.

Der Interviewer nimmt eine passive Rolle ein und wird lediglich bei Bedarf aktiv, um den Gesprächsverlauf entlang des »roten Fadens« zu halten. Hierbei muss er darauf achten, dass er nicht allzu sehr in die Erzählungen des Befragten eingreift, da sonst die Gefahr der Beeinflussung besteht (vgl. Kuckartz 1994, S. 559ff.).

Damit die muslimischen Jugendlichen ihre Darstellung individuell aufrollen können, muss man ihnen genug Raum lassen – was durch diese Interviewart gewährleistet ist. Durch die Leitfadengespräche werden die subjektive Bedeutung von Handlungen, die Strukturierungen des Lebensraums sowie die Ziele und Wünsche der muslimischen Jugendlichen aufgezeichnet.

---

1 | Ich habe vor, während und nach den »Interviews« immer von Gesprächen gesprochen, weil das Wort »Interview« nicht passend ist. So habe ich erlebt, dass es auf die Jugendlichen abschreckend wirken kann, weil sie dabei an Fernsehen und Zeitungen denken. Daher möchte ich auch in dieser Arbeit statt des Worts »Leitfadeninterview« den Terminus »Leitfadengespräch« verwenden.

4.1 Die Gespräche: Untersuchungsfeld, Zielgruppe, Zugang und Interviewte

Für den empirischen Teil dieser Dissertation habe ich mich ausschließlich auf den Raum Berlin konzentriert, denn Berlin ist eine Metropole, in der über 214.490 Muslime leben (vgl. Statistisches Landesamt Berlin 2006), von denen über 32.000 im Schulalter sind (vgl. Jonker/Kapphan 1999, S. 5).

4.1.1 Untersuchungsfeld: Der Islam und die Muslime in Berlin

Die Geschichte des Islam und der Muslime in Berlin beginnt nicht erst mit der Anwerbung von muslimischen »Gastarbeitern«, sondern im 18. Jahrhundert im Zusammenhang mit dem Beginn diplomatischer, militärischer und wirtschaftlicher Beziehungen zwischen Preußen und dem Osmanischen Reich. Damals kamen, veranlasst durch diese engen Beziehungen, die ersten Muslime, überwiegend Botschafter und Kaufleute, nach Berlin. Nicht nur die Oberschicht, sondern auch das preußische Volk hatte die Möglichkeit, mit Muslimen in Kontakt zu treten.[2] Das Interesse am Islam war gewaltig, nicht nur in den politischen Beziehungen, sondern auch in Kultur und Wissenschaft (vgl. Schimmel 2000, S. 179-194; BpB 2002, S. 74-82).

Preußen und das Osmanische Reich unterhielten enge Beziehungen und Freundschaften,[3] sodass bereits 1763 eine ständige osmanische Gesandtschaft in Berlin eingerichtet wurde. Diese freundschaftlichen Verbindungen zwischen Preußen und dem Osmanischen Reich haben mit dem Tod des dritten osmanischen Gesandten Ali Aziz Efendi im Jahre 1798 in Berlin durch die Bereitstellung eines Grundstückes für seine Bestattung auch eine symbolische Substanz erhalten.

In Berlin-Neukölln am Columbiadamm entstand 1866 die erste Mo-

---

2 | »Die Preußen, die zeitlebens noch keinen Muslim gesehen hatten, und noch dazu einen in solcher Pracht und mit solchem Pomp, dessen Namen sie ebenfalls noch niemals hörten, waren doch ein seltsam liebenswertes Volk. Sie kamen mit ihren Familien in drei bis fünf Tagesreisen herbei und sammelten sich in den Märkten und Dörfern, wodurch unser Weg führte, sie gingen von der Stunde unserer Ankunft bis zur Stunde unseres Aufbruchs nicht von unserer Seite und begafften unaufhörlich jegliche Handlungen und Bewegungen unsererseits, so dass sie uns auf eine unaussprechliche Art bedrängen...: so wie das frohe Gesicht und die Ehren, mit denen sie uns bewillkommneten und uns ihre Freundlichkeit und Leutseligkeit an den Tag legten, überstieg alles in allen Maßen.« (Erlebnisbericht eines osmanischen Gesandten in Berlin 1763, in: Aslan 1998, S. 28f.)

3 | Diese engen Beziehungen veranlassten das Osmanische Reich, an der Seite der Mittelmächte – damit auch an der Seite Deutschlands – in den Ersten Weltkrieg zu ziehen.

schee mit einem muslimischen Friedhof (vgl. Khoury et al. 1991, S. 162). In Wünsdorf entstand eine weitere Moschee mit Kuppel und Minarett, die die Berliner Muslime bis zu ihrem Abriss aus Gründen von Baufälligkeit im Jahre 1924 benutzten. Somit war Berlin das Zentrum des islamischen Lebens in Deutschland. Der erste muslimische Verein »Islamische Gemeinde zu Berlin e.V.« wurde 1922 ebenfalls in Berlin offiziell gegründet. Darauf folgten weitere Gründungen wie das »Islam-Institut zu Berlin« (1927), die »Ahmadiyya-Moschee« in der Brienner Straße in Berlin-Wilmersdorf (1925), der »Islamische Weltkongreß«, Zweigstelle Berlin e.V. (1933) u.a. (vgl. Lemmen 2001, S. 20-28).

Quantitativ kulminierten der Islam und die Muslime in Berlin in den 1960er Jahren, als die ersten »Gastarbeiter« nach Berlin geholt wurden – durch diese Immigration wuchs die muslimische Minderheit sprunghaft an. Nachweislich stammen die Berliner Muslime mehrheitlich aus der Türkei. Mittlerweile aber nimmt die Zahl derer, die sich hier einbürgern, ebenso zu wie die Zahl der zum islamischen Glauben konvertierenden deutschstämmigen Berlinerinnen und Berliner: Nach den letzten Daten gibt es 74.362 deutsche Muslime (vgl. Statistisches Landesamt Berlin 2006).

Die Berliner muslimische *Community* ist nicht homogen – weder in ihrer theologischen Ausrichtung noch in ihren Organisationsstrukturen. Die »muslimische Gemeinschaft« in Deutschland setzt sich u.a. aus deutschen, türkischen, bosnischen, albanischen, afrikanischen, indopakistanischen, bengalischen, afghanischen, iranischen, marokkanischen, tunesischen und arabischen Muslimen zusammen. Diese Vielfalt der Herkunft hat sich wesentlich auf die Gründungsintentionen von Vereinen und Verbänden ausgewirkt (vgl. Spielhaus/Färber 2006).

Die Muslime entwickelten sich durch das Anwerbeabkommen Deutschlands mit Ländern mehrheitlich muslimischer Bevölkerung in den vergangenen Jahrzehnten zur zweitgrößten Religionsgemeinschaft in Deutschland. Dieser Prozess wurde trotz des Anwerbestopps im Jahre 1973 mit der anschließenden Familienzusammenführung und dem Entschluss zu einem dauerhaften Verbleib in der Bundesrepublik beschleunigt. In diesem Sinne ist hier festzuhalten, dass der Islam eine bleibende Erscheinung im religiösen und gesellschaftlichen Kontext der Bundesrepublik sein wird.

Jorgen Nielsen hat diese Entwicklung mit folgenden Worten zutreffend zusammengefasst:

»Während der ersten Phasen der Muslimimmigration waren die Zuwanderer hauptsächlich Männer, die allein und für eine begrenzte Zeit kamen. Die Tatsache, dass sie allein kamen, bedeutete, dass religiöse Erfordernisse bei der Aussiedlung minimal waren: Es genügte meist, dass man beten konnte. Die Einschränkung der Religionsausübung wurde durch die Aussicht auf eine baldige Rückkehr nach Hause noch weiter an den Rand verwiesen. Die Situation veränderte sich grundlegend, als aus der Migration muslimischer Arbeiter eine Immigration muslimischer Familien wurde. Zuerst schwand das Gefühl, der Aufenthalt sei zeitlich begrenzt. Nun rechnete man mit Dauer. Dann führte die Anwesenheit von Frauen und Kindern zu intensiven Kontakten zu der Gesellschaft, in der sie lebten. [...] So ergab sich die Notwendigkeit, Institutionen einzurichten, entweder zur Unterstützung der alten Traditionen oder um Spannungen zu mildern.« (Nielsen 1992, S. 153)

Mit dem Nachzug von Ehepartnern und Familienangehörigen hat sich infolgedessen das Leben verändert. Nunmehr ergaben sich neue Bedürfnisse wie beispielsweise der Austausch von Informationen, gesellige Unterhaltungen und Gespräche in der neuen Umgebung, aber auch naturgemäß Probleme und Konflikte, angefangen von Sprachproblemen der Kinder in den Schulen über Diskriminierungserlebnisse bei den Behörden bis hin zu Ausländerfeindlichkeit.

Aus diesem Anlass haben sich Anfang der 1970er Jahre zunächst Verwandte und Arbeitskollegen zusammengeschlossen, um gegen diese neuen Schwierigkeiten in der Geselschaft zu agieren und ihre sozialen Bedürfnisse zu befriedigen. Überwiegend waren dies Personen einer Nationalität, da sie sich als Leidensgenossen in Zugzwang sahen. Ihnen fehlten allerdings Erfahrungen und Kenntnisse über das deutsche Vereinsgesetz und eine Vereinsgründung. Den ersten Selbstorganisationen dieser Menschen waren politische oder ideologische Zielvorstellungen fremd. Sie suchten durch Treffen in Räumen Geselligkeit, einen friedlichen Austausch und – falls sie gläubig waren – die Möglichkeit, die fünf täglichen Gebete sowie Freitags- und Feiertagsgebete gemeinsam zu verrichten. Ihre gemeinsame Sprache verhalf ihnen zu einer rasch geknüpften Bindung, konnten sie doch durch gegenseitigen Beistand Sprachbarrieren überwinden, indem z.B. Sprachbegabte unter ihnen den Dolmetscher gaben oder beim Ausfüllen von Anträgen und anderen Formularen behilflich waren. Diese Organisationen haben sich deshalb auch nach Sprachzugehörigkeit etabliert.

Heute ist eine umfassende Darstellung und Beschreibung dieser Organisationen denkbar schwierig, denn es existieren zahllose kleine Ortsvereine und Verbände, die unabhängig voneinander arbeiten. Inzwischen gibt es aber auch eine Reihe von Vereinen, die sich bundes- und europaweit organisiert haben.

Die religiöse Infrastruktur der Muslime in Deutschland besteht heute aus Moscheegemeinden, Organisationen und Dachorganisationen, einzelnen Schulen und Einrichtungen der vorschulischen Erziehung, Kultur-, Sport- Studenten-, Frauen- und Unternehmervereinen. Hinzu kommen Zeitungen und lokale Fernsehkanäle (vgl. Şen 2002, S. 49ff.). Sie bieten nicht nur religiöse, sondern zunehmend auch kulturelle, betreuerische und beraterische Hilfe an. Darüber hinaus sind sie aufgrund der ständig wachsenden Nachfrage gezwungen, für ihre Mitglieder und Besucher Freizeit- und Bildungsprogramme bereitzustellen.

Die erste Generation, die sich verstärkt für die Gründung solcher Vereine eingesetzt hat, konnte sich nicht von einer herkunftsorientierten Arbeit aufgrund des immer wiederkehrenden Rückkehrwunsches befreien. Diese migratorischen Gegebenheiten waren für die Reproduktion der kulturellen, politischen und religiösen Spannungen und Konflikte der Herkunftsländer mitverantwortlich. Auch haben bestimmte Gruppen in den Heimatländern der hier lebenden Muslime sehr schnell die Bedeutung dieser Vereine vornehmlich als finanzielle Quelle erkannt, sodass sie durch personelle und ideelle Unterstützung Einfluss auf die muslimischen Organisationen in Deutschland nahmen.

Ebenfalls konnte die erste Generation aufgrund der Sprachbarrieren und der starken Herkunftsorientierung in der Öffentlichkeit nicht überzeugend betonen, dass die vielschichtigen Konflikte beispielsweise im Nahen Osten oder in Afghanistan, die auch auf deutschem Boden ausgetragen wurden, fernab von islamischen Wertvorstellungen sind. Sie hat es versäumt, deutlich darauf hinzuweisen, dass diese Konflikte politischer und nicht religiöser Natur sind. Diese starke herkunftsorientierte Arbeit und die Einflussnahme aus ihren Heimatländern verärgerte nicht nur die hiesige Gesellschaft, sondern gerade die muslimische *Community*.

Besonders im organisatorischen Bereich sieht man in der muslimischen *Community* eine hohe Pluralität, denn das religiöse Leben des Islam in der Bundesrepublik Deutschland spielt sich heute – wie oben bereits erwähnt – in etwa 2400 bis 2600 Moscheevereinen bzw. muslimischen Organisationen ab (vgl. Bericht über die Lage der Ausländer, 2002, S. 224). Inzwischen spiegelt sich das gesamte Spektrum der muslimischen Ökumene in Deutschland. Neben der konfessionellen Ausrichtung variieren auch ihre Organisationsstrukturen und -ziele sowie ihr Verhältnis zum Herkunftsland und zur Herkunftspolitik etc.

Will man aber die Bedeutung der muslimischen Organisationen realistisch einschätzen, ist es wichtig zu erfragen, wie viele der Muslime sich durch diese Organisationen vertreten fühlen. Bisherigen Schätzungen zufolge sind etwa 10-15 % der in Deutschland lebenden Muslime organisiert. Die Meinungsumfrage des Zentrums für Türkeistudien vom November 2005 hat Folgendes ermittelt: 55 % der türkischstämmigen Muslime in Deutschland sind weder selbst noch über einen Familienangehörigen Mitglied in einem Moscheeverein. 21,5 % der Befragten sind über einem Familienangehörigen und lediglich 23,3 % selbst Mitglied in einem Moscheeverein. Auch zeigte diese Umfrage auf, dass von allen türkischstämmigen Muslimen zwischen 18 und 29 Jahren 18 % in einem Moscheeverein organisiert sind (vgl. ZfT 2005b, S. 35-40). Die nicht organisierten Muslime bilden daher die große Mehrheit. Gerade dieser Gruppe geht jedoch jede Bindung an muslimische Organisationen ab.

In Deutschland gibt es neben drei großen Spitzenverbänden noch eine Vielzahl unterschiedlicher muslimischer Vereine und Organisationen auf lokaler und regionaler Ebene. Die wachsenden Belange der Muslime in Deutschland forderten die bestehenden muslimischen Organisationen auf, sich unter einem Dachverband zu einen. Dieser Prozess wurde daneben unter dem Druck von staatlicher Seite beschleunigt, die bei konkreten Fragen und Regelungen muslimischen Lebens in Deutschland auf das Fehlen eines geeigneten Ansprechpartners auf muslimischer Seite hinwies. Mangels einer gemeinsamen Interessenvertretung wurden die vernehmlichen Fragen betreffs der Muslime – angefangen von der Verleihung der Körperschaftsrechte über den islamischen Religionsunterricht in den öffentlichen Schulen bis zum islamischen Bestattungswesen und die Seelsorge – im Alleingang einzelner Organisationen diskutiert. Diese Alleingänge blieben freilich ergebnislos. Um die anstehenden Belange der Muslime lösen und ihren Forderungen gegenüber der staatlichen Seite nachkommen zu können, haben sich nach langen Anläufen und angespannten Diskussionen einige Zusammenschlüsse auf Bundes- und Landesebene konstituiert, in denen Mitgliedsorganisationen unabhängig von ihren Herkunftsländern und ihrer theologischen Ausrichtung gruppiert sind.

So fungieren bundesweit derzeit drei Spitzenverbände: die »Türkisch-Islamische Union der Anstalt für Religion« (DITIB), der »Islamrat für die Bundesrepublik Deutschland« (IR) und der »Zentralrat der Muslime in Deutschland« (ZMD). Während sich die DITIB als Spross vom in der Türkei verwurzelten »Diyanet Işleri Başkanliği« (DIB) (Präsidium für religiöse Angelegenheiten) vorrangig den religiösen Belangen der in Deutschland lebenden muslimischen Türken verschrieben hat und sich damit als authentischer Ansprechpartner und als Dachorganisation der türkischen Muslime in Deutschland erklärt, sind der Islamrat und der Zentralrat heterogen in ihrer personellen Zusammensetzung und inhaltlichen Ausrichtung. Sie beanspruchen ihrerseits die alleinige Repräsentanz aller in Deutschland lebenden Muslime.

Neben diesen Spitzenverbänden gibt es weitere Organisationen, die sich unabhängig von oder als Mitglied in diesen Spitzenverbänden um die Belange der muslimischen *Community* sorgen. Die überwiegende Mehrzahl der in Deutschland lebenden Muslime hat einen türkischen Hintergrund und der Organisationsgrad unter ihnen ist am höchsten, daher sind die zahlenmäßig bedeutenderen Organisationen von türkischstämmigen Muslimen geprägt. Viele dieser Vereine wurden ursprünglich durch die unmittelbare oder mittelbare Unterstützung der im Herkunftsland ansässigen staatlichen und nicht staatlichen Organisationen, Parteien oder mystischen Orden gegründet. Nach und nach etablierten sie sich in Deutschland.

Türkisch geprägte muslimische Organisationen

Der »Verband der islamischen Kulturzentren« (VIKZ), der momentan keinem Spitzenverband angehört, ist vorrangig im sozialen und kulturellen Bereich tätig, jedoch hauptsächlich in der religiösen Unterweisung musli-

4. Methodologische Perspektive | 85

mischer Kinder und Jugendlicher. Die »Islamische Gemeinschaft Milli Gö-rüş« (IGMG), die dem Islamrat angehört, begreift sich als ein Zusammen-schluss, der seine Mitglieder in religiösen, kulturellen und sozialen Belan-gen betreuen möchte. Die »Islamische Gemeinschaft Jama'at un-Nur« hat dagegen das primäre Ziel, die Werke des muslimischen Rechtsgelehrten Bediüzzaman Said-i Nursi (1873-1960) zu studieren und zu verbreiten. Diese Gemeinschaft ist seit Langem Mitglied im Islamrat. Die »Alevitische Gemeinde in Deutschland« (AABF) sieht ihre Hauptaufgabe darin, die kul-turelle Identität und die religiösen oder philosophischen Werte der in Eu-ropa lebenden Aleviten zu bewahren bzw. die Entwicklung dieser Werte zu fördern. Sie betrachtet sich selbst als eine Dachorganisation aller in Deutschland lebenden Aleviten, wobei andere alevitische Organisationen wie die »CEM-Stiftung« oder der »Ahlul-Beyt Moscheen- und Kulturver-band« dieses strikt ablehnen.

Arabisch geprägte muslimische Organisationen
Viele der heute in Deutschland tätigen, von arabischen Muslimen ins Le-ben gerufenen Organisationen gehen auf Initiativen arabischer Akademi-ker zurück. Bereits 1960 haben sich arabische Muslime für den Aufbau von muslimisch-arabischen Organisationen eingesetzt. Die »Islamische Gemeinschaft in Deutschland« (IGD), Mitglied im Zentralrat, wurde ur-sprünglich mit dem Hauptanliegen gegründet, ausschließlich im süddeut-schen Raum Moscheen und Gebetsstätten für die muslimische Bevölke-rung zu errichten. Inzwischen dominiert sie mit ihren Programmen und Aktivitäten die arabische *Community* in Deutschland. Das »Islamische Zentrum Aachen« (IZA) ist nur im Aachener Raum organisiert. Das Haup-tanliegen dieses Zentrums besteht neben der Trägerschaft der Aachener Moschee auch in der Durchführung von Gebeten und religiöser Unterwei-sung für Kinder und Jugendliche sowie der Organisation von Vorträgen und Seminaren zur Weiterbildung von Muslimen. Auch der Dialog mit Nichtmuslimen in Aachen steht auf ihrer Agenda.

Persisch geprägte muslimische Organisationen
Die Menschen aus dem Iran haben sich seit der Arbeitsmigration zumeist in der Hansestadt Hamburg als Kaufleute und Händler niedergelassen. Es ist daher nicht verwunderlich, dass die persisch geprägten muslimischen Organisationen ihr Zentrum in diesem Raum haben. Die überwiegende Mehrheit der in Deutschland lebenden Muslime schiitischer Ausrichtung kommt aus dem Iran. Neben zahlreichen regionalen schiitischen Organisa-tionen ist die bereits 1962 gegründete Islamisch-Iranische Gemeinde, wor-aus 1966 das »Islamische Zentrum Hamburg« (IZH) hervorgegangen ist, die bekannteste und federführende schiitisch-muslimische Organisation in Deutschland und fungiert auch heute noch als Trägerverein für die Ham-burger »Imam Ali Moschee«. Das IZH, welches auch zu den Gründungs-

mitgliedern des Zentralrates der Muslime in Deutschland gehört, versteht sich als Vertretungsorgan der Schiiten und sieht seine Aufgabe darin, die Ausübung der sozialen und religiösen Pflichten der in Europa lebenden Muslime maßgeblich zu fördern.

Bosnisch und albanisch geprägte muslimische Organisationen
Mit dem Auseinanderbrechen des ehemaligen Jugoslawien und während der beiden Balkankriege flohen viele bosnische und albanische Muslime aus diesem Gebiet nach Deutschland. Derzeit stellen sie nach den Türken die zweitgrößte Gruppe unter der muslimischen Bevölkerung in Deutschland dar. Anfangs haben einige mit Unterstützung türkisch-muslimischer Organisationen humanitäre Aktionen für die Bevölkerung verschiedener Städte in Bosnien und Albanien durchgeführt. Aus diesen Aktionen entstanden dann einige Gruppierungen, die sich insbesondere den sozialen, kulturellen und religiösen Anliegen widmeten. Die »Vereinigung Islamischer Gemeinden der Bosniaken in Deutschland« (VIGB) hat sich zur Aufgabe gemacht, die Arbeit der einzelnen Vereine zu vernetzen und Einrichtungen zu gründen, die sich für die religiösen Belange der Muslime einsetzen. Die VIGB gehört sowohl dem Islamrat als auch dem Zentralrat der Muslime an. Die »Union der Islamisch Albanischen Zentren in Deutschland« (UIAZD), die an den Zentralrat gebunden ist, fungiert als Dachverband der in Deutschland arbeitenden albanischen Moscheegemeinden.

Deutsch geprägte muslimische Organisationen
Mit der Zunahme von eingebürgerten und deutschstämmigen Muslimen haben sich besonders in den letzten Jahren einige deutsch geprägte muslimische Organisationen gegründet. Einige dieser Organisationen können bereits auf eine lange Tradition in Deutschland zurückblicken. Das »Zentralinstitut Islam-Archiv Deutschland« sieht seine Aufgabe darin, die muslimische Minderheit in der Bundesrepublik dokumentarisch zu begleiten und zu betreuen. Die »Deutsche Muslim-Liga (DML-Hamburg)« versteht sich als »Sachwalterin der besonderen Interessen von Muslimen mit deutscher Staatsbürgerschaft«. Daher dürfen dieser Liga nur deutsche oder in Deutschland geborene bzw. aufgewachsene Muslime beitreten. Die DML-Hamburg hat sich dem Zentralrat der Muslime angeschlossen, ebenso wie die von einigen Mitgliedern dieser Liga 1989 gegründete »Deutsche Muslim-Liga Bonn (DML-Bonn)«, die sich verstärkt für den christlichmuslimischen Dialog einsetzt. Neben diesen Organisationen sind weitere deutsche Vereine im regionalen Bereich tätig, wie das »Sufi-Archiv Deutschland«, das »Weimar Institut für geistes- und zeitgeschichtliche Fragen« und der Verein »Initiative Haus des Islam«.

4.1.2 Zielgruppe: Muslimische Jugendliche

Für den empirischen Teil dieser Studie gilt das Interesse allein den muslimischen Jugendlichen. Wie bereits erwähnt, verbinde ich mit dem *terminus technicus* »muslimische Jugendliche« nicht die vorherrschende Vorstellung in der Gesellschaft von der Gleichung »Migrant = Türke = Muslim = Fremder«. Obwohl viele von ihnen einen migratorischen Hintergrund haben, ist doch die überwiegende Mehrheit der Befragten in Deutschland geboren und sozialisiert. Daher ist nunmehr erneut die Frage zu überdenken, ob man diese Jugendlichen noch als »Migranten« bzw. »Ausländer« bezeichnen kann. Selbst die nationale Herkunft spielt in dieser Arbeit keine immediate Rolle, da ich mich vorzugsweise der religiösen Komponente im Leben dieser Jugendlichen widmen werde. Deshalb sind mit dem Ausdruck »muslimische Jugendliche« Individuen gemeint, die eine von islamischen Normen und Werten geprägte Sozialisation unmittelbar oder mittelbar erfahren haben bzw. erfahren. Zudem ist festzuhalten, dass es Jugendliche mit muslimischem Hintergrund als eine geschlossene gesellschaftliche Gruppe nicht gibt, weil die religiösen Erlebnisse und die Beziehungen zu ihrer Umwelt so unterschiedlich sind, dass diese nicht schablonenhaft gesehen werden können.

4.1.2.1 Familie

Die »muslimischen Jugendlichen« stammen überwiegend aus Familien, die ursprünglich aus der Türkei, Bosnien, Albanien, Indien, Pakistan, Iran, Marokko, Libanon u.a. als »Gastarbeiter« geholt wurden und später dann durch die Familienzusammenführung nach Deutschland eingewandert sind. Die interne Pluralität von Muslimen in Deutschland wird nicht nur durch die unterschiedliche ethno-kulturelle Herkunft bedingt, sondern auch durch den unterschiedlichen Aufenthaltsstatus bzw. die sozioökonomische Situation und die deutlich verschiedenen Bildungshintergründe. Während beispielsweise die afghanischen oder iranischen Asylbewerber oftmals zum Bildungsbürgertum ihrer Herkunftsländer gehörten und daher eine akademische Ausbildung vorweisen können, liegt der Bildungsstand der klassischen »Gastarbeiter« wie die aus der Türkei größtenteils unterhalb des Durchschnitts der hiesigen Gesellschaft. Die allgemeine und auch die religiöse Bildung der Väter und insbesondere die der Mütter ist folglich sehr beschränkt. Auch im Vergleich zu den deutschen Arbeitnehmern sind sie benachteiligt: 60 % sind ungelernte oder angelernte Arbeiter, 22 % sind Fach- oder Vorarbeiter und nur 12 % bilden die Gruppe der Angestellten (vgl. Hamburger 1999, S. 620-624). Die Eltern selbst sind oft nicht ausreichend über den Islam informiert und orientieren sich an den Traditionen ihres Herkunftslandes. Daraus folgend werden die meisten muslimischen Familien in Deutschland der sozialen Unterschicht zugeordnet. Durch das unzulängliche Bildungsniveau sinkt auch der kulturelle Anregungsgehalt des Familienmilieus. Deshalb erreichen ihre Lesefrequenz und das Niveau der bevorzugten Bücher, Zeitungen und Zeitschriften bei Weitem nicht das einer deutschstämmigen Familie der sozialen Mittelschicht. Aus ihrem eigenen Berufsleben heraus ergibt sich für die Eltern selten eine große Sprachkompetenz.

Resümierend können die Schwierigkeiten, denen die überwiegende Mehrzahl aller muslimischen Familien ausgesetzt ist, wie folgt erfasst werden: schlechte Arbeitsbedingungen und hoher Anteil an Arbeitslosigkeit, Fremdenfeindlichkeit, Diskriminierung und Rassismus, Probleme beim Erwerb von Sprachkenntnissen, Trennung von den Familienmitgliedern, Freunden und/oder Verwandten im Herkunftsland.

Die Herkunft aus einem muslimisch geprägten Land sagt auch noch nichts über das persönliche Verhältnis zum Islam und zur Ausprägung von Religiosität aus, denn die bereits beschriebene Pluralität hat auch Auswirkung auf ein sehr unterschiedliches Islamverständnis. Dieses Verständnis kann sich ebenso in traditioneller Volksreligiosität, der Zugehörigkeit zu mystischen Strömungen, der straffen Orientierung an den Glaubensinhalten unter Einhaltung oder Nichteinhaltung der alltäglichen religiösen Grundpflichten, der beharrlichen Ablehnung des Islam oder der Zugehörigkeit zu religiös-politischen Gruppierungen ausdrücken.

4.1.2.2 Bildungssituation

»Junge Ausländer, die in Deutschland leben, haben bis Mitte der neunziger Jahre zunehmend an der schulischen, beruflichen sowie Hochschulausbildung teilgenommen und Bildungsabschlüsse erworben. In letzter Zeit verläuft diese Entwicklung in einem geringeren Tempo. Es kam sogar hauptsächlich in der Berufsausbildung zu Rückschritten. Wenn weiterhin eine solide Schulbildung und eine gute berufliche Qualifikation für eine leistungsfähige Volkswirtschaft und eine offene Gesellschaft als konstitutiv angesehen werden, dann müssen junge Ausländer besser in Schule, Berufsausbildung und Hochschule integriert werden.« (DIW-Wochenbericht 22/1999)

Wie bereits erwähnt, sind inzwischen fast alle muslimischen Jugendlichen in Deutschland geboren und durchlaufen hier in der Regel eine schulische und berufliche Ausbildung. Bundesweit stellen sie zirka 6 % der Schülerschaft (vgl. Bericht über die Lage der Ausländer 2000, S. 171). Da muslimische Jugendliche mehrheitlich aus Familien mit migratorischem Hintergrund und frugalem Bildungsniveau stammen, sind sie offenbar häufiger Schwierigkeiten ausgesetzt als ihre deutschstämmigen Altersgenossen.

Die Schulstatistik bietet keine genauen Fakten zur Bildungs- und Ausbildungsbeteiligung muslimischer Kinder und Jugendlicher. Daher werde ich im Folgenden zur Darstellung ihrer Bildungs- und Ausbildungssituation vorwiegend die Schulstatistik über die »ausländischen« Schülerinnen und Schüler heranziehen.

Der »Bericht der Beauftragten der Bundesregierung für Ausländerfragen über die Lage der Ausländer in der Bundesrepublik Deutschland« vom September 2000 (S. 113) bewertet die schulische Situation ausländischer Kinder und Jugendlicher bis Mitte der 1980er Jahre als katastrophal, weil über 30 % ohne einen Schulabschluss die Hauptschule verließen. Ab Mitte der 1980er Jahre zeichnete sich eine kontinuierliche Verbesserung der schulischen Situation dieser Jugendlichen ab. Trotz dieser positiven Entwicklung sind die muslimischen Jugendlichen (in der Schulstatistik unter ausländischen Schülern bzw. Schüler nicht deutscher Herkunftssprache vereinigt) mehrheitlich an Hauptschulen, hingegen nur eine kleine Anzahl an Realschulen und Gymnasien vertreten:

Tabelle 2: Ausländische Schüler/innen an ausgewählten
allgemeinbildenden Schulen nach Schularten 2003-2006 (Anteile in Prozent)

Schulart	2003/04	2004/05	2005/06
Vorklassen	24,0	23,3	15,5
Schulkindergärten	23,7	23,7	20,7
Grundschulen	11,7	11,5	11,2
schulartunabhängige Orientierungsstufe	11,3	16,4	15,6
Hauptschulen	18,6	18,7	18,9
Schularten mit mehreren Bildungsgängen	2,7	3,1	3,6
Realschulen	7,0	7,2	7,5
Gymnasien	3,9	4,0	4,1
integrierte Gesamtschulen	12,8	13,1	13,5
freie Waldorfschulen	2,1	2,1	2,1
Sonderschulen	16,0	15,9	15,7
Abendhauptschulen	40,8	38,6	35,0
Abendrealschulen	27,6	26,3	24,1
Abendgymnasien	14,2	13,4	13,0
Kollegs	6,1	5,6	5,5
Insgesamt	9,9	9,9	9,8

Quelle: Statistisches Bundesamt 2006

Laut dem Statistischen Bundesamt gab es im Schuljahr 2005/2006 an allgemeinbildenden Schulen insgesamt 929.500 Schülerinnen und Schüler nicht deutscher Herkunft, davon 1300 in Vorklassen, 4500 in Schulkindergärten, 354.300 an Grundschulen, 193.600 an Hauptschulen, 12.100 in Schularten mit mehreren Bildungsgängen, 99.100 an Realschulen, 101.700 an Gymnasien, 70.400 an Gesamtschulen, 8500 an Abendschulen und Kollegs sowie 65.600 an Förderschulen.

Gemäß diesen Daten des Schuljahres 2005/2006 kann gefolgert werden, dass die Schülerinnen und Schüler nicht deutscher Herkunft mehrheitlich in Grund- und in Hauptschulen vertreten sind. Auch der Anteil der Schülerinnen und Schüler an den Sonderschulen ist im Vergleich zur deutschen Schülerschaft ziemlich hoch.

Diese bundesweite Schulstatistik macht deutlich, dass die »ausländischen« Jugendlichen immer noch mehrheitlich an Hauptschulen und weniger an weiterführenden Schulen wie Gymnasien anzutreffen sind. Im Folgenden soll die Kategorie »ausländische Schüler« nach Herkunft dieser Schüler für das Bundesland Berlin aufgeschlüsselt werden, damit die schulische Lage hiesiger muslimischer Jugendlicher besser diagnostiziert werden kann.

Im Bundesland Berlin besuchten im Schuljahr 2005/2006 insgesamt 321.187 Schülerinnen und Schüler eine allgemeinbildende Schule, davon 56.266 Schüler nicht deutscher Herkunftssprache (darunter 54.670 Schülerinnen und Schüler nicht deutscher Herkunft). Die Verteilung nicht deutscher Schülerinnen und Schüler an allgemeinbildenden Schulen im Schuljahr 2005/2006 hat folgendes Bild:

Tabelle 3: Nicht deutsche Schülerinnen und Schüler an
allgemeinbildenden Schulen nach Schulart 2005/2006

Schulart	Schüler nicht deutscher Herkunftssprache	Anteil an allen Schülern
Grundschule	30.638	19,5 %
Hauptschule	4.231	30,5 %
Realschule	4.214	17,1 %
Gymnasium	7.652	9,2 %
Gesamtschule	7.392	15,1 %
Sonderschulen	1.561	19,0 %

Sofern wir aber die Schülerinnen und Schüler türkischer Herkunft in den Blick nehmen, fällt auf, dass der größte Anteil dieser Schüler – wie im bundesweiten Trend – an den Grundschulen vorzufinden sind: Beinahe zwei Drittel der türkischen Schüler besucht momentan die Grundschule. Im Zeitraum 1996 und 2000 lag der Anteil der türkischen Schülerinnen und Schüler an Hauptschulen mit durchschnittlich 8,7 % im Vergleich zur deutschen Schülerschaft ziemlich hoch – auch wenn der Anteil rückläufig ist (1996: 9,1 % und 2000: 8,3 %). Der Anteil der türkischen Realschüler liegt im oben genannten Zeitraum durchschnittlich bei 6,8 %. Sehr gering ist dagegen der Anteil türkischer Schüler an den Gymnasien. Während im genannten Zeitraum mit Aufwärtstrend durchschnittlich 25 % aller deutschen Schüler ein Gymnasium besuchten, lag der Anteil türkischer Schüler bei durchschnittlich 7 %. Demzufolge war im Schuljahr 2002/2003 in Berlin annähernd jeder vierte deutsche Schüler – jedoch nicht einmal jeder neunte türkische Schüler – ein Gymnasiast.

Diese gravierende schulische Entwicklung türkischer Schülerinnen und Schüler schlägt sich auch auf dem Niveau der Schulabschlüsse nieder. Das Statistische Bundesamt ermittelte die prozentuale Verteilung nach Abschlussarten ausländischer Schulabgänger aus allgemeinbildenden Schulen in den verschiedenen Bundesländern für das Schuljahr 2003/2004, die die oben geschilderte schulische Entwicklung ausländischer Schüler bedauerlicherweise bestätigt.

Tabelle 4: Absolventen/Abgänger des Schuljahr 2004/05 nach Abschlussarten (in Prozent)

Schulart	Absolventen/Abgänger		
	Insgesamt	**Deutsche**	**Ausländer**
ohne Hauptschul-abschluss	8,2	7,2	17,5
mit hauptschul-abschluss	24,8	23,2	41,7
mit Realschul-abschluss	41,6	42,6	31,2
mit Fachhochschul-reife	1,3	1,3	1,4
mit allgemeiner Hochschulreife	24,1	25,7	8,2
Insgesamt	100	100	100

Quelle: Statistisches Bundesamt 2006

Die ausländischen Schüler beenden also mehrheitlich die Schullaufbahn mit einem einfachen Hauptschulabschluss, sodass der Anteil derjenigen, die die Schule mit einer allgemeinen Hochschulreife abschließen, auffällig klein ausfällt: Der bundesweite Durchschnitt für das Schuljahr 2005/2006 liegt bei 8,2 %.

Betrachtet man beispielsweise die Schulabschlüsse für das Schuljahr 1999/2000 der Berliner Schülerinnen und Schüler türkischer Herkunft, so ergibt sich das Bild in Tabelle 5.

Tabelle 5: Schulabschlüsse türkischer Schülerinnen
und Schüler 1999/2000

Abschluss	Schüler/-innen türkischer Herkunft
ohne Schulabschluss	25,4 %
einfacher Hauptschulabschluss (9. Klasse)	12,1 %
erweiterter Hauptschulabschluss (10. Klasse)	26,6 %
Realschulabschluss	27,5 %
allgemeine Hochschulreife	8,3 %

Quelle: Landesschulamt vom 17.01.2001

Zusammengefasst verdeutlicht die Analyse des aktuellen Zahlenmaterials, dass die Qualifikationen deutscher und türkischer Schüler insgesamt gesehen noch immer stark differieren: 11 % der deutschen Schüler in Berlin haben im Schuljahr 1999/2000 eine allgemeinbildende Schule ohne einen Schulabschluss verlassen, türkische Schüler hingegen zu 25,4 %. Die Entzweiung zwischen Abschlüssen deutscher und türkischer Schüler wird sehr deutlich, wenn man den Anteil derer, die eine allgemeine Hochschulreife erreichen, betrachtet: 35,1 % der deutschen Schüler und nur 8,3 % der türkischen Schüler haben im benannten Schuljahr das Abitur bestanden.

Auch die Studienbeteiligung muslimischer Jugendlicher in Deutschland (mehrheitlich als Bildungsinländer) bleibt – trotz der verstärkten Aktivitäten der Bundesregierung für die internationale Wettbewerbsfähigkeit des Bildungs- und Forschungsstandortes Deutschland (Steigerung des Anteils der ausländischen Studierenden; Internationalisierung des deutschen Hochschulsystems) – unter dem Durchschnitt für die entsprechende Altersgruppe. Der Anteil der Bildungsinländer an der gesamten Studierendenschaft betrug beispielsweise im Wintersemester 2003/2004 lediglich 3,3 % (vgl. Bericht 2005, S. 67).

Die bisher erörterten schulstatistischen Daten dokumentieren konkret eine niedrige Bildungsbeteiligung von muslimischen Kindern und Jugendlichen mit migratorischem Hintergrund, zumal sie bislang auf höherem Abschlussniveau keine nennenswerten positiven Veränderungen vorweisen.

4.1.2.3 Berufliche Situation

Die berufliche Situation ist zweifelsohne von den schulischen Leistungen abhängig, denn die Bildungsbeteiligung ist für die Erwerbs- und Lebensbiografie von großer Bedeutung. Bekanntlich charakterisieren die Schulerfahrungen und der Abschluss maßgeblich, ob die anschließende Biografie eher von Integrations- oder Desintegrationsprozessen gekennzeichnet wird.

Auch wenn sich seit Beginn der »Gastarbeiterzuwanderung« die Möglichkeiten für die Aufnahme einer Berufsausbildung oder eines Studiums für muslimische Jugendliche aus Familien mit Migrationshintergrund verbessert haben, sehen sie sich im Vergleich zu deutschen Jugendlichen weiterhin vielfältigen Hürden ausgesetzt. Wie bei den allgemeinbildenden Schulen, so herrscht auch bei den beruflichen Schularten ein Ungleichgewicht: Während die ausländischen Schülerinnen und Schüler an Berufsschulen (6,4 %), an Fachoberschulen (Anteil 5,7 %), an Fachschulen (4,4 %), an Fachgymnasien (5,1 %) und an Ausbildungsstätten des Gesundheitswesens (5,7 %) unterrepräsentiert sind, frequentieren sie Berufsfachschulen (9,2 %), an Berufsaufbauschulen (14,3 %), das Berufsgrundbildungsjahr (10,8 %) und vor allem das Berufsvorbereitungsjahr (17,7 %) überproportional (vgl. Tab. 6).

Tabelle 6: Ausländische Schüler an den beruflichen Schulen sowie ihre Anteile in % nach Schularten

Schulart	Schuljahr		
	2003/04	2004/05	2005/06
Berufsschulen im dualen System	6,4	6,1	5,8
Berufsvorbereitungsjahr	17,7	17,4	17,3
Berufsgrundbildungsjahr	10,7	10,8	11,0
Berufsaufbauschulen	16,6	17,3	17,4
Berufsfachschulen	9,2	9,2	9,3
Fachoberschulen	5,7	5,7	6,0
Fachgymnasien	5,1	5,0	5,1
Berufsober-/ Techn. Oberschulen	3,5	3,6	3,9
Fachschulen	4,4	4,3	4,1
Fachakademien	8,9	8,1	7,1
Schulen des Gesundheitswesens	5,7	5,5	5,5
Insgesamt	7,1	6,9	6,8

Quelle: Statistisches Bundesamt 2006

Die Verteilung auf die Schularten zeigt, dass in den weiterführenden Zweigen des beruflichen Schulwesens der Prozentsatz für ausländische Jugendliche abnimmt, z.B. in Fachoberschulen und Fachschulen (6,0 % bzw. 4,1 %). Diese Schulen setzen in der Regel eine abgeschlossene betriebliche Ausbildung voraus.

Im Schuljahr 2003/2004 besuchten 192.808 Schülerinnen und Schüler nicht deutscher Herkunft, davon 77.145 türkischer, eine berufsbildende Schule (vgl. Berufsbildungsbericht 2005, S. 115). Die türkischen Schüler besuchen mehrheitlich Berufsschulen, wo sie die theoretischen Inhalte der Ausbildung vermittelt bekommen. Inzwischen besuchen viele ausländische Schüler solche Schulen, ohne einen Ausbildungsvertrag unterschrieben zu haben. Der Anteil solcher Schüler betrug im Schuljahr 2002/2003 bei den deutschen Schülern 2,3 % und bei den ausländischen Schülern 18,2 % – der Anteil bei den türkischen Schülern im erwähnten Schuljahr lag sogar bei 20 % (vgl. ebd., S. 141). Auch wenn die Berufsschulen und das Berufsbildungsjahr den Schülerinnen und Schülern eine Perspektive bieten, darf hierbei nicht übersehen werden, dass solche Schulformen von den Schülern, die bei der Ausbildungssuche erfolglos waren, als ›Parkplatz‹ gesehen werden. Dies kann möglicherweise auch eine der Ursachen für das vorzeitige Abbrechen solcher »Lehrgänge« sein, weil diese Jugendlichen in ihnen keinen Nutzen außer »Zeitverschwendung« sehen, da solche Bildungsgänge nicht zu einem »gesellschaftlich anerkannten« Ausbildungsberuf führten.

Die Ausbildungsbeteiligung von muslimischen Jugendlichen aus Familien mit Migrationshintergrund hat zwar kontinuierlich zugenommen, aber seit Mitte der 1990er Jahre haben sie in wachsendem Maße Schwierigkeiten, überhaupt einen Ausbildungsplatz im dualen System zu bekommen. Die Ausbildungsbeteiligungsquote türkischer Jugendlicher lag im Jahre 2003 bei lediglich 30 % (vgl. ebd., S. 99). Jugendlichen mit schlechten Vermittlungschancen wird seither meist im Rahmen von Sonderprogrammen geholfen. In solchen »außerbetrieblichen« Ausbildungsgängen sind die türkischen Jugendlichen überdurchschnittlich häufig zu finden (vgl. ebd., S. 119ff.; Boos-Nünning 1990, S. 23f.; Bericht 2005, S. 58-60). Die Konzentration auf wenige Ausbildungsberufe, die keine günstigen Zukunftsperspektiven bieten (Bürokraft, Schlosser, Tischler, Gärtner, Gas- und Wasserinstallateur usw.), ist gerade bei den türkischen Jugendlichen ausgeprägt (vgl. Bericht 2005, S. 62-65; Berufsbildungsbericht 2005, S. 114-117).

Obwohl seit über 40 Jahren ausländische Familien Deutschland mitgestaltet haben und es heute faktisch ein Einwanderungsland ist, bildet der öffentliche Dienst kaum nicht deutsche Jugendliche aus: Lediglich 2,6 % der Auszubildenden haben eine nicht deutsche Staatsangehörigkeit (vgl. Bericht 2005, S. 62).

Festzuhalten bleibt, dass die muslimischen Jugendlichen größtenteils keine gute Schulbildung genießen und sie daher weniger in zukunftsträchtigen Branchen eine Ausbildung erfahren. Logischerweise haben sie dann keine guten Arbeitsmarktchancen, sodass, noch bevor sie ins Arbeitsleben eintreten, bereits die Arbeitslosigkeit droht: Während die Arbeitslosenquote bei den Türken im Jahre 1991 bei rund 11 % lag, stieg sie im Jahre 2003 auf rund 33 % (vgl. ebd., S. 95). Auch wenn ein leichter Rückgang der Jugendarbeitslosigkeit unter ausländischen Jugendlichen zu verzeichnen ist, bleiben insbesondere die türkischen Jugendlichen weiterhin am stärksten von Arbeitslosigkeit betroffen (im Jahre 2003 waren 1,6 % aller ausländischen Jugendlichen unter 20 Jahren, 8,6 % zwischen 20 und 25 Jahren und 10,5 % zwischen 25 bis unter 30 Jahren arbeitslos; vgl. ebd., S. 592).

Insgesamt müssen vor allem muslimische Jugendliche aus Familien mit Migrationshintergrund innerhalb des Bildungs- und Ausbildungssystems einige Hindernisse überwinden: Erfolg oder Misserfolg in der Schullaufbahn, Auswahl beim Wechsel vom Schulsystem in die Berufsausbildung, Erfolg und Misserfolg in der Berufsausbildung oder im Studium, Auslese beim Übergang von der Ausbildung in die Berufstätigkeit. Mit diesen Hindernissen, denen erwiesenermaßen die muslimischen Jugendlichen aus den »Migrantenfamilien« stärker ausgesetzt sind als Jugendliche »deutscher« Familien, sind sie zudem der Gefahr desintegrativer Prozesse ausgeliefert. Deshalb müssen allen voran die allgemeinbildenden Schulen in Deutschland ihre staatliche Aufgabe ernst nehmen: Sie sind zur *Integration* verpflichtet! Das Bildungssystem verteilt Lebens- und Integrationschancen, denn ein guter Bildungsabschluss erhöht die Möglichkeiten auf eine qualifizierende Berufsausbildung bzw. ein Studium, was wiederum eine zentrale Voraussetzung für eine gelungene Integration in den Arbeitsmarkt ist.

Aus den bisherigen Ausführungen wird deutlich, dass im Bereich der allgemeinbildenden Schulen trotz der Integrationsfortschritte immer noch Desintegrationserscheinungen zu verzeichnen sind. Es gibt also eine Vielzahl von sozialen, kulturellen, rechtlichen und ökonomischen Faktoren, die bei muslimischen Kindern und Jugendlichen aus Migrantenfamilien eine Lebensplanung entweder verhindern oder erschweren: schlechte Schulleistungen, eingeschränkte Ausbildungsmöglichkeiten, schlechte Chancen auf dem Arbeits- und Wohnungsmarkt etc., alltags- und strukturbedingte Diskriminierungserfahrungen, unsichere ausländerrechtliche Stellung sowie – insbesondere für Mädchen – traditionelle und kulturelle Barrieren.

4.1.3 Zugang und Interviewte: der Weg zu den Interviewten und die Gespräche

Muslimische Jugendliche sind in Berlin auch an Orten zu finden, an denen man sie nicht erwarten dürfte (z.B. in Diskotheken und Bars). Daher ist eine Einschränkung des Suchfeldes auf die Moscheen und Gebetshäuser nicht praktikabel, da sich die Jugendlichen dort mehrheitlich nie oder sehr selten aufhalten. So war es mein zentrales Anliegen, nicht nur Moscheen und Gebetshäuser aufzusuchen, um Jugendliche für Interviews zu gewinnen. Dementsprechend ging ich nicht nur in Moscheen und Gebetshäusern auf die Suche, sondern auch in kommunalen Jugendfreizeiteinrichtungen, türkischen und arabischen Teehäusern sowie Geschäften. Desgleichen habe ich mein Anliegen durch E-Mail-Anfragen und über Bekannte an muslimische Jugendliche herangetragen. Mit Jugendlichen, die am Koranlesekundeunterricht teilnahmen oder sich im Freizeitbereich der Moscheen bzw. Gebetshäuser mit Billard- oder Kickerspielen aufhielten, fand ich mühelos ins Gespräch, allerdings musste ich vorher in einigen Gebetshäusern mich und mein Vorhaben umfassend vorstellen. Auf Verwunderung stieß mein Auftreten in den Teehäusern, Geschäften, Bars oder Diskotheken, sodass die dortigen Jugendlichen anfangs sehr zurückhaltend und auch die Inhaber solcher Gewerbe nicht immer entgegenkommend waren. Doch als ich ihnen mein Vorhaben erklärte und sie merkten, dass ich weder von der Presse noch »Agent« bin, änderte sich die Lage rasch. Bevor sich aber Jugendliche zu einem intensiveren Gespräch bereiterklärten, habe ich in Vorgesprächen viel Überzeugungskraft aufbringen müssen, um ihr Misstrauen zu überwinden. Auffallend war aber, dass die Jugendlichen innerhalb einer Moscheegemeinde einfacher zu einem Interview zu bewegen waren als jene außerhalb. Während meiner Suche nach Gesprächspartnern und -partnerinnen habe ich folgende Punkte beachtet:

1. Befragte sind über Sinn, Zweck und Gegenstand der Befragung aufzuklären;
2. absolute Vertraulichkeit und Anonymität sind zuzusichern;
3. Ort des Interviews sollte die Lebensnähe des Interviews unterstützen und in einer dem Befragten natürlich und bekannt erscheinenden Umgebung liegen;
4. Sprachniveau und -vermögen des Befragten sind entscheidend – der Interviewer muss sich diesem anpassen;
5. Tilgungs- oder Abbruchwünsche des Befragten müssen akzeptiert werden.

Geleitet von diesen Interviewkriterien habe ich durch die zahlreichen Vorgespräche über mein Vorhaben mit zwölf muslimischen Jugendlichen, je sechs weibliche und sechs männliche, zwischen 16 und 25 Jahren, die in unterschiedlichen Bezirken Berlins wohnen, profunde Gespräche geführt. Die Verschiedenheit der oben beschriebenen Bildungs- und beruflichen Situation spiegelt sich bei den Befragten wider, wobei eher bildungsnahe als bildungsferne Jugendliche zu Wort gekommen sind.[4]

---

4 | Leider waren die bildungsfernen Jugendlichen, d.h. die ohne Schulabschluss und/oder Ausbildung, trotz großer Bemühungen nicht für ein individuell langes Gespräch zu gewinnen. Sie haben ein solches Gespräch immer wieder abgelehnt. Da viele von ihnen alleine nicht interviewt werden wollten, habe ich ihnen ein Gruppengespräch, zu dem sie auch ihre Freunde mitbringen konnten, vorgeschla-

Von den zwischen Ende März 2004 und Anfang Februar 2005 geführten Gesprächen fanden zwei in meiner Wohnung, zwei in Wohnungen der Jugendlichen, vier in einem Café, eines in der Mensa einer Berliner Universität, eines im Nebenraum eines Gebetsraumes und zwei in Bars statt. Alle Gespräche verliefen in einer freundlichen Atmosphäre, doch einige wurden durch Nebengeräusche anderer (wie Handyläuten, Getränkeservice) temporär gestört. Sehr intensiv und länger als geplant verliefen die Gespräche in den Wohnungen.

Einleitend habe ich mich und mein Vorhaben den Interviewten vorgestellt und ihre Fragen dazu beantwortet. Anschließend habe ich immer wieder bekräftigt, dass sie als meine Gesprächspartner und -partnerinnen die Akteure des Geschehens seien und sie daher frei und unbeeinflusst sprechen könnten, so lange sie es wünschten. Ich habe beständig darauf geachtet, dass ich ihnen während des Gesprächs mit meinen Leitfadenfragen nicht ins Wort falle und sie immer ausreden lasse. Eben diese Haltung war für mich grundlegend, denn um ihre individuelle Sichtweise erfahren zu können, war zu gewährleisten, dass sie ungehindert reden können (vgl. Interviewleitfaden im Anhang).

Im Folgenden möchte ich die Profile meiner Gesprächspartner und -partnerinnen zusammenfassen:

---

gen. Solche Gruppengespräche verliefen mit einigen sehr schleppend, zumal die Sprachmittel zwischen Türkisch und Deutsch bzw. Arabisch und Deutsch wechselten. Wegen meiner Türkischkenntnisse bereitete lediglich das Ausweichen in die arabische Sprache Verständigungsdefizite. Verblüffend ist dabei aber, dass die Jugendlichen bisweilen die arabisch gesprochenen Sätze nicht ins Deutsche übertragen konnten. Vieles blieb daher leider unvollständig. Zudem waren ihre deutschen Sätze nicht immer verständlich, sodass ich hier immer wieder nachfragen musste. Die Kluft zwischen Gesagtem und dem, was sie damit ausdrücken wollten, war unverkennbar. Hinzu kam auch, dass die meisten in diesen Gruppengesprächen Tonaufnahmen zurückwiesen. Daher war eine spätere Übersetzungshilfe ausgeschlossen.

Tabelle 7: Profile der porträtierten muslimischen Jugendlichen

Interview- datum	Name und Geschlecht	Alter	Staatsangehörigkeit	Schulbildung
28.3.2004	Emin, männlich	23	deutsch, türkischer Herkunft	Abitur, zzt. Studium
15.4.2004	Kenan, männlich	19	türkisch	Hauptschulabschluss, zzt. arbeitssuchend
14.5.2004	Aische, weiblich	16	türkisch	Hauptschule, 10. Klasse
29.5.2004	Benjamin, männlich	21	deutsch, väterlicher- seits syrisch	Abitur, zzt. Studium
13.6.2004	Dominik, weiblich	24	deutsch, ungari- scher Herkunft	Fremdsprachenassis- tentin, zzt. Studium
10.7.2004	Stefan, männlich	24	deutsch	Abitur, Ausbildung zum Groß- und Au- ßenhandelskaufmann
12.9.2004	Firdevs, männlich	22	deutsch, indischer Herkunft	Realschulabschluss, arbeitet zzt. als Daten- verarbeitungskauf- mann
10.10.2004	Orhan, männlich	25	türkisch	Hauptschulabschluss, arbeitet zzt. im Gemü- seladen der Eltern
8.11.2004	Gülsüm, weiblich	21	deutsch, türkischer Herkunft	Abitur, zzt. Studium
11.12.2004	Fadimah, weiblich	18	deutsch, libanesi- scher Herkunft	Hauptschulabschluss, sucht nach einen Aus- bildungsplatz
11.1.2005	Zehra, weiblich	18	türkisch	OBF, 11. Klasse, Nachholen des Real- schulabschlusses
7.2.2005	Maryam, weiblich	22	deutsch, tunesischer Herkunft	Abitur, zzt. Studium

Die meisten Gesprächspartner und -partnerinnen haben sich intensiv mit den Fragen befasst, nur wenige haben oberflächlich und verkürzt Stellung bezogen. Gleichwohl haben sich die befragten Jugendlichen trotz ihrer an- fänglichen Vorbehalte umfassend und freimütig mit den Fragestellungen auseinandergesetzt, sodass sehr aufschlussreiche Gespräche zustande ge- kommen sind.

Die Gespräche wurden mit Einwilligung der Jugendlichen auf ein Ton- band aufgenommen und hinterher von mir in eine schriftliche Form ge- bracht. Die Interviewtranskriptionen waren zwar aufwendig, aber alle auf- gezeichneten Tonbandgespräche wurden Wort für Wort transkribiert, da erst mit diesen Wortprotokollen die Basis für ausführliche Interpretationen hergestellt wurde. Beim Transkribieren habe ich zwar das Lachen und anhaltendes Gelächter oder Betroffenheit immer in Klammern wiedergegeben, dabei aber bestimmte nonverbale Äußerungen, wie Räuspern, Hüsteln, Trink- und Essgeräusche, »ähm« usw. bewusst weggelassen, weil mir im Unterschied zu anderen Verfassern solche Geräusche für die Auswertung nicht erheblich erscheinen. Während des Gesprächs gebrauchten die befragten Jugendlichen auch Wörter aus ihrer Muttersprache oder Begriffe der islamischen Theologie – für diese habe ich die entsprechende Übersetzung in Klammern beigefügt.

Auch habe ich aus Gründen des Datenschutzes und der Bitten meiner Gesprächspartner und -partnerinnen folgend alle Namen und manche persönliche Daten verändert bzw. Pseudonyme verwendet.

4.1.4 Auswertungsverfahren

Wie bei Erhebungstechniken gibt es auch unterschiedliche Auswertungsverfahren (vgl. Mayring 1999; Flick 1999; Lamnek 1995). Ich habe die transkribierten Interviews nach der Husserl'schen Phänomenologie[5] ausgewertet, da hier die sorgfältige, ausführliche Deskription der Forschungsgegenstände sehr wichtig genommen wird und dabei an der Perspektive der einzelnen Jugendlichen angesetzt werden soll, also an ihren subjektiven Bedeutungsstrukturen, ihren Intentionen. Folglich ist es das Ziel dieser Gesprächsanalyse, zum Wesen der Dinge vorzustoßen. Daher ist die Reduktion der Phänomene aus der Sicht des Subjekts und seiner Intentionen der Ausgangspunkt, und durch Variation der Phänomene wird eine

---

5 | Die Phänomenologie – vom griech. phainómenon (etwas, was scheint, sich zeigt; das unmittelbar Gegebene – also nicht der Schein) und lógos (Lehre) – ist die Lehre vom Erscheinen und baut auf Husserls Reduktion der Erkenntnis auf das reine Bewusstsein auf. Das Denken steht im Mittelpunkt der Husserl'schen phänomenologischen Methode, wonach ein Weg der Reduktion zu beschreiten ist, wenn man zum wahren Bewusstsein, zum reinen Denken gelangen möchte. Demzufolge will die Phänomenologie eine vorurteilsfreie Erkenntnis liefern und die Philosophie vor folgenden Irrwegen bewahren: keine vorgegebene Weltanschauungslehre, kein bloßer philosophischer Historismus sowie keine bloße Wissenschaftstheorie. Ausgangspunkt ist der Doppelsinn des Erscheinens: Der subjektive Vollzug (Erscheinen für mich) und das objektive Vorliegen (Erscheinen von etwas) des Erscheinens bilden zwei voneinander nicht ablösbare Momente einer Einheit. Hierbei ist das Hauptziel der Phänomenologie durch objektive Erkenntnis das Wesen einer Sache, d.h. das Allgemeine, Invariante zu erfassen, wobei die untersuchten Phänomene so betrachtet werden müssen, wie sie sind, und nicht wie sie aufgrund von Vorkenntnissen, Vorurteilen oder Theorien erscheinen mögen. Die zentrale Frage lautet dabei: Als was nehmen wir einen Gegenstand wahr, als was »erscheint« er uns? (vgl. Husserl 1954; Lenzen 1989, S. 1196-1219).

Reduktion auf ihren Wesenskern versucht. Für diese Auswertung wird deswegen nicht eine breite Beschreibung bestimmter Gegenstandsfelder angestrebt, sondern eine gezielte Untersuchung einzelner Phänomene.

Für die weitere Darstellung der Auswertung werde ich wie in Abbildung 2 dargestellt vorgehen:

Als ersten Schritt werde ich einen Durchgang durch das gesamte Interviewmaterial vollziehen, um den generellen Sinn des Ganzen aufzuschließen. Darauf folgt dann ein zweiter Materialdurchgang, um auf das zu untersuchende Phänomen bezogene Bedeutungseinheiten zu bilden: Wo werden die Leitfadenfragen angesprochen? Wo sind wichtige Aussagen zu finden? Im dritten Schritt werde ich dann die gewonnenen Bedeutungseinheiten nacheinander auf das Phänomen hin interpretieren. Die bereits erörterten Überlegungen haben mich dazu veranlasst, auf eine Bildung von Typologien zu verzichten, weil diese Vorgehensweise in keinem Fall die Lebenswelt der Jugendlichen realistisch repräsentiert.[6] Die von mir transkribierten zwölf Gespräche gingen in die Einzelinterviewanalyse ein.

In der Einzelinterviewanalyse wird eingangs der befragte Jugendliche vorgestellt und anschließend werden seine Aussagen themenbezogen analysiert. In diesem Schritt werden die Originalzitate aus den Interviews ausschlaggebend sein; ein Selbstbild der befragten Jugendlichen und eine umfassende Wiedergabe der Interviewaussagen stehen im Vordergrund. Nach dieser personenbezogenen Auswertung werden im letzten Schritt die interpretierten Bedeutungseinheiten miteinander verglichen, verknüpft und zu einer generellen Phänomeninterpretation synthetisiert, um einer dimensionsbezogenen Analyse der Religiosität und Integration unterzogen werden zu können.

---

6 | Nikola Tietze (2001) ist mit ihrem Versuch, Typologien zu bilden, an unüberwindbare Grenzen gestoßen. Auch wenn sie vier Typen islamischer Religiosität entwickelt hat, schreibt sie: »Das Zirkulieren zwischen den verschiedenen Dimensionen ist also nicht nur möglich, sondern gar entscheidend für den Prozess der Subjektivierung. Ein Muslim kann die Religiosität in einer Lebensphase ›ethisieren‹, in einer anderen Situation, bei einem anderen Gesprächspartner oder in einer anderen politischen Konstellation ›utopisieren‹, ›kulturalisieren‹ oder ›ideologisieren‹ [...]. Die Stabilität und die Klarheit dieser Formen sind jedoch rein fiktiv und entsprechen nicht der sozialen Realität des Islams der jungen Generation mit all seinen Umformungen und Ambivalenzen.« (S. 160-164)

Abbildung 2: Schema zur Auswertung der Interviews

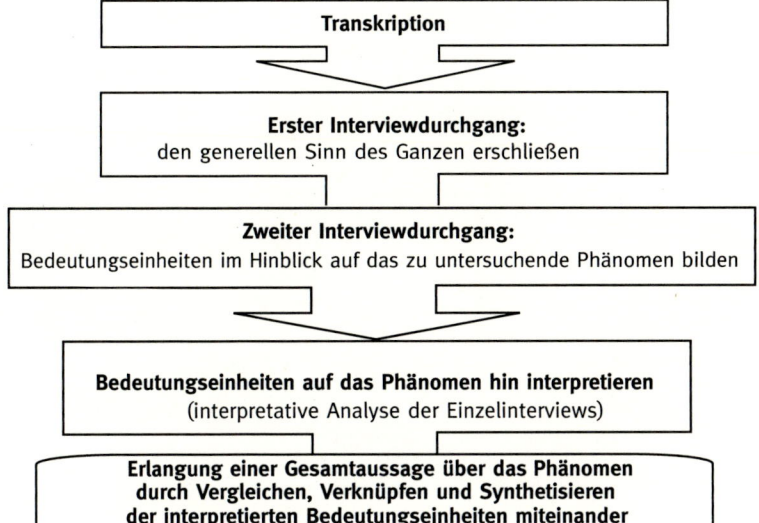

5. Personenbezogene Auswertung:

Die Antworten der Jugendlichen

5.1 Emin – »Mein Glaube ist fest und ich zweifele nicht an meinem Glauben.«

Zur Interviewsituation

Das Gespräch mit diesem jungen Mann ist durch meinen Besuch in den Berliner Moscheegemeinden zustande gekommen. In einer der Moscheen habe ich viele Kinderstimmen aus einem kleinen Nebenraum gehört. Es klang so, als wäre dort ein lebhaftes Kinderfest zugange. Als ich den Raum betrat, sah ich, wie circa 30 Kinder von einem jungen Mann und einer jungen Frau fürsorglich betreut wurden. Über eine Stunde habe ich ihren Unterricht mit den Kindern betrachtet und erlebt, wie herzlich und engagiert sie sich um diese Kinder kümmerten. Die ganze Unterrichtszeit wurde konsequent in deutscher Sprache kommuniziert, obwohl die Kinder überwiegend türkischer Herkunft waren. Auch wenn ab und zu einige Kinder auf Türkisch anfragten, haben die beiden Betreuer die deutsche Sprache geradlinig beibehalten. Unterrichtsthema war das Leben des Propheten Muhammed und seine Liebe zu den Kindern. Vermittelt wurden der Wert des Wissens und des Lernens sowie der Respekt vor Älteren und den Lehrern auf eine sehr unterhaltsame Art. Ich war sehr fasziniert und habe erlebt, wie pädagogische Elemente in den Unterricht involviert wurden, obgleich die Betreuer keine pädagogische Ausbildung hatten. Nach dem Unterricht habe ich mit ihnen ein Gespräch geführt und mein Anliegen dargelegt. Anschließend hat sich der junge Mann Emin bereiterklärt, zu meiner Untersuchung beizutragen.

5.1.1 Wer ist Emin?

Emin, deutscher Staatsbürger, ist 23 Jahre alt und in Berlin geboren. Seine Eltern kamen vor über 30 Jahren aus der Türkei nach Deutschland und haben sich hier kennengelernt und geheiratet. Alle anderen Verwandten leben in der Türkei, sodass sie sich nur in der Urlaubszeit treffen. Diese Trennung ist besonders für seine Eltern schwer erträglich, weil insbesondere die Mutter ihre Verwandten und Familienmitglieder vermisst. Daher hegten seine Eltern von Anfang an den Wunsch, eines Tages in die Türkei zurückzukehren. Seine eigene Rückkehr ist hingegen ausgeschlossen, weil er und seine Geschwister nur ein Leben in Deutschland kennen. Zumal sich die Familie an die hiesigen Lebensverhältnisse gewöhnt hat, sodass ein Leben in der Türkei beschwerlich wäre.

Emins Verhältnis zu seinen Eltern ist gut. Er schätzt sie sehr und ist ihnen besonders dafür dankbar, dass sie ihn weltoffen und tolerant erzogen haben. Sie und Emin sind in einer türkisch-islamischen Gemeinschaft, einer Moschee, ehrenamtlich engagiert. Durch sie lernte er diese Gemeinde kennen. Er findet die aktive Beteiligung an der Gemeindearbeit optimal, weil er dadurch fast immer mit seinen Eltern zusammen ist.

Emin empfindet es als sehr wichtig, im jugendlichen Alter die islamischen Regeln zu beachten: »Es hilft ja, vieles besser zu verstehen. Ich denke, man sollte auf jeden Fall sehr früh mit der Befolgung der Regeln beginnen, denn im Alter wird man sowieso diese Regeln ernst nehmen, weil der Tod dann einem noch näher ist.« Dass die Jugendlichen die Religion ernst nehmen und dabei die Regeln beachten, hängt nach seiner Überzeugung von der elterlichen Erziehung ab. Er ist sehr glücklich, dass seine Eltern ihn muslimisch erzogen und auf die Einhaltung der islamischen Regeln geachtet haben. Da seine Eltern auch praktizierende Muslime sind und ihn nicht durch Zwang, sondern durch Aufklärung und aktives Vorleben zur Einhaltung der islamischen Regeln führten, fand er als Jugendlicher im Islam seinen Lebensweg.

»Also, wenn ich was wirklich falsch gemacht habe – egal, ob das was mit dem Glauben zu tun hat oder mit etwas anderem –, haben sie immer mit mir das Gespräch gesucht. Sie haben immer mit mir über meine Fehler oder so gesprochen. Oft habe ich das Gespräch mit meiner Mutter, also sie hat den großen Part an der Erziehung und sie ist immer munter und spricht mit uns. Sie ist gleichzeitig eine Freundin für uns, die uns sehr viel Verständnis schenkt. Durch Gespräche versuchen sie unsere Fehler zu korrigieren. Also ich könnte mit der Hand abzählen, dass ich eine gewischt bekommen habe – und das nicht, weil ich Sünden gemacht habe, sondern weil ich Mist gebaut habe. Meine Eltern sind Muslime und sie wissen, dass im Islam Gewalt und Schläge in der Erziehung verboten sind und Gewalt nie eine Lösung ist. Das ist im Islam streng verboten.«

Emin verbringt seine Freizeit häufig mit seiner Familie. Er hat insgesamt drei Brüder und drei Nichten, mit denen er oft zusammen ist. Zu seinem Freundeskreis gehören muslimische und nicht muslimische Jugendliche unterschiedlicher Herkunft (Deutschland, Russland, Ägypten, Syrien oder Türkei).

Obwohl er an den kommunalen Freizeitangeboten nicht teilnimmt, wünscht er sich, dass sie die muslimischen Jugendlichen in ihr Programm einbezögen. So sehnt er sich nach Schwimmmöglichkeiten für muslimische Jugendliche, denn er findet es aufgrund seines Glaubens unangebracht, in einem Freibad mit Mädchen und Frauen in einem Wasserbecken gemeinsam zu schwimmen. Er bittet um mehr Rücksicht den Muslimen gegenüber – sie sollten trotz solcher Differenzen nicht ausgeschlossen werden. Das Freizeitangebot von muslimischen Einrichtungen entspricht im Allgemeinen nicht seinen Vorstellungen.

»Ja, also, ich würde mir in erster Hinsicht wünschen, dass die muslimischen Vereine, Gemeinden, Moscheen oder Verbände miteinander kooperieren, also sie müssten zusammenarbeiten. Das ist ein sehr starkes Defizit, das ich bemängele. Also, das müsste sehr stark verbessert werden und, wenn das geschieht, dann würde man, so denke ich, viel positiver gesellschaftlich arbeiten. Man sollte sich vereinen, kooperieren. Ich bin oft in türkisch-islamischen Einrichtungen auch tätig; ich wünsche mir, dass dort auch für Jugendliche viel angeboten wird; in jeder Hinsicht! Wenn die nur zusammenkommen würden, dann würden sie auch mehr Geld und Menschen haben, die dann auch für uns Freizeitangebote organisieren können, sportliche und kulturelle Aktivitäten.«

Emin hat in Berlin die Grund- und Oberschule besucht und nach der Realschule eine Lehre zum Bürokaufmann gemacht. Diese Ausbildung hat er erfolgreich absolviert und anschließend ein halbes Jahr lang als Buchhalter in einem Betrieb gearbeitet. In einem Krankenhaus hat er dann seinen Zivildienst angetreten und hatte großen Spaß an dieser Arbeit. Vor allem die Arbeit mit älteren Menschen hat ihn sehr bewegt, weil er durch sie viele Erfahrungen sammeln konnte. Auch zu der Leitung und zu anderen Kollegen pflegte er gute Kontakte.

Im Laufe seines Lebens bemerkt Emin wiederholt, dass er über seine Religion nicht ausreichend informiert ist, aber gerne ihre vielen Facetten kennenlernen möchte, damit er diese in sein Leben aufnehmen und anderen richtig vermitteln kann. Er entschied sich, ein Studium in der Türkei aufzunehmen. Monatelang hat er sich auf die Prüfungen vorbereitet, um überhaupt an einer Universität in der Türkei eingeschrieben werden zu können. Viele Fächer, von denen er bis dahin nichts gehört hatte, waren jetzt für seine Karriere von besonderer Bedeutung. Sein intensives Bemühen zahlte sich aus und er bekam an der berühmten Universität Istanbul einen Studienplatz.

»Ich habe mich vor zwei Jahren entschlossen, Islamwissenschaften zu studieren. Und es gebe für mich die Möglichkeit in einem arabischen Land zu studieren. Da aber mir diese Sprache fehlt, müsste ich quasi ein bis zwei Jahre diese Sprache lernen und dann anfangen zu studieren. In Deutschland möchte ich nicht Islamwissenschaft studieren. Dieser Studiengang entspricht nicht meinen Vorstellungen, weil der Islam so breit gefächert ist und sie sollte auch objektiv unterrichtet werden. Auch sollten hierbei die praktizierenden Muslime selbst einbezogen werden. [Er verlangt, muslimische Gelehrte und Wissenschaftler für dieses Fach besonders zu bevorzugen, H.Ö.] Also, ich würde auch an diese Universitäten appellieren, an diese Gelehrten an deutschen Universitäten, dass sie mit Muslimen kooperieren, die das auch wirklich praktizieren und objektiv rüberbringen.«

Mit der Frage nach seinem Eindruck von der Situation der Muslime in Deutschland hat sich Emin ausführlich auseinandergesetzt. Er betonte, dass er hier geboren und aufgewachsen sei und als Muslim gleichermaßen, wie jeder andere auch – wenn nicht sogar mehr –, zu dieser Gesellschaft etwas beigetragen habe. Er unterstrich, dass er stets bemüht gewesen sei, die deutsche Sprache zu erlernen und sich in diese Gesellschaft zu integrieren. Gleichwohl:

»Ich habe dann oft gemerkt, wie [...] mir trotz meines Einsatzes [...] sehr viel entweder verboten wurde oder weniger Toleranz entgegengebracht wurde als gewünscht.«

In dem Gespräch schwärmte er von seiner ehemaligen Arbeitgeberin und von seinen ehemaligen Lehrerinnen und Lehrern, mit denen er gute Erlebnisse hatte. Er ist diesen Personen bis heute sehr dankbar für ihre Akzeptanz und ihr Verständnis für seinen Glauben. An die vielen Gespräche, die er mit ihnen geführt hatte, kann er sich bis heute erinnern.

»Auch eine tolle Erfahrung, als ich Zivildienst gemacht habe. Ich bin jemand, der auch aufgrund des Glaubens, mich von weiblichen Mitarbeitern distanziere. Die Chefin hat mich am ersten Tag empfangen und ich wollte vorneweg zu erkennen geben, dass ich ein Muslim bin und bestimmte Verhaltensweisen habe, die anders sind. Meine Arbeitgeberin, die Chefin, hat mir ihre Hand gegeben und ich habe meine Hand aufgrund meiner religiösen und kulturellen Einstellungen ihr nicht gegeben. In einem anschließenden Gespräch erklärte ich ihr meine Haltung und dann erklärte sie mir, dass sie mein Verhalten nicht für störend empfindet und es sogar toll findet, dass ich ehrlich auftrete. Sie fragte mich auch, ob es etwas gibt, worauf sie in Zukunft achten sollte, damit ich in meiner Religionsausübung nicht belästigt würde. Das fand ich sehr beeindruckend. Ich durfte auch während der Arbeitszeit ohne Probleme meine Gebete verrichten. Es war kein Problem, alles lief wunderbar ab. Aber, wie gesagt, es waren meine persönlichen positiven Erfahrungen, aber ich weiß auch, dass es viele negative Beispiele gibt. Aber eines wünsche ich mir: solche Menschen wie meine ehemalige Arbeitgeberin, die so tolerant und unterstützend war. Gerade solche Menschen braucht Deutschland. Durch ihr positives Verhältnis zu meinem Glauben habe ich mich sehr engagiert und erfolgreich in diesem Betrieb eingebracht.«

Er kam aber auch auf Konflikte zu sprechen, die er oder andere muslimische Jugendliche wegen der muslimischen Identität haben. Konzentriert hat er sich dabei auf den »11. September«. Die schlimmen und unwürdigen Ereignisse in den USA waren für ihn unerträglich. Entsprechend besorgt beobachtete er danach eine Intensivierung von Vorurteilen gegenüber dem Islam und den Muslimen. Schockiert war er über ein Erlebnis mit seiner Mutter beim Arbeitsamt. Bis heute hat er es nicht verstanden, warum seine Mutter, die nach ihrem Erziehungsurlaub wieder arbeiten wollte, dies aufgrund ihres Kopftuches nicht durfte.

»Also, dann sagte die Frau beim Arbeitsamt: ›Also, Frau [...]. Glauben sie wirklich mit ihrem Kopftuch, dass sie da was finden werden? Sie müssten erst einmal ihr Kopftuch abnehmen, damit sie anerkannt werden!‹ Ich weiß es nicht, wie ich es damals verkraftet habe. Wenn ich jetzt zurückdenke, bin ich traurig, dass Menschen so mit Andersgläubigen umgehen. Denn eine Frau ist nicht durch ihre Kopfbedeckung minderwertig; im Gegenteil: Solche Menschen, die ihren Glauben praktizieren, sollte man zumindest respektieren, weil sie ehrlich sind und nichts verstecken oder vertuschen.«

Es sei sehr schmerzlich, dass sein Glaube in dieser Gesellschaft trotz der vielen Muslime, die über Jahrzehnte in Deutschland leben, und der historischen Beziehungen Deutschlands mit dem Osmanischen Reich und der Türkei immer noch nicht verstanden wurde. Um diese Lage zu verändern, damit der Islam und die Muslime in Deutschland voll anerkannt werden, rät er, mehr Bildungsarbeit zu unternehmen. Die Bildung solle sehr früh ansetzen, damit die Kinder zeitig vernunftgerecht und weltoffen erzogen werden.

»Also ich kann mich noch an meine Grundschulzeit erinnern. Es gab dort Religionsunterricht. Ich durfte daran nicht teilnehmen. Es gab für katholische und protestantische Schüler Religionsunterricht, aber für mich und für die vielen muslimischen Schüler keinen Religionsunterricht. Und ich fand das sehr diskriminierend. Denn wo und wie sollte ich meine Religion kennenlernen? Wir als Jugendliche kennen unsere Religion nicht richtig. Wie soll man etwas, was man nicht richtig kennt, dann auch richtig praktizieren und anderen richtig vorleben?«

Ebenso erwartet er, dass eine Plattform in der Schule und in anderen Einrichtungen geschaffen wird, wo Muslime und Nichtmuslime über die verschiedenen Religionen und Kulturen aufgeklärt werden. Er kritisiert, dass die Religion in der Schule zunehmend negativ dargestellt wird. Erschreckend findet er, dass der Islam andauernd im Zusammenhang mit den aktuellen Ereignissen ins Gespräch gebracht wird.

So fordert er, dass in den Großstädten wie Berlin, wo viele Muslime leben, ein aktiver Austausch gefördert wird.

»Ich fände es auch gut, wenn wir, auch die Nichtmuslime, gemeinsam über die unterschiedlichen Religionen unterrichtet würden. Religion spielt in der Schule fast überhaupt keine Rolle; wenn, dann nur das Christentum oder Judentum; der Islam nur in Zusammenhang mit den aktuellen Ereignissen, aber dann nur sehr kritisch und mit großen Vorurteilen bedeckt.«

Emin erhofft sich durch diesen Austausch, dass man muslimischen Frauen gegenüber offener auftritt. Einen Ausschluss muslimischer Frauen kann er nicht akzeptieren.

»Auch sollte man muslimischen Frauen gegenüber offen sein. Also ich habe eine kaufmännische Ausbildung gemacht, da hatten wir auch eine Muslima, die auch diese Lehre gemacht hatte. Und ich habe sie nach der Lehre, nach zwei Jahren getroffen, und fragte sie, was sie so macht. Sie meinte, dass sie seitdem arbeitslos ist. Ich fragte: ›Wieso gerade du? Wo du ja die Beste warst, sogar unter allen Auszubildenden aus dem Jahrgang warst du die Beste!‹ Da meinte sie, dass sie wegen dem Kopftuch nicht angenommen wird. Man sagt ihr: ›Gerne würden wir Sie nehmen, aber mit dem Kopftuch geht es nicht. Wenn sie es ablegen, dann können sie sofort beginnen.‹ Oh mein Gott!«

Durch die aktuellen Debatten über das Kopftuch sieht Emin den Zukunftschancen der Muslime in Deutschland nicht optimistisch entgegen. Vor diesem Hintergrund hat er sich vom Bundesverfassungsgericht über das Kopftuch ein deutliches Urteil erhofft. Das Urteil hat jedoch seinen Pessimismus über die Zukunftschancen der Muslime bekräftigt. Dass die Ängste muslimischer Frauen, die beispielsweise für ein Lehramt studieren, von den zuständigen Personen nicht zur Kenntnis genommen werden, frustriert ihn sehr.

Emin verlangt speziell für muslimische Jugendliche Beratungsstellen, wo praktizierende und qualifizierte Muslime eingesetzt werden sollen, denn solche Personen könnten nach seiner Meinung zu muslimischen Jugendlichen eine bessere Vertrauensbasis aufbauen. Von den muslimischen Organisationen verlangt er, dass sie muslimische Pädagogen und Psychologen anwerben, die sich mit der Problemlage der Muslime in Deutschland professionell auseinandersetzen. Dabei wünscht er sich eine finanzielle Unterstützung seitens des Staates und der Kommunen für muslimische Organisationen. Dass von Muslimen die Achtung der Gesetze ersucht wird, hält er für berechtigt und wichtig, aber gleichzeitig erwartet er, dass die Muslime gleichberechtigt behandelt werden – wie es das Grundgesetz vorschreibt. Er fordert alle Muslime und muslimischen Organisationen dazu auf, nachdrücklich deutlich zu machen, dass sie zu dieser Gesellschaft gehören, und auch dazu, den Vorwürfen mancher Medien und Parteien entgegenzutreten.

5.1.2 Dimensionen der Religiosität

5.1.2.1 Die Dimension des Glaubens

Allah ist für Emin der Schöpfer, der absolut gerecht und barmherzig alles erschaffen und ihm alles gegeben hat sowie mit dessen Gnade er auf dieser Erde lebt. Im Jenseits erhofft er sich, vertrauend auf Gottes Gnade, ein glückliches Leben im Paradies.

»Also, ich habe mir gestern im Fernsehen einen Film angesehen. Dieser Film war von einem nicht muslimischen Medizinwissenschaftler. Diese haben auch Verse aus dem Koran zitiert und haben auch Aussagen aus dem Koran betrachtet und stellten fest, dass der Islam mit der Wissenschaft, ja mit der modernen Wissenschaft in vieler Hinsicht im Einklang sei. Durch die Wissenschaft wird mein Glaube auch bestätigt und gestärkt. Ich habe die Allmacht meines Schöpfers ebenfalls durch die Wissenschaft bestätigt bekommen.«

Der Koran ist nach Emins Auffassung Gottes Wort, demzufolge enthält der Koran die Wahrheit. Er bezeugt die Wahrheit des Korans, indem er auf die heutige Wissenschaft hinweist:

»Man braucht einmal die Natur sich anzuschauen, wie das Universum so funktioniert: die Tierwelt, die Pflanzenwelt; alles deutet darauf, dass der Koran die Wahrheit ist, denn im Koran stehen ja solche Sachen, die von der Wissenschaft seit einigen Jahren entdeckt werden. Ich bin mir ganz sicher, dass nach und nach die Wahrheit des Koran von vielen erkannt werden wird.«

Für ihn ist der Koran keineswegs veränderungsbedürftig, denn er ist zu jeder Zeit aktuell.

»Ich habe ja gerade ein Beispiel von den Medizinern gegeben. Der Koran besteht seit über 1400 Jahren. Wenn dort eine wichtige Wissenschaft – und das ist nur ein winziges Beispiel – und wenn damals ein so wichtiger Wissenschaftsbereich so richtig und klar zum Ausdruck gebracht wurde, wie kann man dann sagen, dass der Koran veraltet ist? Nur, die Menschen sollten sich mehr Mühe geben, den Koran richtig zu verstehen, und nicht in ihrem Sinne ihn interpretieren, nicht einzelne Verse aus dem Kontext herausreißen. Das wird ja heute auf der ganzen Welt gemacht, sogar bewusst. Und das ist schrecklich: Nichtmuslime wie Muslime machen so etwas!«

Der Glaube an die Wiederauferstehung nach dem Tod ist für Emin weitreichend, denn der Glaube an den Jüngsten Tag lenkt sein Leben auch auf dieser Erde. Mit der Erwartung, dass er über seine Taten im Jenseits vor dem einzigen Gott Rechenschaft ablegen und nur Gott allein entscheiden wird, ob er ins Paradies oder in die Hölle komme, sieht er den Glauben als eine »innere Polizei« an, die ihn bewacht und vor Sünden und Fehlern behütet.

»Deshalb schade ich ja auch keinem Menschen; wenn, dann entschuldige ich mich sofort. Ich klaue oder lüge nicht.«

5.1.2.2 Die Dimension der religiösen Praxis

Seitdem er die fünf täglichen Gebete verrichtet, kann er sich ein Leben ohne Gebete nicht mehr vorstellen. Freilich hatte er früher mit diesen einige Schwierigkeiten.Heute zieht er fortwährend Nutzen für sein Leben aus seinen Gebeten.

»Ich ziehe davon einen Nutzen, ja, ich ziehe davon einen Nutzen, dass ich mich damit geistig reinigen kann, dass man die Nähe zu Allah erreicht. Im Gebet kann man für den Glauben ein klares Bewusstsein entwickeln. Denn nach dem Gebet fühle ich mich so ganz toll, so ausgeglichen und ich fühle mich rein. Schwierig, das in Worten zu fassen. Man muss es erlebt haben.«

Gebete sind für ihn wie »ein Stück Kommunikation mit Allah, um ihn vielleicht zu erkennen«. Er sieht in dem Gebet auch das Erzieherische, denn nach den Gebeten wird er nachdenklicher und selbstkritisch. Er hinterfragt seine Verhaltensweisen und Umgangsformen sowie die zwischenmenschlichen Beziehungen.

»Wenn ich über einen Menschen schlecht gedacht habe, dann ist nach dem Gebet alles vorbei, dann denke ich also klar. ›Ey, schau mal, du wirst auf dieser Erde nicht ewig leben und du wirst bald Rechenschaft vor Allah ablegen. Lohnt es sich, was du machst, lohnt es sich Menschen zu verletzten, Sünden zu machen?‹«

Eine hohe Priorität für das Gebet entwickelte Emin, als er sich entschlossen hatte, seinen Glauben bewusster zu praktizieren. Ohne seine Gebete fühlt er sich nicht ganz wohl. Daher fordert er Achtung für das islamische Gebet.

»[I]ch würde mich einfach schuldig fühlen und unwohl fühlen und deshalb dann auch nicht die Arbeit leisten, die von mir verlangt wird. Ja, ja, das ist so, wie bei den Rauchern. Ja, dann sagt man, wenn sie nicht rauchen, dann sind sie psychisch belastet und so und dann sind sie nicht 100 Prozent arbeitsfähig, sie brauchen das. Die

Sache schadet erst einmal ihnen und den Passivrauchern, also seinen Mitmenschen. Keiner hat einen Nutzen davon. Es schadet auch der Umwelt, ja, die ganze Umwelt wird beschmutzt. Das wird toleriert. Mein Gebet schadet keinem, in keiner Weise. Bringt man ihm wenigstens genauso viel Toleranz entgegen?«

Das Fasten im Monat Ramadan findet Emin ebenfalls ausgezeichnet. Erstmals gefastet hat er, als er nicht dazu verpflichtet war. Inzwischen kann er sich nicht mehr vorstellen, ohne das Ramadanfasten zu leben. Im Monat Ramadan sei die muslimische Gemeinschaft mit ihren Organisationen beispiellos unternehmend und wohltätig. Das wünscht er sich für die anderen Monate genauso.

Zum Thema Heirat meint Emin: Eine standesamtliche und eine islamische Trauung schließen einander nicht aus, sie ergänzen sich. Zusätzlich sei die islamische entscheidend, weil er sich dadurch ein stabileres Familienbündnis erhofft.

»Man sieht ja leider, dass in der Gesellschaft so viele Beziehungen scheitern, viele gehen auch fremd, wechseln häufig ihre Partner, Kinder werden außerehelich auf die Welt gesetzt. Der Vater lässt die Mutter allein zurück, weil er denkt, er sei für nichts verpflichtet und das ist ja für die Gesellschaft auf Dauer gesehen sehr schädigend. Es gibt heutzutage so viele Kinder, die wachsen auf, ohne Mama, ohne Papa. Ich finde es sehr traurig, weil, ich eine enge Beziehung zu meinen Eltern habe, während viele Kinder durch diesen verlebten Spaß des Mannes beziehungsweise der Frau leiden müssen. Die islamische Trauung hilft einem Muslim auch hier ab.«

Emin betonte dezidiert die positive Wirkung des Islam auf sein Leben.

»Gut, dass der Islam auf mein Alltagsleben einen Einfluss hat, sonst wäre mein Leben vielleicht nicht so friedlich und frei von Drogen, Gewalt oder anderen Sachen. Ich faste, ich bete, ich klaue nicht, ich töte keine Menschen, weil alles im Islam verboten ist. Ich darf keinem Unrecht tun. Ich darf keinen verletzen, keinem das Herz brechen. Zu jedem muss ich mich gerecht und aufrichtig verhalten. Es spielt für mich keine Rolle, wer diese Person ist. Es ist egal, ob er Muslim oder Nichtmuslim ist, ob er mein Chef ist oder mein Arbeiter, es kann ein Kind oder eine Frau sein. Gerade Frauen schätze ich sehr, weil sie ja im Islam eine sehr herausragende Stellung genießen. Für all dies hat der Islam auf mein alltägliches Verhalten einen entscheidenden Einfluss.«

Momentan fänden sich allerdings mehr schlechte als tadellose Vorbilder. Gerade die Jugendlichen litten unter diesem Phänomen. Der Islam aber hält ihn von solchen tadelnswerten Verhaltensweisen fern. Durch seinen Jenseitsglauben behält er immer im Bewusstsein, dass sein Leben auf dieser Erde vergänglich ist und er für alle seine Taten vor Gott Rechenschaft ablegen wird. Dies macht ihn zu einem geduldigen Menschen. Seine schulischen und beruflichen Erfolge verdankt er dem Islam und seinen ethischen Normen wie Bildung, ehrliches Geldverdienen, Hilfsbereitschaft, Großzügigkeit und vorbildliche soziale Beziehungen.

»Gott sei Dank! Durch den Islam habe ich diesen Erfolg, dass ich die Schule gut abgeschlossen habe, meine Ausbildung erfolgreich beendet habe, keinen Stress mit meiner Arbeitgeberin habe, keinen Stress mit meinen Lehrern hatte.«

5.1.2.3 Die Dimension der religiösen Erfahrungen

»Wie soll man überhaupt auf dieser Welt in Ruhe leben, wenn man auf seine irdischen Fragen keine Antworten haben würde. Und Religion gibt uns eben diese Antworten.«

Der Islam erzieht ihn in jeder Hinsicht positiv und führt ihn dem wahren Frieden zu. Durch den Islam hat er auf seine Fragen logische Antworten erhalten, durch die er weiß, wann und warum etwas getan werden soll und was ihn im jenseitigen Leben erwartet. Die religiösen Aussagen und Normen sind für ihn von großer Bedeutung, weil er dadurch eine Richtlinie erhält, wie er sich zu verhalten hat, damit er im Jenseits von Gott mit dem Paradies belohnt wird.

»Denn, wie soll man zum Beispiel Fußball spielen, wenn man die Regeln nicht kennt. Man würde verrückt werden, ohne die Spielregeln zu spielen. Man weiß dann nicht, wie und wohin ich zum Beispiel die Tore schieße. Der Islam lehrt mir also die weltlichen und jenseitigen Spielregeln. Er sagt mir: ›Gebe den Armen von deinem Besitz, den dir Gott gegeben hat, ab. Sei nicht zornig, ehre deine Eltern und ältere Menschen, liebe die Kleinen.‹«

Eine Religion ist dann für ihn eine Religion, wenn sie zu jeder Lebenslage und -zeit auf jedermann zugeschnitten ist. Für ihn sollte eine Religion auf die menschlichen Bedürfnisse eingehen und den Menschen eine Orientierung sein.

»Da fällt mir ein Beispiel ein. Meine Oma ist vor nicht langer Zeit gestorben. Wenn man eine Person sehr liebt und sie verliert, dann verfällt man sehr leicht in Depressionen. Heute sind ja die Psychologen mit Menschen überhäuft. Unser Prophet Muhammed empfiehlt uns dann immer, wenn ein Mensch verstirbt, dass wir dann versuchen, daraus eine Lehre für unser Leben zu ziehen, um darin Standhaftigkeit zu wahren und für diese Person zu beten und über den Tod nachzudenken. Denn man kann weder sich noch den Hinterbliebenen helfen. Das ist dann sinnlos und der Islam zeigt den Menschen, wie man auch mit solchen schwierigen Lebenssituationen fertig wird.«

Für den Islam hat er sich bewusst entschieden, da dieser seine Erwartungen gänzlich erfüllt. Er liest im Koran und in der Sunna nach, um für seine Fragen Antworten zu erhalten. Falls er in diesen primären islamischen Quellen keine Antworten findet, schaut er, was die islamischen Gelehrten zu diesem Thema sagen. Neben diesen Quellen studiert er in Streitfragen auch die Ergebnisse nicht muslimischer Wissenschaftler, um zu einer Urteilsbildung zu kommen. Zu diesem Kreis zählt Emin auch ältere Menschen, weil diese durch Gott mit Weisheit und Erfahrung ausgestattet worden seien.

5.1.2.4 Die Dimension des religiösen Wissens

Er ist mit seinem momentanen Wissensstand über den Islam keineswegs zufrieden und unterstreicht seine große Bereitschaft, zumindest die Grundsätze zu erlernen. Zielbewusst strebt er danach, seine Unwissenheit über den Islam zu dezimieren. Deswegen hat er sich entschieden, ein Studium der islamischen Theologie in der Türkei aufzunehmen. Dadurch erhofft er sich »von der Quelle aus den Islam zu lernen und sich mit diesem Glauben richtig und intensiv auseinanderzusetzen«. Er betont während des Gesprächs mehrmals, dass diese »Wissenslücke« über seinen Glauben für ihn eine »große Wunde im Herzen« ist. Er beklagt sich, dass er in Deutschland, wo er geboren ist und sich obendrein zu Hause fühlt, nicht die Gelegenheit erhält, den Islam »von der Quelle aus« zu studieren. Zudem ist er auch unglücklich, dass er diese Möglichkeit weder in der Schule noch in den muslimischen Einrichtungen bekommen hat.

Bestimmt äußert er großes Interesse an religiösen Weiterbildungsmöglichkeiten und skizziert die Absicht, sich nach Beendigung seines islamwissenschaftlichen Studiums für solche Projekte in Deutschland außerordentlich einzusetzen. Emin kritisiert auch die Entwicklung, dass Religion in dieser Gesellschaft in wachsendem Maße ins Abseits verdrängt wird, und beanstandet, dass religiöse Themen in der Schule nahezu keine Geltung mehr haben.

»Wir Jugendlichen haben nicht die Möglichkeit, über solche Themen offen zu sprechen, auch in der Schule hatten wie kaum solche Themen; wenn, dann nur über die möglichen Gefahren, die angeblich von dem Islam hervorgehen sollen, und darüber, dass Religion sehr unmodern ist. Religiöse Weiterbildung ist sehr wichtig, weil wir sehr, sehr viele Fragen haben. Wir brauchen Orte und Leute, die uns unsere Fragen in Ruhe beantworten und uns helfen, unseren Glauben richtig zu lernen. Wir sollten mit Respekt und Liebe uns Religionen zuwenden, zumindest den gläubigen Jugendlichen Respekt zollen.«

Um seinen »Wissensdurst« nach dem Islam zu stillen, versucht er, an religiösen Veranstaltungen teilzunehmen und die Darstellungen und Berichte über den Islam (oder allgemein über religiöse Themen) in den Medien zu verfolgen. Hierbei beanstandet er, dass die Medienberichterstattung über den Islam und die Muslime durchweg negativ ist.

»Sie werfen dem Islam und den Muslimen vor, dass der Islam und die Muslime sehr intolerant sind und Vorurteile haben. Aber gleichzeitig treten sie mit einer Arroganz und Intoleranz und Hass auf, die keiner überbieten kann. Noch schrecklicher ist es, dass sich keiner dagegen wehrt und die Behörden oder Politiker nichts dagegen unternehmen. Auch sie spielen mit, dass über Islam gelogen und ein Feindbild aufgebaut wird. Wozu das denn? Kann man hier nicht differenzieren? Warum müssen wir Muslime in Deutschland für alles geradestehen, was in den arabischen Ländern oder in Asien einige politische und ideologische Menschen machen?«

5.1.2.5 Die Dimension der Konsequenzen aus religiösen Überzeugungen

Emin bezeichnet es als Gottes Wille, die Kinder nach den Geboten des Korans und der Sunna zu erziehen. Im Jenseits ist auch über eine gelungene bzw. misslungene Kindeserziehung genauso Rechenschaft abzulegen wie über andere Taten. Jeder Muslim sei verpflichtet, seine Kinder tugendhaft zu erziehen.

An das islamische Verbot des vor- und außerehelichen Geschlechtsverkehrs fühlt er sich widerspruchslos verbunden, da er in diesem Verbot für die Gesellschaft und damit auch für sich selbst überwiegend Vorteile und keine Nachteile sieht. Er kommentiert seine Auffassung mit Episoden aus seiner Schulzeit.

»Ich weiß von meiner Oberschulzeit, da hatten wir ein Mädchen in der Klasse und sie war mit 15 schwanger. Sie lief mit so einem Bauch herum und dann hört sie, dass ihr Freund sie verlassen hat. Sie musste allein für das Kind sorgen und die Familie hat sie auch nicht unterstützt. Also, das sind so ganz große Probleme. Erstens, dieses Mädchen ist selbst noch ein Kind und hat noch nicht eine vollendete Erziehung genossen, wie soll sie ihr Kind erziehen? Wie soll es denn weitergehen? Es gibt so viele unglückliche Menschen. Ich halte mich auf jeden Fall an dieses Verbot, denn es ist für mich sehr schlecht und unverantwortlich, vor der Ehe intime Sachen zu machen, wo ich mir und dem Mädchen schade. Wenn ein Kind auf die Welt kommt, so soll es auch eine glückliche und stabile Familie haben. Was hindert uns, bis zur Ehe anständig zu leben?«

Er wünscht sich eine Muslima zur Ehefrau, die gleichfalls praktizierend ist wie er selbst, weil er in der Kindeserziehung den Islam im Ganzen vermitteln möchte. Für ihn ist es bedeutsam, dass in der Kindeserziehung Ehemann und Ehefrau gemeinsam agieren.

Protest erhebt er gegen Behauptungen, der Islam steht einer Integration muslimischer Migranten in diese Gesellschaft entgegen.

»Nein, natürlich nicht! Ich meine, dass sind doch alles Punkte, die zur Integration beitragen, die ich eben erwähnt habe. Wieso soll der Islam ein Hindernis darstellen? Der Islam will doch nur Gutes für jeden, auch für Nichtmuslime. Denn die Gesellschaft besteht ja aus unterschiedlichen Menschen mit unterschiedlicher Herkunft, Kultur, Religion.«

Er pointiert, dass der Islam vielmehr eine Integration in diese Gesellschaft fördert.

»Der Islam unterstützt gerade uns Jugendliche, uns in diese Gesellschaft besser zu integrieren. Der Islam schreibt uns vor, uns zu bilden, die Sprache des Landes zu lernen und zu allen aufrichtig zu sein. Und wenn man diese Richtlinien des Islam bewusst lebt, dann ist man mit der Gesellschaft und nicht gegen diese Gesellschaft.«

Emin ist der Auffassung, dass er sich durch den Islam in diese Gesellschaft besser integriert habe als andere, die den Islam nicht praktizieren.

Islam und Demokratie widersprechen sich nicht, meint er. Der Islam unterstreiche die Grundprinzipien der Demokratie wie die Freiheit individueller Entscheidungen und Handlungen sowie individuelle Verantwortung, die individuelle Gleichheit vor Recht und Gesetz, Minderheitenschutz usw. Andere Auffassungen, die den Islam mit der Demokratie nicht in Harmonie sehen, missbilligt er. Er geht sogar weiter:

»Ich denke daher, dass der Islam vielleicht am demokratischsten unter den vorhandenen Weltanschauungen ist.«

In diesem Zusammenhang kann er freilich nicht verstehen, auf welcher Grundlage gewisse Politiker und Medien ihre Anklagen stützen, der Islam würde Gewalt gegenüber Menschen billigen oder den Krieg als heilig einstufen.

»Ich finde dieses nicht korrekt. Denn die islamischen Gelehrten, mit denen ich in Dialog getreten bin, haben mir nie gesagt, dass ich als Muslim kämpfen soll gegen Nichtmuslime. Die haben mir gesagt, dass *Dschihad* tatsächlich stattgefunden hat in der Geschichte, aber weil man angegriffen wurde, also man hatte die Muslime unterdrückt und auch ihre Länder angegriffen. Aber – ich sehe gerade in Deutschland heute keinen Grund dafür.«

Erregt schaudert er, dass einige zentrale Begriffe wie etwa *Dschihad* verfälscht ins Deutsche übersetzt werden.

»*Dschihad* heißt ›sich anstrengen im Glauben‹, dass man eben versucht, ein vorbildliches Leben zu führen. Auch meine Arbeit oder mein Studium oder Menschen zu helfen ist *Dschihad*. Mit Menschen ständig im Dialog zu sein, ja gerecht und vorbildlich zu leben, ist *Dschihad*. Das ist der richtige und alleinig durch den Islam akzeptierte *Dschihad*.«

Alle Menschen, ob Muslime oder Nichtmuslime, sind für ihn Geschöpfe Gottes und dadurch gleich zu behandeln, wie es der Islam verlange. Für Emin wäre eine Benachteiligung des Menschen aufgrund seiner Religion, Hautfarbe oder Sprache eine Sünde, die von Gott nicht vergeben wird, bevor der Betroffene nicht vergibt.

»[A]lso angenommen, ich bin ein Richter und vor mir sitzen ein Muslim und ein Nichtmuslim, und ich muss urteilen, dann ist es für mich nicht selbstverständlich, dass ich mich für den Muslim entscheide, also für ihn spreche. Wenn ich weiß, der Nichtmuslim ist im Recht und ich habe trotzdem für den Muslim geurteilt, dann begehe ich eine große Sünde, weil ich dem anderen Menschen sein Recht gestohlen habe. Deshalb kann ich niemals zwischen Menschen Unterschiede machen. Gerade hier ist der Islam wirklich sehr streng. Der Islam verlangt von uns, aufrichtig und gerecht zu sein.«

5.1.2.6 Einstellung und Bindung an Moschee und Imame

Emin kennt sich in der Landschaft muslimischer Organisationen in Berlin einigermaßen aus. Nicht der Träger der von ihm besuchten Moschee, sondern das Gebet ist für ihn ausschlaggebend. In einem türkisch-islamischen Moscheeverein ist er Mitglied und arbeitet dort ehrenamtlich mit. Nach ihm sollte man zwischen nationalen Vereinen, wie den türkischen oder arabischen, sowie den muslimischen Vereinen unterscheiden. Augenfällig gibt es für ihn Organisationen, die bestimmte Ideologien verfechten und zugleich vom Islam Gebrauch machen, um sich unter der muslimischen Gemeinschaft zu profilieren. Emin befürwortet nur die Organisation, die »wirklich islamisch heißt und ist. Sie sollen in ihrer Arbeit den wahren Islam in den Vordergrund stellen und auch danach handeln. Weder Rasse noch Nationalität darf in den Vordergrund, sondern der Glaube«.

Er verwahrt sich dagegen, Moscheen zu kategorisieren. Er ist von den Moscheen angetan, die sich ehrenamtlich und mit knappen finanziellen Ressourcen um die Belange der Muslime sorgen. Folglich heißt er die Darstellung mancher Medien und Personen über die Moscheen und muslimischen Einrichtungen nicht gut. Zwar gebe es Plätze, wo beispielsweise für Parteien in der Türkei geworben und ihre Weltanschauung vermittelt wird, aber gegen solche Propaganda fühlt er sich immun.

»Ich besuche eben Moscheen, die in meiner Wohnungsnähe sich befinden oder

wenn ich unterwegs bin, suche ich die nächste Moschee auf. Ich habe nicht die Bedenken, die in den Medien häufig vermittelt werden. Auch habe ich bisher in diesen
muslimischen Einrichtungen nicht erlebt, dass wir zur Gewalt oder etwas Schlechtem aufgerufen würden. Wenn aber Politik gemacht wird, da höre ich nicht hin und
mache auch nicht mit. Für so etwas stehe ich definitiv nicht zur Verfügung.«

Überdies unterstreicht er, dass er grundsätzlich alle kategorisch ablehnt,
die sich nicht an islamischen Grundsätzen orientieren, Gewalt und Separa-
tion befürworten oder nationalistische Ideen haben. Als Musterbild für
seine Ablehnung führt er die Gruppe um den umstrittenen »Kaplan« an,
bekannt als »Kalif von Köln«.

Emin bemängelt, dass zwischen Muslimen und Nichtmuslimen kein
organisierter Dialog stattfindet, und nimmt hierbei auch die muslimischen
Organisationen in die Pflicht. Um diese desolate Lage zu verändern, hat er
mit seiner Nachbarin eine Kindergruppe in der Moschee gegründet. Dort
werden Kinder und Jugendliche in grundlegende Themen des Islam eingeführt und für einen interreligiösen Austausch weitergebildet. Nichtmuslime, die aus- und nachdrücklich eingeladen worden seien, blieben bislang
aus.

Seine Einstellungen zu muslimischen Organisationen fasst er zusammen, indem er sich Organisationen wünscht, die für jedermann offen sind
und die untereinander kooperieren. Des Weiteren wünscht er sich, dass die
Hauptsprache in diesen Organisationen Deutsch sei, damit die Muslime
unterschiedlicher Herkunftssprache zusammenkommen und damit ihre
Aktivitäten von jedermann in Anspruch genommen werden können. Ausgrenzungen dürfe es unter Muslimen nicht geben. Die muslimischen Organisationen sollten muslimischen Jugendlichen durch Berufsberatung
Perspektiven geben und vermitteln sowie gesellschaftliche Themen – wie
Erziehung und Bildung – in Gesprächsrunden aufgreifen. Unentbehrlich
sei, dass die muslimischen Organisationen sich mit dem Islam gut auskennen, den Koran und die Sunna beachten und sich von Politik, Ideolo-
gen oder Ideologien fernhalten. Ihn stimmt die Entwicklung seit einigen
Jahren hoffnungsvoll und er ist davon überzeugt, dass durch den Generationswechsel in den muslimischen Organisationen für die muslimische
Gemeinschaft vieles besser werden wird.

Er ist in seiner Moschee sehr aktiv und unterstützt die organisatorische
Arbeit der Moscheegemeinde. Älteren hilft er mit Übersetzerarbeiten aus.
Das Freitagsgebet in einer Moschee empfindet er als imposant. Sehr fatal
sei es jedoch, dass er aufgrund seiner Arbeit nicht regelmäßig an dem Freitagsgebet teilhaben kann.

»Gerade freitags ist die Moschee sehr voll und dort herrscht eine feierliche Stimmung. Leider wird in diesem Land auf unseren Freitag nicht genügend Rücksicht
genommen, sodass viele nicht zum Gebet kommen können. Ich finde es sehr trau-

rig, wenn ich mal nicht am Freitagsgebet teilnehmen kann. Ich denke, dass auch die anderen Muslime, die nicht kommen können, weil sie in die Schule gehen oder arbeiten müssen, auch ziemlich unglücklich sind. Gerade weil man freitags die Möglichkeit bekommt, etwas durch die *Hutba* [Freitagspredigt, H.Ö.] über seine Religion zu hören. Sonst haben wir Muslime keine Möglichkeit, uns mit unserem Glauben auseinanderzusetzen. Es macht mir wirklich viel Spaß. Ich fühle mich sehr geborgen dort und lerne sehr vieles. Hier kann ich auch viele Menschen kennenlernen, Deutsche, Araber, Polen, Chinesen und andere Wenn Diskussionen und interreligiöse Veranstaltungen stattfinden, dann gehe ich gerne hin.«

Für Emin ist Bildung die wichtigste Aufgabe einer Moschee. Er verlangt von den Moscheegemeinden, die Moschee nicht nur auf die Gebetsmöglichkeiten zu reduzieren, sondern intensiv Bildungsarbeit für muslimische Jugendliche und Erwachsene anzubieten. Die Moscheegemeinden erfüllen seiner Meinung nach nicht immer ihre Aufgaben.

»Die bieten keinen Unterricht an, die haben keinen Plan, die machen es nur willkürlich, sie haben keine Strukturen. Manche sagen auch, ich unterrichte nicht unter zehn Schüler. Ich wollte einen Arabischkurs machen, um meinen Glauben noch besser verstehen zu können. Ich habe mit einem Imam geredet, der in Ägypten studiert hat. Er war sehr kompetent, er war sehr sympathisch, und ich habe ihn gefragt, ob wir gemeinsam Arabischunterricht machen können. Aber er sagte: ›Nein, weil es zu wenige Schüler gibt.‹«

Emin wünscht sich von den Moscheegemeinden vorbereitete und strukturierte Bildungsangebote in deutscher Sprache über den Islam, die für jedermann offen stehen sollten, auch für nicht muslimische Interessierte.

»Wenn ich mal einen deutschen Freund mit in die Moschee mitnehmen möchte, um ihm einfach zu zeigen, was Islam bedeutet, konnte ich ihn nicht mitnehmen, weil dort nicht Deutsch gesprochen wurde. Wenn ich ihn doch mitgenommen hätte, dann wäre es ihm ja langweilig. Er würde doch nichts verstehen oder ich müsste es ihm übersetzen.«

Emin fordert von den Imamen, die Propheten und ihre Gefährten zum Vorbild zu nehmen, um selbst als Vorbilder in der Gesellschaft ernsthaft zu dienen.

»Sie sollen aktiv sein und sie sollen nicht nur zu den Gebetszeiten in der Moschee erscheinen. Ein Imam soll auch außerhalb der Gebetszeiten in der Moschee präsent sein. Also – heutzutage wird es auch falsch verstanden. Ein Imam hat nicht nur die Aufgabe, in die Moschee zu kommen, um das Gebet zu leiten, es ist nur ein Teil seiner Aufgabe. Also, gerade solche Leute, die diese Bildung genossen haben, sollten sie auch weitergeben. Sie sollten sich auch im sozialen Bereich einsetzen und viel tun, an Diskussionen teilnehmen und sich weiterbilden, also für uns ein Vorbild sein. Es reicht wirklich nicht, dass er nur das Gebet leitet und etwas aus dem Koran vorliest.«

Solange diese Imame ihrer Vorbildfunktion nicht nachkommen, könnten sie seine Lebensweise und Lebenseinstellungen nicht beeinflussen. Er beanstandet die Ausbildung der Imame und neben den mangelnden deutschen Sprachkenntnissen auch die Rekrutierung der Imame aus dem Ausland. Eben diese Situation erschwere die Kommunikation zwischen dem Imam und den Jugendlichen.

»Ein Imam muss jeden ansprechen können, er muss die deutsche Sprache können, selbst die arabische Sprache beherrschen viele nicht. Er kommt aus dem Ausland, er ist hier fremd, er kennt nicht die Probleme der Erwachsenen, was sie hier in Deutschland erlebt haben, er kennt nicht die Probleme der Jugendlichen, er hat seine Erziehung und Bildung in einem fremden Land bekommen und kennt nicht die Gegebenheiten hier. Selbst die Jugendlichen in der Türkei leben und denken ganz anders als die Jugendlichen hier in Deutschland. Wie soll jetzt der Imam, der aus der Türkei kommt, diesen Jugendlichen helfen. Es ist zu theoretisch für uns. Obwohl der Imam es gut meint, aber er drückt sich nicht verständlich aus und er findet nicht die Sprache, die uns Jugendliche anziehen würde. Deshalb muss er sich weiterbilden und die Gegebenheiten hier kennenlernen, damit er die Jugendlichen motivieren kann, einen guten schulischen Abschluss zu machen, sich eine Ausbildung vorzunehmen oder zu studieren. Also: Er soll den Jugendlichen das klar machen.«

Seine frühere Teilnahme am Koranunterricht in einer Moschee war kurzfristiger Natur. Retrospektiv bemerkt er, dass solche Kurse keineswegs für die religiöse Bildung muslimischer Jugendlicher ausreichen, weil in diesen Kursen lediglich das Erlernen der arabischen Buchstaben zum Rezitieren des Korans und oberflächliche Auskünfte über einige Bereiche des Islam vermittelt werden. Deswegen fordert Emin einen professionellen Islamunterricht in den öffentlichen Schulen, damit die muslimischen Kinder und Jugendlichen ihre Religion bewusst sachlich und strukturiert präsentiert bekommen.

5.2 Kenan – »Ohne Religion würde es auf dieser Erde Chaos geben.«

Zur Interviewsituation

Ich betrat an einem Samstagnachmittag eine türkische Bar, um dort Ausschau nach interessierten Jugendlichen zu halten. Als ich dem Barkeeper mein Anliegen darstellte, kam ein junger Mann namens Kenan auf mich

zu und lud mich an seinen Tisch. Dies kam mir sehr gelegen. In einer ge-
mütlichen Sitzecke, wo sich noch weitere zehn befreundete Jugendliche
versammelt hatten, nahm ich Platz. Zum Abschied fragte ich sie, wer für
ein intensiveres wissenschaftlich motiviertes Einzelgespräch bereit sei.
Kenan willigte ein. Wir verabredeten uns zu einer späteren Zusammenkunft in dieser Bar.

5.2.1 Wer ist Kenan?

Kenan, ein 19-jähriger Jugendlicher türkischer Herkunft, wurde in Berlin
geboren. Seine Großeltern kamen vor 35 Jahren aus der Türkei nach
Deutschland. Sein Vater und seine Mutter sind in der Türkei zur Welt gekommen. Kenan hat vor über zwei Jahren die Gesamtschule mit einem
einfachen Hauptschulabschluss verlassen und sucht seither nach einem
Ausbildungsplatz. Er hat einige Lehrgänge, vermittelt durch die Agentur
für Arbeit, abgebrochen.

»Ich gehe hin und wir haben nur Papier ausgefüllt, bisschen gemalt, Computer benutzt und so. Echt gelangweilt! Dort hat man uns wie doofe Menschen behandelt,
die haben uns angeschrien und so. Ich habe es dort nicht ausgehalten, entweder
musste ich zurückschreien und mich mit ihnen streiten oder eben weggehen. Das
habe ich auch gemacht. Einmal hat mir mein Sozialkundelehrer eine Fünf gegeben,
weil ich gesagt habe: ›Ich möchte nicht, dass meine Kinder später schwul werden.‹
Er schrie mich an und sagte, ich soll Toleranz lernen. Ich habe ihn nicht verstanden.
Er hat uns gefragt, ob wir es uns vorstellen könnten, dass unsere Kinder später homosexuell werden können. Ich sagte: ›Nein!‹ und er schreit mich an und gibt mir
eine Fünf. Ich habe mich beschwert, aber der Lehrer hat dann gesagt, dass ich über
die Schwulen Witze gemacht haben soll und er mich deshalb angeschrien hat. Und
die Fünf, weil ich nicht mitgemacht habe. Der Schulleiter hat ihm natürlich geglaubt. Ich habe mich dann abgemeldet. Die haben mir mein Leben versaut, diese
Schweine! [...] Was soll ich noch machen? Jetzt suche ich nach einem Job, einen
Ausbildungsplatz werde ich sowieso nicht mehr finden. Arbeitsamt hilft sowieso
nicht, wenn, dann nur den Deutschen.«

Kenan hat die deutsche Staatsbürgerschaft beantragt, bekommt sie jedoch
nicht, weil er nicht erwerbstätig ist.

Das Verhältnis zu seinen Eltern bezeichnet er als »so lala«. Aufgrund
seiner gegenwärtigen Situation ist es angespannt, zumal er arbeitslos und
damit von ihnen Eltern abhängig ist. Mittlerweile ist sein Vater ebenfalls
arbeitslos geworden. Infolgedessen hat die Familie finanzielle Probleme.
Vornehmlich sein Vater ist mit der derzeitigen Lebensweise von Kenan
ganz und gar nicht zufrieden. Er möchte Kenans Arbeits- und Ziellosigkeit
nicht länger akzeptieren, weshalb er ihm pausenlos Vorwürfe mache, während seine Mutter mit ihm behutsam umgeht, ihn sogar vor seinem Vater

in Schutz nimmt. Dies wiederum führt gewöhnlich zu Auseinandersetzungen zwischen seinen Eltern.

Kenan ist der Überzeugung, dass er sich erst mit 40 oder 50 Jahren dem Islam vollauf widmen werde. Fasten und andere religiöse Vorschriften, etwa das Schweinefleischverbot, hält er dennoch ein. Er meint, dass er noch genügend Zeit habe, weswegen er mit einigen islamischen Regeln nachlässig umgehe. Der Glaube an Allah und an den Islam sei dagegen gewissermaßen ausschlaggebend, dieser müsse bei Jugendlichen ebenso existent sein wie bei den Erwachsenen.

Er fordert von den Eltern, sie sollten ihren Kindern eine gewisse Freizügigkeit lassen, sich also nicht beharrlich einmischen, denn die Jugendlichen nähmen ihre Eltern nicht mehr ernst und erheben sich gegen sie.

Seine Eltern geben nicht Acht darauf, ob er den religiösen Pflichten nachkommt oder nicht. Für seinen Vater ist lediglich grundsätzlich, dass Kenan sich nichts zu Schulden kommen lässt.

»Naja, also mein Vater sagt mir immer wieder, wenn die Polizei bei uns vorbeikommt oder ich ein Brief von der Polizei bekomme, dann kann ich mich in den Kanal schmeißen. Er wird mich rausschmeißen.«

Sein Vater und seine Mutter beten nicht regelmäßig. Lediglich im Ramadan, zum Festtagsgebet oder ab und zu auch am Donnerstagabend geht er selbst in die Moschee zum gemeinschaftlichen Gebet. Sonst hält er sich überwiegend in seinem türkischen Stammcafé auf. Falls Kenan im Alkoholrausch nach Hause kommt, drückt sein Vater seine Unzufriedenheit deutlich aus, gelegentlich kommt es auch zu handgreiflichen Auseinandersetzungen zwischen den beiden. Ob seine Eltern über eine Rückkehr in die Türkei nachdenken, vermag er überhaupt nicht zu sagen, weil zu Hause darüber bisher nicht gesprochen wurde. Er selbst möchte in Deutschland bleiben.

Kenan hat, wie er es selbst ausdrückt, verschiedene Freundeskreise. Emsig hatte er seit seinem 13. Lebensjahr in einem deutschen Sportverein Fußball gespielt, von dem er sich aus finanziellen Gründen vor einem Jahr trennen musste. Seitdem ist der Sport in seine Freizeit verlagert. Daneben geht Kenan mit seinen Freunden häufig in die türkische Bar oder in die offenen Jugendfreizeiteinrichtungen. Seit Kurzem hat er durch einen alten Schulfreund seine Vorliebe für das Theater entdeckt, sodass er seit einigen Wochen an den Proben einer Theatergruppe teilnimmt. Er zieht die offenen Jugendfreizeiteinrichtungen den muslimischen Vereinen vor.

»Also dort gibt es zu viel Kontrolle, du kannst nicht rauchen, oder was nehmen [Er meint »kiffen«, H.Ö.]. In dem Jugendfreizeitklub [gemeint: Jugendeinrichtungen in kommunaler Trägerschaft, H.Ö.] ist es besser. Da ist alles erlaubt. Die Sozialarbeiter gucken nicht hin. Wir können dort rauchen oder uns ›was‹ nehmen. Die Mädchen können wir auch anmachen. Ich gehe nicht in Moscheen, denn da kann man nicht rauchen oder ›was‹ nehmen. Ich gehe lieber in den xxx Jugendfreizeitklub in der xxx Straße.«

Als Jugendlicher findet er das Leben als Muslim in Deutschland beengend.

»Als Muslim, als Muslim in Deutschland, na ja, das ist sehr eingeschränkt, man kann nicht vieles tun, weil im Islam vieles verboten ist. Und hier erlebt man überall gerade solche Sachen, also Alkohol, oder man muss häufig lügen. So etwas verbietet der Islam, aber man kommt immer wieder mit solchen Verboten in Berührung. Also von meiner Seite, also ich bin ›elhamdulillah‹ [Gott sei Dank, H.Ö.] Muslim, aber trotzdem tue ich manchmal auch [das Verbotene, H.Ö.], weil es in Deutschland anders nicht geht.«

Er habe Konflikte und Diskriminierung erfahren und werde als Türke ständig mit Gewaltambition wahrgenommen. Wenn in den kommunalen Jugendfreizeiteinrichtungen oder früher in der Schule ein Streit stattgefunden hat, dann wurden die türkischen Jugendlichen zuerst beschuldigt. Eben diese Konnotation von türkischen Jugendlichen mit Streitsucht findet er äußerst herabwürdigend.

»Also, wenn ich irgendwo reingehe, dann denken die: ›Aha, ein Türke! Jetzt gibt es wieder hier Streit!‹ oder: ›Er wird gleich wieder einem etwas abziehen oder wird gleich hier randalieren!‹ oder so.«

Es ist ihm unbegreiflich, warum die türkischen Jugendlichen mehrheitlich nur die Hauptschule besuchen. Ferner will er es nicht weiter hinnehmen, dass die türkischen Jugendlichen als unaufgeklärt und unbegabt aufgefasst werden.

»Gut, ich habe es nicht hoch geschafft, aber ich bin doch nicht doof. Keiner darf so über uns denken. Wenn mein Vater zu mir sagt: ›Du bist doof!‹, dann schreie ich ihn an und nehme das nicht hin. Wenn er nicht mein Vater wäre, dann hätte ich ihm eine runtergehauen. Wenn andere mir das sagen, oder mich schief angucken, dann kriegt er eine geballert.«

Daneben ist er höchst verärgert, dass die deutschen Jugendlichen sie ebenfalls als unbegabte und minderwertige Menschen ansähen.

»Also, zum Beispiel, wenn ich mit meinen Freunden Fußball spielen gehe und dort sind deutsche Jugendliche und wir sagen denen: ›Lass‹ uns doch zusammen spielen!‹, dann sagen sie: ›Nee, wir wollen jetzt gehen.‹ Damit wollen sie uns sagen: ›Mit Türken spielen wir nicht, weil sie überhaupt nicht Fußball spielen können und sie können so nicht richtig mitmachen.‹ Die denken, dass wir Türken nur schlagen können, also ›Hau den Lukas!‹«

Ein eminentes Problem Deutschlands sei, dass der Islam allein den Türken oder Arabern zugewiesen wird.

»Moslem ist anders, Türke, Araber ist anders. Ein Deutscher kann auch ein Moslem sein. Jeder kann ein Moslem sein, ein Franzose kann ein Moslem sein. Also wenn etwas Türken machen, soll man dann sagen: ›Türke!‹ und wenn Araber etwas machen, dann: ›Araber!‹, wenn Franzosen etwas machen, dann sagen: ›Franzose!‹ Aber ›Moslem‹ darf man nicht sagen. Mein erster Vorschlag ist, dass man eben das auseinanderhält.«

Außerdem ist es ihm unergründlich, warum beispielsweise deutsche Politiker beharrlich einen gewissen Sprachgebrauch pflegen und die Muslime als gefährlich einschätzen.

»In der Politik, da sagt man: ›Islamische Länder wie Türkei ...‹. Das muss ja nicht sein. Es stimmt ja nicht. In Deutschland leben auch Moslems, man soll nicht trennen. Oder viele Politiker sagen: ›Ja, die Moslems sind gefährlich!‹ Es ist wirklich Scheiße, was sie machen. Ich finde es zum Kotzen, dass die immer wieder uns so beschimpfen. Sind das nicht auch unsere Politiker, vertreten sie nicht auch uns? Sind wir nicht auch Menschen? Warum machen die das so?«

Er erwartet gerade von den Politikern, rechtschaffen, offen und tolerant zu sein – auch Muslimen gegenüber. Die Debatte um das Kopftuch ist Kenan nicht einleuchtend und die Äußerungen mancher Politiker erscheinen ihm dubios.

»Und jetzt gibt es Streit wegen dem Kopftuch. Also ich finde es wirklich nicht gut, dass die Politiker sofort auf uns [ein]schlagen und sagen: ›Kopftuch ist gefährlich! Frauen, die Kopftuch tragen, werden unterdrückt!‹, und so. Für mich sind dann diese Politiker große Lügner, denn meine Mutter trägt auch ein Kopftuch. Sie wird bei uns weder gezwungen noch trägt sie das, weil mein Vater es so möchte, sondern sie trägt es, weil sie Allah liebt und eine gute Muslima sein möchte.«

Nicht schlüssig ist ihm vor allem, warum eine Lehrerin mit einem Kopftuch gefährlicher und missionarischer sein sollte als eine Lehrerin ohne Kopftuch.

»Auch lache ich sehr und sehe, wie diese Politiker uns anlügen, wenn die sagen: ›Ja, kopftuchtragende Lehrerinnen können die Schüler islamisch machen und würden die Schüler stören.‹ So ein Quatsch! Also ich würde mich überhaupt nicht gestört fühlen und wegen einem Tuch werde ich nicht mehr Moslem. Es ist doch überhaupt nicht wichtig, ob meine Lehrerin ein Kopftuch trägt oder kein Kopftuch trägt. Lehrer sind Lehrer. Ich möchte von ihnen etwas lernen, sie sollen mir alles richtig erklären. Hauptsache: Sie bringen uns etwas bei. Der eine Lehrer hat mir eine Fünf gegeben, weil ich meine Meinung gesagt habe; er war selbst homosexuell. Er hat seine Auffassung auf mich gedrückt. Die machen es, dort macht keiner etwas. Oder: Die Lehrer machen sich lustig über Türken, Islam und so. Da wird auch nichts getan. Aber ein Kopftuch stört? Quatsch!«

5.2.2 Dimensionen der Religiosität

5.2.2.1 Die Dimension des Glaubens

Kenan fasst Allah als seinen Gott auf, der mit keinem Lebewesen zu vergleichen ist.

»Er hat viel Kraft und wird alle bestrafen, die schlecht waren. *Cennet* [Paradies, H.Ö.] bekommen die Guten.«

Der Koran enthält für ihn die Wahrheit und ist für ihn ebenso wie die Sunna weder veraltet noch unmodern. Er ist der Ansicht, dass einige *Ahadith* falsch ins Deutsche übersetzt und manche auch frei erfunden wurden.

Der Tod beschäftigt ihn nur beiläufig. Der Glaube an den Tod und ein ewiges Leben im Jenseits sind bei Kenan deutlich. Um zu den »guten Menschen« gehören und ins Paradies kommen zu können, will er spätestens im Alter von 40 oder 50 Jahren die islamischen Vorschriften ausnahmslos beachten.

5.2.2.2 Die Dimension der religiösen Praxis

Die fünf täglichen Gebete haben für ihn zwar eine enorme Bedeutung, aber im jungen Alter finde er nicht genug Willenskraft, regelmäßig diese Gebete einzuhalten. Es ist für ihn ermüdend, täglich zu fest vorgeschriebenen Zeiten zu beten und sich davor zu waschen.

Wenn Kenan Sorgen hat, dann ersucht er durch innerliche Bittgebete Gott um Hilfe. Ohne Gebete würde eine Religion auch funktionieren, weil die Religion nicht nur auf das Gebet zu reduzieren sei. Er meint, in der Religion seien Vorgaben, etwa der Glauben an Gott, das Arbeiten und Speiseregeln, wesentlich.

Zur Fastenzeit im Ramadan hat Kenan eine erstaunliche Beziehung. Mit viel Vergnügen fastet er im Ramadan, zumal durch das soziale Ereignis sich vieles innerhalb und außerhalb der Familie umstellt.

»Viele Besucher kommen, wir gehen Verwandte besuchen; gutes Essen und im Fernsehen kannst du schöne Filme gucken.«

All dies motiviert Kenan seit seinem 15. Lebensjahr, alljährlich diese Zeit fastend zu verbringen. Anders als sonst sucht er im Ramadan regelmäßig mit seinen Eltern oder Freunden die Moschee auf, um das Nachtgebet mit der Gemeinschaft zu verrichten.

»Ich faste seit meinem 15. Lebensjahr. Fasten ist schön und da ist viel Action drin. Leider habe ich diese Action nicht im Gebet, denn das Gebet fällt mir sehr schwer. Wo soll ich in der Schule beten? Die würden mich auslachen, wenn ich dort mich hinknie und bete. Man blamiert sich ja. Und wo sollte ich die Waschung machen? Aber Fasten sieht ja keiner, denn man muss ja nicht immer essen. Aber Ramazan ist wirklich sehr gut. Und im Ramazan gehe ich auch so mit meinen Freunden in die Moschee zum Nachtgebet. Es ist überall voll und viele Jugendliche sind da. Beim *Iftar* [Fastenbrechen, H.Ö.] besuchen wir andere oder andere besuchen uns. Echt gut! Ramazan ist schon okay.«

Weiterhin ist ihm die islamische Trauung (*Nikah*) wichtig. Seine Eheschließung soll so erfolgen.

»*Nikah* machen mit einem Imam, also der Imam betet für diese Familie. Ich würde es auch machen, denn irgendwie fühlt man sich dann noch besser. Also *Nikah* sollte man machen, es gehört dazu.«

Der Islam hat auf sein Alltagsleben insofern einen Einfluss, als er, auch wenn er mit seinen nicht muslimischen Freunden unterwegs ist, auf die Speisevorschriften (wie das Schweinefleischverbot) achtet.

»Viele meiner Freunde sind nicht muslimisch, keine Moslems. Und wenn wir etwas gemeinsam unternehmen, dann machen die vieles, was im Islam nicht erlaubt ist. Dann mache ich es nicht mit, weil ich weiß: ›Ich bin ein Moslem.‹ Ich kann nicht alles essen, was auf den Tisch kommt, zum Beispiel Schweinefleisch oder Gelatine. Hierauf achte ich sehr.«

5.2.2.3 Die Dimension der religiösen Erfahrungen

Kenan ist der festen Überzeugung, dass jeder Mensch eine Religion haben sollte. Religion fungiert in seiner Lebenswelt als Richtungsweiser.

»Wenn ich keine Religion hätte, an der ich mich ausrichte, also wenn ich den Islam nicht hätte, dann würde ich alles tun, was ich möchte. Wieso sollte ich dann auch arbeiten? Wie soll ich es sagen? Also mein Tag würde dann aus Essen, Trinken,

Amüsieren, Mädchenbumsen [lacht, H.Ö.], Klauen bestehen. Mein Familienleben wäre nicht in Ordnung, ich würde auch harte Drogen nehmen. Wieso nicht? Denn man kommt ja nur einmal auf diese Erde.«

Der Glaube an das Jenseits setzt Kenan Grenzen, die er einzuhalten versucht.

»Wenn man nicht an ein Leben nach dem Tode glaubt und an die Rechenschaft, dann ist doch alles egal. Ich kann dann tun, was ich will. So würde man glauben. Man hätte keine Grenzen. Und man glaubt ja, dass nach dem Tode man weiterleben wird, im *Cennet* [Paradies, H.Ö.] oder *Cehennem* [Hölle, H.Ö.]. Deshalb verhält man sich richtig auf dieser Erde. Ohne Religion würde es auf dieser Erde ein Chaos geben. Also, ich bin jetzt eigentlich faul, ich will später beten und so richtig mich an die islamischen Regeln halten, denn ich will ins Paradies. Islam ist meine Religion.«

Neben seiner Mutter und seinen Freunden ist der Islam für Kenan in Notlagen ein Zufluchtsort.

5.2.2.4 Die Dimension des religiösen Wissens

Kenan ist sich bewusst, dass sein Wissen über seine Religion, den Islam, nicht befriedigend ist. Auch äußert er, dass er fast keine Bücher über den Islam lese. Nur im Monat Ramadan wird er zu Hause oder während seines Aufenthaltes in der Moschee angespornt, Bücher zu lesen. Im Übrigen ist er an Bildungsaktivitäten und an religiöser Weiterbildung generell wenig interessiert.

»Ich bin ein schwankender Mensch: Einerseits will ich, aber nicht immer. Ich möchte nicht an eine Sache gebunden sein, die regelmäßig angeboten wird.«

5.2.2.5 Die Dimension der Konsequenzen aus religiösen Überzeugungen

Die Kindererziehung nach den Geboten des Korans ist für Kenan bedeutsam. Er plädiert dafür, Kinder vollkommen zu erziehen, damit sie im jugendlichen und erwachsenen Alter ihre Grenzen einhalten und auf spätere Probleme im jugendlichen Alter vorbereitet sind.

»Viele Eltern erziehen ihre Kinder nicht, bringen vom Glauben ihren Kindern nichts bei und ... wenn sie 15, 16, 17 Jahre alt werden, machen sie viele Probleme, nehmen Drogen zu sich, klauen oder schlagen andere. Dann ärgern sich diese Eltern und versuchen, auf ihre Kinder einzureden. Dann fangen sie auch an zu sagen: ›Ja, was du machst, ist nicht gut. Allah liebt so etwas nicht. Du kommst in die Hölle.‹ Ich denke, dann hört der sowieso nicht hin. Man sollte früher ansetzen und nicht, wenn der Zug schon abgefahren ist.«

Obwohl er das islamische Verbot des vor- und außerehelichen Geschlechts-verkehrs befürwortet, ist er der Ansicht, dass das Einhalten dieses Verbo-tes im jugendlichen Alter oft schwierig sei. Es sei für Jugendliche eine He-rausforderung, deren Einhaltung angesichts der freizügigen Einstellung der Gesellschaft zur Sexualität erschwert werde.

Kenan könne sich nicht vorstellen, mit einer nicht muslimischen Frau eine Familie zu gründen. Er hat die Befürchtung, dass die Ehe durch die unterschiedlichen Einstellungen und Vorstellungen zugrunde gehen könn-te.

Doch ist der Islam für Kenan kein Integrationshindernis.

»Zwar kann ich einiges nicht immer mitmachen, wie zum Beispiel so harte Drogen, Schweinefleisch und so, auch nicht viel und häufig Alkohol trinken, aber sonst bin ich immer dabei und bin auch integriert.«

Er ist der Überzeugung, dass der Islam selbst demokratisch ist.

»Nur wegen der Verbote im Islam ist er doch nicht undemokratisch! Demokratie hat selber auch Verbote. Vieles davon findet man im Islam. Zum Beispiel, dass man nicht töten darf, dass man andere nicht verletzen darf, dass man andere tolerieren soll und so.«

Zwar erteilt er der Gewalt eine Ablehnung. In bestimmten Situationen kann er aber sich selbst von Gewalt nicht fernhalten.

»[U]nter Freunden muss man ja seine Stärke zeigen, so angeben. Und manchmal wird man schief angeschaut, dann muss ich eine aufs Maul geben. Wer mich zwingt, hat bei mir auch kein Chance; dem würde ich auch eine ins Maul geben.«

Vor allem seine Mutter spricht ihn häufig darauf an und verdeutlicht ihm, dass Gewalt im Islam verboten ist.

5.2.2.6 Einstellung und Bindung an Moschee und Imame

Moscheebesuche im Ramadan oder zu den Festgebeten unternimmt Ke-nan häufig mit seinen Freunden und gelegentlich mit seinen Eltern. Ande-re muslimische Organisationen als diese Moscheen kennt er nicht. Sein gegenwärtiges Interesse gilt eher seinen freizeitlichen Aktivitäten und sei-nem Freundeskreis als seinem religiösen Leben.

Er verbindet mit dem Wort Moschee das Gebet, die Predigten der Imame und seelisches Gleichgewicht.

»[W]eil man in der Moschee keinen, der schreiend hin und her rennt oder streitet, sieht. Da ist Ruhe und Ordnung.«

Für ihn ist die wichtigste Aufgabe der Moscheen, dafür zu sorgen, dass den Menschen individuell geholfen wird, ihm seine Fragen unkompliziert beantwortet werden und die Betenden mit dem Gefühl eines großen Seelenfriedens fortgehen. Die Moschee sollte »den Weg zum Glauben« für die Menschen ebnen.

Kenan stellt sich unter einem guten Imam Folgendes vor:

»Ein guter Imam ist für mich, wer von A bis Z nach dem Islam lebt. Aber kein Mensch ist perfekt, er sollte versuchen, vieles im Islam zu leben. Er sollte gutes Wissen über den Islam haben und das auch gut rüberbringen. Er sollte auch viele Sprachen beherrschen, hier in Deutschland auf jeden Fall Deutsch. Und gut wäre auch Englisch, damit er auch anderen den Islam erklären kann.«

Seine Lebensweise und -einstellung können nur Personen beeinflussen, zu denen er großes Vertrauen hat. Dass die Imame generell die Lebensweisen und -einstellungen jugendlicher Muslime beeinflussen können, bezweifelt er. Zugleich spricht er sich dafür aus, dass die Imame jugendlichen Muslimen beiseite stehen sollten, um sie zu unterstützen.

»Deshalb sollten die Imame jung sein und wissen, wie wir hier leben. Sie sollen uns verstehen. Die meisten Imame sind von der ersten Generation und alt. Die verstehen unsere Situation nicht richtig. Manchmal haben sie keine Ahnung. Viele Jugendliche hören dann auch nicht so richtig zu. Der Imam sollte auch kompromissvoller sein, und nicht gleich ›Nein!‹ sagen, sondern gemeinsam mit den Jugendlichen nach einer Lösung suchen. Sie sollten auf jeden Fall, wie gesagt, Deutsch sprechen. Zum Beispiel: Ich kann nicht so richtig Türkisch, und wenn sie Türkisch sprechen, dann verstehe ich es nicht.«

Früher, vor über zehn Jahren, hatte er, motiviert durch seine Mutter, über einige Wochen eine Moschee aufgesucht, um das Koranlesen zu erlernen.

»Meine Eltern hatten mich damals in die Moschee geschickt. Eigentlich wollte ich überhaupt nicht, denn damals wollte ich nur Fußball spielen oder einfach so mit Freunden rumhängen [...]. Dort habe ich so vier oder sechs Wochen besucht. Dann bin ich nicht mehr hingegangen. Ich habe meiner Mutter gesagt, dass ich hingehe, aber ich bin mit Freunden spielen gegangen. So einiges, was ich damals gelernt habe, habe ich noch im Kopf, aber – okay – es gibt einiges, was ich schon vergessen habe, also von 100 Prozent habe ich noch 20-30 Prozent in Erinnerung.«

Obendrein hatte er einen strengen Lehrer, dessen Vorgehensweisen ihn dazu bewogen, nach einigen Wochen diesem Kurs fernzubleiben.

»Er hat von uns viel gefordert und wir mussten viel auswendig lernen; es war manchmal unmöglich. Manchmal hat er mit einem Lineal auf die Finger geschlagen, wenn wir mal Faxen gemacht haben. Das fand ich nicht so toll. Gut, aber ich muss auch sagen, dass wir es ihm auch nicht leicht gemacht haben.«

Gegenwärtig wünscht er sich, dass es in solchen Koranlesekursen entspannter und unterhaltsam zugehe, damit die jugendlichen Muslime dort vergnügt sind. Er fordert, dass die Personen, die solche Kurse durchführen, eine professionelle Ausbildung haben und sich ausschließlich mit dieser Aufgabe befassen. Auch die Wahl der Vermittlungssprache in diesen Kursen kritisiert Kenan.

»Damals hat man uns alles in Türkisch erklärt, also Deutsch hat gefehlt. Es ist wichtig, auch den Islam in deutscher Sprache zu lernen, damit wir den Islam in den Schulen auch erklären können, denn wir werden ja häufig von unseren Lehrern oder Mitschülern gefragt. Manchmal stellen die uns so richtig schwierige Fragen, auf die ich nicht antworten kann. Dann blamiert man sich ja. Dann gucken sie mich an, so in der Art: ›Der ist doch ein Muslim. Warum weiß er das nicht?‹«

5.3 Aische – »Glaube ist wichtig; man braucht und man hat einen Beschützer: Gott.«

Zur Interviewsituation

Aische lernte ich kennen, als ich bei einigen kommunalen Jugendfreizeiteinrichtungen vorbeischaute, um dort meinen Aushang über die Suche nach Interviewpartnern und -partnerinnen für diese Arbeit anzubringen. Auf der Suche nach einem Verantwortlichen sah ich sie mit ihren Freundinnen Tischtennis spielen. Kurzerhand fragte ich sie nach dem Weg, womit ich mit diesem Freundeskreis ins Gespräch kam.

5.3.1 Wer ist Aische?

Die 16-jährige Aische wurde in Berlin geboren und ist türkischer Abstammung; ihre Eltern kamen vor über 24 Jahren nach Deutschland. Aische besucht zurzeit die 10. Klasse einer Hauptschule, die durchweg aus Schülern und Schülerinnen nicht deutscher Herkunftssprache zusammengesetzt ist. In ihrer Freizeit geht Aische gern mit Freunden oder mit ihrer Schwester spazieren. Häufig trifft sie sich mit ihren Freunden in der Bücherei, um gemeinsam die Hausaufgaben zu erledigen oder die Klassenarbeiten vorzubereiten, oder in ihrer vertrauten Jugendfreizeiteinrichtung. Dort fühlt sie sich wohl, klagt aber über die Dominanz der Jungs. Vom Personal erwartet sie mehr Kontrolle und Fürsorge, damit in dieser öffentlichen Einrichtung Drogen und Alkohol für Jugendliche nicht bequem zugänglich sind.

Weder sie noch ihre Eltern denken an eine Rückkehr. Inzwischen betrachen sie Deutschland als ihre Heimat. Aische zollt ihren Eltern großen Respekt und unternimmt nichts ohne Zustimmung ihrer Eltern. Ihre Mutter erscheint ihr bisweilen streng:

»Sie möchte, dass wir rechtzeitig nach Hause kommen und dass wir in der Schule uns gut benehmen und gut mitarbeiten. Und wenn ich manchmal von der Schule spät nach Hause komme oder schlechte Noten bekomme, dann gibt es manchmal Auseinandersetzungen zu Hause. Aber sonst sind meine Eltern sehr besorgt um uns und um unsere Zukunft.«

Dennoch gebe es in ihrer Familie keinen Raum für körperliche Züchtigung; auch sie selbst lehnt Prügel oder andere Züchtigungsarten in der Erziehung definitiv ab.

Aische bindet sich zwar ein Kopftuch um, aber ihre Kleidungsart ist modisch und körperbetont. Sie war zu unserem Treffen mit einem leuchtend roten Kopftuch, rotem Hemd und einer weißen Hose gekleidet und geschminkt erschienen.

»Also: Kleider! Ich finde es so schön. Ich ziehe mich so an, wie es mir passt und Spaß macht. Und ein Kopftuch trage ich wegen meiner Religion. Ich mache es für Gott. Gut, manchmal ziehe ich auch einiges an, was nicht gut ist. Aber trotzdem bin ich ein Moslem und möchte meine Haare deshalb auch bedecken. Durch diese Kleider bedecke ich auch meine anderen Körperteile. Dann ist es nicht wichtig, ob das ein Rock oder eine Hose ist.«

Aische fühlt sich in ihrer Haut nicht wohl, wenn sie beäugt und als eine Außenseiterin aufgefasst wird. Zudem hat sie bisher einige Konflikte und Diskriminierungen erlebt:

»Ich habe zum Beispiel einmal was erlebt: Wir waren in der U-Bahn und gingen zum Wandertag. Wir haben in unserer Klasse sechs Mädchen mit Kopftüchern und vier ohne Kopftücher. Dann kamen so drei Nazis in die U-Bahn. Die hatten so 'ne Glatze und Stiefel an. Die haben uns so blöd angeguckt und meinten: ›Guck' mal die an. Was sind das?‹ Die haben angefangen, über uns zu lästern. Und ein Junge hat zu denen gesagt: ›Ey, was soll das? Macht sie nicht an.‹ Dann kam der Lehrer und sagte: ›Auseinander, auseinander!‹ Dann haben die uns gesagt: ›Seid froh, dass ihr Kinder seid! Sonst hätten wir euch zusammengeschlagen.‹ Und das sind die Menschen, die ich hasse. Ich hasse solche Deutsche.«
»Oder zum Beispiel, als ich mir einen Praktikumsplatz gesucht habe. Ich wollte es als Arzthelferin machen. Dann ging ich zu einem Arzt und fragte nach. Dann meinte sie: ›Das geht nicht.‹ Ich habe dann gefragt: ›Warum?‹ Dann haben sie gesagt: ›Wir haben keinen Platz.‹ Ich habe gefragt: ›Ist es nur wegen keines Platzes oder gibt es einen anderen Grund?‹, weil ich gleich am Anfang verstanden habe, die leh-

nen mich wegen meinem Kopftuch ab. Der Mann sagte mir dann: ›Ja, auch wegen deines Kopftuchs. Weil du nicht zum Bild passt.‹ ›Ja‹, meinte ich, ›gut, danke!‹ und dann bin ich zu einem Einkaufsmarkt gegangen und fragte dort nach einem Praktikumsplatz. Ich fragte: ›Entschuldigung, kann ich bei Ihnen ein Praktikum machen?‹ Dann meinte sie: ›Du? Du willst hier Praktikum machen?‹ Ihr Gesicht war so ganz verzogen nach hinten. ›Nein. Hier gibt es keinen Platz‹, sagte sie. Sie hat nicht mal ihre Chefin gefragt. Ich ging dann nach draußen und habe darüber nachgedacht. Ich fragte mich: ›Warum respektieren sie mich nicht?‹ Denn ich respektiere die ja, ich sag doch auch denen nicht: ›Trag keinen Nasenring!‹ oder ›Trag das nicht!‹ oder ›Warum trägst du das und nicht das?‹ Also sollten sie mir auch nicht sagen: ›Du darfst das nicht!‹ und ›Trag nicht das!‹«

5.3.2 Dimensionen der Religiosität

5.3.2.1 Die Dimension des Glaubens

Aische glaubt an Gott als denjenigen, der sie im Jenseits für ihre diesseitigen Taten belohnen oder bestrafen wird. Sie ist sich dessen bewusst, dass sie sich auf dieser Welt makellos verhalten und von Sünden möglichst fernhalten muss, damit sie im Jenseits mit Gottes Segen belohnt wird.

Ihr Glaube an die Offenbarungsschriften wie den Koran ist ohne Zweifel. Sie ist nicht der Ansicht, dass manche Aussagen des Korans und der Sunna veraltet oder rückständig seien.

»Aber es gibt manche Leute, die den Koran fälschen. Zum Beispiel einige Übersetzungen des Korans auf Deutsch: Die übersetzen falsch, weil die da eine Zusammenfassung machen und nicht alles sagen, was zu diesem Vers gehört. Eigentlich müssen sie den Inhalt wiedergeben und nicht so zusammenfassen.«

Ihren Glauben an den Tod, die Auferstehung, das Paradies und die Hölle trägt sie mit Nachdruck vor und fügt wiederholt hinzu:

»Man muss hier Allah bitten und zu ihm beten, damit man dort Allahs Hilfe bekommt.«

5.3.2.2 Die Dimension der religiösen Praxis

Im Alter von 12 Jahren fing Aische mit dem regelmäßigen Beten an. Allerdings ist sie schon nach einiger Zeit davon abgekommen. Diesen Umbruch kann sie sich nicht erklären:

»[S]o richtig Stress in der Schule, dann viele Hausaufgaben, dann war ich so richtig weg, dann hatte ich im Kopf lernen, lernen, lernen.«

Mit der Hilfe ihrer Mutter ist sie nun wieder den regelmäßigen Gebeten zugeneigt:

»Beten hat für mich seit einigen Monaten wieder eine große Bedeutung für mein Leben. Wenn ich nicht bete, irgendetwas passiert mit mir. Ich weiß nicht, ich fühle mich dann nicht wohl. Ich muss immer beten.«

Für Aische ist eine Religion ohne Gebete daher undenkbar:

»Gott gibt uns Essen, Luft. Also er gibt uns was. Wir müssen auch ihm was geben, aber wir beten für uns selber.«

Im Ramadan zu fasten pflegt sie seit ihrem 13. Lebensjahr, weil sie diesem Gottesgebot folgen will. Insbesondere im Ramadan wird sie besinnlicher und hinterfragt ihre Handlungen.

Zur islamischen Trauung (*Nikah*) hat sie eine affirmative Haltung. Zu ihrer Vermählung gehöre auch diese:

»Wenn man nur zum Standesamt geht, dann wissen nur die Menschen dort, und wenn wir mit Imam diese Trauung dann machen, dann wissen auch die Muslime von dieser Heirat.«

Ihre Lebenswelt beeinflusse der Islam nur sporadisch. Sie hinterfragt ihre üblen Taten, indem sie an die Zeit nach ihrem Tod denkt:

»Zum Beispiel: Mache ich eine schlechte Sache, dann überlege ich mir: ›Was wirst du machen, wenn du stirbst? Was wird dann sein? Was willst du Gott sagen?‹ Dann mache ich das nicht mehr. Zum Beispiel: Meine Freunde rauchen. Wenn die mir sagen: ›Jetzt zieh mal!‹, ich würde das nicht machen, weil es *Haram* [eine Sünde, H.Ö.] ist wenn ich es mache. Was ist, wenn ich sterbe? Ich überlege so richtig, aber manchmal schaffe ich es nicht.«

5.3.2.3 Die Dimension der religiösen Erfahrungen

Ob ein Mensch eine Religion benötigt oder nicht, diese Frage stellt sich für sie nicht. Sie ist von diesem Bedürfnis des Menschen überzeugt, weil die Religion Frieden und Freundschaft besser fördere:

»Eine Religion soll sein, dass wir für Gott etwas machen, und soll nicht so streng sein wie in Afghanistan. Glaube ist wichtig. Man braucht, man hat einen Beschützer: Gott. Ich kann mich an ihn richten und ihn um Hilfe bitten. Ohne Glauben kann ein Mensch nicht leben. Glauben ist wichtig.«

Islam bedeutet für Aische zunächst, an Allah, die Propheten, den Koran, die Engel und die Auferstehung zu glauben. Hinzu komme, dass ein Muslim, der fernab von einer heuchlerischen Lebensweise ist, einen vorbildlichen Charakter haben müsse. Ein Muslim solle die Gebete verrichten, den Bedürftigen materiell beiseite stehen und nicht lügen.

In Problemlagen wendet sie sich meistens an ihre Eltern, Geschwister oder Freunde. Aische hat auch ihre Vertrauenslehrerin, die ihr ein Lob ausgesprochen hatte, mit freundlichen Worten bedacht. Hervorzuheben sei ihre beispiellose Unvoreingenommenheit gegenüber den Türken und dem Islam sowie ihre Toleranz und Fürsorge um die Schüler.

5.3.2.4 Die Dimension des religiösen Wissens

Aische schätzt ihr religiöses Wissen als nicht ausreichend ein. Sie ist resigniert, weil sie aufgrund ihrer Wissenslücken den häufigen Fragen über ihren Glauben und den Grund für ihre religiösen Handlungen nicht kompetent antworten kann.

»Man fragt mich zum Beispiel: ›Warum betest du oder warum trägst du ein Kopftuch?‹ Ich würde ihnen gerne alles so richtig erklären. Wenn die mich fragen: ›Warum machen die Muslime Pilgerfahrt?‹, dann muss ich es ihnen ja erklären und ich weiß es nicht. Dann sage ich: ›O mein Gott!‹ und so.«

Auf die Frage, warum sie nicht versucht, ihre Wissenslücken zu schließen, hat sie folgendermaßen geantwortet:

»[I]ch habe auch nicht so viel Zeit, nach der Schule in die Moschee zu gehen und zu lernen. Leider haben wir in der Schule nicht diese Möglichkeit. Am Wochenende gibt es auch nicht so vieles, speziell für uns Jugendliche.«

Gelegentlich ist sie damit beschäftigt, ein Buch über grundlegende Themen des Islam in deutscher Sprache zu lesen.

5.3.2.5 Die Dimension der Konsequenzen aus religiösen Überzeugungen

Religiöse Grundsätze werden – so ihr Vorsatz – für sie bei der Kindererziehung eine beachtliche Rolle einnehmen. Ihre Kinder sollen beizeiten in den islamischen Glauben eingeführt werden. Sie sollen lernen, wie die Gebete verrichtet werden, dass Gott der Schöpfer der Menschheit und der absolute Beschützer ist.

Des Weiteren expliziert Aische, dass das islamische Verbot des vor- und außerehelichen Geschlechtsverkehrs sinnvoll ist und Männer wie Frauen keusch in die Ehe gehen sollten. Sie kann sich zwar einen nicht muslimischen Bräutigam nicht vorstellen, aber es »kommt alles über die Liebe«. Was sie ebenfalls sich nicht vorstellen kann, ist, einen Mann zu ehelichen, der bereits sexuelle Erfahrungen mit einer Frau gemacht hat.

»Ich kenne aber viele, auch Mädchen mit Kopftuch, die vor der Ehe schon mit anderen geschlafen haben. Ich finde es nicht gut. Ich würde auch keinen Jungen heiraten, der vorher mit anderen geschlafen hat. Ich werde ihn direkt fragen.«

Aische ist nicht der Meinung, dass der Islam für sie bei der Integration in diese Gesellschaft ein Hindernis darstellt.

Empört ist sie über die Meinung, dass Islam und Demokratie konträr seien. Es ist ihr unverständlich, warum einige so denken. Sie führt dies darauf zurück, dass diese Menschen sich nicht unbeeinflusst und gutgesinnt mit den islamischen Prinzipien auseinandergesetzt haben.

»Nein, Islam ist auch demokratisch. Man denkt, alle Moslems ... oh mein Gott – die denken: ›Ein Moslem! Er darf gar nichts machen, er ist wie ein Sklave!‹ und so. Ein Schüler in meiner Klasse dachte, dass wir gar nichts machen dürfen, und der denkt, wir dürfen das nicht machen, das nicht machen. Aber wenn man es ihm erzählt, dann sagt er: ›Ach so!‹ Ich habe ihm ein Buch über den Islam gegeben und er hat es gelesen. Dann sagte er: ›Ihr dürft ja vieles tun und ihr seid so frei. Ich dachte es nicht so.‹ Islam ist nur ein Glaube, der uns glücklich machen möchte.«

Außerdem weiß sie, dass Muslime niemandem schaden dürfen; sie dürfen sich weder verfeinden noch jemanden verletzen. Dass beispielsweise arabische Jugendliche gewalttätig werden, wenn ihr *Muslim-Sein* oder *Arabisch-Sein* verhöhnt wird, kann sie nicht verstehen. Diese muslimischen Jugendlichen agieren nach ihrer Auffassung paradox, denn der Islam verbietet solche Verhaltensweisen. Das zeigt ihr, dass sich die gegenwärtigen Muslime, vor allem muslimische Jugendliche, im Islam nicht einwandfrei auskennen.

»Muslime dürfen Menschen nicht schaden, nicht streiten, und sie dürfen nicht Blut vergießen oder jemanden verletzen. So richtige Muslime machen so etwas nicht, aber es gibt türkische männliche Jugendliche, die aufbrausen, wenn jemand etwas Schlechtes über Islam, Türken und so sagt, und auch dann vielleicht zuschlagen. Die wissen nicht, was der Islam von denen möchte. Sie wissen nicht, was im Koran steht. Die müssen lernen, dass ein Muslim nicht schlägt oder andere verletzt, auch wenn Gott oder die Muslime beleidigt werden. Man soll mit solchen Menschen reden. Wenn die nicht kapieren, soll man einfach weggehen und nicht mehr hinhören. Ich würde einfach solchen Menschen erklären, würde ihn bitten, nicht sich über meinen Glauben lustig zu machen. Sonst würde ich überhaupt nichts machen.«

5.3.2.6 Einstellung und Bindung an Moschee und Imame

Die 16-Jährige ist in keinem Verein Mitglied und keine regelmäßige Mo-
scheegängerin. Sie besucht die Moschee hauptsächlich in der Fastenzeit im
Ramadan oder an besonderen religiösen Tagen mit ihren Freunden oder
ihrer Schwester. Für sie repräsentieren muslimische Organisationen mehr
die nationale Identität als die religiöse; sie kritisiert dieses irritierende Bild.

»Ich sehe dort kaum afrikanische oder deutsche Muslime. Türken sind unter sich,
Araber sind unter sich. Ich war in einer Moschee, dort waren fast nur Araber und
dort wird Arabisch gesprochen. In der anderen Moschee sind es nur türkische Menschen. Warum können die nicht etwas gemeinsam aufmachen? Muslime müssen
zusammenkommen. Das ist auch dann muslimisch.«

Überraschend mag sein, dass sie, obwohl es ihr an einer festen Bindung an
die muslimischen Vereine oder Moscheen fehlt, mit der Arbeit dieser Einrichtungen zufrieden ist. Hauptgrund für ihre Zufriedenheit ist, dass in
den Moscheen Islamunterricht, aber ebenso nicht religiöse Seminare sowie
Hausaufgabenhilfe angeboten werden. Sie lehnt Moscheen im Grunde
nicht ab:

»Aber wenn der Imam oder so nicht korrekt redet, dann würde ich diesen ablehnen,
Moscheen nicht. Also so 'nen Verein lehne ich ab, weil das ist nicht Islam und nicht
Muslime sind.«

Von einigen Gruppen hält sie nicht viel und steht ihnen ablehnend gegenüber.

»Die reden streng und sagen auch anderen Muslimen *Kafir* [Nichtmuslim, H.Ö.]
und lehnen uns ab. Sie denken, sie seien die besten Menschen auf dieser Erde. Und
die sagen, dass man gegen Nichtgläubige und auch gegen andersdenkende Muslime
Druck machen kann. Und das ist nicht gut so, weil Islam Frieden ist und nur Allah
weiß, wer gut oder schlecht ist.«

Wenn sie das Wort Moschee hört, denkt sie an Gott und Frieden. Das bedeutet für sie: Wenn sie in eine Moschee geht, möchte sie dort die Nähe zu
Gott und dem Frieden spüren.

»[E]gal ob Christ oder so was, er darf einfach reinkommen.«

Sie ist davon überzeugt, dass die Moscheen ihre Aufgaben erfüllen, denn
»alle können hingehen, die Türen sind für alle offen«. Etwas stört sie dennoch:

»Aber manche Moscheen sind nicht so sauber, die Toiletten stinken und so. Sie müssen sauber machen und noch mehr andere Menschen in die Moschee einladen.«

Ihre Einstellung zu Imamen in Berlin ist folgende:

»Erst mal: Ausstrahlung muss er haben [lacht, H.Ö.]. Dass der nett ist und einen guten Charakter hat ... Ich kenne eine weibliche Imam. Ich sag dir, sie war so krank. Wenn wir etwas gemacht haben, dann hat sie ihre Federtasche oder Schlüssel auf uns geschmissen. Sie denkt, sie ist in der Türkei. Echt krank! Wir haben uns beschwert und dann hat man sie rausgeschmissen.«

Ferner ist sie der Meinung, dass die Imame im positiven Sinne auf die Lebensweisen und Lebenseinstellungen der muslimischen Jugendlichen einwirken können, wenn sie ihnen aufrichtig und treffend die islamischen Grundsätze weitergeben. Personen, die den Islam für ihre Selbstsucht missbrauchen, würden langfristig keinen Einfluss auf die Muslime, insbesondere auf muslimische Jugendliche haben, weil ihr Verhalten schnell enttarnt werde.

»Muss aber logisch sein. Zum Beispiel: Kaplan hat auch angeblich über Islam was erzählt. Aber mein Herz hat mir sofort gesagt: ›Nein, das ist nicht Islam‹ und so. Keiner kann Islam für immer falsch erzählen, denn Lügen haben kurze Beine. Eines Tages kommt das raus, wie jetzt bei Kaplan und so.«

5.4 Benjamin – »Ja, die Religion hilft mir, dass ich nicht hoffnungslos werde und nicht aufgeb. Sie gibt mir Mut und legt mir nahe, geduldig zu sein.«

Zur Interviewsituation

Während meines Besuches in einer islamischen Gemeinde wurde ich auf eine kleine Gruppe von jungen Menschen aufmerksam, die gemeinsam eine Lektüre in deutscher Sprache studierten. Ohne Weiteres konnte ich mich dazugesellen. Diesen zwölf jungen Männern, die sich intensiv in deutscher Sprache über den Islam weiterbildeten, habe ich mich nach ihrer Sitzung vorgestellt und mein Anliegen dargelegt. Anschließend habe ich den augenscheinlichen Unterrichtsleiter um ein persönliches und intensives Gespräch gebeten, wozu er sich schnell bereit erklärte. Drei Tage später haben wir uns zu diesem Interview bei mir zu Hause getroffen.

5.4.1 Wer ist Benjamin?

Benjamin wurde 1983 in Bayern geboren. Er ist in einer binationalen Familie aufgewachsen. Sein Vater kommt aus Syrien und ist ein Muslim, während seine Mutter eine Deutsche ist und ursprünglich überzeugte Christin war. Vor über neun Jahren konvertierte sie zum Islam. Bis zu seinem sechsten Lebensjahr lebte die Familie in Bayern. Dann entschloss sie sich, nach Syrien zu emigrieren. Dort hat er die erste Klasse besucht. Bereits nach einem Jahr sind sie wieder nach Deutschland zurückgekehrt und haben sich in Berlin niedergelassen, weil sie sich in Syrien nicht zurechtfanden. Nach der Scheidung seiner Eltern ist sein Vater wieder nach Syrien zurückgegangen. Seitdem leben seine Geschwister und er bei seiner Mutter im Ostteil Berlins.

»Ich bin sehr, sehr, sehr froh in Deutschland zu leben und aufgewachsen zu sein, weil ich muss sagen: ›Deutschland ist eines der wenigen Länder, wo du deine Religion frei praktizieren kannst.‹ Also, man würde jetzt denken: ›Nanu! Es gibt doch Länder, wo viele Muslime leben, also die islamischen Länder.‹ Das muss nicht bedeuten, dass die Muslime in diesen Ländern ihren Glauben so praktizieren können, wie sie es wollen. Dort gibt es Diktatoren, politische Verfolgungen und viele Grausamkeiten seitens der Regierungen. Dieses hast du in Deutschland – Gott sei Dank – nicht. Hier herrscht Religionsfreiheit. Die wird zwar hin und wieder an einigen Stellen eingeschränkt – ich sage mal zum Beispiel das Kopftuchproblem. Aber du hast hier sonst die Freiheit, du wirst nicht verfolgt. Ich bin wirklich froh. Und was das Wissen so angeht, habe ich den Islam auch hier in Deutschland kennengelernt. In Syrien würde ich diese Möglichkeit vielleicht nicht haben. Ich habe mit Verwandten und Freunden dort gesprochen. Die haben sich sehr gewundert, wo mein Wissen über den Islam herkommt. In Syrien, wo mein Vater herkommt, ist es verboten, tiefer gehend über den Glauben nachzudenken und Unterricht zu machen. Solche Leute werden heute noch verfolgt, auch heute noch! Ich habe es nicht geglaubt. Ich habe dieses mit meinen eigenen Augen gesehen, vor drei Jahren, als ich dort war. Zwar leben dort sehr viele Muslime, aber die Regierung unterdrückt ihr eigenes Volk und zwingt diesen Menschen ihre Ideologie auf. Dieses wird leider in Europa nicht wahrgenommen und diskutiert. Man denkt, dass die Muslime dort in Freiheiten leben und Nichtmuslime keine Religionsfreiheit haben. Die Muslime haben in ihren eigenen Ländern keine Freiheiten, sie dürfen den Islam nicht richtig kennen lernen. Alles wird kontrolliert! Der Staat unterdrückt die Menschen und überwacht sie. Und da bin ich wieder froh, hier zu leben. Also, wenn in Deutschland bisschen mehr die Sonne scheinen würde, wäre es das Paradies auf Erden [lacht, H.Ö.].«

Mit seiner Mutter, zu der er ein sehr gutes Verhältnis hat, lebt Benjamin sehr gern zusammen. Er bewundert sie, weil sie trotz der Scheidung mutig blieb und seine Geschwister und ihn aufrichtig aufzog.

»Also, ich lebe noch immer bei ihr. Sie ist auch muslimisch, sie ist Deutsche, von Geburt an eine Berlinerin. Sie war eine überzeugte Christin, und später irgendwann hat sie angefangen, sich über den Islam zu informieren. Und später hat sie sich auch für den Islam entschieden. Und heute ist sie eine aufrichtige Muslima und zeigt uns viel von ihrer Religiosität. Also: Sie bringt viel Verständnis, Barmherzigkeit und Liebe uns entgegen. Sie hat uns mit Liebe aufgezogen. Und alles, was sie erklärt, tut sie mit Liebe und immer hat sie einen Bezug zum Glauben. Sie hat uns alles erklärt.«

Zu seinem Vater pflegt er ein gutes Verhältnis. Der Kontakt läuft allerdings über das Telefon oder via E-Mail, weil er in Syrien lebt und jährlich nur für einige Tage zu Besucht kommt. Insgesamt ist Benjamin aber mit seiner Familie recht zufrieden. Sehr glücklich ist er auch, dass er seit einigen Jahren kontinuierlich den islamischen Geboten nachkommt. Daher betrachtet er es als bemerkenswert, wenn Menschen im jugendlichen Alter die islamischen Regeln befolgen. Die Eltern spielen in diesem Zusammenhang für ihn eine bedeutende Rolle. Er ist der Überzeugung, dass die Kinder sich für ein religiöses Leben entscheiden, wenn die Eltern ihren Kindern dies vorleben. Deshalb ist er froh, dass seine Eltern die Religion, wenn auch nicht allumfassend, während der Erziehung nicht ausgeschlossen haben. Er verfügte zu Hause über viele Freiheiten. Seine Eltern haben lediglich darüber gewacht, dass er sich von kriminellen und im Islam eindeutig verbotenen Verhaltensweisen fernhält. Falls er doch ein unislamisches Verhalten zeigte, machten ihn seine Eltern durch überzeugende Gespräche auf sein Fehlverhalten aufmerksam.

»Besonders meine Mutter hat mir dann alles erklärt. Mein Vater lebt ja nicht mehr bei uns, deshalb kann ich nicht so vieles über ihn sagen, aber meine Mutter ist sehr geduldig. Sie ist für mich ein Vorbild. Sie hat eine Ruhe, unbegreiflich! Und in allen Sachen sieht sie Positives. Sie spricht positiv, auch wenn etwas wirklich negativ ist. Bei ihr sehe ich die Sunna des Propheten: Sie versucht, die Lebensweise und Empfehlungen unseres Propheten zu praktizieren. Ich denke, dass sie dadurch diese positive und ruhige Haltung hat. Deshalb wendet sich meine Mutter nicht von uns ab, wenn wir mal Fehler machen. Sie begegnet uns mit großer Toleranz. Und das finde ich sehr gut und wünsche es auch jedem.«

In seiner Freizeit besucht er dreimal in der Woche einen Gesprächskreis, wo sich junge Muslime treffen, um sich gemeinsam über ihren Glauben weiterzubilden. Sie lesen gemeinsam Lektüren zu islamischen Themen. Derzeit versuchen sie, durch Lesung von *tafsir* (Kommentare zu den Suren und Versen im Koran) den Koran inhaltlich besser zu verstehen. Vor allem bedienen sie sich der Werke des Gelehrten Said-i Nursi, der zahlreiche Abhandlungen mit dem Titel »Risale-i Nur« über islamische Themen geschrieben hat. Dieser Gesprächskreis wird in deutscher Sprache abgehalten, da an ihm deutsche, türkische, arabische und bosnische Jugendliche teilnehmen. Wenn er sich mit seinen Freunden trifft, versucht er, mit seinen Freunden »etwas Sinnvolles zu machen«, indem sie »nicht in die Kneipen gehen, spazieren gehen, bummeln, ins Kino gehen«. Darüber hinaus sitzt er gerne an Computerspielen und treibt in einem Verein Sport. In einigen Vereinen engagiert er sich ehrenamtlich, indem er ältere Menschen, besonders solche, die keine Familienangehörigen haben, unterstützt.

Trotz allem Enthusiasmus für Deutschland ist er betrübt und erschrocken, wenn er mit seiner Mutter, die sich inzwischen ein Kopftuch angelegt hat, in der Öffentlichkeit den »mürrischen Blicken« der Passanten begegnet. Erfahrungsgemäß hätten muslimische Jungen und Männer in der Öffentlichkeit weniger Probleme als die muslimischen Mädchen und Frauen, weil letztere aufgrund ihrer Kleidung schneller als fremd deklariert würden. Zu diesem Bild tragen nach seiner Überzeugung vor allem die politischen Diskussionen bei.

»Sie [seine Schwester, H.Ö.] musste mit vielen Vorurteilen kämpfen. Man nahm ihr nicht ab, dass sie die Klassenbeste ist und studiert. Man dachte: ›Na, Kopftuch! Dann muss sie faul und dumm sein und wird vom Vater oder Bruder dirigiert.‹ Viele Leute trauen sich aber nicht, offen ihre Vorurteile auszusprechen. Immer hinter dem Rücken werden solche Äußerungen gemacht.«

»Ich habe es selbst erlebt. Viele Leute trauen sich nicht, sich offen auszusprechen. Eine lustige Sache. Die Leute haben zwar was dagegen, aber trauen sich nicht, dies offen auszusprechen. Da sind wir mal die Rolltreppe runtergefahren und jemand ist von der anderen Rolltreppe entgegengefahren. Da hörtest du aus dem Mundwinkel halt, ohne dass er sich bewegt oder Anstalten gemacht hat: ›Scheiß-Ausländer!‹ Das Lustige ist, man ist selber Deutscher. Das Allerlustigste ist ja, meine Mutter ist Deutsche. Die Leute sind zwar freundlich, aber die sind halt immer mit Vorurteilen überschüttet, wie zum Beispiel: ›Die kopftuchtragenden Frauen können nicht Deutsch sprechen, können sich nicht artikulieren!‹ Wenn dann angefangen wird, meiner Mutter etwas so ›tarzanisch‹ zu erklären, dann fängt meine Mutter an, auch berlinerisch weiterzuerzählen. Dann fallen alle von den Wolken, dann ist es eine sehr peinliche Situation. Meine Mutter trägt ja Kopftuch, aber nicht seit Langem; erst so seit einigen Jahren. Für sie ist das Kopftuch ganz normal, etwas Selbstverständliches, so wie ein Baseballcap. Und da sie halt damit so selbstbewusst umgeht, sind auch viele Leute, die mit ihr in Kontakt treten, baff!«

Dafür, dass es zu solchen Vorurteilen und Stereotypen in der Gesellschaft überhaupt kommen kann, zieht er ausdrücklich die Medien in die Verantwortung. Zwar begrüßt er die Pressefreiheit, aber erwartet zugleich von den Medien mehr Sachlichkeit.

Weil seiner Meinung nach die heutige Berichterstattung vornehmlich unter einem »Sensations- und Ratingdruck« steht, müssen die Muslime

aufmerksam sein und sich vorbildlich islamisch verhalten. Solange der Islam und das muslimische Leben in den Medien nicht sachlich und vorur-
teilslos präsentiert würden, sei ein fehlerloses Leben aller Muslime erforderlich. Er wünscht sich, dass die Muslime in der Nachbarschaft, in der
Schule, an der Arbeitsstelle etc. mit Nichtmuslimen in den Dialog treten.

5.4.2 Dimensionen der Religiosität

5.4.2.1 Die Dimension des Glaubens

»Ich wusste aber nicht, welchen Wert der Glaube, der Islam hat. Als ich angefangen
habe, die Korankommentare zu lesen, dann habe ich diesen Sinn besser verstanden.«

Durch seine Lesungen in den Korankommentaren »Risale-i Nur« ist sein
Glauben an Gott, an die Allmacht Gottes, stärker geworden. Je mehr er sich
der Bildung über den Islam widmet, umso ausgeprägter wird sein Glaube.

»Man sieht doch überall, was Er so gemacht hat: die Sonne, der Mond, das Universum, die Menschen, die Natur ... Also man sieht vom kleinsten Atom bis zum größten Planeten dasselbe Prinzip, das eben Gottes Existenz beweist. Die Eigenschaften
Gottes werden mir überall bewusst, allein beim Lächeln eines Kindes zum Beispiel.
Wer bewegt die Welt, wer hält das Universum zusammen?«

Er ist hochbeglückt darüber, dass er Gott als einen »liebenden, barmherzigen, gerechten Schöpfer« kennengelernt hat. Erfreut ist er besonders, ihn
überhaupt kennen und lieben zu können, in einer Zeit, in der der Glaube
an Gott als altmodisch betrachtet werde. Inzwischen fühlt er, dass er einen
unerschütterlichen Glauben in seinem Herzen aufgebaut hat.

»Wenn ich annehme, dass es einen Gott gibt, der alles weiß und allmächtig ist und
er sich dann barmherzig zeigt und auch sich auf die Stufe des Menschen herablässt
und einen Koran sendet mit seinen Weisungen und seinen Empfehlungen, und
wenn ich weiß, dass er allwissend und allweise ist, dann gehe ich davon aus, was er
mir aufdiktiert und mir vorschlägt und sagt, ist ein Vorschlag; ich kann es annehmen oder nicht. Aber, so wie ich ihn kennengelernt habe, weiß ich, dass das, was er
sagt, letztendlich nur zu meinem Besten ist. Ich kann mich doch nicht mit ihm
messen, ich bin doch vergänglich, er ja nicht. Ich finde, wer Gegenteiliges behauptet, der ist nicht logisch. Nein, auf keinen Fall! Im Gegenteil, wenn er aus dem Koran und Sunna einmal nicht versteht, heißt es ja nicht, dass es veraltet ist. Man kann
ja nicht alles sofort verstehen. Man muss geduldig sein und darauf weiter aufbau-
en.«

Er zweifelt nicht an der Existenz des Jüngsten Tags, dies stellt das Zentrum seines Glaubens dar. Das jenseitige Leben fasst Benjamin als das ewige Leben auf. Daher betrachtet er das Leben auf dieser Erde als vergänglich und als eine Prüfung. Daher unterliegen alle Menschen auf dieser Erde Gottes Prüfung, die für ihre Handlungen im Jenseits Ihm Rechenschaft ablegen müssen. Menschen, die die Prüfung bestanden haben, werden mit dem Paradies belohnt.

5.4.2.2 Die Dimension der religiösen Praxis

Früher hatten Gebete in Benjamins Alltag keine große Bedeutung. Damals fiel es ihm schwer, sich täglich vor den Gebeten zu waschen. Nach seiner bewussten Vertiefung in den Islam ist ihm dies aber augenfällig geworden:

»Dann konnte ich auch meine Faulheit überwinden. Denn meine Seele benötigt diese Gebete, denn wie ich esse und trinke, um zu überleben, bedarf auch meine Seele Nahrung, und der Balsam für die Seele ist das Gebet. Das Gebet ist wie eine Tankfüllung eines Motors. Das Gebet macht einem immer wieder bewusst, dass es einen Schöpfer gibt, der dich nicht ärgern möchte, sondern er möchte dir zeigen, dass alles außer Ihm vergänglich ist und mit dem Tod nicht alles zu Ende ist, sondern das ewige Leben erwartet einen, und dort werden alle Gerechtigkeit erhalten, die sie vielleicht auf dieser Erde nicht bekommen haben. Und deshalb möchte ich auf das Gebet nicht verzichten. Es ist gut für mich. Je mehr man sich über den Sinn des Gebetes, des Islam und so Gedanken macht, umso mehr hat man Lust und Spaß am Beten.«

Vortrefflich findet er auch das Gemeinschaftsgebet in der Moschee. Weil er das Gefühl hat, in der Moschee in seinen Gebeten gefasster und Gott noch näher zu sein, diese deshalb segensreicher sind als daheim, bemüht er sich, mit der Gemeinschaft in der Moschee bzw. zu Hause mit seinen Freunden zu beten. Demnach ist für Benjamin aus seiner Sicht eine Religion ohne Gebete unerfindlich: Wie ein Haus ohne ein stabiles Fundament schon bei einer minimalen Erschütterung zusammenstürze, so könne auch eine Religion ohne Gebete nicht existieren. Aus diesem Grund gehören die fünf täglichen Gebete zu den wichtigen Säulen seiner Lebenswelt.

Dass Menschen fasten, bewundert er. Die wiederholten Aufforderungen, dass ein Muslim im Ramadan zu fasten hat, bewegten ihn dazu, der »Fastenwelle« nur unregelmäßig und häufig auch unwillig zu folgen, bis sich ihm der tiefere Sinn erschloss:

»Ich habe wiederum, nachdem ich kapiert hatte, wieso, weshalb, warum das Fasten eine Bedeutung im Islam hat, umso lieber gefastet. Ich habe das Fasten verstanden als Reinwaschen von Sünden. Klar, auch die Besinnung auf das Leben. Ohne zu fasten, wäre es schwer, Mitleid mit anderen zu haben, die hungern. Ein Mensch kann sich sehr schwer in so etwas reindenken, wenn er nicht selber darunter leidet. Mit dem Ramadan macht man sich noch mehr Gedanken über das Leid der Menschen, über Umweltschutz, über seine Mitmenschen. Mit dem Fasten steigt auch dann die Begeisterung, Gott noch dankbarer für das zu sein, was er einem so gibt. Im Monat Ramadan sollte aber nicht nur der Mund fasten – also nichts essen und trinken! –, sondern alle Organe des Menschen sollten mitfasten: keinen Ärger machen, keine schlechten Worte benutzen, keine blöden Witze, nicht lügen und so weiter. Also einen Monat lang versucht der Muslim, sich so richtig zu besinnen und zu erziehen, damit er in den anderen elf Monaten weiter so lebt. Also der Monat Ramadan ist sozusagen eine jährliche Bilanz: ›Was habe ich erreicht, was nicht? Was sollte ich jetzt besser machen? Wen habe ich mit meinen Worten verletzt?‹, um sich dann aber bald zu entschuldigen, damit er im Jenseits nicht als Schuldiger dasteht.«

Die islamische Trauung (*Nikah*) ist für ihn wichtig, weil eine Verheiratung den Segen Gottes benötigt. Er wird bei seiner Trauung besonders darauf achten, dass er nicht nur standesamtlich, sondern auch islamisch getraut wird.

Als er einst die islamischen Regeln nicht so ernst nahm, hat er den vom Islam abgesteckten »Lebensrahmen« eindeutig gesprengt:

»Früher habe ich einige Freunde gehabt, die auch gekifft haben. Ich habe auch einige Male mitgemacht. Aber als ich angefangen habe, den Islam zu praktizieren, hatte ich innerlich eine starke Energie, die mich auch vor diesen Freunden geschützt hat. Ich habe sie verlassen und mir andere Freunde gesucht. Ich glaube, wenn ich mit diesen immer noch zusammen wäre, dann wäre ich vielleicht jetzt woanders oder wäre drogenabhängig. Ich höre von einigen, dass einige meiner Freunde im Gefängnis sitzen oder Drogendealer geworden sind. Ich bin Allah dankbar, dass ich das nicht bin, aber bin auch traurig, dass meine ehemaligen Freunde es nicht geschafft haben.«

Durch diesen Wandel hat er seinen Alltag geordnet, sodass nunmehr der Islam einen großen Einfluss auf sein Leben hat. Mit den fünf täglichen Gebeten fühlt er sich behüteter.

»Zum Beispiel kann ich mit dem Gebet Lügen, Klauen, Kneipen, Spielcasinos und Ähnliches nicht vereinbaren. Deshalb gehe ich nicht dorthin oder tue solche schlechten Dinge nicht. Ich habe auch aufgehört zu rauchen.«

5.4.2.3 Die Dimension der religiösen Erfahrungen

Er ist der festen Meinung, dass der Mensch eine Religion braucht, weil er selbst sein jetziges geordnetes Leben dem Islam verdankt.

»Meine ehemaligen Freunde hatten dieses nicht und haben ihr Leben versaut. Einige sind im Gefängnis und andere verdienen ihr schmutziges Geld, indem sie andere

Menschen mit Drogen vergiften. Das alles kann und darf ich nicht tun, auch wenn ich verhungern sollte. Ich weiß: Gott sieht mich und ich werde zur Rechenschaft gezogen. Er wird mich für alle meine Sünden hart bestrafen. Ich denke, jeder Mensch braucht deshalb eine Religion. Hätten meine ehemaligen Freunde überhaupt einen gefestigten Glauben, so wären sie heute vielleicht vorbildliche junge Menschen. Religion ist wichtig.«

Eine Religion ist für ihn dann eine Religion, wenn sie folgerichtig ist und auf seine Fragen begreiflich antwortet.

»Eine Religion darf nicht nur Theorie sein, sondern sie muss auch praktisch sein, also eine Umsetzung muss möglich sein. Auf Worte sollten Taten folgen.«

Dieses Verständnis ist für ihn im Islam zu bekommen. Daher definiert Benjamin den Islam als eine Religion, die ihm Orientierung, Schutz, Segen, Frieden, Hoffnung, Glück und Bescheidenheit verschafft. In Zwangslagen empfindet er, dass der Islam ihn schützt und nicht alleinlässt. Die alltäglichen islamischen Regeln dienen ihm besonders in Notlagen als eine Stütze, um nicht frustriert aufzugeben.

»Und ich rezitiere ja täglich in meinen Gebeten oder lese im Koran, dass die Welt eine Prüfung darstellt, dass der Mensch auch schwierige Zeiten haben kann und ich geduldig sein soll.«

5.4.2.4 Die Dimension des religiösen Wissens

Benjamin sieht sich noch am Anfang seiner Einweisung in den Islam, weil für ihn Wissen zwar einen Anfang hat, aber kein Ende. An sich ist er ein widerwilliger Leser, aber ohne das Studieren von Büchern ist es heutzutage für ihn unmöglich, den Islam zu erlernen. Zwar liest er relativ wenige Publikationen, aber der Gesprächskreis, an dem er dreimal wöchentlich teilnimmt, bietet ihm einen Anlass, Bücher über den Islam zu lesen. Als Leiter dieser Lerngruppe muss er sich auf die Sitzungen adäquat vorbereiten. Selbst wenn es ihm hin und wieder kein Vergnügen bereitet, treibt er damit seine Bildung voran.

»Ich wünsche mir aber vor allem religiöse Weiterbildungsmöglichkeiten in deutscher Sprache. Hier sollte vor allem das Warum im Vordergrund stehen.«

Eine sogenannte »Koranschule« hat er nicht besucht, weil ihre Kurse vornehmlich in türkischer oder arabischer Sprache durchgeführt wurden.

»Aber wieder für deutschsprachige Muslime gesprochen, weil wir weder Türkisch noch Arabisch können: Auch solche Unterrichte werden wieder in Türkisch oder

Arabisch angeboten. Daher können wir nicht dorthin. Okay, dorthin hat jeder Zutritt, das heißt, ich kann natürlich hin. Aber alles wird in Arabisch oder Türkisch erklärt, da hat man es deshalb nicht leicht. Ich hatte Glück, eben den deutschsprachigen Korankommentar gefunden zu haben, der auf meine Fragen Antworten gibt. Was die deutsche Literatur über den Islam angeht, gibt es viel zu wenig. Hier müsste etwas gemacht und unternommen werden.«

5.4.2.5 Die Dimension der Konsequenzen aus religiösen Überzeugungen

Höchste Priorität hat für Benjamin, seine Kinder nach den Geboten des Korans zu erziehen. Die Wissensgrundlage der Kinder sollen – unabhängig von ihrer Herkunft und Kultur – die religiösen Werte sein, die sich unter den Religionen nicht wesentlich unterscheiden.

»Wenn man die religiösen Grundsätze sich anschaut, dann unterscheiden sie sich auch nicht so sehr, zum Beispiel vom Christentum: ›Du sollst nicht stehlen, du sollst nicht lügen, du sollst nicht töten und so weiter!‹ Das sind Grundsätze, die einen Menschen ausmachen, und Werte sind eben, die einen Menschen auszeichnen. Wenn man Bescheid weiß, welche Werte zum Beispiel im Islam wichtig sind, dann kann man sie zum Vorbild nehmen. Es sollte in der Erziehung früher ansetzen, damit sie verinnerlicht werden und später auch praktiziert werden.«

Zumindest wird er versuchen, seinen Kindern eine islamische Erziehung und Bildung zu ermöglichen, um sie zu vorbildlichen Menschen in der Gesellschaft zu machen.

Sehr wichtig findet er das islamische Verbot des vor- und außerehelichen Geschlechtsverkehrs, weil sich sonst unsittliches Verhalten in der Gesellschaft zunehmend durchsetzen werde.

»Das finde ich sehr wichtig. Man kann auch dagegen argumentieren und sagen: ›Ja, der Mensch ist frei und er kann alles machen, was er will.‹ Man sieht ja dabei, was da herauskommt. Die Frauen bleiben letztendlich ›darauf sitzen‹ und für den Mann war das ein Vergnügen von einer bis drei Minuten. Und eine Frau hat vielleicht neun Monate oder sogar Jahre damit zu kämpfen. Verhütung gibt es zwar, aber trotzdem werden nur die Gelüste befriedigt. An die wichtigen Sachen, wie Familie, gemeinsame Ehe und so, wird nicht gedacht. Wo bleibt die Verantwortung der Männer und Frauen? Leider ist es auch heute so, dass man eine schöne Frau heiratet und nach einigen Jahren geht man entweder fremd oder man lässt sich scheiden, um an eine andere Frau zu kommen, weil man der Meinung ist, die Ehefrau ist nicht mehr so attraktiv. Gerade hier setzt der Islam an, der uns nahe legt, dass man nicht nur seines geschlechtlichen Triebes willen heiratet, sondern um Allahs willen. Ein Muslim sagt sich eben: ›Ich heirate diese Frau beziehungsweise diesen Mann um Allahs willen, mag sie jetzt hübsch sein und in zehn Jahren hässlich.‹ Ein Muslim glaubt ja daran, dass er mit dem Ehepartner, den er auf dieser Erde hat, im Paradies weiterleben wird, und dort bekommen sie die absolute Schönheit. Daher ist die Schönheit, die man auf dieser Erde hat, nicht so wichtig, denn die echte Schönheit wird kommen – im Jenseits. Man freut sich eben auf die kommende Schönheit.«

Ohne Weiteres will er nicht ausschließen, eine nicht muslimische Frau zu heiraten, denn es komme auf den »Kern des Menschen« an. Für eine Vermählung reiche dieser völlig aus.

»Man kann auch über keinen vorurteilen, weil er kein Muslim ist oder den Islam nicht kennengelernt hat, oder mit dem Islam nichts zu tun haben will. Wenn er nicht will, dann ist es auch in Ordnung. Es kommt auf den Kern des Menschen an; wenn er ein guter Mensch ist, dann spielen die anderen Bereiche nicht die zentrale Rolle.«

Als integrationshemmend hat er den Islam nicht erlebt. Benjamin bezeichnet den Islam als integrationsfördernd, weil der Islam mit seinen Werten für ein gedeihliches und harmonisches Zusammenleben aller Menschen eintritt.

»Der Islam ist mit seinen Werten wie Gastfreundschaft, Barmherzigkeit, Liebe, Toleranz sogar integrationsfördernd. Integration erfordert ja ein gegenseitiges Kennenlernen. Eben diese Werte fordern ja einen Muslim auf, einen guten Umgang zu pflegen und mit der Gesellschaft gut zu leben und sich dabei nicht zurückzuziehen.«

Zum Verhältnis von Islam und Demokratie führt er aus, dass sie sich nicht widersprechen, sondern ohne Weiteres vertragen. Er ist darüber hinaus der Überzeugung, dass der Islam ein demokratisches Verständnis verstärkt, eben weil der Muslim alle Menschen als Geschöpfe Gottes und als Nachkommen Adams und Evas ansieht.

»Also, man muss sich erst fragen: ›Was versteht man unter Demokratie?‹ Darunter verstehe ich die Freiheiten: Meinungsfreiheit, Pressefreiheit, Religionsfreiheit, Entscheidungsfreiheit und so. Und das gibt es ja auch im Islam. Von daher würde mir nichts Gegenteiliges aus dem Islam einfallen. Im Gegenteil, das wird vom Islam bestärkt. Ich würde den Islam demokratiefreundlich bezeichnen, sogar demokratiefördernd. Auch macht der Islam keinen Unterschied zwischen den Menschen, denn Allah hat alles auf dieser Welt erschaffen. Er hat die Menschen unterschiedlich erschaffen, weil er die Vielfalt liebt. Er hat keinen hervorgehoben, er hat alle gleich erschaffen, letztendlich sind alle liebenswert, interessant und es wert, kennengelernt zu werden. Von daher wird Toleranz im Glauben großgeschrieben. Und da wir alle letztendlich über sieben Ecken verwandt sind – es fing ja mit Adam an –, wär's schwachsinnig, hier Unterschiede zu machen. In der Demokratie sollte man auch die Vielfalt bewahren und schützen. Ich denke, Islam und Demokratie vertragen sich gut.«

Anderen Thesen, die dem Islam eine demokratiefeindliche Haltung unterstellen, widerspricht Benjamin bildhaft:

»Dass der Islam nicht gegen Demokratie gerichtet ist, kennen wir auch aus der Geschichte. Gerade im Mittelalter hatten wir Europäer mit Demokratie, mit Menschenrechten, mit Vielfalt und so große Probleme. Viel Blut ist geflossen, viele Menschen mussten sterben, weil sie Juden waren oder weil sie nicht ins Bild passten. Gerade in diesem Zeitalter waren die Muslime mit ihrem Glauben weit voran, viel fortschrittlicher, und nahmen auch Menschen in Schutz vor den Europäern. Juden und politisch Verfolgte hatten in der Türkei Zuflucht gefunden. Alles das ist leider in Vergessenheit geraten und jetzt werfen wir Europäer dem Islam eine Demokratieuntauglichkeit vor. Komisch, nicht wahr?«

Zwang und Gewalt sind für ihn religionsfeindliche Begriffe, die niemals eine Anwendung finden können – schon gar nicht in der Religion. Man wird gläubig *mit dem Herzen und nicht durch Zwang*. Solche Personen oder Gruppierungen, die Zwang und Gewalt mit religiösen Motiven legitimieren, sind ihm deshalb ein Gräuel, weil sie »vom Neid und von Satan gelenkt« werden, gleichviel ob sie sich als Muslime oder Nichtmuslime bezeichnen.

»Auf gar keinen Fall kann ich es als ein Muslim, der seine Religion ernst nimmt und über alles liebt, tolerieren.«

Nach seiner Überzeugung lehnt der Islam Zwang und Gewalt deshalb ab, weil sonst lauter Heuchler in der Gesellschaft großgezogen würden. Heuchler möchte der Islam nicht aufziehen, daher empfiehlt ihm seine Religion das Gespräch, in dem er mit anderen über seine Religion und Auffassung sprechen kann.

»Wenn du der Meinung bist, etwas muss in der Gesellschaft anerkannt werden, ja dann musst du dafür arbeiten, also Menschen von deiner Meinung überzeugen. Nur dann ist es legitim. Ansonsten: Einfach über die Köpfe der Menschen, einfach von oben herab, etwas aufzuzwingen, wäre unislamisch und unmenschlich. Das würde ich nie als Muslim akzeptieren, auch wenn es inhaltlich irgendetwas mit dem Islam zu tun haben sollte.«

Der Gewalt will er sich nur bei ernstlicher Bedrohung und Unterdrückung bedienen:

»Nur das gestattet der Islam: Selbstverteidigung oder Notwehr. Sonst darf der Muslim, ja an sich alle Menschen auf dieser Welt, nichts mit Gewalt, Kampf, Krieg zu tun haben.«

Er fordert, dass die Regierungen der Weltstaaten mit gutem Beispiel vorangehen, indem sie ihren Mitbürgern bewusst machen, dass Gewalt und Zwang schlechthin keine zulässigen Mittel zur Problemlösung sind.

»Aber, wenn einige Staaten ungerecht und mit Gewalt ihre Bürger einschüchtern oder andere Länder oder Menschen angreifen, dann kann man vielen Menschen nichts mehr erzählen. Wenn jemand sich schlecht behandelt fühlt oder erniedrigt fühlt, dann wird er zornig.«

Der Islam fasziniert ihn auch darin, dass er Menschen in Not und Qual besänftigt und zur Geduld aufruft, womit Gott verspricht, im Jenseits Gerechtigkeit walten zu lassen und die Tyrannen hart zu bestrafen.

»Auch hier setzt der Islam ein. Dieser Gedanke, dieser Glaube schenkt mir also ein friedliches und hoffnungsvolles Leben auf dieser Welt, wo viel Ungerechtigkeiten und Unmenschlichkeiten passieren.«

5.4.2.6 Einstellung und Bindung an Moschee und Imame

Benjamin ist nur Mitglied eines Vereins, den er mitbegründet hat. Verschiedentlich hat er über einige Organisationen, wie die DITIB, die IGMG, den Islamrat und den Zentralrat, gehört. Intensiv möchte er sich aber mit diesen Organisationen nicht beschäftigen.

»Aber, so richtig über sie habe ich mich nicht informiert, ehrlich gesagt, brauche ich auch nicht, denn ich will nicht hinter Parteien, politischen Organisationen [her]rennen.«

Nicht die Organisationen, sondern der Islam und die dazugehörige Lebensweise interessieren Benjamin. Er nimmt ihre Angebote nur dann in Anspruch, wenn diese den »wahren Islam« vermitteln und von Ideologisierung oder Politisierung absehen. Unzufrieden ist er darüber, dass sich zahlreiche Organisationen eher durch ihre nationale als durch ihre muslimische Identität definieren. Dass Muslime mittlerweile ihre Organisationen oder Moscheegemeinden nach ihrer Herkunftskultur und -sprache strukturieren, erscheint ihm als ein großes Hindernis für den innermuslimischen Dialog und Konsens. Gerade dies sei für einen deutschsprachigen Muslim wie ihn eine Barriere dafür, dass er überall ohne Verständnisschwierigkeiten und Scheu hingehen kann. Er vermisst Örtlichkeiten und Anlaufstellen speziell für deutschsprachige Muslime.
Konkret verlangt er von allen Organisationen, die den Islam und die

Muslime repräsentieren wollen, egal welchem Kultur- oder Sprachraum sie sich zugehörig fühlen, dass sie den Islam in den Vordergrund ihrer Aktivitäten stellen. Sie sollen weder den Islam für irgendwelche Zwecke instrumentalisieren noch sich von irgendeinem anderen instrumentalisieren lassen. Die Universalität und Überparteilichkeit des Islam dürften nicht geschädigt werden. Daher verachtet er Gruppierungen oder Parteien, die den Islam für ihre Ziele missbrauchen.

Innerhalb der muslimischen Gemeinschaften mangele es an einer ganzheitlichen Bildung und Erziehung. Nicht nur oberflächlich und unbedarft möchte er seine Religion studieren, sondern tiefgehend und verstehend, wozu eine Aufklärung über Sinn und Zweck des Islam notwendig sei.

»Die Frage nach dem Warum muss erörtert werden. Und das sollten die Organisationen auch praktizieren, denn wir leben in einer Welt, wo die Wissenschaft eine wesentliche Bedeutung hat und wir können sie nicht einfach so ignorieren. Gerade der Islam hat doch in der Vergangenheit die Wissenschaft mächtig beeinflusst. Die Muslime waren da die Vorreiter. Warum nicht heute? Ja, weil wir nur hinter Verboten und Geboten herrennen, und nicht den Sinn erklärt bekommen beziehungsweise nicht erklären. Wenn uns etwas nicht passt, dann berufen wir uns auf den Islam und sagen: ›Das ist verboten!‹, obwohl das nicht so ist. Wenn es uns passt, dann machen wir das zum Erlaubten, obwohl es im Islam eigentlich verboten ist. Das muss aufhören.«

Im Ganzen erwartet Benjamin, dass sich die muslimischen Organisationen für die muslimische Gemeinschaft und die Menschen in Deutschland einsetzen und nicht als Interessenvertretung zwischen dem Herkunftsland und Einwanderungsland hin- und herpendeln, sich schon gar nicht für die Herkunftspolitik und -parteien instrumentalisieren lassen.

»Der Haupttenor, den ich rüberbringen möchte, ist, dass man auch seinen Glauben hinterfragt und sich aktiv mit seinem Glauben auseinandersetzt. Das soll nicht unterbunden werden, denn je mehr man sich mit seinem Glauben auseinandersetzt, umso mehr Gewissheit wird man erlangen. Man wird das Logische und den Sinn sehen und dann kann man mit Nichtmuslimen sich besser unterhalten. Man wird dann nicht selbst für Missverständnisse verantwortlich sein. Dann werden wir auch richtig verstanden werden. Aber wenn wir unseren Glauben nicht kennen, aber so tun, als wüssten wir vieles darüber, und dann auch so sprechen und auftreten, ja, dann werden sich eben die Vorurteile verstärken, da man ja nicht den Islam vermittelt, sondern seine egozentrische Betrachtungsweise, was ja von der Gegenseite nicht bemerkt wird.«

Regelmäßig zum Freitagsgebet besucht er eine Moschee. Dabei erstrebt er den Segen Gottes. Überdies kann er sich in der Moschee mit anderen

Gläubigen austauschen und mit ihnen diskutieren. An anderen Werktagen ist sein Moscheegang sehr sporadisch, oft aber aufgrund universitärer und beruflicher Verpflichtungen unmöglich. Lediglich im Monat Ramadan sucht er fast täglich eine Moschee zum Gemeinschaftsgebet auf.

Wenn er das Wort Moschee hört, denkt er erst einmal an ein Gotteshaus, an ein Gebetshaus, an einen sauberen und schönen Gebetsort. Er vermisst Moscheen, wie sie in Syrien oder der Türkei zu sehen sind.

»Ich war in Syrien und Istanbul. Da sieht man sofort, wo die Moschee ist. Es ist auch so schön gebaut und dann gehst du auch gerne hin. Du sieht sie sofort. Aber hier ist das nicht möglich. Eigentlich gibt es hier keine richtigen Moscheen. Das sind ja nur angemietete Räume. Es gibt auch leider keine deutschsprachigen Moscheen, wo zum Beispiel die Predigt auf Deutsch artikuliert wird. Es gibt jetzt nur eine in Wedding. Ich würde es stark befürworten, wenn es mehr Moscheen gäbe, die prächtig klar im Stadtteil zu sehen sind.«

»Vorbild in Wort und Tat und natürlich Wissen«, so stellt Benjamin sich einen guten Imam vor, der allerdings auch offen und ehrlich sein soll. Beispielsweise erwartet er von einem Imam, wenn er auf eine Frage nicht antworten kann, dies offen einzugestehen. Er verlangt von allen, die dienstlich oder außerdienstlich den Titel Imam tragen, sich einer ständigen Weiterbildung zu unterziehen.

»Ich weiß nicht, inwieweit die Imame in der heutigen Zeit dazu ausgebildet sind, das zu vermitteln. Falls nicht, dann sollten sie hierzu sich weiterbilden. Diese ›Warum‹-Schiene ist sehr wichtig. Damit meine ich nicht, dass mir die Verbote und Gebote nicht wichtig sind, aber die Imame sollten den Sinn – also: warum, wieso und weshalb – in den Vordergrund stellen.«

Ein solcher Imam könne die Lebensweise und -einstellung von Benjamin sehr wohl positiv bestärken, wozu es aber bisher nicht gekommen ist, weil er die Predigten nicht verstehen kann, die nicht in deutscher Sprache abgehalten werden. Wie oben bereits bemerkt, ist Benjamin den Werken des Gelehrten Said-i Nursi zugetan. Diesen Büchern verdankt er sein jetziges Verständnis und seinen Blickwinkel.

Nach seiner Meinung benötigen die muslimischen Jugendlichen sichtbare Vorbilder. Solche Vorbilder könnten die Imame werden, wenn sie die Jugendarbeit qualifiziert betrieben und dazu über professionelle Bildung und die Sprache der Jugendlichen verfügten.

5.5 Dominik – »Religion ist Quelle für den Lebenssinn.«

Zur Interviewsituation

Dominik lernte ich durch meine E-Mail-Aufrufe kennen. Nach häufigem E-Mail-Austausch konnten wir einen gemeinsamen Gesprächstermin finden. Wir verabredeten uns zu einem Treffen in einem Café an einem Samstagnachmittag.

5.5.1 Wer ist Dominik?

Dominik stammt ursprünglich aus Ungarn und kam vor 17 Jahren mit ihrer Mutter nach Deutschland. Seit einem Jahr besitzt sie die deutsche Staatsbürgerschaft und ist inzwischen 24 Jahre alt. Nach ihrem Abitur absolvierte sie eine Ausbildung zur Fremdsprachenassistentin. Derzeit studiert sie Publizistik und Hungarologie. Vor drei Jahren hat sie sich nach langjährigem Selbststudium über Religionen für den Islam entschieden, weil sie hier ihre innere Ruhe und Stärke entdeckt hat.

Dominik ist mit ihrer Mutter aufgewachsen, zu der sie ein normales Verhältnis hatte – bis sie zum Islam übertrat.

»Aber als ich zum Islam konvertierte, war meine Mutter gegenüber mir sehr grob. Denn sie akzeptiert bis heute nicht, dass ich meinen Glauben gewechselt habe. Sie versuchte auch anfangs, mir den Islam auszureden und sogar Druck auszuüben, dass ich wieder eine Christin werde. Über ein Jahr musste ich mir vieles anhören, Beschimpfungen und vieles mehr. Sie hat es nicht wahrnehmen wollen.«

Nachdem Dominik sich auch für eine bewusste Ausübung islamischer Regeln entschlossen hatte, wurden die Attacken ihrer Mutter stärker.

»Und als ich mir den Kopftuch anlegte, da wurde sie wieder sehr ernst – obwohl sie als Christin in Ungarn das Kopftuch aus unserer Verwandtschaft kannte, weil einige meiner Verwandten, die älteren vor allem, auch ein Kopftuch tragen. Trotzdem hat sie das nicht akzeptiert. Jetzt, wo ich ausgezogen bin, ist etwas Ruhe eingekehrt, aber sie möchte weiterhin, dass ich den Islam faktisch verlasse und betet dafür, dass ich wieder zurückkehre.«

Dominik befürwortet es, dass Menschen im jugendlichen Alter die islamischen Regeln befolgen. Zu dieser Einsicht ist sie durch ihr langes Studium der Religionen und speziell des Islam gelangt.

»Ich weiß, wen ich warum anbete. Das ist der Schöpfer des Universums – Allah! Ich kann die muslimischen Jugendlichen, die den Islam nicht leben, nicht verstehen.

Ich habe erst vor drei Jahren diese Schönheit entdeckt, die hatten es mit der Geburt. Dass einige unter ihnen diese Chance nicht wahrnehmen, finde ich sehr traurig. Ich denke, wenn sie den Islam auch richtig praktizieren würden, dann wären auch viele von ihnen noch erfolgreicher und hätten keine Probleme mit Drogen, Alkohol, Kriminalität; in der Schule wären sie bestimmt fleißiger. Der Islam legt auf Moral und Respekt großen Wert. Das ist, was heute bei vielen Jugendlichen, aber auch Erwachsenen fehlt.«

Damit die religiösen Gebote im jugendlichen Alter praktiziert werden, komme den Eltern eine wesentliche Rolle zu. Gleichwohl sollten die Eltern bei ihren Erläuterungen über die religiösen Dogmen vorsichtig sein, sonst könnten ihre Bemühungen das Gegenteil bewirken.

»Meine Mutter hat mich streng christlich erzogen, deshalb war ich auch bis vor drei Jahren streng christlich. Aber viele Sachen konnte ich nicht verstehen, sie waren zu unlogisch für mich, wie die Dreifaltigkeit. Keiner konnte diese mir logisch erklären. Ich habe innerlich keine Ruhe gehabt. Ich habe dann mich über andere Religionen sachkundig gemacht und entdeckte dabei den Islam, den ich vor drei Jahren annahm. Mir war meine Mutter eine große Hürde. Sie sieht bis heute nicht ein, dass ich Muslima geworden bin und wenn wir zusammenkommen, dann erzählt sie mir immer wieder, dass ich einen großen Fehler gemacht habe und ich im Jenseits nicht in den Himmel kommen werde.«

Gegenwärtig hat sie wegen ihres Studiums kaum Zeit für freizeitliche Aktivitäten. Neben einem Fitness-Studio besucht sie zweimal in der Woche einen Mädchentreff, der auf Initiative einiger junger Muslima gegründet wurde, aber auch von interessierten Nichtmuslima gern besucht wird. Neben der Weiterbildung über den Islam bemühen sie sich ehrenamtlich, soziokulturelle Aktivitäten für Mädchen und Frauen zu organisieren. Besonders setzen sie sich für den Dialog der Religionen und Kulturen sowie für Gleichberechtigung ein. Dominik nimmt in dieser Initiative trotz ihrer knappen Freizeit eine zentrale Rolle ein. Sie bemängelt die Freizeitangebote muslimischer Organisationen für Mädchen und Frauen und fordert vor allem sportliche Möglichkeiten, da die kommunalen und anderen Sportvereinigungen die speziellen Bedürfnisse muslimischer Frauen nicht in ihre Konzeptionen einbeziehen.

Besonders ihr Entschluss, die islamischen Bekleidungsvorschriften zu befolgen, stieß auf Unmut:

»[M]ein Leben im Islam ist anders als früher, obwohl ich eigentlich derselbe Mensch bin. Die Menschen gehen jetzt mit mir ganz anders um. Leider!«

Neben dieser Art von Kontroversen beklagt sie sich darüber, dass die Moscheen bzw. islamischen Gebetsstätten durchaus nicht sogleich erkennbar sind. Als eine Muslima bemängelt sie auch, dass die hiesigen Moschee-gemeinden nicht für ausreichende Gebetsräume für Frauen sorgen.

»Dort sind manchmal auch keine Plätze für die Frauen, wenn wir nicht genau zu den Gebetszeiten hingehen, weil dort dann die Kinder sind oder etwas anderes.«

Dass sie in einigen Seminaren ihres Studienganges ständig die einzige Muslima ist, stört sie ein wenig.

»Ich werde immer so komisch angeschaut, wenn ich auch in der Uni bin. Es gibt Seminare, wo ich die einzige Muslima bin, und dort guckt sogar der Dozent mich komisch an, so nach dem Motto: ›Was sucht sie denn hier?‹«

Damit der Islam und die Muslime in Deutschland voll anerkannt werden, müssten ihrer Meinung nach vor allem die Muslime in dieser Gesellschaft tugendhaft sein sowie sich weiter aktiv mit und in der Gesellschaft enga-gieren. Auf jeden Fall dürften sie sich von den aktuellen Diskriminierun-gen nicht irritieren lassen.

5.5.2 Dimensionen der Religiosität

5.5.2.1 Die Dimension des Glaubens

Das Hauptmotiv dafür, dass Dominik den Islam angenommen hat, ist das islamische Gottesbild. Allah ist für sie der Schöpfer des Universums, der einzig und unabhängig, gnädig und barmherzig und zugleich Richter im Jenseits ist.

»Nur er kann und wird über die Geschöpfe richten und sie belohnen oder für die schlechten Taten bestrafen.«

Der Koran ist für sie die letzte und endgültige Offenbarung Gottes. Sie ist überdies der festen Überzeugung, dass nach dem Tode alle Menschen von Gott zu einem ewigen Leben auferweckt werden. Ohne das ewige Leben sieht Dominik das diesseitige Leben als widersinnig an, weil die Menschen auf dieser Welt weit weg von der wahren Gerechtigkeit behandelt würden. Im Jenseits werde jeder seine Gerechtigkeit erhalten.

5.5.2.2 Die Dimension der religiösen Praxis

Ein Leben mit Gebeten ist für Dominik ein *gesegnetes Leben*. Insofern kann sie sich auch eine Religion ohne Gebete nicht vorstellen, weil die Religion keine tatenlosen, sondern tätige Menschen zum Ziel hat.

»[U]nd das ist nicht nur im Islam so, denn Allah sagt im Koran: ›Ich habe die Menschen erschaffen, damit sie mir dienen.‹ Ohne Gebete kann man auch gläubig sein, aber es würde etwas Wichtiges fehlen. Aus diesem Grund bete ich, seitdem ich zum Islam konvertierte, fünfmal täglich.«

Dem Gebet folgend misst sie dem Fasten im Monat Ramadan ebenfalls große Bedeutung bei.

»Mit dem Islam lernte ich auch das richtige Fasten kennen. Ich faste auch gerne, denn hier kann ich so richtig mitfühlen und mithungern, wie etliche Menschen es ja tagtäglich auf dieser Erde tun müssen, da sie weder zu essen noch zu trinken haben.«

Entsprechend ihrer gegenwärtigen Einstellung plant sie die islamische Trauung (*Nikah*) bei ihrer Vermählung ein, denn »man gibt sich vor Allah das ›Ja‹ und bittet um seine Gnade und seinen Segen«. Ihre Lebenswelt wird vom Islam insofern maßgebend geleitet, als sie während ihres Handelns den islamischen Verboten und Geboten besondere Beachtung schenkt. Der Islam ist für sie eine kohäsive Kraft, die gleichzeitig ihr Leben vor Gefahren und Exzessen bewahrt.

»Zum Beispiel halte ich mich, seitdem ich Muslima bin, noch bewusster von Lügen, Kränkungen anderer oder von zeitvertreibenden Treffen fern. Wenn ich beispielsweise aus irgendeinem Grund lügen sollte, dann fühle ich mich innerlich nicht gut. Ich entschuldige mich dann sofort. Alkohol und Haschischpartys, die ich aus meiner vorislamischen Zeit kannte, auch wenn ich mich daran nicht beteiligte, sind jetzt absolut tabu für mich. Das Neinsagen gegen solche unsittlichen Sachen habe ich vom Islam.«

5.5.2.3 Die Dimension der religiösen Erfahrungen

Religion gehöre »zum Leben wie Brot und Wasser«, sei die Bezugsquelle für ihren Lebenssinn. Eine Religion sei dann die wahre, wenn sie auf Gottes Offenbarungen beruhe. Nach Dominiks Auffassung hat sie mit ihrem Übertritt zum Islam den Glauben gefunden, den sie mit ihrem Gewissen vereinbaren kann, mit dem sie besonders Frieden, Hoffnung, Nächstenliebe, Glückseligkeit, Fleiß und Menschenwürde verbindet.

5.5.2.4 Die Dimension des religiösen Wissens

Dominik strahlt eine begeisterte Motivation aus und ist gewillt, ihre Wissenslücken über den Islam durch die Weiterbildungsaktivitäten in dem Mädchentreff und durch Selbststudium zu schließen. Momentan versucht sie die arabischen Buchstaben zu erlernen, damit sie den Koran in Arabisch lesen kann. Auch sonst liest sie gern. Sie vermisst deutschsprachige Publikationen über den Islam. Für sie sind die erhältlichen Publikationen über den Islam überwiegend unvollkommen oder polemisch.

»Man soll also sehr vorsichtig diese Bücher genießen, auch wenn sie ein Muslim geschrieben hat.«

5.5.2.5 Die Dimension der Konsequenzen aus religiösen Überzeugungen

Dominik wird, weil sie durch den Islam wieder einen Halt, eine Orientierung erlangt hat, ihre Kinder nach religiösen Prinzipien und nach den Vorgaben des Korans erziehen. Hierzu gehört, dass sie ihre Kinder zeitig mit den religiösen Lebensregeln vertraut machen wird.

Sie ist der Meinung, dass viele muslimische Kinder und Jugendliche – und selbst deren Eltern – heutzutage desinformiert über den Islam sind. Daher appelliert sie, dass nicht alles, was von einem Muslim dargeboten wird, sogleich mit dem Islam gleichzusetzen ist. Sie empfiehlt, die Handlungsweisen von Muslimen nicht ohne Weiteres hinzunehmen, sondern deren authentischen Bezug zum Islam zu erforschen.

»Viele von uns sind unaufgeklärt über den Islam und haben auch nicht den Islam anerzogen bekommen. Man soll deshalb auch nicht alles dem Islam zuweisen, was man von einem Muslim vorgestellt bekommt. Also wir sollten nicht automatisch die Verhaltensweisen von Muslimen dem Islam zuschreiben, wir sollten sie hinterfragen. Ich habe am Anfang das nicht gemacht, bis ich merkte, dass viele Muslime den Islam nur durch Hören kennen und mehr Traditionen und Bräuche in ihrem Leben haben als islamische Regeln. Ich versuche jetzt, durch intensives Hinsehen und Hinterfragen, den Islam, den wahren Islam, kennenzulernen und dann zu praktizieren.«

Ihre Übereinstimmung mit dem islamischen Verbot des vor- und außerehelichen Geschlechtsverkehrs kommentiert sie auf diese Weise:

»Ich finde es sehr, sehr wichtig, denn heute geht man gerade in diesem Bereich sehr respektlos miteinander um. Gerade als Neu-Muslim und Frau bin ich mit diesem Verbot sehr, sehr glücklich und einverstanden. Eben wir Frauen haben ja darunter zu leiden, dass die Männer einfach sich ausleben und wir, wenn wir mitmachen und ihm uns anvertrauen, dann die großen Verlierer sind. Die können sich aus dieser Verantwortung schleichen und wir Frauen müssen dafür bluten.«

Über eine Heirat mit einem nicht muslimischen Mann hat sie sich im Augenblick keine Gedanken gemacht, aber sie kann sich nicht vorstellen, mit einem Mann eine Ehe zu schließen, der nicht vorbehaltlos an Gott glaubt. Das ist ihr derzeitig wichtigstes Kriterium für den idealen Bräutigam.

Der Islam fördert ihre persönliche Identität, indem sie sich an den islamischen Prinzipien orientiert, und zugleich ihre Integration in die Gesellschaft.

»Ich denke, dass die muslimischen Frauen mehr Probleme mit der Integration haben als die Männer. Das heißt nicht, dass die muslimischen Frauen sich nicht integrieren möchten, sondern einige in dieser Gesellschaft akzeptieren uns nicht und unterstellen uns vieles. Man stößt uns aus, gleichzeitig aber wird uns vorgeworfen, wir isolierten uns und seien nicht integrationswillig.«

Für sie ist offensichtlich, dass der Islam Gewalt ausdrücklich ausschließt, wenn auch zurzeit Personen einzeln oder gemeinschaftlich gewaltsam auftreten.

»Also gerade im Islam habe ich den Wert des Friedens schätzen gelernt, auch wenn aktuell das Gegenteil behauptet wird. Danach leite ich dann für mich ab, dass ich mir nicht vorstellen kann, andere Menschenleben irgendwie zu gefährden oder gar zu töten.«

5.5.2.6 Einstellung und Bindung an Moschee und Imame

Dominik geht mehrmals und gerne – bis zu viermal in der Woche – in die Moschee, weil sie einen regelmäßigen Dialog mit Muslimen als elementar erachtet.

»Gerade als neue Muslima brauche ich diesen Austausch. Die gemeinschaftliche Atmosphäre ist rein und herzlich.«

Mit dem Begriff Moschee verbindet sie hauptsächlich das individuelle und gemeinschaftliche Gebet. Daher erwartet sie von den Moscheegemeinden, dass sie die Muslime zusammenbringen. Um diese kurrente Zusammenkunft muslimischer Gläubiger zuwege bringen zu können, sollen sie den Gläubigen einen Raum bieten, wo sie sich unbefangen begegnen und einschränkungslos ihren Glauben praktizieren können.
    Ein guter Imam sei eine Vertrauensperson, die rechtschaffen ist sowie ein solides Wissen über den Islam habe, das er auch pädagogisch vermittelt. Des Weiteren erwartet sie von den Imamen, dass sie sich fortwährend weiterbilden und mit muslimischen Jugendlichen nachhaltig im Gespräch stehen. Die deutsche Sprache gehört für sie zum Standardrepertoire eines Imams in Deutschland.

Dominik bekümmert, dass sie mit vielen Imamen nicht unmittelbar kommunizieren kann, da sie ihre Predigten entweder auf Türkisch oder Arabisch halten. Sie beklagt die Fixierung der muslimischen Organisationen auf türkisch- oder arabischsprachige Muslime. Dementsprechend haben die Imame auf ihre Lebensweise und Lebenseinstellung einen nur mittelbaren Einfluss. Gleichwohl ist sie sich der Möglichkeiten der Imame bewusst.

»Aber ich sehe das von einigen Jugendlichen, dass sie positive Entwicklungen machen. Ich habe letzte Woche gesehen, wie ein 20-jähriger Muslim mithilfe von einem Imam aufgehört hat, schlechte Sachen zu machen. Der junge Imam hatte seit Monaten sich diesem Jungen gewidmet, als dessen Mutter den Imam darum gebeten hatte. Er hatte mit ihm viel gesprochen. Er hatte schon einige Anzeigen wegen Körperverletzung und Drogenmissbrauch bekommen. Noch eine schlechte Tat, dann wäre er bestimmt im Gefängnis. Jetzt ist der Junge wie neugeboren. Er konzentriert sich wieder auf seine Ausbildung. Die Mutter ist sehr glücklich. Die Mutter habe ich in diesem Mädchentreff kennengelernt, als wir die Mütter von diesem Mädchentreff zu einem Austausch eingeladen hatten. Gerade solche Arbeit ist heute wichtig, denn viele Jugendliche, egal ob Muslim oder Nichtmuslim, haben mit Drogen, Gewalt, Alkohol, Sexualität große Probleme.«

5.6 Stefan – »Ich habe mit dem Islam die Ruhe und Schönheit gefunden.«

Zur Interviewsituation

Als ich in einer Bar nach Interviewpartnern Ausschau hielt, hat mich eine Gruppe von türkisch-arabischen Jugendlichen auf den folgenden Interviewpartner aufmerksam gemacht. Ich bat sie, mich mit dieser Person bekannt zu machen. Daraufhin gab mir einer aus der Gruppe seine Telefonnummer. Gleich tags darauf habe ich diese Person angerufen, um ihn nach seinem Interesse an einem Gespräch zu fragen. In unserem Telefonat erzählte ich ihm mein Anliegen, das er sehr spannend und unterstützungswürdig fand. Wir konnten uns daher sehr schnell auf einen Termin bei mir zu Hause einigen.

5.6.1 Wer ist Stefan?

Stefan ist 24 Jahre alt und in Brandenburg geboren. Seit 1996 lebt er in Berlin. Er ging nach seinem Abitur zur Bundeswehr. Nach dem Militärdienst wurde er zum Groß- und Außenhandelskaufmann ausgebildet, als der er derzeit in Berlin arbeitet. Bis vor Kurzem hatte er zu keiner Religion eine Beziehung, er war streng atheistisch. Religion und religiöse Themen waren ihm gleichgültig. Für Menschen, die sich einer Religion hingeben, war er überhaupt nicht zugänglich. Erst als sein bester Freund durch einen Autounfall ums Leben kam, bedrängten ihn viele unbeantwortete Fragen.

Er machte sich »auf den Weg«, um nach Antworten auf diese Fragen, die ihn monatelang quälten, zu finden. So hat er intensiv Religionen studiert. Er durchforstete zahlreiche Publikationen über den Buddhismus, das Christentum und den Islam. Nach einiger Zeit konzentrierte er sich ausschließlich auf den Islam, weil er dort auf überzeugende und ihn zufriedenstellende Antworten stieß. Nach einer gründlichen und erschöpfenden Bedenk- und Forschungszeit konvertierte er im April 2003 zum Islam. Er begründet diesen Schritt auch damit, dass ihm »innerer Frieden und Einklang« im Islam zuteil wurde, den er anderweitig nicht finden konnte.

»Normalerweise verkehrte ich mit vielen, vielen Menschen, denn ich war DJ in Discos. Aber hier habe ich keine Antworten auf meine Fragen finden können. Von Tag zu Tag sah ich, wie ich in der Gosse zu landen schien, Drogen und Alkohol waren ja in solchen Szenen. Ich war sehr unzufrieden mit mir. Daraufhin habe ich in der Schule mit meinen Freunden auch darüber gesprochen. In meiner Klasse waren einige Muslime, die ich auch beneidet habe, die immer so ruhig, hilfsbereit und ehrlich waren. So kam ich auch mit ihnen ins Gespräch.«

Schon zuvor war er in seiner Lebenswelt enttäuscht, auch weil ihn sein Freundeskreis in wachsendem Maße in die Alkohol- und Drogenszene hineinzog. Der Übertritt zum Islam war für Stefan ein zusätzlicher Grund, sich von dieser Szene zu lösen. Mit dem Islam hat sich sein Freizeitverhalten zum Guten gewendet. Gegenwärtig treibt er Fitness und spielt gern mit seinen Freunden Basketball. Leidenschaftlich engagiert er sich in interreligiösen Dialogen und arbeitet ehrenamtlich in einigen Jugendinitiativen und in einem Sportklub mit.

Sehr mutig seien die muslimischen Einrichtungen, die sich ohne jegliche Unterstützung seitens des Staates und der Kommunen organisieren und für die soziokulturellen Belange der Muslime einsetzen.

Von den Moscheegemeinden und muslimischen Einrichtungen erwartet er, dass sie ihre Angebotsstruktur weiter ausbauen und ihre Entschlossenheit trotz aller Hindernisse nicht verlieren. Eben deshalb fordert er von den Moscheegemeinden und muslimischen Einrichtungen, dass sie sich gegenseitig unterstützen und miteinander kooperieren, damit die Gemeinden und Einrichtungen ihr Angebotsprogramm besser organisieren können. Die muslimischen Einrichtungen sollen vermehrt den »Geschmack der Jugendlichen« treffen, indem sie beispielsweise mehr Sportveranstaltungen, Ausflüge, Reisen sowie kulturelle und soziale Aktivitäten organisieren.

Stefans Eltern – selbst nicht gläubig – haben Stefans Annahme des Islam bis heute nicht akzeptiert.

»Als sie gehört haben, dass ich den Islam angenommen habe, waren sie sehr, sehr sauer und haben mich abgelehnt. Sie haben mir nur Argumente vom Fernsehen und Zeitungen gebracht, so Zeitungsausschnitte. Mir haben sie nicht zuhören wollen.«

Trotz der Ablehnung seiner Eltern versucht er, seine Eltern durch häufige Besuche und Telefonate zu überzeugen, dass sie sich zu Unrecht Sorgen machen. Stefan wünscht sich, dass seine Eltern sein jetziges Leben im Islam – ohne Drogen, Alkohol und Gewalt – honorieren. Dass er sehr spät mit der Religion und viel später mit dem Islam in Berührung kam, ist der religionskritischen Gesinnung seiner Eltern geschuldet. Sie seien daher nicht vorbildlich. Sowohl seine Mutter als auch sein Vater scheuen keine Mühen, Stefan davon zu überzeugen, dass der Islam für ihn nicht gut sei. Stefan hingegen bedrückt dieses Verhalten seiner Eltern, da sie seinen positiven Lebenswandel durch den Islam ignorieren.

Dass er sich von der Drogen-, Alkohol- und Gewaltszene befreien konnte, verdankt er vor allem den »eindeutig formulierten Geboten und Verboten« im Islam. Weil er im Islam eine menschliche Perspektive, Geborgenheit und Ordnung für sein Leben gefunden hat, rät er anderen muslimischen Jugendlichen die Befolgung islamischer Regeln.

»Da Islam und andere Religionen auf Moral großen Wert legen, denke ich, ist doch gut, wenn die Jugendlichen diese in ihr Leben einbauen. Aber als Jugendliche hat man enorme egoistische Vorstellungen und man will nur Freiheit, keine Pflichten.«

Bei der Frage, welchen Eindruck die Situation der Muslime in Deutschland auf ihn macht, lenkt er den Blick auf die Muslima. Für Stefan haben die muslimischen Mädchen und Frauen mehr Schwierigkeiten in dieser Gesellschaft als die muslimischen Jungen und Männer, weil sie aufgrund ihrer Bekleidungsart unwillkürlich im Fokus stehen. Besonders belastend sei die sogenannte »Kopftuchdebatte«, die das Leben muslimischer Mädchen und Frauen in Deutschland anhaltend erschwert.

Bisher hat Stefan keine Diskriminierungen wegen seiner muslimischen Identität erfahren, bis auf das eine Mal:

»Wir hatten versucht, für gewisse Veranstaltungen Räumlichkeiten zu bekommen. Wenn man das Gespräch anfängt, hört man ja, sie würden uns gerne unterstützen. Wenn wir sagen: ›Wir sind von der muslimischen Gemeinde‹, dann werden uns Steine in den Weg gelegt, und sie lehnen unser Anliegen schlitzohrig ab. Sie sagen uns: ›Ja, leider sind diese Räume bereits belegt!‹ oder ›Der Ansprechpartner für diese Räume ist im Urlaub oder krank!‹ Aber von der Mimik können wir ablesen, dass sie eigentlich, weil wir eben Muslime sind, es nicht uns geben möchten.«

Damit der Islam und die Muslime in Deutschland voll anerkannt werden, müssen nach Stefan die Muslime untereinander mehr Kontakte wagen und dafür Sorge tragen, dass der Islam wahrheitsgetreu und original dargestellt wird. Die unterschiedlichen Nationalitäten der Muslime dürften kein Anlass für Zank und Zwietracht sein, sondern sollten einen Konsens fördern.

5.6.2 Dimensionen der Religiosität

5.6.2.1 Die Dimension des Glaubens

Stefan beschreibt sein Gottesbild, indem er Gott als den Erhabenen und Erhalter des Universums bezeichnet.

»Gott ist in meinem Herzen, allbarmherzig und allgnädig. Möge er mich zu seinen Geschöpfen zählen und mich segnen.«

Es sei Ansichtssache, den Koran und die Sunna mit den Attributen »veraltet« und »unmodern« zu belegen, denn »was jemand für veraltet oder unmodern hält, kann ich für sehr modern und zeitgemäß halten«.

»Es gibt zwar einige Verse im Koran, die heutzutage missinterpretiert werden, die aus dem Kontext herausgerissen werden, was auch Muslime machen, die keine Ahnung davon haben. Das macht man auch mit der Bibel oder der Thora. Man sollte mit solchen Äußerungen sehr vorsichtig sein.«

Bevor er zum Muslim wurde, hatte er geglaubt, dass mit dem Tod alles beendet sei. Doch inzwischen ist er von diesem Standpunkt abgewichen. Daher bemüht er sich um ein »gottgefälliges Leben«, damit er nach dem Tode ein gesegnetes ewiges Leben im Paradies von Gott zugewiesen bekommt.

»Ich finde beim Islam auch sehr positiv, dass er zum Tod und zum Jenseits logisch Stellung nimmt. Mit dem Tod endet laut Islam das Leben nicht, sondern beginnt erst recht.«

5.6.2.2 Die Dimension der religiösen Praxis

»Ohne Gebete ist mein Leben bedeutungslos. Also ich kann mir ein Leben ohne Gebete überhaupt nicht vorstellen. Nein, auf gar keinen Fall! Als ich noch kein Muslim war, war das auch eine Frage, die mich beschäftigt hat.«

In kurzer Zeit hat Stefan den Sinn der Gebete für sein Leben bemerkt und hielt das fünfmalige Beten am Tag ein. Er empfindet die täglichen Gebete nicht als belastend, sondern als »Stresskiller«. Sie geben ihm Energie und Stütze.

Zum ersten Mal in diesem Jahr hat er im Monat Ramadan durchgehend gefastet. Zuvor hatte er für einige Stunden probeweise gefastet. Anfänglich hatte er mit dem Fasten Probleme, weil ihm diese Art des Verzichts fremd war.

»Es fiel mir anfangs sehr schwer. Ich habe es am Anfang nicht verstanden, wie man so lange ohne Essen und Trinken auskommt und welchen Sinn es haben sollte. Hier habe ich die Muslime nicht verstanden.«

Mittlerweile ist in ihm die Einsicht gereift, dass es den Europäern guttun würde, wenn sie nach der islamischen Art fasten würden, damit sie perzeptibel erleben können, was das Hungerleid tatsächlich auslöst. Das islamische Fasten hat ihm einen Blickwechsel ermöglicht. Früher hatte er sich über den Wert des Lebens, der Lebensmittel u.Ä. eigentlich keine Gedanken gemacht. Jetzt ist ihm mithilfe des islamischen Fastens offensichtlich geworden, dass niemand trotz eines Lebensstils im Überfluss zu keiner Zeit unmäßig handeln und sich nicht der Unterstützung Not leidender Menschen entziehen darf.

»Ich habe in diesem Jahr die Schönheit im Fasten und den Sinn des Ramadan entdeckt. Denn wer mitleidet, der kann seine Dankbarkeit steigern; denn wie soll man sonst den Wert des Lebens, der Lebensmittel in dieser Gesellschaft schätzen? Wir machen uns Gedanken und Sorgen über unser Übergewicht, andere Menschen machen sich Sorgen und Gedanken, was sie heute mit nach Hause nehmen werden, um es mit der Familie zu verzehren.«

Sein Alltagsleben hat sich mit dem Islam tief greifend verändert. Sein alter Freundeskreis, Drogen und Gewalt sind aus seiner Lebenswelt kurzerhand verbannt. Im Moment versucht er sein Wissen über den Islam zu erweitern, um seine Lebensstandards an diese Werte und Regeln zu gewöhnen.

»Meine Freunde und ich haben damals ab und zu uns bekifft und besoffen. Dann sind wir losgezogen, haben anderen etwas vorgespielt, so Angst eingejagt, manchmal haben wir uns auch geschlagen. Vor allem waren wir bei einigen Schlägereien mit dabei. Der 1. Mai war auch ein Tag für meine Freunde, die ihren Spaß suchten, haben bei den Krawallen mitgemacht. Allerdings hatte ich innerlich ein ungutes Gefühl, daher habe ich nach meiner inneren Ruhe gesucht. Und die habe ich im Islam gefunden. Gott sei Dank!«

»Jetzt sehe ich, dass solche Dinge, die mich vorher beschäftigt haben, seit meinem festen Glauben nicht mehr beschäftigen. Mit meinen alten Freunden, die in Drogen und Schlägereien verfallen sind, habe ich auch Schluss gemacht. Ich habe mit dem Islam die Ruhe und Schönheit gefunden. ›Warum bin ich auf dieser Welt? Was ist meine Aufgabe?‹ und andere Fragen kann ich besser beantworten. Ich sehe, dass ich innerlich immer eine Stimme höre, die mich zum Guten aufruft. Wenn ich mal wieder an meine alten Sachen denke, so sage ich mir: ›Wie blöd kann man sein, um solche Sachen zu machen?‹«

5.6.2.3 Die Dimension der religiösen Erfahrungen

Der Mensch benötigt eine Religion, damit er sein Leben ordnen kann, Religion stellt einen Orientierungspunkt dar, so Stefan.

»Ohne Religion ist es sehr leicht, abgelenkt zu werden und sich keine Grenzen zu setzen.«

Der Islam bedeutet ihm darüber hinaus Frieden, Gottesliebe, Menschenliebe, Vorbereitung auf das ewige Leben und ein bewusstes und frommes Leben im Diesseits. Daher wendet er sich in erster Linie seinem Schöpfer zu, wenn er sich in Schwierigkeiten befindet. In solchen Situationen zieht er auch Personen hinzu, zu denen er Vertrauen hat. Er sieht sie aber lediglich als beratende Instanzen an, denn nur bei Gott allein, dem Erretter und Fürsorger, der ohne einen Gegendienst allen hilft, sucht er Beistand.

5.6.2.4 Die Dimension des religiösen Wissens

Stefan ist gewillt, sich weiterzubilden, indem er an Veranstaltungen teilnimmt und sich durch Selbststudium religiöses Wissen über den Islam aneignet. Inzwischen ist er der Meinung, dass er über ein Basiswissen über den Islam verfügt, dessen ungeachtet jedoch noch viel zu lernen hat. Aus diesem Grund liest er gegenwärtig viel, obwohl er dies früher nicht gerne tat. Andere Möglichkeiten wie Weiterbildungskurse über den Islam sind seiner Meinung nach nicht genügend vorhanden.

»Schade! Aber ich hoffe, dass sich das mit der Zeit verbessert.«

5.6.2.5 Die Dimension der Konsequenzen aus religiösen Überzeugungen

Es ist für Stefan elementar wichtig, die Kinder nach den Geboten des Korans zu erziehen. Nach seiner Überzeugung unterscheiden sich die religiösen Grundsätze innerhalb der Weltreligionen nicht wesentlich, weswegen zumindest diese gemeinsamen Grundsätze in der Familie, in der Schule und in der Gesellschaft an Kinder und Jugendliche vermittelt werden können. Dass einige Phobien gegen eine religiöse Erziehung geschürt werden, vermag er nicht zu verstehen.

»Eine religiöse Erziehung ist sehr wichtig, gerade für Jugendliche. Sonst sehen wir ja, zu was das führen kann. Menschen, die den Islam nach ihrer Meinung auslegen oder der zunehmende Werteverfall bei den Jugendlichen, ob es bei den muslimischen oder nicht muslimischen Jugendlichen ist. Respekt, Toleranz, Hilfsbereitschaft, Freundlichkeit, Menschenliebe usw. fehlen.«

Auch wenn Stefan das islamische Verbot des vor- und außerehelichen Geschlechtsverkehrs grundsätzlich als von großem Vorteil für die Gesellschaft ansieht, fällt es ihm verhältnismäßig schwer, dieses einzuhalten.

»Ich hatte viele intime Beziehungen und habe auch einige Freundinnen gehabt. Anfangs fiel es mir schwer, dieses Verbot im Islam umzusetzen; es ist schwer, dieses sein zu lassen [...].«

Obwohl Stefan über eine Ehe nicht nachgedacht hat, konnte er sich mit dem Gedanken an die Heirat einer nicht muslimischen Frau spontan anfreunden.

Er ist der Meinung, dass der Islam seine Integration in diese Gesellschaft vorangetrieben hat.

»Ich bin ja vor Kurzem konvertiert und bin deutschstämmig. Ich kann jetzt schon sagen, dass ich durch den Islam mich noch besser in diese Gesellschaft integriert habe, denn ich habe meine guten Seiten durch den Islam verstärkt, sodass ich jetzt nicht so viel Ärger mache. Früher habe ich in der Schule mächtig rumgetobt. Ich verhalte mich jetzt besser. Ich bin ehrlicher geworden, habe nicht die Doppelmoral, die man heute öfters sehen kann. Ich bin geduldiger und toleranter geworden. Der Islam stellt meiner Meinung nach kein Hindernis dar, wie es von Politikern und anderen gern dargestellt wird. Ich würde mich freuen, wenn ich die Gelegenheit bekäme, mit diesen Leuten zu sprechen. Ich würde mein Leben als Beispiel denen darstellen und dann sollten die entscheiden, ob sie Recht haben mit ihren Behauptungen. Sie werden alle beschämt sein, wenn sie merken, der Islam hilft sogar einem, sich noch besser in diese Gesellschaft zu integrieren und einzubringen. Ich würde mir sehr wünschen, wenn alle diesen Wert erkennen könnten.«

Er unterstreicht, dass ihm der Islam zu einer besseren Beziehung und Haltung zu Menschen verholfen hat. Stefan ist heute um mehr Achtung vor der Würde der Menschen bemüht. Zu den anderen Religionen hat er in seinem islamischen Lebensstil eine positive Haltung.

»Einer der ersten Grundsätze, die ich über den Islam gelernt habe, ist, dass alle Menschen, egal ob Christ oder Muslim und so weiter, Gottes Geschöpfe sind. Der Islam schreibt das auch eindeutig vor: Ein Muslim muss alle, sogar die Tiere, gerecht behandeln und respektieren. Und so eine Religion kann nicht demokratiegefährdend sein.«

Gewalt und Islam seien so disparat und unvereinbar, dass Personen, die sich auf etwas anderes berufen, den Islam missdeuten und missbrauchen.

»Ich denke, mit Gewalt kann man heutzutage nichts erreichen. Es wäre auch nicht korrekt, wenn man Gewaltakte durch den Islam legitimieren würde. Es ist unislamisch, denn Islam heißt Friede!«

5.6.2.6 Einstellung und Bindung an Moschee und Imame

Da Stefan erst seit Kurzem Muslim ist, sind ihm muslimische Organisationen weitestgehend unbekannt. Die wenigen Vereine, in denen er bisweilen tatkräftig mithilft, sind nicht per se zu islamischen Einrichtungen zu zählen.

Überdies besucht er die Veranstaltungen des »Deutschsprachigen Muslimkreises« und der »Muslimischen Jugend in Deutschland«. Die DITIB kennt Stefan durch seine Moscheebesuche und die Sufiorganisation »Nakschibendi-Orden« durch einige in seinem Freundeskreis. Zu anderen muslimischen Organisationen hat er keinen direkten Bezug, lediglich über Medienberichte hat er von ihnen gehört und gelesen. Er freut sich zwar über das Engagement dieser Einrichtungen, aber

»[...] wenn sie den Islam für ihre Ziele benutzen, dann möge Allah sie verfluchen. Bitte um Verzeihung für diesen Ausdruck, aber damit möchte ich klar ausdrücken, wie Muslime über Missbraucher denken.«

Ihm erscheint der organisierte Gedankenaustausch mit Nichtmuslimen nicht ausreichend. Über einige Projekte wie den »Tag der offenen Moscheen« und die Klassenbesuche in Moscheen ist Stefan sehr froh, fordert aber mehr Engagement in diesem Bereich sowohl von muslimischer als auch von nicht muslimischer Seite. Beklagenswert sei auch, wie die muslimischen Organisationen sich organisieren und präsentieren, besonders wenn sie mitunter die nationale statt der religiösen Ausrichtung hervorheben.

Des Weiteren ist Stefan mit der Arbeit der muslimischen Organisationen untereinander unzufrieden.

»Sie können sich nicht mal einigen, wann der Ramadan anfängt. Sie sind eigentlich die herzlichsten Menschen, aber mit der Kommunikation untereinander klappt es immer noch nicht. Ich sehe es auch bei mir: Wenn ich in einer Moschee bin, habe ich Schwierigkeiten mich mit den älteren Muslimen zu verstehen. Die können leider nicht Deutsch und ich nicht Arabisch oder Türkisch.«

Für eine Zusammenkunft der muslimischen Organisationen schlägt er eine Kooperation in bestimmten Bereichen vor. Jedenfalls sollten sie kooperieren, wenn es um die Darstellung des Islam in der Öffentlichkeit geht. Stefan wünscht sich hier eine klare und kongruente Repräsentation. Vornehmlich sollten sie

»[...] gemeinsam auftreten und vor allem noch deutlicher die Missbraucher des Islam verurteilen, damit die Nichtmuslime, Medien und Politiker nicht über die Muslime profitieren. Denn sie werfen den Muslimen das ja immer wieder vor, dass die Muslime sich nicht deutlich abgrenzen und so, obwohl die ganz genau wissen, dass solche Missbraucher mit dem Islam und den Muslimen nichts, aber nichts gemein haben. Ich würde mich sehr freuen, wenn die muslimischen Vereine sich um die Belange der hiesigen Muslime einsetzten und auch klar machten, dass der Islam und die Muslime nicht unbedingt etwas Fremdes oder Ausländer sind. Islam ist ein Teil dieser Gesellschaft.«

Bei Aufbietungen und Investitionen der muslimischen Organisationen und Moscheegemeinden für die Belange hiesiger Muslime will Stefan, dass die Herkunft und die Abstammung nicht zu Differenzierungskriterien erhoben werden.

»Ich bin zum Islam übergetreten, nicht zu einer Nationalität. Mein Glaube hat sich geändert, aber meine Nationalität ist gleich geblieben. Ich bin ein Deutscher.«

Folglich sollten die muslimischen Einrichtungen und Moscheegemeinden die deutsche Sprache zur kommunikativen Grundlage ihrer Arbeit erklären, denn für Stefan ist Deutsch die »bindende Sprache« unter den Muslimen in Deutschland.

»[D]enn inzwischen verstehen ihre Söhne und Töchter nicht mal ihre Herkunftssprache gut. Also ist die deutsche Sprache die verbindende Sprache. So ist es wichtig, dass auch die Freitags-*Hutba* [Freitagspredigt, H.Ö.] auch mal in Deutsch gehalten wird. Die Imame in den Moscheen müssen daher die deutsche Sprache beherrschen und ihre Ausbildung muss einwandfrei sein. Ich wünsche mir keine Menschen, die nur den Titel Imam haben, sondern die wirklich mit Wissen und Weisheit ein Imam sind. Wie gesagt, ich kenne diese Landschaft nicht so gut, um mir ein Urteil bilden zu können. Aber allgemein ausgedrückt würde ich Vereine, die den Islam missbrauchen, nicht als muslimische oder islamische Vereine bezeichnen. Sie sind für mich keine Muslime und haben mit dem Islam nach meiner Meinung nichts zu tun.«

Organisationen, die den Islam für ihre materiellen oder politischen Absichten missbrauchen, lehnt Stefan entschieden ab. Überdies erwartet er, dass der Staat und die Medien die muslimischen Vereine und Moscheegemeinden unterstützen.

Stefan geht mit seinen Freunden besonders freitags, soweit zeitlich disponibel, in die Moschee, um am Freitagsgebet teilzunehmen. Wenn Veranstaltungen von Moscheegemeinden oder anderen muslimischen Einrichtungen angeboten werden, versucht er, daran teilzunehmen, um seine

Wissenslücken über den Islam zu schließen. Er hat keine »Stamm-Moschee«, sondern geht in die nächste.

Eine Moschee ist ihm ein heiliger Ort, wo er sich besser auf seine Religiosität und die Gebete besinnen kann. Auch trifft er sich dort mit anderen Gläubigen, mit denen er sich bei einer Tasse Tee über Glaubens- oder alltägliche Themen unterhält oder eine Fernsehübertragung eines Fußballspiels anschaut; und zwar lieber in der Kantine einer Moschee als in Cafés, weil er den Qualm der Rauchenden, die Schreie und das Geschimpfe anderer überhaupt nicht ertragen kann.

Seine Assoziationskette bei dem Wort »Moschee« reicht von Gotteshaus über Gemeinschaft bis zum Gebet. Jedes Mal, wenn er eine Moschee betritt, ist er mit Ehrfurcht und Wertschätzung erfüllt. Die über die Moscheen wachenden Moscheegemeinden seien in der Pflicht, jedem Gebetswilligen das entsprechende Ambiente zu schaffen.

»Man soll deren Bedürfnisse erfüllen. Das Sprachliche und Nationale sollte man möglichst außer Acht lassen und nicht die türkische Fahne vor der Tür aufhängen; wenn, dann alle Weltfahnen. Der Kontakt zu anderen Moscheen sollte hergestellt werden.«

Zuversichtlich ist er, dass die Moscheegemeinden dies in nächster Zukunft erreichen werden. Hierzu erhofft er sich auch die Unterstützung des Staates, der Medien, der Politiker und anderer.

»Nur reden und kritisieren kann jeder, aber Unterstützen und Mitwirken ist eine Sache von Menschen, die wirklich etwas Gutes haben wollen.«

Es gehöre sich für einen guten Imam, Deutsch zu sprechen, aufmunternd und nicht arrogant zu sein. Zudem solle er nicht weltfremd sein, sich vielmehr mit der Lebenssituation hiesiger Muslime und insbesondere der muslimischen Kinder und Jugendlichen außerordentlich auskennen.

»[E]r sollte sich über den Islam gut auskennen, er sollte für uns eben Vorbild sein, uns die Wege praktisch vorleben, zeigen. Er sollte wirklich alle Wege, die islamisch erlaubt sind, uns offen zeigen, also keine festgefahrenen Schienen begehen. Kurz: Das weltliche und das religiöse Wissen müssen bei einem Imam vorhanden sein.«

Die Imame in den Moscheen leisteten viel für die Integration und Identitätsentwicklung der Muslime, was von den Nichtmuslimen und vor allem von den verantwortlichen Personen noch nicht ausreichend anerkannt würde, weil nicht sie, sondern einige wenige Personen, die den Islam politisch oder ideologisch interpretieren, im Vordergrund der öffentlichen Diskussionen stünden. Von den Politikern und Medien sei deshalb zu erwarten, dass sie, anstatt ununterbrochen einige wenige »selbsternannte Imame« zu Worte kommen zu lassen, die förderliche und integrative Arbeit der Moscheegemeinden mit ihren Imamen an die Öffentlichkeit bringen und ihnen ebenso Achtung und Respekt zollen.

»Ich würde sagen, dass die Moscheen, wo ich ein und ausgehe, uns Wissen vermitteln, also lauter Impulse, die uns anfordern, uns besser in diese Gesellschaft zu integrieren. Ich kenne bis jetzt kein anderes Beispiel, wo man von uns verlangt, uns zu isolieren und jeglichen Kontakt zu Nichtmuslimen zu vermeiden – eher das Gegenteil: Gerade nach dem 11. September predigten die Imame, dass wir noch mehr mit Nichtmuslimen in Dialog treten, damit sie von uns sehen, dass wir doch nicht so sind, wie es in den Medien behauptet wird. Auch Bildung wird in den Moscheen jetzt groß geschrieben. Viele Eltern sind enttäuscht, dass ihre Kinder in den Schulen versagen. Jetzt haben sie diese Sache in die Hand genommen und versuchen Hausaufgabenhilfekreise und Deutschkurse zu organisieren. Finde ich sehr gut, wir alle sollten sie unterstützen. Man sollte auch solche Moscheen und Imame loben und unterstützen, denn die Medienberichte und Politikeraussagen verallgemeinern ja fast alles und die Moscheen und Imame werden als schlimme Menschen oder Orte erklärt. Wir sollten diese lobenswerte Arbeit damit nicht kaputt machen. Die Gefahr besteht aber.«

5.7 Firdevs – »Die Religion ist, wenn man es richtig versteht und praktiziert, doch gut und nützlich für den Menschen.«

Zur Interviewsituation

Der in diesem Abschnitt vorgestellte Befragte hat sich ebenfalls auf meinen E-Mail-Aufruf gemeldet und bot seine Unterstützung an. Ich folgte seiner Einladung zu ihm nach Hause.

5.7.1 Wer ist Firdevs?

Firdevs ist vor 22 Jahren in Berlin geboren. Seine Eltern kommen aus Indien und leben seit über 35 Jahren in Deutschland. In Berlin besuchte er die Grund- und Oberschule. Nach seinem Realschulabschluss hat er eine Ausbildung zum Datenverarbeitungskaufmann erfolgreich abgeschlossen und arbeitet nun in diesem Beruf in der Telekommunikationsbranche.

Da Firdevs sich in einem Verein einbringt und in seiner Freizeit oft dort aufhält, setzt sich sein Freundeskreis vorwiegend aus den Jugendlichen zusammen, denen er dort begegnet. Zu ihnen gehören auch nicht muslimische Jugendliche. Bei der Auswahl seiner Freunde sind ihm nur ihre Haltung und Ehrlichkeit wichtig.

Wenn er mit nicht muslimischen Freunden unterwegs ist, lässt er sich nicht dazu verleiten, die islamischen Prinzipien – etwa durch sein Benehmen – zu vernachlässigen.

»Wenn ich mit nicht muslimischen Freunden zusammen bin, weiß ich, dass sie nach dem Kino irgendwo hingehen, um ein bis zwei Bierchen zu trinken. Da versuche ich eher nicht dabei zu sein, aber es klappt meistens nicht. Dann trinken sie erst, wenn ich mich verabschiede.«

Auch wenn die Freizeitangebote muslimischer Einrichtungen nicht durchgängig seinen Wunschvorstellungen entsprechen, hat er keine besonderen Erwartungen an die muslimischen Organisationen, weiß er doch, dass sie wegen ihrer finanziellen und personellen Nöte nicht in der Lage sind, seine Wünsche zu erfüllen. Er ruft daher den Staat und die Kommunen zur materiellen Unterstützung muslimischer Einrichtungen auf. Des Weiteren nimmt er Anstoß daran, dass die Muslime und ihre Einrichtungen verfälschend etikettiert werden.

»Meistens wird es ja nicht öffentlich gesagt, sondern hinter den Kulissen werden wir als Muslime in Schubladen gesteckt und bekommen Etiketten aufgeklebt: ›radikal‹, ›streng‹, ›Terrorist‹, ›Fundamentalist‹, ›Islamist‹. Ich frage mich: Warum redet man nicht mit Muslimen? [...] Einfach die Tür zumachen oder uns einen Grund vorspielen, finde ich absolut zum Kotzen. Und dann verlangen gerade diese Leute von uns, demokratisch zu leben.«

Firdevs beschreibt sein Verhältnis zu seinen Eltern als im Grunde »super«. Doch es gab auch Situationen, in denen das – besonders zu seinem Vater und zu seinem älteren Bruder – zerrüttet war. In erster Linie hatte er während seiner Pubertät, die er als eine »Rebellionsphase« beschreibt, Auseinandersetzungen mit seinem Vater. Mit seiner Mutter, mit der er alles bereden kann, versteht er sich hervorragend. Dass Menschen im jugendlichen Alter die islamischen Regeln befolgen, sei sehr positiv.

»Wenn man den Islam ernst nimmt, dann hat man auch mit Drogen, Alkohol, Gewalt, Lügen, Klauen und so weiter keine Probleme. Ich denke, man sollte schon so früh wie möglich den Islam kennenlernen und versuchen, auch diese Regeln einzuhalten. Also, ich habe jetzt auch angefangen, den Islam zu praktizieren und habe dadurch wenig Probleme. Ich gucke jetzt bewusster, was ich mache, ob es gut oder schlecht ist.«

Die Eltern spielen für Firdevs hierbei eine wichtige Rolle, weil sie für die Erziehung der Kinder primär verantwortlich sind.

»Wenn die ihre Kinder gut erziehen, dann werden diese Kinder auch gut. Wenn sie die Religion auch praktizieren, dann lernen die Kinder automatisch diese Sachen. Meine Eltern praktizieren den Islam, deshalb legen sie auch Wert darauf, dass ich mich nach dem Islam richte und mich auch mit der Tradition in dem Herkunftsland, also Indien, auskenne und sie praktiziere. Wenn wir Besuch bekommen oder zu Verwandten gehen, ist es wichtig, uns nach diesen Traditionen zu richten. Aber das muss ja jeder tun, egal ob Muslim oder nicht.«

Firdevs Eltern achten darauf, dass er die islamischen Ge- und Verbote beherzigt. Falls er seinen religiösen Pflichten nicht nachkommt, ist es seine Mutter, die zuerst das Gespräch mit Firdevs sucht, um ihn an diese zu erinnern. Seine enge Beziehung zu seinem Bruder hat zur Ursache, dass auch dieser eine bedeutende Rolle in seiner Erziehung spielt. Bis auf eine Ohrfeige seines Bruders hat er zu keiner Zeit körperliche Gewalt in der familiären Erziehung erfahren.

»Ich hatte in meiner Pubertät angefangen zu rauchen. Meine Mutter hat das mitbekommen und hat heimlich die Zigaretten aus meiner Tasche rausgenommen und im Schrank versteckt; sie hat sie nicht weggeschmissen. Ich habe bis heute nicht verstanden, warum sie sie nicht weggeschmissen hat. Sie hat aber nichts gesagt. Irgendwann hat es mein Bruder geschnallt, dass ich rauche, und hat mir eine Ohrfeige gegeben – und das hat so richtig gesessen. Er hat mit mir aber vorher öfters gesprochen. Ich hatte es ihm versprochen, aber mich nicht daran gehalten. Diese Ohrfeige war voll im Gesicht, und das habe ich dann nicht mehr verstanden, weil es im Islam absolut verboten ist zu schlagen. Ich war deshalb von meinem Bruder enttäuscht, weil er für mich ein Vorbild war. Naja, irgendwie habe ich es ja auch verdient. Ich habe dann später auch mit dem Rauchen aufgehört. Aber meine Eltern haben mich nie geschlagen, sie reden mit mir oder schweigen.«

Er selbst kann sich eine Rückkehr nach Indien nicht vorstellen, weil er sich in Deutschland ansässig und heimisch fühlt. Gerade deshalb ließ er sich vor einigen Jahren einbürgern: »Ich werde hier bleiben. Ich bin Deutscher – hier geboren, hier aufgewachsen. Ich bleibe hier.«

Die Situation der Muslime in Deutschland hielt er bis zum 11. September 2001 für eher gut. Dies hat sich aber seitdem fühlbar verändert.

»Nach dem 11. September wird man mit allen möglichen Terroristen in einen Topf geworfen und daraus wird eine schöne Suppe gekocht – du wirst ein Teil davon. Ich will auch kein Teil von diesen Terroristen sein. Sobald man in einer muslimischen Veranstaltung auftaucht, heißt es, man gehöre zu denen: El Kaida und so. Aber ich bin kein Teil davon. Und jetzt kam auch noch dieses Kopftuchurteil ... Man lebt in einem Kreuzfeuer, kann man schon sagen.«

Gleichwohl berichtet Firdevs über seine bisherigen angenehmen Erfahrungen als Muslim in Deutschland. Besonders gut ist er auf seinen jetzigen Arbeitgeber zu sprechen, der Firdevs religiöse Einstellungen und Praktiken achtet und ihn bei der Praktizierung seines Glaubens unterstützt. Sein Arbeitgeber erlaubt es ihm, in der Moschee am Freitagsgebet teilzunehmen.

»Ich habe einen tollen Chef, der mir all das erlaubt. Mein Chef ist ein vorbildlicher Mensch. Weil er mich und meine Religion respektiert, arbeite ich gerne dort. Ich habe wirklich einen großen Spaß beim Arbeiten dort. Egal, wie lange ich arbeite, es macht mir Spaß, weil die Haltung meines Chefs mir Energie gibt und mich motiviert. Solche Menschen wie mein Chef sollten gerade in die Politik. Er sagt: ›Firdevs, was man über Islam oder Muslime sagt, ist Quatsch. Das hat mit Islam nichts zu tun. Auch kann man für Sachen, die Christen machen, nicht das Christentum verantwortlich machen. Und ich sehe, dass du ein guter Muslim bist, du bist ehrlich und zuverlässig.‹ Er ist ein gläubiger Christ und unterstützt mich sehr. Das finde ich sehr gut.«

Damit der Islam und die Muslime in Deutschland integriert werden, sollten zunächst die Muslime die islamischen Grundsätze erkennbar vorleben. Vor allem kritisiert er die Ethnisierung des Islam. Der Islam dürfe weder auf eine Sprache noch auf eine Ethnie reduziert werden.

»Es gibt nicht den arabischen, türkischen, indischen Islam. Es gibt nur den einzigen Islam. Wir müssen mehr zueinander finden. Ich war vor einigen Wochen in London. Dort sieht es ganz anders aus. Dort kann man sehen, dass Muslime aus Indien, Pakistan, Türkei zusammenarbeiten; denen ist es egal, woher sie stammen. Wichtig ist ihr Glaube. Leider ist es in Deutschland noch nicht so. Wir haben hier türkische Moscheen, arabische Moscheen und andere. Eine Moschee kann doch keine Nationalität haben. Vielleicht ist es für die älteren Onkels nicht so leicht, weil sie es nicht so gewohnt sind, aber die Jüngeren haben schon damit begonnen und das ist gut so.«

5.7.2 Dimensionen der Religiosität

5.7.2.1 Die Dimension des Glaubens

Firdevs ist sich sicher, dass es einen Gott gibt. Er glaubt an seine Existenz und ist sich gewiss, dass er barmherzig, gnädig und allwissend ist. Gott ist für ihn der Absolute, der weder einen Ausgangs- noch einen Endpunkt hat. Nach seiner Definition ist Gott daher allmächtig und wird allein über die Menschen am Jüngsten Tag richten.

Aus seiner Sicht enthält der Koran die Wahrheit und ist wie die Sunna jederzeit gültig.

»Wenn man etwas nicht versteht, muss man einfach fragen, wie man es zu verstehen hat. Nicht einfach selber interpretieren, ohne den Hintergrund dieser Offenbarung zu kennen! Das wird leider heute überall gemacht.«

Der Tod bedeutet für Firdevs nicht das Ende des Lebens, sondern den Anfang für eine Wiederauferstehung und damit für ein ewiges Leben im Jenseits. Mit dem Tode ende die göttliche Prüfung der Menschen auf der Erde, die nach dem Tode über ihre Taten Rechenschaft ablegen müssten. Daraus leitet er ab, dass die Menschen für ihre Taten von Gott belohnt oder bestraft werden. Er erhofft sich ein belohnendes ewiges Leben.

5.7.2.2 Die Dimension der religiösen Praxis

Auch wenn er nicht betende Menschen als religiös einstuft, kann er sich seit seinem Entschluss, die religiösen Prinzipien ernst zu nehmen und zu praktizieren, sein Leben ohne Gebete nicht mehr vorstellen. Dass er früher nicht regelmäßig gebetet hat, führt er auf seine Faulheit, nicht auf seinen Glauben zurück. Zweifel an seiner Religion und den islamischen Prinzipien habe er unter keinen Umständen gehabt.

»Aber wenn man kurz vor einer Prüfung steht, dann fängt man automatisch an zu beten: ›Oh Allah, hilf mir, lass mich nicht durchfallen!‹ Es ist eigentlich in jedem eingepflanzt, zu beten.«

Folglich kann eine Religion ohne Gebete für ihn nicht wirken.

»Gebete sind dein persönlicher psychologischer Berater. Mit Gebeten findest du deine Ruhe und deine Besinnung. Allah weiß das. Daher hat er eben Gebete für uns zur Pflicht gemacht. Im Grunde wieder nur für uns Menschen.«

Seit seinem siebten bzw. achten Lebensjahr fastet Firdevs im Monat Ramadan regelmäßig. Das Fasten erfreut ihn sehr, zumal er während des Ramadan einen abwechslungsreichen Alltag hat. Eigens in diesem Monat besucht er die Moschee mit seinen Freunden oder seiner Familie, um dort das gemeinschaftliche Ramadangebet (*Teravih*) zu verrichten sowie am vielseitigen Ramadanprogramm teilzunehmen.

»Es macht wirklich sehr Spaß, zu fasten und am Abend dann mit Freunden oder Verwandten in die Moschee zu gehen, um dort *Teravih* zu beten. Eine coole Stimmung, muss ich sagen. Hat man nicht jeden Tag. Leider!«

Eine islamische Trauung (*Nikah*) bedeutet ihm ebenso sehr viel, was aber eine standesamtliche Trauung nicht ausschließe.

»Ja, also, man muss erst natürlich diesen *Nikah* machen. Dann sollte man schauen, wie es in dem Land, wo man lebt, gehandhabt wird. Also bei mir wäre es nicht: ›*Nikah* und fertig!‹, sondern das Standesamtliche spielt bei mir auch eine große Rolle.«

Der Islam hat auf seine Lebenswelt insofern einen beträchtlichen Einfluss, als er durch diese Religion seinen Alltag ordnen kann.

»Ich lüge nicht. Ich trinke nicht. Ich rauche nicht mehr. Ich halte mich von Drogen und so fern. Ich tue keinem weh. Der Islam verbietet solche Sachen auf das Schärfste und Allah mahnt diejenigen, die so etwas machen, mit einer großen Strafe im Jenseits.«

5.7.2.3 Die Dimension der religiösen Erfahrungen

Der Mensch brauche Religion als Quelle für einen Lebenskanon und Verhaltensrichtmaß.

»Also in meiner Jugend [Rebellionszeit, H.Ö.] hatte ich mir durch Islam klare Grenzen gesetzt. Diese Grenzen darf ich nicht überschreiten. Es hat mir sehr geholfen. Man hat durch die Religion eben eine Richtlinie, sonst läuft man planlos durch die Gegend.«

Infolgedessen erwartet er sowohl von Muslimen als auch von Nichtmuslimen, dass sie ihre Religion nicht aus dem Alltag verbannen.

»Also, wenn man nicht religiös ist, so sollte man nicht die Religion verpönen oder schlecht machen. Man soll mit Respekt und Toleranz Religion und religiösen Menschen begegnen. Heute ordnen einige Menschen Respekt und Toleranz anderen Menschen an, aber sie selbst praktizieren das nicht. Es ist nicht gut und menschlich. Die Religion wird überall, ob Schule, Vereine et cetera, ausgeklammert, ausgeschlossen, ja sogar ausgestoßen. Warum? Was will man damit erreichen? Dass wir gottlose Menschen werden, die keine Grenzen kennen? Das hat man teilweise auch geschafft, denn viele Jugendliche heißen zwar muslimisch, aber kennen nichts aus ihrer Religion. Dass muss sich ändern.«

Sein Glaube wirkt auf ihn stabilisierend. Im Islam findet er einen wichtigen ›Zufluchtsort‹ vor seinen Eltern, Geschwistern und seinem Freundeskreis. Bevor er Menschen um Beistand bittet, sucht er erst einen persönlichen und aufrichtigen Kontakt zu seinem Schöpfer.

5.7.2.4 Die Dimension des religiösen Wissens

Während des Interviews erwies sich Firdevs als ein kompetenter Gesprächspartner über den Islam. Er erzählte ausgiebig über seinen Glauben. Bescheiden bewertet er sein religiöses Wissen als ausreichend:

»Also nicht so viel wie ein Gelehrter [lacht, H.Ö.]. Also Basiswissen ist auf jeden Fall da. Ansonsten kann ich auch Vorträge über den Islam halten. Also auf jeden Fall weiß ich so viel, dass ich damit mich über Wasser halten kann.«

Mit der Religion hat er seine ehemalige phlegmatische Lebensphase überwunden. Um seine Wissenslücken zu schließen und auf seine alltäglichen Fragen Antworten zu bekommen, hat er sich das Lesen islamischer Publikationen angewöhnt.

5.7.2.5 Die Dimension der Konsequenzen aus religiösen Überzeugungen

Die Kinder nach den Werten des Korans zu erziehen, sei ebenso bedeutsam wie eine islamische Trauung.

»Man sollte früh damit anfangen, damit die Kinder rechtzeitig dieses vermittelt bekommen, und wenn sie erwachsen sind, das dann im Alltag einsetzen können, damit sie einen Halt, eine Orientierung haben. Als Jugendlicher braucht man wirklich diese religiösen Grundsätze, sonst kennt man keine Grenzen.«

Er hatte mit ungefähr 15 Jahren eine Freundin. Gerade in dieser Beziehung habe er den Vorteil des islamischen Verbots des vor- und außerehelichen Geschlechtsverkehrs erkannt.

»Man sieht leider so viele alleinerziehende Mütter, die Väter sind abgehauen. Es gibt so viele Kinder im Kindergarten, die nur ihre Mutter kennen. Und Verhütungsmittel helfen nicht immer, weil man ja seinem Partner vertraut. Dann kommt das Kind ins Spiel oder man verliebt sich in eine andere, und dann sagt man einfach: ›Tschüss!‹«

Zur Ehe mit einer Nichtmuslima spricht er sich bedacht aus:

»[I]rgendwie könnte es später zu Konflikten führen, zum Beispiel bei der Erziehung der Kinder. Es könnte gut sein, dass ich eine Nichtmuslima dennoch heirate, denn was zählt, ist ja die Liebe.«

Auf die Frage, ob der Islam bei der Integration in diese Gesellschaft ein Hindernis darstelle, erwidert Firdevs mit einer Gegenfrage: »Was bedeutet eigentlich Integration?« Erst eine Begriffsklärung beuge Missverständnissen vor.

»Heute spricht ja jeder von Integration, aber jeder meint damit etwas anderes. Wenn Integration bedeutet, dass ich meine Religion und meine Kultur ablege und Christentum und diese Kultur mir zu eigen mache, dann spreche ich mich und auch der Islam sich dagegen aus, weil keiner das Recht hat, mich direkt oder indirekt zu beeinflussen oder gar zu zwingen. Wenn Integration sich einbringen und aktive Teilnahme am gesellschaftlichen Leben bedeutet, dann ist gerade der Islam integrationsfördernd. Denn ein Muslim lebt mit der Gesellschaft zusammen. Und wenn wir hier leben, dann müssen wir auch mit allen friedlich und freundlich zusammenleben, unsere Nachbarn achten und gute Kontakte pflegen, egal ob Deutscher oder Türke, ob Christ oder Jude. Wir müssen auch in der Schule fleißig mitmachen und unsere Lehrer achten, denn der Islam sagt ja: ›Ehre all diejenigen, die dich auch nur einen Buchstaben gelehrt haben!‹ Wir müssen uns an die Gesetze halten.«

Erforderlich sei eine pedantische Ursachenanalyse von integrationshemmenden Faktoren. So werde sich herausstellen, dass nicht der Islam, sondern die Oberflächlichkeit der Muslime und die ungenügende religiöse Erziehung und Bildung muslimischer Kinder und Jugendlicher über den Islam die Gründe für die derzeitigen Eingliederungsprobleme muslimischer Mitbürger in Deutschland sind.

»In Deutschland leben ja über drei Millionen Muslime. Man sollte mal so richtig hingucken, wie viele von denen haben sich strafbar gemacht. Ich glaube, nicht so viele; mehrheitlich die Jugendlichen. Aber gerade diese Jugendlichen sind hier groß geworden, wie ich. Ich weiß, dass sehr viele keine religiöse Erziehung bekommen haben. Sie wissen nur eins: dass sie Muslime sind. Aber was der Islam ist, wissen nicht so viele. Und diese Jugendlichen bauen Mist, nicht wegen dem Islam, sondern bauen Mist, wie auch die anderen Jugendlichen, weil sie es cool finden, oder in einer Gang Ruhm und Ansehen erlangen möchten oder gehen abziehen oder klauen, weil sie sich nichts leisten können.«

Gewalt und Islam sind für Firdevs konträre Begriffe. In seiner Jugend hat er immer wieder Momente erlebt, in denen er aufgrund seiner religiösen Sozialisation und seines »Muslim-Seins« von gewalttätigen Aktionen abgehalten wurde.

»Als Jugendlicher würde ich schon meine Kraft und meine Muskeln anderen zeigen wollen. Viele suchen ja solche Momente, wie zum Beispiel am 1. Mai. Da tobt in Berlin faktisch ein Krieg. Da versammeln sich Jugendliche und Erwachsene und machen sich einen, wie die immer sagen, coolen Tag. Ich habe einige Klassenfreunde gehabt, die in der Antifa aktiv waren. Die haben mir immer wieder darüber berichtet und mich auch eingeladen mitzukommen. So manchmal wollte ich auch – ehrlich gesagt. Aber dann hatte ich so ein ungutes Gefühl, innerlich hörte ich eine Stimme: ›Du bist doch Muslim, und Muslime werfen keine Steine auf andere Menschen oder plündern keine Läden aus.‹ Außerdem würden meine Eltern strikt dagegen sein, mich in solche Sachen einzumischen. Was meine Eltern immer wieder nie akzeptiert haben, sind Lügen, Stehlen, Drogen und Gewalt. Meiner Meinung nach können solche Menschen, die gewalttätig sind und andere Menschen verletzen oder gar töten, absolut keine Muslime sein, denn der Prophet hat so etwas nie gemacht und nicht akzeptiert. Nein, ich lehne solche Gruppen strikt ab.«

5.7.2.6 Einstellung und Bindung an Moschee und Imame

Die Organisationsstruktur der Muslime in Deutschland ist Firdevs einigermaßen bekannt. Durch seinen älteren Bruder, der in einigen Organisationen aktiv ist, hört er einiges über die Arbeit der muslimischen Organisationen in Deutschland. Inzwischen engagiert sich die ganze Familie in einem indisch-muslimischen Verein. Einmal in der Woche treffen sie sich, um sich über den Islam und über Alltägliches auszutauschen. Die betreffenden Familien kennen sich auch aus Indien und sind zum Teil miteinander verwandt.

»Wöchentlich kommen sie zusammen. Sonntags von mittags bis abends diskutieren sie, lesen Koran und essen zusammen: ein Familientag. Hierhin nahmen uns, als ich noch klein war, unsere Eltern immer mit. Jetzt gehe ich auch ab und zu dorthin.«

Daneben ist Firdevs auch in einem Verein tätig, wo sich überwiegend muslimische Jugendliche treffen. Hier werden für muslimische und nicht muslimische Jugendliche Ausflüge und Reisen arrangiert. Allwöchentlich treffen sie sich, um sich über den Islam weiterzubilden. In diesem Verein ist die deutsche Sprache primäres Verständigungsmittel. Für Firdevs ist die Sprache nicht unwesentlich, weil er die Herkunftssprache seiner Eltern (*Urdu*) nicht ausreichend spricht und versteht.

»Es gibt in Berlin nur eine Moschee, wo freitags in Deutsch gepredigt wird – aber nur freitags. Wenn du aber sonntags dort hingehst, wird Urdu gesprochen. Da gehe ich auch zwar hin, aber über 60 bis 70 Prozent kann ich nicht richtig verstehen. Deshalb sollen sie mehr in Deutsch anbieten.«

Der organisierte Dialog zwischen Muslimen und Nichtmuslimen, der in den von ihm besuchten Vereinen vorherrscht, ist für Firdevs vorbildlich.
    Eine Moschee sucht er auf, um dort zu beten oder an interessanten Aktivitäten teilzunehmen, ohne nach der Trägerschaft zu fragen. Insbeson-

dere verlangt er, dass die Bezeichnung »islamisch« bzw. »muslimisch« gewissenhaft benutzt wird –die Organisationen keine anderen Ansichten und Ziele befolgen als die der islamischen Religion. Die muslimischen Organisationen sollten dem Missbrauch der Bezeichnungen entgegenwirken. Auch vom Staat verlangt Firdevs, solche »Schänder« in die Schranken zu weisen.

»Es gibt aber auch einige Organisationen, die nennen sich islamischer Verein und so, aber sie haben andere Ansichten. Sie lehnen sogar die Muslime, die nicht zu denen gehören, ab, wie der Kaplan oder Hizbut-Tahrir, die auch in Deutschland verboten wurden – eigentlich zu spät. Warum musste der Staat so lange warten? Denn darunter leiden eigentlich nur Muslime.«

Er sucht sich in Moscheen gezielt Veranstaltungen in deutscher Sprache, weil er keiner anderen Sprache mächtig ist. Weil aber Unterrichtsreihen über den Islam von den Moscheegemeinden überwiegend in türkischer oder arabischer Sprache angeboten werden, konnte er keine Koranschule besuchen. Er lernte die islamischen Prinzipien daher durch seine Eltern und durch seinen älteren Bruder.

Firdevs verknüpft mit dem Begriff »Moschee« Allah, Gebet und Unterricht. Die wichtigste Aufgabe einer Moschee ist für ihn, dass sie dem Gläubigen die fünf täglichen Gebete ermöglicht und Kinder und Jugendliche in islamische Themen einführt und weiterbildet. Die meisten Moscheen in Deutschland erfüllten zwar ihre Aufgaben, aber ihre Angebote in deutscher Sprache seien ungenügend. Demzufolge wünscht er sich von den Moscheegemeinden neben repräsentativen und lichten Moscheebauten auch mehr Angebote in deutscher Sprache. In den Unterrichtsreihen solle ein Freundschaftsverhältnis aufgebaut werden, die Kinder und die Jugendlichen sollten in einer natürlichen Atmosphäre und mit Spaß in die islamischen Themen eingeführt werden. Neben dem Auswendiglernen und der Rezitation von einigen Koranversen würden Themafragen wie »Was bedeutet Islam? Wie sollte ein Muslim leben? Wie haben die Propheten gelebt?« umfängliches Interesse bei den Jugendlichen wecken.

Auf die Frage, wie er sich einen guten Imam vorstellt, weist Firdevs nachdrücklich auf die Beherrschung der deutschen Sprache hin. So wie er die Anwerbung der Imame aus dem Ausland kritisiert, verlangt er, dass die Imame hierzulande ausgebildet werden, damit sie sich in dieser Gesellschaft auskennen. Ihre Predigten und Ratschläge würden dadurch wirklichkeitsnaher.

»Also ein perfekter Imam wäre, wenn er hier aufgewachsen ist und hier studiert hat und sich mit dem Islam gut auskennt und ihn praktiziert.«

Obzwar die Arbeit der Moscheen und der Imame zumeist unstrukturiert und unkoordiniert ablaufe, trügen sie zu der positiven Entwicklung der Gesellschaft und insbesondere der Integration der Muslime in dieser Gesellschaft viel bei.

»Die sagen uns: ›Seid gut in der Schule, seid fleißig, seid nett, lügt nicht, klaut nicht, Drogen sind nicht gut, haltet euch davon fern!‹ und so weiter. Damit diese Arbeit besser von der Gesellschaft anerkannt werden kann, brauchen wir mehr deutschsprachige Imame und mehr Moscheen, die auch so aussehen und nicht im Hinterhaus sind.«

5.8 Orhan – »Religion ist doch für uns gut. Islam ist meine Religion. Er schützt mich und gibt mir Halt.«

Zur Interviewsituation

Orhan habe ich zufällig während der Mittagspause meines Fortbildungsseminars kennengelernt. Ich suchte einen Laden auf, um etwas zu Trinken zu kaufen. Dort wurde ich von einem jungen Mann besonders freundlich bedient, wodurch wir in ein Gespräch kamen. Dabei erfuhr er auch einiges über mein Dissertationsvorhaben. Orhan bot mir an, am Sonntagnachmittag in seinem Stammcafé vorbeizuschauen, weil er sich gerne mit mir weiterunterhalten und meine Forschungsarbeit unterstützen wollte. Als ich dort ankam, wurde ich von ihm schnell erkannt. Er hat mich seinen Freunden vorgestellt. Eine ruhige Gesprächssituation ließ sich während dieser Zeit leider nicht bewerkstelligen. So zogen wir uns in einen Nebenraum zurück und haben hier unser Gespräch weitergeführt.

5.8.1 Wer ist Orhan?

Orhan ist 25 Jahre alt und in Berlin geboren. Er hat vor einigen Jahren die Schule mit einem Hauptschulabschluss verlassen. Gleich im Anschluss suchte er über zwei Jahre vergeblich einen Ausbildungsplatz. Da sein Vater sich jahrelang nicht aus der Arbeitslosigkeit befreien konnte, machte er sich selbstständig und eröffnete in Berlin ein Lebensmittelgeschäft. In diesem Familienbetrieb hat Orhan jetzt endlich Arbeit gefunden.

»Es wäre sonst sehr schwierig, einen Arbeitsplatz ohne einen Beruf zu finden.«

Während des Gesprächs beklagte er sich oft über seine Lebenssituation in Berlin und über seine Schulzeit. Für seine Misere macht er vor allem die Schule verantwortlich.

»In Berlin ist alles schlechter geworden: keine Arbeit, kein Geld. Mein Leben hat aber diese Hauptschule kaputt gemacht. Wir waren alle Türken in einer Klasse. Einige Lehrer haben diese Klasse als Türkenklasse bezeichnet, sie waren ausländerfeindlich. Häufig waren sie auch krank und wir hatten oft frei. Ich habe auch manchmal dann keine Lust gehabt. Und jetzt stehe ich einfach da, ohne etwas Festes in der Hand. Der Laden läuft zwar gut, aber Tag und Nacht haben wir Kopfschmerzen. Es können jederzeit Probleme auftreten. Und so viel verdient dieses Geschäft auch nicht, dass ich mir alles leisten kann.«

Orhan ist türkischer Staatsbürger und wird demnächst heiraten, worauf er sich einerseits sehr freut, andererseits aber hat er auch Angst, da er sich um seine finanzielle Lage und berufliche Zukunft sorgt. Orhans Eltern kamen vor über 35 Jahren nach Deutschland und haben sich mit ihrer Lebenssituation abgefunden:

»Meine Eltern möchten nicht zurückkehren. Sie haben früher immer darüber geredet, aber jetzt sagen sie, dass sie nicht mehr zurückkehren können, weil sie alt geworden sind. Und der Laden erlaubt nicht mal, dass wir in Urlaub fahren. In diesem Sommer konnten wir nicht. Wie denn? Der Laden muss offen bleiben.«

Er selbst liebt die Türkei, kann sich aber nicht vorstellen, dort sesshaft zu werden.

»Ich glaube, dass ich in der Türkei keine Chance hätte, denn ich bin hier geboren. Ich kenne die Türkei nicht gut, meine Heimat ist eigentlich Berlin. Mein Türkisch ist auch nicht so gut. Wenn ich im Urlaub dort bin, habe ich das Gefühl, ich will wieder zurück nach Berlin. Ich kann mich dort nicht allein bewegen. Ich weiß nicht, wie ich zum Beispiel außerhalb der Ortschaft fahre. Ich liebe eigentlich die Türkei, aber leben kann ich dort, glaube ich, nicht.«

Orhans Verhältnis zu seinen Eltern ist je nach Ort und Zeit unterschiedlich. Vor einigen Jahren beispielsweise hatte er fast täglich Auseinandersetzungen mit seinen Eltern, insbesondere mit seinem Vater, weil er sich ständig mit seinen Freunden traf und deshalb abends spät nach Hause kam.

»Früher, als ich so 15, 16 oder 18 Jahre alt war, da hatte ich jeden Tag Probleme. Ich wollte nur rausgehen und mit Freunden rumhängen. Meine Eltern wollten, dass ich früh nach Hause komme und dass ich nicht mit jedem rumhänge.«

Seine Mutter war immer sehr empört, wenn er angetrunken nach Hause kam oder seine Kleider zu sehr nach Nikotin rochen. Inzwischen hat sich Orhans Verhältnis zu seinen Eltern erheblich stabilisiert, weil er mehr Zeit mit seinem Vater verbringt.

Er betrachtet zwar den Islam zweifelsfrei als seine Religion, aber tut sich schwer damit, die islamischen Regeln zu praktizieren – insbesondere in der Jugend. Allgemein äußert er aber seinen Respekt vor denjenigen, die diese Regeln im jugendlichen Alter regelmäßig einzuhalten beginnen. Auch bekräftigt er, dass die Einhaltung der islamischen Regeln eigentlich für den Menschen große Vorteile bringt. Davon, dass sein Leben unter den islamischen Regeln erheblich besser aussehen würde, ist er überzeugt. Selbst größeren schulischen Erfolg hätte er vorweisen können.

»Auf Sachen wie kein Schweinefleisch achte ich schon, auch als Jugendlicher. An Allah, an Engel, an Muhammed zu glauben, ist kein Problem, oder fasten. Aber es wäre eigentlich sehr gut, wenn wir als Jugendliche auch den Islam ernst nehmen würden, dann hätten wir vielleicht in der Schule oder im Leben mehr Erfolg gehabt, weil wir dann keinen Blödsinn gemacht hätten.«

Dabei trifft die Eltern nach Orhans Meinung eine große Verpflichtung. Wenn seine Eltern beispielsweise den fünf täglichen Gebeten nachkämen, hätte er selbst weniger Probleme damit. Seine Eltern sprechen zu Hause kaum über den Islam. Nicht selten zweifelt er deshalb daran, ob seine Eltern überhaupt Muslime sind. Allein Geldscheffeln interessiere seine Eltern derzeit. Orhan beklagt sich, dass sein Vater auch Alkohol und nicht koscheres Fleisch in seinem Laden verkauft.

»Ich glaube manchmal, dass wir zwar muslimische Namen haben, aber wir haben unsere Religion eigentlich vergessen. Sie gucken auch nicht, ob ich Islam praktiziere oder nicht.«

Orhan arbeitet durchweg montags bis samstags zwischen 6 und 19 Uhr, was ihn zwingt, seine Freizeit dementsprechend zu gestalten. Er erinnert sich wehmütig an die frühere Zeit, weil er sich damals häufig mit seinen Freunden traf, um in die Bar zu gehen oder einfach auf der Straße oder in den Jugendfreizeiteinrichtungen Zeit zu verbringen.

In seiner noch verbleibenden Freizeit trifft er sich mit seinen ehemaligen Schulfreunden in Wohnungen, um sich untereinander auszutauschen oder Fußballspiele anzuschauen. Sonntags geht er regelmäßig in sein Stammcafé, wo er sich mit seinen Freunden unterhält, Fußballspiele oder gelegentlich auch türkische Nachrichten oder Diskussionssendungen verfolgt. Hier beteiligt er sich auch sporadisch an Glücksspielen, was ihn bisher schon einiges gekostet hat. Dies führte dann zu Hause zu heftigen Auseinandersetzungen zwischen ihm und seinem Vater, der die Glücksspiele und Spielschulden nicht akzeptiert. Auch seine Mutter mischt sich bisweilen in die Diskussionen ein.

Freizeitangebote in muslimischen Einrichtungen hat er bis heute nicht in Anspruch genommen. Während er sich früher in kommunalen Jugendfreizeiteinrichtungen aufhielt, geht er heute in sein Stammcafé, um sich dort ungehindert und frei bewegen zu können.

»Dort haben wir gespielt, geraucht und konnten alles machen; auch mit Mädchen rumhängen [lacht, H.Ö.]. In der Moschee kannst du das natürlich nicht. Deshalb gehen nicht so viele Jugendliche dorthin, wenn sie spielen oder mit Mädchen etwas machen möchten [lacht, H.Ö.].«

Sehr deutlich und pointiert meint er, dass sowohl die Türken als auch die Muslime in Deutschland nicht gern gesehen würden. Außerdem ist er darüber wütend, dass allein Türken und Muslime für jedwede gesellschaftliche Schief- und Problemlage verantwortlich gemacht werden.

»Alles, was nicht läuft, wäre unsere Schuld. Und jetzt wärst du auch noch ein Terrorist. So haben sie uns immer gesehen.«

Orhan hat Konflikte wegen seiner muslimischen Identität, aber insbesondere wegen seiner türkischen Herkunft aushalten müssen. Nicht vergessen kann er, wie einige seiner ehemaligen Lehrerinnen und Lehrer die Fastenzeit Ramadan verspottet und verhöhnt haben. Er kann nicht verstehen, dass den Türken in dieser Gesellschaft nicht nur viele Hürden entgegengestellt werden, sondern auch, dass die älteren Türken nicht respektiert werden.

»Und jetzt sieht man überall, wie man über die Türken redet. Bei der Ausländerpolizei werden wir wie ein Stück Dreck behandelt.«

Bedrückt erzählt er eine Erfahrung:

»Als ich nach der Schule einen Ausbildungsplatz gesucht habe und arbeitslos war, da ging ich zum Arbeitsamt. Der Mann dort sagte mir, dass ich mit dieser Bildung keine Chance habe, warum ich mich nicht angestrengt hätte und warum viele Türken so wären. Denn auf Kosten des Staates könne man nicht leben. Wir sollten doch bitte schön arbeiten. Ich hätte ihm eins in die Fresse geben müssen, ich war so wütend. Aber meine Hände waren gebunden, ich war ja abhängig von ihm. Und wenn ich ihn dort geschlagen hätte, hätte man bestimmt mir nicht geglaubt und ich wäre dann wieder der Dumme.«

Unterdessen glaubt er, dass weder die Türken noch die Muslime jemals in dieser Gesellschaft als gleichwertig anerkannt werden, sondern dass sie ständig ausgegrenzt und als minderwertig etikettiert werden. Die Türken sollten versuchen, ihre türkische Lebensart und den Islam den Deutschen fehlerfrei zu vermitteln. Die Türken sollten zusammenrücken und sich vereinen, um eine gemeinsame Stimme zu bilden. Orhan erhofft sich, dass der Staat die Türken dadurch besser anerkennt. Doch zu der Einigung der hier lebenden Türken werde es nach seiner Wahrnehmung nicht reibungslos und zügig kommen, weil die Türken untereinander zu sehr zerstritten seien. Einigen türkischen Gruppierungen, die für ihn politisch links stehen, bringt er keine Sympathie entgegen, weil sie die türkische Mentalität erniedrigen und den Islam verabscheuen. Deshalb seien ihnen die Anfeindungen gegenüber den Türken und dem Islam zuzurechnen.

5.8.2 Dimensionen der Religiosität

5.8.2.1 Die Dimension des Glaubens

Orhan glaubt an Gott. Er ist sich bewusst, dass Gott als Schöpfer die absolute Macht und das Wissen über alles hat. Darüber hinaus werde Gott seine Geschöpfe im Jenseits über ihr Leben auf der Erde zur Rechenschaft ziehen.

Der Koran ist für Orhan ohne Zweifel Gottes Buch, das vom Gesandten Muhammed an die ganze Menschheit verkündet wurde. Weil es Gottes Buch ist, erkennt er es als verbindlich und wahrhaftig an. Zu der Meinung, dass manche Aussagen des Korans und der Sunna veraltet und unmodern sind und man deshalb auf einige Gebote und Verbote verzichten kann, äußert er:

»So etwas höre ich besonders von einigen Türken, die selber nicht an den Islam glauben, aber so etwas sagen, damit wir nicht daran glauben. In der Türkei gibt es auch einige Professoren, die so etwas sagen, aber ich glaube denen das nicht. Menschen können sich irren, aber Allah bestimmt nicht.«

Orhan glaubt fest an den Tod und die anschließende Auferstehung. Darum ist er sich bewusst, dass Gott alle Menschen entweder mit dem Paradies belohnen oder mit der Hölle bestrafen wird.

5.8.2.2 Die Dimension der religiösen Praxis

Orhan schafft es nicht, die täglichen Gebete zu verrichten. Er hat sich zum Ziel gesetzt, irgendwann auch regelmäßig fünfmal am Tag zu beten – wann, das kann er derzeit nicht voraussagen. In alltäglichen Notlagen ruft er durch seine Bittgebete Gott um Beistand. Dass er momentan täglich viele Sünden begeht, ist ihm bewusst, er hofft aber gleichzeitig auf Gottes Vergebung.

»Dass ich etwas Schlechtes mache, weiß ich, aber Allah wird mir vergeben. Es ist aufgrund der Arbeit schwierig, diese Gebete einzuhalten. *Allah af etsin* [Möge Allah mir vergeben, H.Ö.].«

Wesentlich anders sieht es mit dem Pflichtfasten im Ramadan aus. Orhan fastet seit seinem 15. Lebensjahr. Das Fasten im Ramadan bereitet der ganzen Familie und ihm eine große Freude. Während des Ramadans kann er sich besser auf sein religiöses Leben konzentrieren. So ist er im Fastenmonat eher geneigt zu beten oder in die Moschee zu gehen – ohne dass er wüsste, warum.

Die islamische Trauung (*Nikah*) bezeichnet er als einen wesentlichen Rechtsakt vor einem Imam, durch den das Ehebündnis legitimiert und Gottes Segen erlangt wird.

Mit Gewissheit kann er von sich behaupten, dass der Islam ihn vor Drogen weitgehend geschützt hat, obwohl er früher oft durch einige Freunde zum Kiffen animiert wurde. Vor allem weiß er, dass er durch seinen Glauben weder Diebstahl noch ein anderes widerrechtliches Verhalten gezeigt hat, obwohl er der Ansicht ist, dass er dazu schon viele Anlässe hatte.

»Davor hat mich der Islam geschützt.«

5.8.2.3 Die Dimension der religiösen Erfahrungen

Orhan fühlt sich durch seine Religion beschützt. Er ist davon überzeugt, dass eine Religion für jeden Menschen unabkömmlich ist, weil Gott sonst keine Religion offenbart und keine Gesandten an die Menschen geschickt hätte. In Notlagen wendet er sich Gott zu und fühlt sich dann wohl. Am Islam erstaunt ihn besonders dessen Transparenz und Verständlichkeit für alle.

Eine Religion kann nur dann eine Gottesreligion sein, wenn sie den Menschen zu Gott bringt, ihm Glück beschert, jegliche Fragen beantwortet und klarmacht, was gut und schlecht ist. Weil ihm der Islam dies liefert, ist er von diesem Glauben überzeugt und kann auf die Unterstützung und den Beistand Gottes hoffen.

5.8.2.4 Die Dimension des religiösen Wissens

Seine religiöse Kenntnis beschreibt Orhan wie nachstehend:

»Über Islam weiß ich nur einiges. Ich weiß, wie man *Abdest* [rituelle Waschung, H.Ö.] macht, wie man betet, wann man fasten muss und dass man zum *Hacc* [Pilgerfahrt, H.Ö.] gehen muss. Es gibt nur einen Gott und so, aber so richtig viel weiß ich auch nicht. Ich bin hier in Berlin geboren und konnte deshalb Islam nicht richtig lernen. Meine Eltern wissen auch nicht so vieles, leider. Sie können auch meine Fragen nicht beantworten. Als ich noch ein Kind war, kann ich mich sehr gut erinnern, da hatte ich viele Fragen: Wer ist Gott und wo wohnt er? Meine Eltern konnten mir meine Fragen nicht beantworten. Mein Vater hat mich zu meiner Mutter geschickt – und sie sagte, dass sie keine Zeit hat. Und so ging es bei uns zu. Nur im Ramazan kann man sehen, dass bei uns die Gebete richtig gemacht werden, da sehe ich vom Islam vieles, aber danach ist nicht so viel zu sehen.«

Eine sogenannte »Koranschule« hat er hier nicht besucht, obwohl ihn seine Eltern dazu anregt haben.

»In den Sommerferien habe ich im Urlaub durch Verwandte oder in der Türkei in der Moschee Koranlesen gelernt und die Waschung, Gebet und so – mehr leider auch nicht.«

Sein religiöses Wissen sieht er als ungenügend an. Aufgrund seiner Arbeit hat er kaum Zeit, Bücher, vor allem über den Islam, zu lesen. Publikationen in der deutschen Sprache kann er mangels Sprachkompetenz nicht folgen – und solche in der türkischen Sprache ebenfalls nicht, weil er seine Muttersprache nicht ausreichend beherrscht. Speziell im Ramadan bemüht er sich, Fernsehsendungen über den Islam anzuschauen, um sich Wissen über den Islam anzueignen.

»Im Ramazan wird häufig über Islam geredet. Manchmal werde ich auch wütend über einige, weil die nur den Islam schlecht machen und falsch reden. Deutsche Sendungen gucke ich sehr selten an, weil sich die immer über uns lustig machen und alles falsch erzählen. Die sagen: ›Ja, der Islam ist gefährlich, die Türken nehmen uns die Arbeit weg, die Muslime sind ...‹ Immer werden wir schlecht gemacht. Ich kriege Kopfschmerzen von diesen Sendungen.«

5.8.2.5 Die Dimension der Konsequenzen aus religiösen Überzeugungen

Es ist für Orhan selbstverständlich, Kinder nach den Geboten des Korans zu erziehen. Auf jeden Fall will er seinen Kindern vermitteln, dass der Islam eine gute Religion ist, die den Menschen viele Vorteile bringt. Besonders einsetzen wird er sich dafür, dass seine Kinder mehr Wissen und Erfahrungen über den Islam erhalten, als er selbst gehabt hat. Nicht nur das diesseitige, sondern auch das jenseitige Leben soll im Mittelpunkt seiner Erziehung stehen, damit seine Kinder gute und gottgefällige Menschen werden. Nicht zu vergessen sei hierbei die Wahrung der türkischen Identität.

Das islamische Verbot des vor- und außerehelichen Geschlechtsverkehrs erkennt er als vorteilhaft für ein sittliches Leben in der Gesellschaft an, merkt aber zugleich an, dass er damit in der Praxis Probleme hatte.

»Es ist natürlich sehr wichtig, aber ich habe hier, als ich 15, 16 oder 18 Jahre alt war, Fehler gemacht. Habe mit einigen Mädchen damals Kontakte gehabt. Heute sehe ich es noch besser. Ich habe große Fehler gemacht. Heute weiß ich, dass dieses

Verbot eigentlich für uns Menschen sehr gut ist, wenn wir es einhalten. Damals sagte ich: ›Warum hat der Islam das verboten?‹, habe es nicht verstanden. Eigentlich habe ich auch nicht an dieses Verbot gedacht; es kam also so, wie es kam. Ich hielt Ausschau nach Mädchen, man zählte in der Schule oder unter Freunden, wie viele Mädchen man aufgegeilt hatte. Ich habe öfters, wie meine Schulfreunde, mit meinen Kontakten zu Mädchen angegeben. In solchen Gesprächen wurde einem gut zugehört, auch Mädchen haben zugehört, die waren auch dann neidisch. Je mehr Kontakte man hatte, umso mehr kamen die Mädchen angetanzt. Heute verstehe ich diese Haltung nicht mehr. Obwohl diese Mädchen wussten, wir haben sie ausgenutzt, haben sie trotzdem hier mitgemacht, sogar sich selbst bei denen, die häufig mit Mädchen Wechselkontakt hatten, angeboten.«

Bei einer Vermählung mit einer Nichtmuslima befürchtet er die Instabilität dieser Ehe aufgrund der kulturellen und religiösen Unterschiede. Außerdem gebe es ein weiteres Hindernis:

»Mit einem Nichtmuslim würde ich auch heiraten, aber wird vielleicht schwierig sein, denn die deutschen Familien möchten nicht, dass ihre Töchter mit Türken und Muslimen heiraten. Ich hatte einen Freund, der mit einer Deutschen heiraten wollte. Der hat mächtig Ärger von den Deutschen bekommen. Man hat ihm sogar gedroht und er wurde auch nachts von einigen Nazis zusammengeschlagen. Ich weiß, dass das von der Familie geplant wurde, aber die Polizei konnte die Schuldigen nicht finden.«

Mittlerweile hat er sich mit einer türkischen Frau aus seiner Geburtsstadt verlobt. In einigen Monaten steht die Hochzeit bevor.

Warum immer von den Türken Integration gefordert werde, fragt er sich erregt. Er beschwert sich darüber, dass die Deutschen sich in dieser Frage nicht bewegten; beide Seiten müssten aufeinander zugehen. Es ärgert ihn zusehends, dass die Türken damals als »Helden« und heute als »Verbrecher« deklariert werden.

»Der Islam und die Türken werden immer schlecht gemacht, sie wissen doch nichts über uns. Aber jetzt haben sie selbst keine Arbeit mehr und jetzt suchen sie die Schuldigen: ›Das ist natürlich der Islam, das sind Türken!?‹ Ich kann das nicht hören, die sollen uns in Ruhe lassen.«

Orhan ist sich sicher, dass nicht der Islam, sondern die gesetzeswidrige Ungleichbehandlung der Menschen in dieser Gesellschaft das Problem darstellt.

»In Deutschland steht es auch in den Gesetzen, aber praktiziert wird es nicht. Wir Türken werden wie Dreck behandelt. Egal wo du dich befindest, auch wenn du gebildet bist, wirst du nicht angenommen wie die Deutschen. Bei der Ausländerpolizei oder beim Arbeitsamt kommen die Deutschen, dann die Menschen aus EU und dann die Polen, Russen – und zuletzt wir.«

Fragwürdig sei zudem, warum bei tätlichen Angriffen auf Türken oder Muslime durch die Verantwortlichen nur flüchtige Statements abgegeben werden, während bei Angriffen auf andere nicht vor umfangreicher Berichterstattung gescheut werde.

»In Deutschland hat man sogar Türken getötet, ja sogar lebendig verbrannt. Keiner hat darüber so richtig geredet und protestiert, als in Solingen oder Mölln Türken, Muslime verbrannt, getötet wurden. Nur ein paar Blumen – und Politiker haben drei Sätze gesagt. Das war alles. Wenn aber ein Deutscher oder ein Christ verletzt oder getötet wird, dann schreit die ganze Welt auf. Ist das Demokratie, ist das Menschenrecht? Ich glaube an diese Sachen überhaupt nicht. Die legen alles aus, wie es passt. Stirbt ein Türke, ein Muslim, ist es nicht so schlimm: ›Kann ja passieren!‹; stirbt ein Christ, dann schreit die ganze Welt auf und macht uns und unseren Glauben dafür verantwortlich.«

Seine Gedanken über den Islam:

»Im Islam ist die Demokratie, die Menschenrechte sowieso enthält. Islam ist nicht gegen Demokratie. Islam ist Freiheit und Frieden. Auch setzt gerade der Islam mir Grenzen, sonst würde ich, wie gesagt, nach diesen Ereignissen in Solingen und Mölln auch zur Waffe greifen oder, wenn ich bei der Ausländerpolizei wie ein Stück Dreck behandelt werde, diesen Egoisten den Hals umdrehen.«

Er fordert ein Umdenken:

»Die Deutschen sollten mehr Rücksicht auf uns nehmen und nicht immer auf uns draufschlagen. Die Politiker, die hauptsächlich ja nur lügen und unser Geld klauen, sollten die Wahrheit sagen, und uns nicht immer beleidigen. Die Behörden und die Polizei sollten uns gerecht behandeln, denn wir sind auch Menschen. Und der Islam sollte endlich richtig dargestellt werden. Man soll keine Angst vor dem Islam und den Muslimen haben, wir sind auch Menschen und sind nicht gefährlich. Wir fressen keine Menschen und schlagen auch nicht. Wenn die nicht die Demokratie uns vorleben, dann kann man auch die Demokratie nicht nachahmen als Jugendliche.«

Prinzipiell ist er der Gewalt abgeneigt und empfiehlt Türken und Muslimen, bei Angriffen und Diskriminierungen geduldig zu sein, weil ihnen eine friedliche Haltung früher oder später zur Anerkennung und Auszeichnung gereichen werde.

»Aber wenn ich jetzt dieses Spiel von denen mitspiele und mich bewaffne und gewalttätig werde, dann werden sie mehr Macht haben und ihre Sachen rechtfertigen. Dann wird der Islam und die Muslime erst recht unterdrückt werden. Meine Eltern konnten mich dann ruhig stellen. Heute bin ich ihnen gegenüber sehr dankbar.«

Auch sollen die Muslime besonders heute ihre friedliche Haltung bewusst vorleben und »ruhig und cool bleiben, geduldig sein und nicht zurückschlagen«, damit die Gesellschaft wahrnehmen kann, dass der Islam nicht »Gewalt und Angst, sondern eine richtige Religion ist, die Frieden und Liebe bedeutet«.

5.8.2.6 Einstellung und Bindung an Moschee und Imame

Muslimische Organisationen sind Orhan nicht persönlich bekannt. Lediglich über bestimmte Gruppen hat er einiges gehört. »Ich kenne nicht viele Vereine persönlich, bin auch nirgendwo Mitglied.« Er ist von den türkischen und muslimischen Organisationen enttäuscht, weil sie bis dato keine Akzeptanz der Türken und Muslime in dieser Gesellschaft erwirkt haben.

Die türkischen Organisationen, die sich nicht nachhaltig für die Einigung und Anerkennung der türkischen Menschen einsetzen, begünstigt er nicht, weil sie die Türken für ihre materielle und politische Einflussnahme instrumentalisieren.

»Die Organisationen denken nur an sich und ans Geld. Ich bin mit den türkischen Organisationen überhaupt nicht zufrieden. Es gibt einige, die arbeiten nur für die Politik und für den Senat und beschimpfen die Türken und sagen: ›Alles müssen wir von Bord werfen.‹ Andere arbeiten nur für ihre Mitglieder. Ich erkenne diese nicht an, sie belügen und beklauen uns. Viele Türken sind mit diesen türkischen Organisationen auch nicht zufrieden, aber das wird ja nicht gesehen.«

Hin und wieder sympathisiert er mit den »Ülkücüler«.[1]

»Sie haben besonders nach den Attentaten auf unsere Brüder in Solingen hart deutsche Nazis angegriffen. Die hatten dann Angst, uns weiter anzugreifen. Und das verdanken wir dieser Organisation.«

---

1 | »Ülkücüler«: In Deutschland bekannt unter dem Synonym »Graue Wölfe«, die im Verein »ADÜTDF – Türkisch-Demokratischer Idealistenverein (kurz: Türkische Föderation)« bundesweit organisiert und politisch mit der »MHP – Nationale Bewegungspartei« in der Türkei verzahnt sind. Die MHP und die Türkische Förderation vertreten die türkisch-nationalistische Synthese und bildeten ursprünglich eine politische, jedoch keine religiöse Partei. Erst in letzter Zeit hat sich innerhalb der Organisation eine Gruppe herausgebildet, die sich eindringlich religiös-sozialen Zielen und privater Frömmigkeit zuwendet.

Über einen organisierten Austausch der muslimischen Organisationen mit Nichtmuslimen ist Orhan nicht informiert. Er will von diesen Organisationen, dass sie sich in erster Linie für die Türken einsetzen.

Eine türkische Identität zu haben und sie beizubehalten, steht für Orhan im Mittelpunkt. Wer eine wahre türkische Identität habe, habe auch eine muslimische Identität. Deshalb sieht er andere nicht als »richtige Muslime« an. Araber bezeichnet er sogar als Denunzianten, die heute die gerechte Strafe Gottes bekämen.

»Ihre Länder sind arm, große Probleme und ihre Regierungen unterdrücken sie. Denn hätten sie uns damals nicht verkauft, dann wären sie heute die reichsten und klügsten Menschen auf dieser Erde. Sie wären vielleicht durch uns die Supermacht, wie heute Amerika ist, denn Erdöl ist Reichtum. Heute haben sie Erdöl, aber kein Gehirn.«

Von allen muslimischen Organisationen erwartet er, dass sie sich vereinen, um den Türken in Deutschland einen Dienst zu erweisen, damit sie die Türken aus der »Sklaverei« befreien. Er verlangt von ihnen, ausschließlich für die Türken da zu sein.

Generell ist er im Monat Ramadan und zu den Festtagsgebeten in der Moschee, wenn es sich mit der Arbeit arrangieren lässt. Er geht gelegentlich mit seinen Eltern, meistens aber mit Bekannten aus dem Stammcafé in die Moschee, um am gemeinschaftlichen Gebet (*Teravih*) teilzunehmen. Das verbindende Freitagsgebet steht nur dann auf der Tagesordnung, wenn der Freitag auf einen gesetzlichen Feiertag fällt. Im letzten Ramadan hat er etwas für sich entdeckt:

»Ich würde öfters in die Moschee gehen, weil da die Gemeinschaft ist und die Gebete dort mehr wert sind, als wenn wir alleine beten. Dort finde ich auch meine innere Ruhe und denke mehr an Allah und an meine Aufgabe als Mensch auf dieser Erde, mehr als wenn ich draußen bin. Da denke ich ans Geldverdienen und an mein *Nefis* [Ego, H.Ö.].«

Wenn er das Wort Moschee hört, dann hat er vor allem zwei Bilder im Kopf: die Moscheen mit Minaretten in Istanbul und alle anderen Moscheen in schwer auffindbaren Wohnkomplexen.

»Ich finde es schade, dass wir in Berlin immer noch keine richtige Moschee haben, die man sofort sieht und wo man eben mehr Platz hat – wie die Kirchen.«

Seiner Überzeugung nach ist die wichtigste Aufgabe einer Moschee, offen für alle Türken zu sein. Er möchte nicht, dass sich die Moschee einer Partei anschließt – und sie darf auch keineswegs ein politisches Bild in der Öffentlichkeit erzeugen. Auch würde er sich darüber sehr freuen, wenn die

Moscheen mehr in der deutschen Sprache anböten – ohne allerdings die
türkische Sprache aufzugeben. So würden er und andere Jugendliche die
Predigten der Imame besser verstehen können. Er schätzt es nicht, wenn
sich fast alle Moscheen in Hinterhöfen und in kleinen Kellerräumen befinden. Ferner ist er empört, dass viele Orte, die als Moscheen bezeichnet
werden, nicht über einen qualifizierten Imam verfügen. Besonders gravierend findet er, dass einige Moscheegemeinden unter den Türken nach Par-
teizugehörigkeit zugeordnet werden.

»Häufig kommen dann nur die sehr alten dahin, wir jüngeren dagegen kommen
nur selten. Die Moscheen müssen offen und sofort sehbar sein.«

Er verlangt daher von den Moscheegemeinden, unter keinen Umständen
parteipolitisch zu agieren und sich von jeglicher Parteipolitik fernzuhalten.
Dass sie politisch agieren, stört ihn nicht, solange in den Moscheegemeinden keine Polemiken ausgetragen werden. Anstatt gegeneinander zu arbeiten, erwartet er von ihnen eine Einigung in islamischen Themen und fordert mehr Bauten, die seinem Bild von einer richtigen Moschee entsprechen. Auch wünscht er sich mehr Sauberkeit in den Moscheegemeinden,
vornehmlich in den Sanitärräumen. Er beklagt zudem, dass er, wenn er in
der Moschee zum Beten geht, jedes Mal nach der Predigt um Spenden gebeten wird. Daher erwartet er von den Moscheegemeinden, mit dieser
Spendenpraxis umsichtiger umzugehen und nach anderen Akquisitions-
quellen zu forschen.

   Orhan definiert einen guten Imam mit einem angenehmen Charisma
und bewundernswerten Charakter, der predigt, was er selbst praktiziert.
Auch gehöre eine ausreichende Kenntnis von den soziokulturellen und
ökonomischen Gegebenheiten in der Gegend, in der dieser Imam lebt und
tätig ist, zu dessen Grundqualifikation. Auf jeden Fall sollten Imame nicht
nach ihren Predigten zu Spenden aufrufen. Darüber hinaus soll klar zwischen Vorstandsarbeit und der des Imams in den Moscheegemeinden getrennt werden, damit er durch Gemeindefehler nicht in Misskredit gerät.

»Wenn es dazu kommt, dann hört ihm dann keiner mehr zu. Er verliert den Respekt.«

Ob ein Imam auf seine Lebensweise oder -einstellung Einfluss nehmen
kann, hänge von dem Imam selbst ab. Ein Imam, der verständlich und
wirklichkeitsnah predigt, seine Zuhörer ernst nimmt und über seine Arbeit
den Kontakt mit ihnen sucht, hat nach Orhans Erfahrung einen guten und
förderlichen Einfluss.

»Also, wenn ein Imam etwas gut erzählt, wo ich weiß, dass er das auch selbst praktiziert, dann lebe ich es auch. Ich habe im Ramazan öfters angefangen, täglich zu

beten. Dazu hat der Gastimam aus der Türkei viel beigetragen. Er war ziemlich jung und hatte so eine gute Stimme. Er hat uns sehr ernst genommen. Er hat außerhalb seiner Predigten auch so kleine Gesprächskreise gebildet, wo man ihn fragen konnte. Es war vor drei Jahren im Ramazan hier. Es war wirklich eine gute Stimmung. Leider musste er auch weg. Nach einigen Tagen wurde ich wieder faul und habe nicht mehr fünfmal am Tag gebetet.«

5.9 Gülsüm – »Der Islam diszipliniert mich und zügelt mein Ego.«

Zur Interviewsituation

Die folgende Interviewpartnerin habe ich in der Mensa einer Berliner Universität kennengelernt. Sie saß eine Tischreihe weiter mit ihren Kommilitonen und unterhielt sich sehr engagiert mit ihnen. Nachdem sich einige aus dieser Gruppe verabschiedeten, begab ich mich zu ihr. Wir verabredeten uns zum Gespräch, welches wieder in der Mensa stattfand.

5.9.1 Wer ist Gülsüm?

Gülsüm, 21 Jahre alt, ist in Berlin geboren. Ihre Eltern stammen aus der Türkei. Sie kamen mit der Vorstellung nach Deutschland, für einige Jahre hier zu arbeiten und dann wieder zurückzukehren. Mittlerweile haben sie diese Intention aufgegeben. Gülsüm ist in Berlin sozialisiert und studiert seit einigen Semestern an einer Berliner Hochschule. Überdies hat sie die deutsche Staatsbürgerschaft.

Seit Kurzem ist sie verheiratet und steckt in ihren Zwischenprüfungen an der Universität. Daher fehlt ihr nun die Zeit, mit ihrer besten Freundin regelmäßig Freizeitbeschäftigungen – wie Kino- und Theaterbesuchen, Spaziergängen oder gemeinsam zu Hause fernsehen bzw. Musik hören – nachzugehen. Mit ihrem Ehemann geht sie dennoch, wenn auch nicht regelmäßig, ins Kino oder Theater. Manchmal besucht das Ehepaar kulturelle Ausstellungen.

Gülsüm begrüßt es sehr, wenn Menschen im jugendlichen Alter die islamischen Regeln befolgen. Daher ist sie der Meinung, dass sich die Jugendlichen durch die Einhaltung der islamischen Grundsätze vor Kriminalität, Drogen, Alkohol, Faulheit etc. hüten können. Dies bedürfe aber einer rechtzeitigen Einweisung in die religiösen Grundprinzipien durch die Eltern – und später durch die Schulen. Gülsüms Eltern hatten zwar immer den Wunsch, dass sie sich am Islam orientiert, aber sie selbst beklagt sich über die fehlende Unterstützung ihrer Eltern hierfür.

»Sie haben mir nur gesagt, ›Tochter, gehe in die Moschee, lerne den Koran‹, aber selber habe ich dieses Vorbild zu Hause nicht vor den Augen gehabt. Meine Mutter trägt immer noch kein Kopftuch. Mein Vater betet nicht einmal. Jetzt so langsam beginnen sie. Sie haben mir nur gesagt: ›Mach das und dies!‹ Selbst haben sie, was sie mir gesagt haben, eigentlich nicht vorgelebt. Ich glaube, sie haben mir das nur gesagt, weil sie denken, dass sie als Eltern dieses mir sagen müssen. Nachgehakt haben sie nicht, ob ich in die Moschee gegangen bin oder den Koran gelernt habe. Es war nur meine Eigeninitiative.«

Gleichwohl hat sie weiterhin ein intaktes Verhältnis zu ihren Eltern. Da sie zu Hause keine religiöse Bildung genossen hat, versucht sie seit einigen Jahren, sich durch Eigenstudium in die islamischen Grundprinzipien einzulesen. Dabei ist ihr aufgefallen, dass sie viele Gebote und Verbote bisher vernachlässigt hat. Mit viel Engagement versucht sie nun, die verlorene Zeit nachzuholen, indem sie sich viel Wissen anliest – und es in die Tat umsetzt. So legte sie sich als einzige in der Familie ein Kopftuch um und beachtete mit der Zeit auch die anderen islamischen Bekleidungsvorschriften.

»Ich habe vor einigen Jahren selbst mich entschlossen, ein Kopftuch anzulegen, weil ich es so richtig finde. Es war mein eigener Wunsch, damit ich das Wohlwollen Allahs noch mehr erreiche. Dass ich bete, faste oder ein Kopftuch trage – meine Eltern haben hier keinen Einfluss darauf gehabt.«

Zwar bekräftigt sie, dass sie zu ihren Eltern ein gutes Verhältnis und vor ihnen großen Respekt hat, aber mit einigen Einstellungen ihrer Eltern zum islamischen Leben nicht einverstanden ist. Bis zu ihrem Wegzug aus dem Elternhaus kam es zu zeitweise heftigen Auseinandersetzungen um ihr religiöses Ausleben.

»Sie sagen immer wieder: ›Du mit deinem Kopftuch wirst keinen Job finden. Mit deiner religiösen Haltung, wo du fünfmal am Tag beten musst, wirst du Probleme im Alltag und in der Arbeit haben. Ihr werdet keine normale Zukunft haben. Ihr werdet wahrscheinlich immer Menschen zweiten oder dritten Ranges sein.‹ Meine Eltern werden leider häufig von Medien gelenkt. Wenn da irgendetwas über Islam steht, dann fangen sie an, mich vollzulabern: ›Mach das nicht! Lege dein Kopftuch ab! Sei doch modern!‹ Durch diese Medien bekommen sie viele Bedenken und reden mir dann ein. Ich glaube aber, dass sie innerlich diese Bedenken nicht teilen. Trotzdem argumentieren sie gegenüber mir mit diesen Zeitungsberichten. Und das finde ich überhaupt nicht richtig. Allein, weil ich Politologie studiere und inzwischen weiß, wie Menschen und andere mit Meinungen und so umgehen. Manipulation und Sensation ist hierbei sehr zentral. Leider!«

Mit dem Gedanken an eine Rückkehr hat sie bisher nicht gespielt, aber völlig ausschließen möchte sie dies nicht. Falls sie nach ihrem Studium eine angemessene Arbeitsstelle in der Türkei erhalten sollte, wäre sie bereit, dorthin zurückzukehren.

Als eine Muslima war ihr Eindruck von der Situation der Muslime in Deutschland bis vor dem »11. September«, dass es sich als Muslim hier in Deutschland ohne große Probleme und Diskriminierungen leben lässt, weil die Muslime als Teil dieser Gesellschaft weitgehend anerkannt waren. Die Situation änderte sich jedoch nach den Terroranschlägen wesentlich zum Schlechteren.

»Vorher war der Moslem ein Teil der Gesellschaft, und lebte vor sich hin. Jetzt ist alles, was wir machen, was der Moslem macht, im Vordergrund – und auf alles wird geachtet und jede Bewegung wird gedeutet. Die Nichtmuslime deuten und beurteilen alle Bewegungen, die ein Moslem macht. ›Was will er jetzt machen? Was hat er vor? Wird er jetzt uns in die Luft sprengen?‹ Auf alles wird haarscharf geachtet und alles wird gedeutet und vieles wird auch hineininterpretiert. Es ist wirklich schwieriger geworden. Auch die Umstände sind schwieriger geworden. Man kann nicht mehr überall beten. Man kann nicht mehr mit Kopftuch unterrichten. Vielleicht wird es auch in Zukunft so sein, dass man nicht mehr mit dem Kopftuch in die Schule gehen darf. Bis vor Kurzem war es noch möglich, den Arbeitgeber oder den Dekan oder den Professor zu fragen: ›Kann ich hier in der Ecke beten?‹ oder ›Kann man in dem freien Raum eine kleine Gebetsecke einrichten?‹ Es war möglich. Aber jetzt haben sie Angst vor dem Image, sie würden radikale Moslems oder Organisationen unterstützen. Auch Moslemfreunde trauen sich nicht mehr, offen zu sagen, dass sie Moslems als Freunde haben; auch sie haben Angst. Ich habe neulich mitbekommen, dass eine Lehrerin eine Schülerin nicht unterstützen wollte, obwohl sie sie sehr gut kannte. Sie konnte nicht sagen: ›Ja, ich kenne sie sehr gut, sie ist nicht so, sie ist nicht radikal.‹ Sie hat einfach geschwiegen und die Beschuldigungen durchgehen lassen. Sie hatte Angst um ihre Karriere. Ich befürchte, für die Zukunft wird alles schwieriger für den Islam und für die Muslime hier in Deutschland und auch in Europa. Ich hoffe aber das Gegenteil.«

Mit ihrer muslimischen Identität hatte sie weder in ihrer Kindheit noch in der Schulzeit Schwierigkeiten erfahren. Dies sei ihrer offenen Haltung geschuldet. Eine Erfahrung, die sie wenige Monate nach ihrem Entschluss, sich ein Kopftuch anzulegen, machte, kann sie bis heute nicht vergessen.

»Ich wollte unbedingt arbeiten und in der Familie mitverdienen und nicht meiner Familie zu Last fallen. Ich habe mich dann als Kassiererin in verschiedenen Stellen beworben. Und da habe ich Bewerbungsfotos mit Kopftuch abgegeben. Sie wurden auch angenommen. Einmal klappte wirklich alles und auch der Filialleiter war von mir sehr überzeugt und wollte mich sofort einstellen, bis er seinen Chef angerufen und gefragt hat, warum bisher noch nichts entschieden worden ist. Dieser Chef sagt ihm, mit Kopftuch kann man mich nicht einstellen, weil ich mit meinem Kopftuch die Kunden abschrecken würde. Ich war ziemlich traurig. Da hatte ich wirklich das

Gefühl, wirklich benachteiligt zu sein. Das war traurig. Ich habe mich monatelang gefragt: ›Warum schrecken Menschen, die an dem ganzen Gesicht tätowiert sind oder Piercing haben, nicht ab, aber warum ich mit meinem Kopftuch? Warum aber ich?‹ Aber ja, ich kann damit leben, weil ich weiß, warum ich es trage, aber es war eine Benachteiligung. Ich finde es sehr traurig und unmenschlich. Ist das die hoch gepriesene Demokratie? Wo sind die Menschen, die sie sonst immer hochhalten?«

Damit der Islam und die Muslime in Deutschland wieder voll anerkannt werden können, seien in erster Linie die Muslime gefragt. Sie ist der Ansicht, dass die Muslime bezüglich des Islam viel zu ungebildet sind. Deshalb werde der »wahre Islam« der Öffentlichkeit nicht treffend vermittelt. Gülsüm plädiert dafür, dass sich Muslime, nachdem sie sich über ihren Glauben aufrichtig gebildet haben, um einen ehrlichen Dialog mit Nichtmuslimen bemühen, damit der »wahre Islam« vermittelt werden kann. Darüber hinaus erhofft sie sich, dass der Dialog zwischen der Bundesregierung und den islamischen Gemeinden weiter und stärker ausgebaut wird.

»Die Bundesregierung muss jetzt endlich, nach 50 Jahren, einen Ansprechpartner finden, im ständigen Austausch stehen und die Muslime mit ihren Organisationen hier wirklich integrieren, sie willkommen heißen. Die Bundesregierung ist auch unsere Regierung, sie muss auch für uns da sein und alles dafür tun, dass diese Islamfeindlichkeit in der Gesellschaft, vor allem in den Medien und bei den Politikern, verschwindet. Die Bundesregierung, der Staat also, muss uns auch richtig und ehrlich akzeptieren. Sonst sind sie für uns nicht glaubwürdig, wenn sie über Demokratie, Menschenrechte et cetera sprechen.«

5.9.2 Dimensionen der Religiosität

5.9.2.1 Die Dimension des Glaubens

Gülsüm ist davon überzeugt, dass es einen einzigen und allmächtigen Gott gibt. Sie ist sich gewiss, dass so ein Gott existiert, der unabhängig von seinen Geschöpfen herrscht.

Der Koran ist für Gülsüm Gottes Wort und Offenbarung. Zumal Gott der Schöpfer des Universums und der Lebewesen ist – nur er kennt die Wahrheit über alles. Daher enthält auch der Koran die Wahrheit und ist der Islam eine unvergänglich gültige Religion.

Gülsüms glaubt an den Tod und an das ewige Leben. Dementsprechend erwartet sie nach dem Tod das ewige Leben im Jenseits, wo die Menschen für ihr diesseitiges Leben vor dem einzigen Gott Rechenschaft ablegen müssen.

5.9.2.2 Die Dimension der religiösen Praxis

Das innerliche, individuelle Gebet zu Gott hat Gülsüm in ihre Lebenswelt mittlerweile eingefügt. Daher kann sie sich ein Leben ohne dieses Gebet, ohne sich Gott innerlich zuzuwenden, nicht mehr vorstellen.

»Aber die fünf täglichen Gebete haben leider immer noch keine geregelte Bedeutung in meinem Leben, weil sie immer noch nicht richtig bei mir sitzen. Aber ich werde in Kürze hoffentlich mit diesen wichtigen fünf täglichen Gebeten beginnen. Denn Gott schenkt uns vieles und lässt uns leben, all diese Taten sind unser Dank an Allah.«

Das Fasten hingegen fällt ihr nicht schwer, denn seit ihrem 11. Lebensjahr hält sie die Fastenzeit im Ramadan regelmäßig und unermüdlich ein, auch weil der Fastenmonat innerhalb und außerhalb des Familienkreises eine besondere Stellung einnimmt. Für Gülsüm ist der Ramadan ein Festereignis, auf das sie sich jedes Mal aufs Neue freut.

»Denn der Ramadan ist wirklich sehr herzlich und segensreich. [...] Im Ramadan ist der Dialog unter den Menschen anders, sehr freundlich. Es herrscht viel Freude, Freundlichkeit und *Bereket* [Segen, H.Ö.].«

Die islamische Trauung (*Nikah*), die sie nach ihrer standesamtlichen Trauung vollzogen hat, ist für sie ein Zeichen der »gültigen und ewigen Ehe«.
Sie lebt im Islam, damit Gott mit ihr zufrieden ist.

»Es macht mir großen Spaß, etwas zu machen, denn ich werde doppelt belohnt, einmal von Allah und einmal von den Menschen.«

5.9.2.3 Die Dimension der religiösen Erfahrungen

Der Mensch brauche für sie deshalb eine Religion oder zumindest den Glauben an ein höheres Wesen, damit er sich – gerade wenn er abgeschieden lebt – zügeln kann. Der Islam ermöglicht ihr diesen Glauben. Sie kann ihr Ego und ihre Triebe durch ihren islamischen Glauben besser kontrollieren und bändigen, da sie überzeugt ist, dass Gott sie allerorts sieht und hört. Auch kann sie sich durch ihren Jenseitsglauben beherrschen.
Gülsüm ist mit ihrem Glauben sehr zufrieden, weil sie durch den Islam eine Richtschnur für ihren Alltag hat.

»Als simpelstes Beispiel: Islam gibt mir eine Richtlinie, wie ich zu leben, wie ich zum Beispiel meinen Mann auswählen muss, wie ich mich verhalten muss, wonach ich mein Leben ordnen muss, was für mich, für meine Seele oder meinen Körper gesund ist. Der Islam gibt auch für meine Fragen ›Woher?‹, ›Wie?‹, ›Warum?‹ Antworten. Also der Islam gibt mir eben Sicherheit.«

Deshalb ist für sie Gott, der Schöpfer auch dieser Religion, der einzig wichtige Zufluchtsort, und das nicht nur bei Problemen oder Hindernissen, sondern auch bei Erfolgen und glücklichen Situationen.

»Man kann in jeder Situation sich dem Islam und Allah hingeben. Man hat jederzeit den Schöpfer bei sich.«

5.9.2.4 Die Dimension des religiösen Wissens

Gülsüm schätzt ihr religiöses Wissen als rudimentär ein. Doch wenn sie sich mit ihren muslimischen Freundinnen vergleicht, dann ist sie sehr froh, dass sie einigermaßen über den Islam informiert ist. Sofern sie sich aber einem Buch mit islamischen Themen widmet, wird ihr bewusst, wie groß ihr Bildungsmanko ist. Daher ist sie gewillt, in ihrer Freizeit islamische Literatur zu studieren. Sie möchte ihre Religion authentisch erlernen, um sie dementsprechend darstellen zu können.

»Wo haben wir denn überhaupt eine Möglichkeit, Islam so richtig zu lernen? In der Schule durfte ich es nicht, zu Hause auch nicht, die Eltern wissen selber zu wenig. Es ist wirklich sehr traurig. Ich möchte gerne meine Religion so richtig kennenlernen, damit ich auch im Dialog und wenn ich gefragt werde, auch richtig Antworten geben kann und nicht immer sagen muss: ›Ich weiß es nicht.‹ oder herumrede.«

Sie hält die Berichterstattung über den Islam und die Muslime für falsch und zynisch.

»Ich gucke es aber mit dem Bewusstsein an, dass ich da kein Vertrauen in diese Sendungen habe, auch wenn es eine türkische Sendung ist. In die Medien habe ich leider kein Vertrauen. Leider stelle ich dann immer wieder fest: ›Das war alles Mist und die Sendung hat unsere Arbeit wieder um einige Jahre zurückgeworfen und einige Muslimfreunde haben wir wieder verloren.‹ Es ist wirklich zum Heulen, warum einige Medien das so machen, obwohl sie wissen, dass das, was sie senden, falsch ist – aber sie machen es trotzdem. Warum? Ich verstehe es wirklich nicht.«

5.9.2.5 Die Dimension der Konsequenzen aus religiösen Überzeugungen

Gülsüm findet kontinuierliche religiöse Erziehung und Bildung sehr wichtig, obwohl sie die durch ihre Eltern nicht erfahren hat. Sie hat durch ihr bisheriges Leben erkannt, dass religiöse Erziehung und Bildung ebenso wichtig und erforderlich sind wie die schulische Bildung. Daher wird sie

sich bemühen, ihren Kindern dies ausreichend und akkurat zu ermöglichen.

»Sie [meine Eltern, H.Ö.] haben mir zwar immer wieder gesagt, ›Gehe in die Moschee, dort ist eine Moschee‹, aber sie haben mich nicht an die Hand genommen
und dahin gebracht. Und wenn ich jetzt als Erwachsener darüber nachdenke, dann
sage ich, das hätten sie mit mir machen müssen. Und ich denke, ich werde es mit
meinen Kindern anders machen. Ich werde meine Kinder gerne dorthin bringen,
gerne aus einem Buch ihnen vorlesen, ich werde sie religiös aufziehen, aber gleichzeitig den richtigen Islam ihnen vermitteln. Hierzu gehört vor allem, dass ich sie
offen und tolerant erziehe.«

Sie ist obendrein glücklich, dass sie das Verbot des vor- und außerehelichen Geschlechtsverkehrs unausweichlich einhält.

»Als jemand, der das auch wirklich eingehalten hat, bin ich froh, jetzt sagen zu
können: ›Ich finde es schön, dass der Islam so etwas verbietet.‹ Ich bin auch froh,
dadurch als eine reine Frau in die Ehe eingegangen zu sein. Ich habe mir einen
Mann ausgesucht, der auch rein ist. Ich habe mir keinen Mann ausgesucht, der se-
xuell viel drauf hat, sondern der eine reine Seele mitbringt, also einen guten Charakter vorweist. Deshalb finde ich dieses Verbot gut und auch förderlich für ein Familienleben.«

Für die Klarstellung der Frage, ob der Islam für sie bei der Integration in
diese Gesellschaft ein Hindernis darstelle, vergleicht sie sich mit ihren
nicht muslimischen deutschen Freunden und erkennt, dass sie wesentlich
integrierter ist. Daher versteht sie nicht, was man von ihr und von den
Muslimen außerdem erwartet.

»Der Islam hindert uns nicht, uns in diese Gesellschaft zu integrieren. Ich studiere
hier, ich beherrsche die Sprache, ich bin hier geboren. Was will die Integration
noch? Was ist denn Integration? Wie weit soll ich mich noch integrieren? Soll ich
mir meine Haare blond färben und blaue Kontaktlinsen aufsetzen? Als Muslim,
denke ich, dass ich schon sehr gut integriert bin. Für mich bedeutet Integration das
gesunde Miteinanderleben, den Dialog. Das tue ich auch. Assimilieren lasse ich
mich aber nicht. Als praktizierender Muslim bin ich schon integriert.«

Der Islam und die Demokratie sind für Gülsüm keine Gegensätze. Deswegen ist sie nicht der Meinung, dass der Islam antidemokratische Züge hätte. Das Gegenteil ist für sie der Fall.

»Ich denke, der Islam ist viel demokratischer als die Demokratie, die wir jetzt haben.
Eine Religion, wo ich frei wählen und entscheiden kann und frei bin, ist viel demokratischer als die Demokratie jetzt. Ich als eingebürgerte Deutsche gehe wählen,

denke daran, mich selber wählen zu lassen. Wenn die Zeit als Politologin kommt, solange ich nicht lügen muss und mich nicht mit Korruption beflecken muss, würde ich auch Politik machen. Ich habe auch in der Schule als Schulsprecherin Politik gemacht. Der Islam schränkt uns nicht ein. [...] Für Menschen tätig zu sein, ist, als ob man für Gott tätig ist.«

Sie weist daraufhin, dass Menschen in bestimmten emotionalen Situationen anders reagieren, als es die Gesetze oder die Religion erlauben. Menschen, die, egal welchen Glaubens oder welcher Abstammung, tätlich angegriffen und unterdrückt werden, würden leider auch zu Gegengewalt greifen oder sich gewalttätigen Personen bzw. Gruppierungen anschließen.

Um solchen gewalttätigen Gruppierungen oder Personen den Nährboden zu entziehen, fordert sie, dass alle Menschen gleich behandelt werden. In diesem Zusammenhang zählt sie einige Beispiele aus der Geschichte dafür auf, dass ein Leben ohne Ausgrenzung, Rassismus und Gewalt zwischen den Religionen und Kulturen möglich ist.

»Also in unserer Religion ist es ja so, dass man alle Menschen gleich behandeln muss. Es ist eine Pflicht wie die fünf täglichen Gebete, alle Menschen gleich zu behandeln. Gerade hier haben die Muslime keine Probleme, auch in der Geschichte sehen wir, dass gerade die Muslime mit Rassismus und Feindschaften anderer Kulturen keine Probleme hatten. Muslime können mit farbigen und weißen Menschen, mit Christen gut zusammenleben, gerade in der Türkei, damals in der Osmanischen Zeit, können wir dieses auch sehen. Kirche, Synagoge und Moschee sind nebeneinander und über Jahrhunderte haben Menschen zusammengelebt. Als damals die Juden zum Beispiel in Spanien angegriffen und verfolgt wurden, oder durch die Nazis, hatte die Osmanische Reich beziehungsweise Türkei sie herzlich aufgenommen und ihnen Schutz angeboten.«

Den zunehmend proklamierten »Juden-Muslime-Streit«, der sich aus dem sogenannten »Palästina-Israel-Konflikt« speise, kann sie keinesfalls begreifen.

»Normalerweise haben wir als Muslime mit keinem Probleme. Nur wegen des Konfliktes zwischen Israel und Palästina stehen die Muslime im Verruf, mit Juden Probleme zu haben. Aber dieser Konflikt ist politisch und mitverursacht durch die Europäer und vor allem durch die Amerikaner. Man möchte diesen Konflikt nicht lösen, damit die Muslime und Juden in Palästina in Feindschaft leben und sich gegenseitig töten. Damit verkauft man eben Waffen und so weiter, damit die Muslime und die Juden auf der Welt immer als Gefahr angezeigt werden können. Unterdessen bauen andere ihre Geschäfte schön weiter aus und verdienen sich dumm und dämlich.«

5.9.2.6 Einstellung und Bindung an Moschee und Imame

Gülsüm engagiert sich in einigen Kinder- und Jugendprojekten, die unabhängig von Einrichtungen und Konfessionen organisiert werden und daher nicht nur auf muslimische Menschen abzielen. Wenn ihre Zeit es erlaubt, besucht sie eine Moschee. Hierbei macht sie zwischen Moscheen keinen Unterschied – wer der Träger der Moscheegemeinde ist, interessiert sie letztlich nicht. Allerdings ist sie mit den muslimischen Organisationen kaum zufrieden.

»Viele muslimische Organisationen oder Moscheen sind von ganz alten Leuten besucht. Also, da kommen leider nur Rentner-Türken oder Rentner-Araber hin und das finde ich nicht gut. Und wenn die Moscheen nur von alten Menschen besucht werden, dann findet kein Dialog nach außen statt. Deswegen bin auch unzufrieden und die Moscheen und die muslimischen Organisationen machen zu wenig, also Aktivitäten nach außen hin. Die treffen sich zum Freitagsgebet, beten und lösen sich wieder auf. Kein Mensch aber weiß, was Freitagsgebet ist und warum die Muslime freitags in die Moschee gehen.«

Dass zu jeder Zeit die größeren Organisationen den öffentlichen Diskussionsverlauf bestimmen und als Ansprechpartner angenommen werden, bedeute eine Verdrängung der lokalen muslimischen Vereine. Bestimmten Organisationen sei eigentümlich, den Islam zu ›terrorisieren‹.

»Für mich kommt El Kaida, Kaplan oder Hizbut-Tahrir nicht infrage, weil sie vor allem in den Medien den Islam nicht so darstellen, wie er eigentlich ist. Durch solche Organisationen nimmt man den Islam als Gewaltorganisation, Terrororganisation oder politische Organisation wahr. Islam ist aber Frieden. Sie bringen aber den Islam und die Muslime mit ihrer guten Arbeit um Jahrhunderte zurück. Zum Beispiel die Arbeit, die freundschaftlichen Beziehungen, dieser Dialog, die wir Muslime seit Jahren mit Mühe und Not zustande gebracht haben, werden durch irgendeinen Terrorakt von Hizbut-Tahrir oder einer anderen Organisation um 20, 30 Jahre zurückgeworfen.«

Die Medien und die Politiker überbewerteten solche Gruppierungen, ohne verständlich zwischen dem Islam, den Muslimen und solchen Gruppierungen oder Personen zu unterscheiden, und verschafften ihnen damit ein anhaltendes öffentliches mediales Forum.

Bis vor einigen Monaten ging Gülsüm einmal wöchentlich in die Moschee, um ihr Kinderprojekt anzubieten. Über zwei Jahre lang hat sie in diesem Projekt Kinder betreut, unterhalten und dabei in die deutsche Sprache eingeführt, bis es ihr zeitlich nicht mehr möglich war. Seither besucht sie gelegentlich die Moschee.

»In die Moschee gehe ich mit meinen Freunden oder jetzt mit meinem Ehemann im Ramadan oder zu den heiligen Nächten. Sonst, wenn ich zeitlich kann; manchmal schaffe ich es aber nicht, weil ich an der Uni Vorlesungen habe, die bis 18 oder 20 Uhr gehen. Und dann habe ich Hausaufgaben.«

Sobald sie eine Moschee betritt, fühlt sie, wie sich ihre Gedanken ändern.

»Hier wollen alle den Segen von Allah und beten zusammen und denken an Allah und wir alle sind in die Gebete eingebunden. Die Moschee ist ein wunderschöner Ort. Es ist nicht so, wie das im Moment von einigen dargestellt wird. Geht vorbei und schaut es euch an! – kann ich nur sagen.«

Mit dem Wort »Moschee« verbindet sie besonders das gemeinschaftliche Gebet. Jede Moschee figuriert für sie eine islamische Instanz, die für alle offen steht und sowohl für Muslime als auch für Nichtmuslime zugänglich ist.

»Wenn ein Nichtmuslim irgendeine Frage zum Islam hat, dann muss die Tür der Moscheen so weit offen sein, dass sie gesehen und erkannt werden: ›Aha, dort kann ich meine Fragen stellen und kompetente Antworten bekommen. Ich kann dort auch hemmungslos meine Fragen stellen. Dort ist ein kompetenter Ansprechpartner, der Deutsch sprechen kann.‹«

Von den Moscheegemeinden verlangt sie, überwiegend junge und qualifizierte Imame einzustellen, die jedenfalls die deutsche Sprache beherrschen sollten. Sauberkeit und Stil gehörten zu den Essenzialien einer Moschee. Parteipolitik würde sie aus der Moschee am ehesten verbannen.

Ein Imam ist für Gülsüm dann anerkennenswert und kompetent, wenn er die deutsche Sprache beherrscht und sich mit dem Islam sowie den Lebenssituationen seiner Umgebung auskennt. Nur so könnten sie attraktiv auf Nichtmuslime und muslimische Kinder und Jugendliche wirken. Sie verlangt, dass die Imame zwischen den Gebetszeiten die Gemeindebesucher mit Bildungsmöglichkeiten versorgen oder für Beratung oder zur Seelsorge bereitstehen.

»Er soll Aktivitäten planen und durchführen. Vielleicht mit der Gemeinde etwas unternehmen, vielleicht auch nur ein Picknick. Es ist manchmal so todlangweilig, nur freitags hinzugehen und der Predigt zuzuhören, und dann gehen sie wieder nach Hause. Das will kein Jugendlicher mehr sehen. Da muss etwas mehr passieren. Vielleicht soll er mal sagen: ›Okay, heute Nachmittag treffen wir uns zum Fahrrad fahren.‹ Es sollte zwar im islamischen Rahmen bleiben, aber die Imame sollten wirklich mehr aktiv sein und die Moscheen sollten auch zu einem Treffpunkt aufgewertet werden.«

5.10 Fadimah – »Ich glaube, dass der Islam auf mich einen positiven Einfluss hat, obwohl ich jetzt nicht die ›große‹ Frau bin, die die islamischen Gebote und Verbote immer praktiziert.«

Zur Interviewsituation

Fadimah habe ich durch ihre ehemalige Schulfreundin, mit der ich bereits vorher über mein Forschungsvorhaben gesprochen hatte, kennengelernt. Nach Kontaktaufnahme und Mitteilung meines Anliegens haben wir uns zu einem Gespräch an einem Samstagnachmittag in einer Cafeteria ihrer Wahl getroffen.

5.10.1 Wer ist Fadimah?

Die 18-Jährige ist in Berlin geboren. Ihre Eltern stammen aus dem Libanon und leben seit über 24 Jahren in Deutschland. Sie verbringt ihre Freizeit eher zu Hause als unterwegs. Gerne würde sie wie früher mit ihren Freunden ins Kino oder einfach spazieren gehen, wofür sie aber weder die Laune noch das Geld findet. Zu Hause schreibt sie Kurzgeschichten und Gedichte. Damit verarbeite sie ihre Fantasien und Träume, die sie nicht verwirklichen könne.

Vor einem Jahr hat sie die Hauptschule nach jahrelangen Mühen mit einem erweiterten Hauptschulabschluss verlassen. Bis heute sucht sie vergeblich nach einem Ausbildungsplatz als Arzthelferin oder als Kauffrau, was sie immer mehr entmutigt. Fadimahs Vater ist seit Langem arbeitslos, worunter die ganze Familie leidet. Sie empfindet ihren Vater mittlerweile als mut- und perspektivlos. Dass ihr Vater seit einigen Jahren andauernd laut über eine Rückkehr in den Libanon nachdenkt und im Falle eines Todes unter keinen Umständen hier begraben werden möchte, stört sie besonders, da sie keinesfalls zurückzukehren gedenkt. Wenngleich sie ihre Familie nicht verletzen und schon gar nicht verlassen will, gerät sie häufig in Konflikt mit ihrem Vater. Besonders erbittert ist sie, wenn der Vater betrunken nach Hause kommt, leidet doch die ganze Familie darunter. Früher, als ihr Vater arbeitete, besuchte sie eine private arabische Schule, wo sie hauptsächlich in die arabische Phonetik und Kultur eingeführt wurde. Dort hat sie auch islamischen Religionsunterricht erhalten. Sie lernte hier, den Koran zu lesen und einige Pflichtengrundsätze, wie das Gebet, die rituelle Waschung, die Prophetengeschichte und die Essvorschriften des Islam. Über vier Jahre hat sie diese Schule am Wochenende und in den Schulferien auch an den Wochentagen besucht. Bereits nach einigen Jahren habe sie die Leidenschaft für diese Schule verloren. Ihr Vater insistierte, dass sie diese Schule weiterhin besuche. Doch mithilfe ihrer Mutter hat sie sich durchgesetzt, auch wenn er monatelang mit diesem Entschluss nicht einverstanden schien und täglich seinen Unmut spüren ließ. Drei Jahre nach Beginn seiner Arbeitslosigkeit fing Fadimahs Vater an, Alkohol zu trinken und kam schon bald fast regelmäßig betrunken nach Hause.

»Da [in der arabischen Schule, H.Ö.] hatte ich gelernt, dass Alkoholtrinken im Islam verboten ist. Als ich meinen Vater darauf aufmerksam machte, war er wütend auf mich. Er sagte mir, dass ich mich da raushalten soll und er wisse, was er tut. Ich soll keinen Mufti spielen.«

Verantwortungsbewusst ertrage ihre Mutter diesen Zustand – der Familie zuliebe. Für Geduld und Großmut ihrer Mutter ist Fadimah dankbar und bringt ihr großen Respekt entgegen.

»Meine Mutter ist eine gläubige und gute Frau, die seit Jahren diese Probleme geduldig erträgt. Sie ist im Glauben für mich ein Vorbild, deshalb mache ich auch, was sie mir sagt, so gerne. Sie passt schon auf, dass ich mich nach den religiösen Geboten richte. Für meinen Vater ist alles egal. Über Islam redet er kaum. Er mahnt uns auch, dass wir nicht übertreiben sollen. Meine Mutter zwingt mich nicht, ich trage zum Beispiel kein Kopftuch, aber meine Mutter trägt eins.«

Auch wenn man es ihr in der Öffentlichkeit nicht ansieht, dass sie eine Muslima ist, erfährt sie dennoch zuweilen gewisse Ablehnungen.

»Ich erlebe häufig blöde Kommentare, obwohl man mich nicht sofort als Muslim wahrnimmt, denn ich trage ja kein Kopftuch. Aber irgendwie bin ich auch für sie fremd und muslimisch. Ich verstehe manchmal einige nicht, die dann mir sagen: ›Ja, du bist doch Muslim. Warum sind die Muslime in Libanon so?‹ oder ›Taliban!‹, ›Palästina!‹. Mein Gott! Ich bin hier geboren. Bin ich für Libanon zuständig?«

Fadimah versucht, solchen Äußerungen auszuweichen, meidet mithin jede Konfrontation.

»Ich ignoriere meistens solche blöden Vorurteile, denn was soll ich diesen noch sagen. Sie hören doch nicht zu, sie wollen auch nicht lernen, sie wollen sich nur bestätigt sehen. Vorurteile sind ziemlich groß. Ich trage kein Kopftuch, aber mich stört es, was so über kopftuchtragende Mädchen und Frauen gesagt wird. So beleidigend und gemein! Ich glaube, dass ich auch aus Protest gegen solche Lügen mir ein Kopftuch anlegen werde, und falls dann das Kopftuchverbot kommen sollte, erst recht, weil wir, die wir noch an die Menschenrechte glauben, uns mit den kopftuchtragenden Menschen solidarisieren sollten.«

5.10.2 Dimensionen der Religiosität

5.10.2.1 Die Dimension des Glaubens

Dre Existenz Gottes, dem alle Lebewesen und das übrige Universum ihre Schöpfung verdanken und dem die Menschen über ihre Taten im Jenseits Rechenschaft ablegen werden, ist sie sich sicher. Fadimah versteht den Koran als Gottes Wort und Offenbarung, daher enthalte er die Wahrheit.

»Nein, warum soll denn Koran und Sunna veraltet sein? Man sollte den Koran richtig lernen. Es gibt einige Menschen, die den Koran falsch interpretieren, die sollte man ablehnen.«

5.10.2.2 Die Dimension der religiösen Praxis

Sie ist davon überzeugt, dass jeder Mensch – einerlei, ob gottgläubig oder nicht – bete und seine Wünsche äußere.

»Wo soll man sich denn hinwenden, wenn man keinen und keine Unterstützung hat? Also, Beten ist sehr wichtig.«

Ihre Mutter ist momentan die einzige in ihrer Familie, die regelmäßig betet. Fadimah tut es nur bisweilen.

»Man hat zu solchen Sachen – fünfmal am Tag beten – keine Lust, man ist eben faul! Es wäre gut, aber die Faulheit lässt uns keinen Freiraum.«

Der Ramadan bedeutet ihr äußerst viel. Zum einen empfinde sie im Ramadan Segen und Frieden, weshalb sie seit ihrem siebten Lebensjahr diese Zeit mit Fasten verbringt. Zum anderen:

»Ich merke, dass auch mein Vater sich zu einem ›Engel‹ verwandelt. Deshalb denke ich, dass Fasten Menschen zum Guten wendet und nachdenklicher stimmt. Deshalb finde ich Fasten sehr gut.«

Die Menschen aus ihrer Umgebung und sie selbst sind während dieser Fastenzeit ausgeprägt friedlich und harmonisch gestimmt.

»Ich liebe Ramadan so sehr, denn im Ramadan sehe ich so viel schöne und glückliche Momente, auch in unserer Familie wird das Leben ganz harmonisch.«

Was sie von einer Trauung nach islamischer Art hält:

»Auf jeden Fall sehr positiv, denn es wird von Gott angenommen und gesegnet. Sonst braucht man nicht zu heiraten, dann könnte man ja in einer Partnerschaft leben.«

Selbst wenn sie sich nicht als eine Person ansieht, die den islamischen Regeln durchgehend genügt,»weiß ich, dass der Islam mir hilft, dass ich zum Beispiel nicht klaue oder lüge.«

5.10.2.3 Die Dimension der religiösen Erfahrungen

»Einen Glauben braucht jeder Mensch. Die Religion sollte mir eine Orientierung geben, mir den Sinn im Leben zeigen, woran man sich halten kann, was man bekommt, wenn man es macht, und was man bekommt, wenn ich mich nicht daran halte. Also einfach die Spielregeln klar benennen, die aber jederzeit gültig sind und nicht geändert werden. Dass die Menschen alle gleich sind und kein Mensch einem anderen überlegen ist, weil er reich oder mächtig ist, denke ich, das alles habe ich im Islam.«

Manchmal wendet sie sich in Notlagen an ihre Mutter mit der Bitte um Beistand, manchmal spricht sie selbst Bittgebete an Gott aus.

»Sie [die Mutter, H.Ö.] gibt mir kluge Ratschläge für Gebete. Sonst bete ich innerlich, mache viele Bittgebete oder bete so einige Worteinheiten, um wieder meine innere Ruhe zurückzubekommen.«

5.10.2.4 Die Dimension des religiösen Wissens

Trotz ihrer Privatschulbildung ist sie mit ihrem Wissen um ihre Religion nicht zufrieden, sie schätzt es als unzureichend ein. Indes ist sie momentan auch nicht an einer Weiterbildung interessiert, da sie zurzeit im Allgemeinen vom Lernen nicht begeistert ist.

»Sehr sehr selten, vielleicht so ein Büchlein. Wenn ich sage, ein Buch im Jahr, wäre das vielleicht gar nicht falsch.«

5.10.2.5 Die Dimension der Konsequenzen aus religiösen Überzeugungen

Fadimah sieht die vornehmliche Verantwortung für eine erfolgreiche Erziehung in erster Linie bei den Eltern. Dass ihre Eltern, vorwiegend ihr Vater, nicht fortwährend für eine religiöse Erziehung und Bildung gesorgt haben sowie auf Erfüllung ihrer Vorbildfunktion bedacht gewesen seien, führt sie zu dem Entschluss, sich ihrerseits unter allen Umständen für eine angemessene Erziehung und Bildung ihrer Kinder einzusetzen. Sie möchte später als Mutter alles Mögliche unternehmen, damit ihre Kinder zu »guten Menschen« heranwachsen. Zu einer einwandfreien Erziehung gehöre auch die Unterweisung in die Religion.

Fadimah erblickt in dem islamischen Verbot des vor- und außerehelichen Geschlechtsverkehrs Grundlegendes und wünscht sich, dass sich alle Menschen daran halten.

> »Ich finde dieses Verbot eigentlich schon wichtig. Das sollte man einhalten; ob es alle machen, das bezweifele ich. Ich aber halte mich daran.«

Eine Ehe mit einem Nichtmuslim komme nur infrage, wenn er zumindest an Gott glaubt und über einen guten Charakter verfügt.

Zu einer Integration in diese Gesellschaft gehöre, dass man die Gesetze dieses Landes beachtet und die deutsche Sprache mehr als ausreichend beherrscht, damit eine zwischenmenschliche Kommunikation stattfinden kann. Gegen diese Integrationsfaktoren habe der Islam keinesfalls Einwände.

> »Der Koran sagt, dass wir uns weiterbilden sollen und uns an die Gesetze halten sollen. Ich finde überhaupt nicht, dass Islam uns hindert, uns hier zu integrieren.«

Sie erwähnt in diesem Zusammenhang, dass der erste Vers, den sie aus dem Koran auswendig gelernt habe, mit »Lies im Namen Gottes [...]« beginnt. Nicht der Islam sei an ihrer derzeitigen Situation schuld, sondern ihr eigener Müßiggang und die schlechten Ausgangschancen, die ihr als einer Frau libanesischer Abstammung in dieser Gesellschaft zuteil würden.

Mit einer Assimilation ist sie jedoch nicht einverstanden: »Aber ich werde meine libanesische Kultur und den Islam behalten, keiner kann das mir wegnehmen.«

Personen, die ihr religiöses Anliegen mit brachialer Gewalt einfordern bzw. durchzusetzen trachten, empfiehlt sie, dass sie lernen, was Gott von einem religiösen Menschen auf dieser Erde erwartet. Für sie lautet die Antwort: »Der Schöpfer wünscht die freiwillige Hingabe eines jeden Menschen.« Eine »freiwillige Hingabe« kann nicht durch Zwang und schon gar nicht durch Gewalt erreicht werden. Aus diesem Grund habe der Islam Streit, Schlägerei, Krieg und Töten verboten. Folglich könne eine Bekehrung durch Zwang und Gewalt im Islam keine Legitimation finden.

5.10.2.6 Einstellung und Bindung an Moschee und Imame

Bis auf die private Schule sind Fadimah keine anderen Organisationen bekannt. Mit der »Arabischen Schule« war sie anfangs zufrieden, aber später hatte sie die programmatische Repetition in dieser Schule gestört. Fadimah ist, außer im Monat Ramadan, kaum in der Moschee. Dies schreibt sie ihrer derzeitigen Müßigkeit zu. Dessen ungeachtet habe die Moschee in ihrer Lebenswelt großes Ansehen. Wenn sie das Wort »Moschee« hört, denkt sie zunächst an die Gemeinschaft, die zu einem Gebet versammelt ist. Darum wünscht sie sich von den Moscheen, dass sie weiterhin der muslimischen Gemeinschaft in Deutschland einen ruhigen und spirituellen Raum für Gebete bietet.

»Ich wünsche mir Moscheen, wie sie in Libanon sind. Die sind gut eingerichtet und luftig und groß. Die Frauen sollten mehr Platz bekommen und sie sollen da aktiver sein.«

Obendrein erwartet sie von den Moscheegemeinden, dass sie sich für eine aktive Informationsarbeit um den Islam einsetzen, damit Vorurteilen über den Islam und die Muslime unter den Menschen ein Riegel vorgeschoben werde. Ferner erwartet sie von den Gemeinden, dass ihre Weiterbildungsangebote für jedermann bezahlbar sind.

Ein Imam kennzeichne sich mit Weltoffenheit, Herzlichkeit, Unvoreingenommenheit und Charakterstärke. Auch differenziere ein guter Imam in der Moscheegemeinde beispielsweise nicht zwischen sozial schwachen und starken oder kopftuchtragenden und nicht kopftuchtragenden Menschen. Der Imam ist für sie dann glaubwürdig, wenn er vorbildlich praktiziert, was er der Gemeinde predigt. Ausnahmslos erwartet sie von den Imamen, dass sie allzeit ihrer Vorbildfunktion nachkommen und ihre Predigten oder andere Veranstaltungen angemessen vorbereiten und dann didaktisch durchführen. Deutsche Sprachkenntnisse gehörten de facto zu der Grundqualifikation eines Imams.

5.11 Zehra – »Glauben ist für mich wichtig, weil ich dann einen Weg habe, weil ich weiß, was ich erreichen möchte.«

Zur Interviewsituation

Auf Zehra als Interviewpartnerin hat mich Aische (Kap. 5.3) gebracht. Am Telefon war sie mit einem Interview nicht einverstanden. Als ich sie nach dem Grund fragte, sagte sie mir, dass sie nicht hinlänglich befähigt sei, mit einem Journalisten zu sprechen. Von vielen habe sie gehört, dass die Journalisten vieles verdrehten und auf den Islam und die Muslime überwiegend nicht gut zu sprechen seien. Sobald sie hörte, dass ich weder ein Journalist bin noch für irgendwelche Befragungsunternehmen arbeite, erklärte sich schließlich doch bereit, mit mir ein Interview zu führen. Das Gespräch haben wir in ihrem Stammcafé geführt.

5.11.1 Wer ist Zehra?

Zehra, eine 18-jährige, in Berlin geborene Türkin, besucht derzeit eine Berufsschule. Davor hat sie die Gesamtschule lediglich mit einem erweiterten Hauptschulabschluss absolviert. Im Anschluss an ihre vergebliche Suche nach einem Ausbildungsplatz hat sie sich entschlossen, ihren Realschulabschluss an einer Berufsschule nachzuholen, damit sich ihre Einstiegschancen für eine Lehre im kaufmännischen Bereich oder im Gesundheitswesen erhöhen. Ihre der zweiten Generation angehörenden Eltern leben seit über 23 Jahren in Deutschland. Zehra kann sich an keinerlei Rückkehrwünsche ihrer Eltern erinnern. Die Türkei kennt sie kaum.

»Also, ob ich für immer in der Türkei leben kann, weil ich ja hier geboren und hier aufgewachsen bin, das weiß ich nicht. Ob ich mich da anpassen kann? Eigentlich nicht! Also nicht für immer. Gesehen habe ich die Türkei seit über 15 Jahren sowieso nicht.«

Zehra ist derzeit ausschließlich mit der Schule beschäftigt. Nach Schulschluss geht sie mit ihren Freunden meistens gleich in die Bücherei, um dort die Hausaufgaben zu erledigen oder sich auf die Klassenarbeiten vorzubereiten. Daneben muss sie auch gelegentlich ihrem Vater bei der Arbeit in seinem Lokal aushelfen. Falls dann überhaupt noch Zeit bleibt, kommt sie gerne in ihr Stammcafé, um sich bei einer Tasse Tee oder Milchkaffee zu unterhalten oder Musik zu hören.

Ihr Verhältnis zu den Eltern ist situationsgebunden. Ihre Eltern hegten schon immer den Wunsch, dass Zehra studiert und wesentlich weiterkommt als sie selbst.

Bei ihr zu Hause kommt es zu einer Auseinandersetzung, wenn ihre Eltern merken, dass Zehra die islamischen Vorschriften nicht einhält. Ihre Eltern versuchen sie durch Gespräche von den Vorteilen dieser Gebote zu überzeugen. Mit dieser Vorgehensweise ihrer Eltern ist sie einverstanden.

»Sonst warnen mich meine Eltern, fangen an, mir alles von vorne zu erklären, warum man das tun soll und dass es auch gut ist, wenn man das tut, und dass es eigentlich für mich gut ist. Wenn ich trotzdem mich nicht daran halte, dann wollen sie wissen, weshalb ich es nicht mache. Und wenn ich einen Grund habe, dann akzeptieren sie es, aber trotzdem mit indirekten Ratschlägen oder Gesprächen, dass ich diese Gebote beziehungsweise Verbote im Islam beachte. Ich finde das sehr gut, dass sie so verständnisvoll mit mir umgehen. Also, meine Eltern reden und erzählen mir, sonst üben sie keinen Einfluss auf mich, sei es durch Drohungen oder sonst was.«

Zehra hat oft das Gefühl, dass sie als Muslima in dieser Gesellschaft nicht gleichwertig beachtet und gleichberechtigt anerkannt wird. Nach ihrem

Entschluss vor drei Jahren, ein Kopftuch anzulegen, wird sie von Diskriminierungen regelrecht verfolgt.

»Ich muss hier sagen, dass ich mich selber vor drei Jahren entschieden habe, auch ein Kopftuch anzulegen, weil ich so langsam den Islam richtig leben möchte. Ich möchte Allah gefallen und seinen Segen erlangen. Viele sagen heute, dass wir unterdrückt werden und wir etwas politisch sagen möchten. Ich kenne so viele Mädchen und Frauen und ich kenne mich selber auch. Bisher kam ich nie auf den Gedanken, wegen so etwas das Kopftuch anzulegen. Und Zwang? Ja, das gibt es vielleicht bei einigen, aber bestimmt ist es nicht häufig. Bei mir ist Zwang sowieso nicht da. Mich kann sowieso keiner zwingen. Und vor einigen Tagen habe ich im Koran gelesen. Dort heißt es auch ungefähr: ›Es gibt keinen Zwang im Islam!‹ Ich habe es wirklich so langsam satt, dass man immer mit Sprüchen wie: ›Ja, die Frauen im Islam werden unterdrückt. Total! Und die haben keine Rechte!‹ ... also immer diese Vorurteile. Man fühlt sich da schon alleine, man kann nichts dagegen tun, weil jeder hat seine Meinung und äußert sie. Keiner ist wie du, keiner versteht dich. Die sehen dich alle mit anderen Augen und du kannst diesen nichts erzählen. Sie glauben einem ja nicht.«

Einige Erlebnisse setzen ihr heute noch sehr zu:

»Ich kann mich an einiges erinnern. In der neunten Klasse, als ich mit dem Kopftuch zum ersten Mal in der Schule erschien, hat meine Lehrerin mein Tuch vom Kopf abgerissen, weil sie meinte: ›Das gehört sich nicht!‹«

Wegen dieser Missetat hat diese Lehrerin, so Zehra, ihren schulischen Misserfolg mitverschuldet. Nach der Versetzung der Lehrerin konnte Zehra bei ihrer neuen Lehrerin befriedigende Noten erzielen, doch zu einem Realschulabschluss hat es nicht mehr gereicht.

»Ich bekam nur einen erweiterten Hauptschulabschluss. Diese Lehrerin trägt neben meiner Faulheit auch eine gewisse Schuld daran. Und natürlich auch die anderen in der Schule! Weder der Schulleiter noch die anderen Lehrer oder Schüler meiner Klasse haben sich um mich wirklich gekümmert. Keiner wollte dieses Problem wahrnehmen. Na ja, und jetzt leide ich darunter.«

Ausgrenzende Erfahrungen macht sie vor allem im Ostteil von Berlin. Dort hört sie besonders oft, dass Passanten über sie herziehen und sie begaffen. Auch auf der Straße hört sie seit einigen Monaten häufiger, dass man ihr nachfeixt. Daher fühlt sie sich in Kreuzberg am wohlsten, wo ihre Mitmenschen sie besser verstehen als anderswo:

»Man glotzt uns an. Wir waren mit der Klasse im Osten in einem Theater. Da waren viele Deutsche, und wir saßen da. Dann habe ich gesehen, wie einige deutsche Mädchen, die uns gegenüber saßen, im Flur laut unter sich geredet haben: ›Ja, hier stinkt es nach Moslems!‹ und solche Sprüche. Dann kam es zur Auseinandersetzung mit diesen Deutschen. Wir haben ihnen gesagt, sie sollen mit solchen Sprüchen aufhören, aber sie wurden noch lauter. Darauf kam es zu Streitigkeiten, bis der Wachdienst eingriff. Danach wurden wir von diesem Theater verwiesen. Also *wir* mussten gehen, nicht diese Mädchen, obwohl die uns doch beleidigt haben.«

Auch frustrieren sie die bisherigen Erfahrungen bei Behörden:

»Wirklich, ich habe viel erlebt. Es geht uns manchmal sehr schlecht, obwohl wir in einem freien Land leben. Uns glaubt keiner, wenn wir über solche Sachen erzählen. Ich hoffe, Sie glauben mir, dass wir solche Probleme haben. Auch wenn man zu Behörden oder so geht, da redet man mit uns ganz anders. Wir werden so angeschrien, und mit den anderen, also Deutschen, redet man ganz höflich und ganz vorsichtig.«

Dass ihre Religion in dem Land ihrer Geburt und ihrer Personwerdung nicht geachtet wird, macht Zehra traurig. Sie könne es nicht verstehen, warum der Islam und die Muslime hier zum größten Teil ausgegrenzt würden, obwohl sie in den 1990er Jahren respektiert wurden. Warum die Ereignisse um den »11.September« dieses Bild verzerrt und das Zusammenleben der Muslime und Nichtmuslime erschwert haben, warum für diese terroristischen Ereignisse die Muslime und der Islam zur Verantwortung gezogen werden – all dies ist ihr nicht erklärlich.

»Immer wenn ich Fernsehen gucke, sehe ich, dass man immer uns als Terroristen darstellt oder den Islam als Gefahr darstellt. Nach dem 11. September hat man auch einige kopftuchtragende Frauen in Berlin angegriffen. Keiner glaubt das, aber in Neukölln haben einige deutsche Jugendliche eine kopftuchtragende Frau angegriffen und bespuckt und als Terroristin beschimpft. ›Geh nach Afghanistan!‹, haben sie ihr gesagt. Diese Frau kenne ich auch. Eine Frau wird hier in Berlin angegriffen, ich kann es nicht glauben, aber es ist Tatsache. Nach dem 11. September sind viele auf der Straße mir aus dem Weg gegangen. Sie haben mir so richtig gezeigt, dass ich hier nicht willkommen bin. Sie haben ihre Vorurteile auch öffentlich gezeigt, so nach dem Motto: ›Guckt mal! Da ist ein Moslem, Mörder, Terrorist. Sie trägt Kopftuch!‹ Keiner kam zu mir und hat mich angesprochen. Also ich habe nichts dagegen, wenn man zu mir kommt und mich fragt: ›Warum trägst du ein Kopftuch? Warum machst du dies, warum bist du so?‹ Also es heißt heute immer so: ›Die trägt Kopftuch, weil bla bla.‹ Also immer diese Vorurteile.«

5.11.2 Dimensionen der Religiosität

5.11.2.1 Die Dimension des Glaubens

Zehra glaubt an Gott als den Einzigen und Schöpfer aller Geschöpfe, der die Macht über alle Lebewesen hat. Daher glaubt sie an die absolute Wahrheit der Offenbarungsschriften wie des Korans, den Gott durch seine Gesandten den Menschen offenbart habe. Infolgedessen ist sie davon überzeugt, dass Gott allwissend und allsehend ist.

»Ich denke nicht daran, weil es mir nicht passt, im Koran etwas zu ändern oder wegzumachen. Das geht nicht, weil es stimmen muss. Im Koran sieht man viele Aussagen, die auch wahr werden. Im Koran stehen auch viele Gründe, warum etwas ein Gebot oder Verbot ist. Zum Beispiel vor der Heirat kein Kontakt zu Männern, also es sollte erstmal geheiratet werden. Ich finde, das ist gut, weil man sieht es ja in Talkshows, wie manche auftreten und labern: ›Ja, ich weiß nicht, wessen Kind ich in meinem Bauch trage!‹ Oder es gibt Frauen, die alleinerziehend sind, oder AIDS oder andere Krankheiten haben. Also ich denke, das ist ein Grund. Wenn sich jeder und jede an das Verbot halten würde, denke ich mal, würden solche Probleme nicht auftauchen.«

Weil sie an ein ewiges jenseitiges Leben glaubt, möchte sie den göttlichen Geboten und Verboten mehr Achtung schenken, auch wenn dies bei ihr nur zögerlich vorangeht. Jedenfalls möchte sie früher oder später den islamischen Regeln kontinuierlich nachgehen.

5.11.2.2 Die Dimension der religiösen Praxis

Zwar hatte Zehra bereits mit zehn Jahren angefangen, die fünf täglichen Gebete regelmäßig zu verrichten, aber während ihre Pubertät hat sie damit aufgehört. Richtig erklären kann sie sich das nicht.

»Wie gesagt, normalerweise muss man fünfmal am Tag beten. Aber ehrlich gesagt, da ich spät von der Schule rauskomme, schaffe ich es nicht immer, pünktlich zu beten. Ich habe mit zehn angefangen mit diesen Gebeten, so in der Pubertätszeit habe ich aufgehört mit diesen Gebeten. So Bittgebete habe ich immer gemacht und mache es weiter.«

Vor drei Jahren, als sie sich entschlossen hatte, ein Kopftuch anzulegen, hat sie wieder mit dem regelmäßigen Gebet begonnen. Sie betet, weil sie sehr glücklich ist, dass Gott bisher ihre Bittgebete ständig erfüllt habe.

»Ich meine, ich bete, ich bete für mich, für meine Familie, für die armen Menschen auf dieser Welt. Ich meine, es tut mir auch gut, wenn ich bete [...].«

Auch für Zehra wäre eine Religion ohne Gebete keine Religion:

»Ich meine, die Gebete, die wir als Muslime machen, sind als Dankeschön für Gott zu verstehen. Wir beten eigentlich für uns selbst, Allah braucht diese Gebete nicht.«

Zehra empfindet die Fastenpflicht im Ramadan als etwas Besonderes. Ungefähr mit zehn Jahren hat sie erstmals gefastet. Sie tut es sehr gern, weil sie dadurch nachempfinden kann, wie es Menschen ohne Essen ergeht. Dadurch erlange sie wieder mehr Nachdenklichkeit und wisse beispielsweise Nahrungsmittel zu schätzen, auch wenn es nur ein Stück trockenes Brot ist.

Eigene Beobachtungen hat sie schon bezüglich der Wirkung einer islamischen Trauung vorgenommen:

»Heute nimmt man die Ehe und Familie nicht mehr so ernst und viele Familien gehen kaputt. Für Islam ist Ehe und Familie etwas Heiliges. Ich möchte auch dieses so machen. Ich sehe in meiner Klasse, dass viele, die nicht muslimisch sind, keinen Vater oder keine Mutter haben. Die wachsen entweder in Heimen auf oder nur mit einem Elternteil – ich finde das sehr schlecht.«

5.11.2.3 Die Dimension der religiösen Erfahrungen

»Glauben ist für mich wichtig, weil ich dann einen Weg habe, weil ich weiß, was ich erreichen möchte. Wenn ich keinen Glauben hätte, dann wüsste ich doch nicht, warum ich auf dieser Welt bin. Man kann sein Leben nicht genießen, man läuft mit geschlossenen Augen durch die Welt. Mit Glauben weiß man ja, was auf einen zukommt. Dann kann man sich auch gut vorbereiten.«

Ihr Glaube und ihre Gebete zu Gott sind für sie ein Zufluchtsort, besonders in schwierigen Situationen oder vor wichtigen Ereignissen, vor allem bei Prüfungen.

»Mit diesen Gebeten wird man motiviert. Man hat Spaß weiterzulernen und weiterzuarbeiten.«

5.11.2.4 Die Dimension des religiösen Wissens

Der Schülerin fällt es schwer, ihre religiösen Kenntnisse einzuschätzen; sie befasst sich mit ihrer Religion bereits seit drei Jahren. Vorher hatte sie sich ausschließlich bei ihren Eltern und in der »Koranschulzeit«, die sie im achten oder neunten Lebensjahr mit ihrer Freundin für einige Wochen verbrachte, informiert. Jetzt versucht sie, sich durch Bücher über den Islam weiterzubilden. Sie würde sich gerne mit ihrem Glauben ausführlich beschäftigen, damit sie ihn auch detailliert kennenlernen kann. Aus diesem

Grund ist sie an religiöser Weiterbildung sehr interessiert und möchte vor allem den Koran auch in arabischer Sprache lesen und verstehen. Zudem möchte sie gerne mehr über das Leben der Propheten erfahren.

»Ich lese jetzt auch deutsche Bücher über Islam, damit ich weiß, wie Begriffe auf Deutsch heißen, und ich dann den Islam richtig erklären kann. Ich möchte weder meine Religion noch meine Kultur verlieren.«

5.11.2.5 Die Dimension der Konsequenzen aus religiösen Überzeugungen

Kinder nach den Prinzipien des Korans zu erziehen, ist für Zehra außerordentlich wichtig, weil Kinder eine solide Wertevermittlung und Gottesliebe erhalten müssten. Wie wichtig eine rechtzeitige islamische Identitätsbildung bei Jugendlichen ist, erklärt sie mit einem Erlebnis:

»Letzte Woche, wir liefen auf der Straße mit meiner Freundin. Aus Versehen ist sie gegen einen alten Herrn gestoßen. Sie hat sich entschuldigt und hat den Vortritt dem alten Mann gelassen – aus Respekt, weil er älter ist. Der Mann kam zu uns und meinte, dass er gestern auf einer Versammlung, auf einer Parteimitgliederversammlung denen gesagt hat, dass man die Kinder und Jugendlichen wie die Muslime erziehen soll, also nach dem Islam, weil diese gegenüber Älteren sehr respektvoll sind. Und er hat sich auch heute bestätigt gefühlt. Er meinte zu uns, dass wir so weiter bleiben sollen, er finde das sehr gut.«

Sie hält das Verbot des vor- und außerehelichen Koitus persönlich unter allen Umständen ein, obschon sie mehrmals einigen Versuchungen widerstehen musste. Sie konnte sich vor diesen Sinnesreizen aufgrund ihres Glaubens retten. Daher ist sie der Meinung, dass Frömmigkeit Menschen vor unsittlichen Handlungen beschütze.

»Ich habe bis jetzt nicht gesehen, dass ein Kind, das unehelich war, glücklich ist. Wer den Glauben nicht ernst nimmt, macht eben solche Fehler, nimmt die eine und am nächsten Tag eine andere. Man betrügt, weil man sagt: ›Eine reicht für mich nicht.‹ Man möchte Spaß und die eine wird einem ja langweilig. Ich habe letztens eine Sendung gesehen, wo man gesagt hat, dass in Deutschland 30 Prozent der Frauen und 60 Prozent der Männer fremdgehen. Im Islam ist das alles verboten. Man soll eine heiraten und mit ihr glücklich werden, nicht auf die äußerlichen, sondern auf die innerlichen Schönheiten achtgeben. Im Jenseits wird Gott uns im Paradies die ewige Schönheit und Liebe geben, wenn wir auf dieser Erde zusammengelebt haben und uns unsere Fehler vergeben haben.«

Einen nicht muslimischen Mann zu heiraten, will sie gegenwärtig nicht vollauf ausschließen. Selbstverständlich möchte sie eine Ehe mit einem Mann schließen, der mit ihr möglichst viele Gemeinsamkeiten teilt. Da sie aber auf eine bestimmte Kindererziehung Wert legt, würde sie einen muslimischen einem nicht muslimischen Ehemann vorziehen. Keinesfalls hindere der Islam ihre Integration.

»Der Islam hindert mich nicht. Aber die anderen Menschen, die Menschen hier verhindern das, finde ich. Die wollen es nicht einsehen, dass ein Muslim mit gutem Willen irgendetwas erreicht. Die meisten wollen das nicht akzeptieren. Ich meine, das sieht man auch. Man hat keine andere Wahl, außer sich vor ihnen zurückzuziehen, wenn man immer abgelehnt wird. Egal, was man sagt, man wird ausgelacht. Dann denkt man: ›Es nützt gar nichts.‹ Dann geht man schnell weg. Jetzt mit dem Kopftuch: Meine Berufsberaterin beim Arbeitsamt, bei der Berufsbesprechung kam sie zu mir und meinte: ›Ja, mit dem Kopftuch schaffst du es ja sowieso nicht. Vergiss es! Keiner wird dich nehmen.‹ Ich habe sie nicht verstanden. ›Was ist denn das?‹, habe ich zu mir gesagt. Die andere Frau hatte mir nie gesagt, dass ich mit dem Kopftuch Probleme haben werden, warum sagt sie jetzt mir so etwas. Ich habe mich sehr gewundert. Ich meine, die Frau kann mir auch sagen, dass es mit meinem Kopftuch Probleme geben kann, aber was labert sie mich voll mit: ›Die Menschen fühlen sich bedroht durch dein Kopftuch!‹ und so. Und dann hat sie auch angefangen zu vergleichen: ›Ja, in der Türkei kann ich auch nicht mit einem Minirock rumlaufen oder in der Türkei ist auch in Schulen Kopftuchtragen verboten.‹ Ich meinte ihr: ›Aber ich bin hier geboren und ich lebe hier!‹ Sie hat dann darüber nur gegrinst. Ich habe wirklich große Kopfschmerzen bekommen. Ich war so wütend und enttäuscht. Ich habe keinen einzigen Ausweg von ihr aufgezeigt bekommen, sie hat mich nur demotiviert.«

Personen, die ihre religiösen Anliegen mit brachialer Gewalt einfordern bzw. durchzusetzen trachten, begegnet sie mit großem Widerwillen.

»Also ich sage nur, wir dürfen ja nicht Kriege führen. Also ich bin gegen Gewalt und Terror. Es gibt einige, die denken, wenn sie den anderen Angst einjagen, werden sie mehr Anerkennung und Respekt bekommen. Sie wissen nicht, dass mit Gewalt nichts erreicht werden kann. Das lernt man auch. Mit Gewalt wird alles noch schlimmer. Ich bin gegen Gewalt, aber wenn man angegriffen wird, muss man sich ja auch wehren können. Das wissen ja alle!«

Denjenigen, die sich auf Gewalt und Zwang für den Islam berufen, begegnet sie mit Protest.

»Die sind keine Moslems. Die denken, die sind das. Ich denke, dass sie nicht mal den Koran kennen. [...] Es ist für einen Muslim eine große Sünde, andere zu verletzen, gar zu töten. Ich denke: ›Bitte nur, dass man auch uns willkommen heißt und uns auch gerecht behandelt! Denn wir sind zwar Muslime, aber wir sind auch Menschen.‹«

5.11.2.6 Einstellung und Bindung an Moschee und Imame

Namentlich kennt Zehra einige muslimische Organisationen, aber inhaltlich hat sie sich mit diesen nicht auseinandergesetzt. Daneben hat sie gerade nach dem »11. September« über diese muslimischen Organisationen in den Medien allerhand gehört. Dass sie durchweg kritisiert und angegriffen werden, sei zwar nicht hinnehmbar. Dennoch habe sie kein Verlangen, sich mit diesen Organisationen näher auseinanderzusetzen, weil sie dafür weder Zeit noch Interesse habe. Sie frage sich auch nicht, welcher Verein welche Veranstaltungen anbiete. Falls sie eine Veranstaltung interessiert, nimmt sie daran teil – egal wo. Zehra macht deutlich, dass die Jugendlichen nicht an den Organisationen selbst, sondern an ihrem Programm und ihren Aktivitäten interessiert sind. Personen oder Gruppierungen, die Menschen gegeneinander aufwiegeln, könne sie nicht akzeptieren.

»Das ist falsch. In meinen Augen sind sie keine Muslime, sondern irgendwelche Möchtegern, die irgendetwas erreichen wollen, aber es nicht schaffen. Kein Wunder! Das wird auch keiner schaffen. Ich lehne solche Menschen und Gruppen 100 Prozent ab.«

Zehra wünscht sich, dass jeder Mensch frei entscheidet, welcher Religion oder Kultur er angehören möchte – und dass dafür miteinander, nicht gegeneinander gearbeitet wird.

Zehra ging früher wesentlich öfter in die Moschee als heute. Momentan findet sie kaum Zeit dazu.

»Aber bei festlichen oder heiligen Tagen wie in Fastenzeit, wo man jeden Abend in die Moschee geht und dort betet, mache ich das. Oder an dem Tag, wo unser Prophet geboren ist, gehe ich dorthin. Ich gehe mit meiner Familie dorthin oder alleine, ich gehe dorthin, um zu beten, ich bete für uns alle, ich lerne dort meine Religion.«

Ihre Assoziationskette zu »Moschee« reicht über Friedfertigkeit und Freiheit bis zu Ruhe. Darüber hinaus ist sie mit diesem Wort innerlich verbunden, schon allein beim Hören dieses Wortes fühlt sie sich zutiefst wohl.

»Also, wenn ich dieses Wort *Camii* [Moschee, H.Ö.] höre, dann bin ich wie neugeboren. Man fühlt sich auch sauber, so unbelastet, als ob der Druck, der auf dir war, auf einmal weg ist. So ein Gefühl kriege ich.«

Weil die Moscheen auf Frieden, Freiheit und Ruhe fußten, dürften weder die Moscheegemeinden noch ihre Besucher die Harmonie stören, indem sie zu Lasten anderer fanatisieren. Zehra erwartet demnach von den Moscheegemeinden, dass sie ihre Gebetsstätten fühlbar zur »Quelle der Toleranz und Liebe« umgestalten.

»Die wichtigste Aufgabe ist, dass man die Menschen nicht aufeinander hetzt, nicht gegen andere Religionen ist und dass man niemanden zwingt, nicht wie ein Diktator dort ist. Man soll die tyrannische Seite eines Menschen weglassen. Toleranz und Liebe füreinander sollen immer in den Moscheen sichtbar sein.

Aber die Moscheen bekommen außer von ihren Besuchern kein Geld. Sie sind arm, meistens wird immer deshalb Geld gesammelt, für Miete, Strom, Wasser oder für einen Teppich. Das nervt manchmal, aber ich verstehe sie schon. Was sollen sie sonst tun?«

Zur Hilfestellung für diese Gemeinden ruft sie nach der Unterstützung des Staates und der Kommunen. Nichtsdestoweniger erwartet Zehra von den Moscheegemeinden mehr Aktivität für muslimische Jugendliche, vor allem auf Kinder und Jugendliche zugeschnittene Bildungsprogramme und Veranstaltungen. Die Moscheegemeinden sollen ferner ihren Austausch mit den Nichtmuslimen erweitern und Angebote wie ein gemeinsames Festmahl oder gemeinsame Gebete für Frieden etc. – nicht nur im Ramadan – organisieren.

»Ich würde mich freuen, wenn die Moscheen solche Möglichkeiten [Bildungsprogramme wie Arabisch, Koranlesen, Prophetengeschichte u.Ä., H.Ö.] anbieten würden. Mehr Bildungsprogramme und für nicht muslimische Menschen mehr anbieten.«

Ein guter Imam zeichne sich neben einwandfreiem Wissen um den Islam sowie die anderen Weltreligionen durch Toleranz und Weltoffenheit aus.

Sie ist sich des Weiteren bewusst, dass Imame sie in guter Hinsicht beeinflussen können. Dies gelinge ihnen nur, wenn sie ernst genommen würden. Sonst haben auch sie – wie die Eltern – keine besonderen Einflussmöglichkeiten.

»In der Moschee, wenn ich die Imame über den Propheten oder über Liebe zu Gott erzählen höre, weine ich. Es gefällt mir sehr. Man überlegt danach zweifach, was man dann tut. Dass man mit seinen Mitmenschen gut auskommt, damit wir im Jenseits Gottes Segen bekommen.«

5.12 Maryam – »Glaube ist meine innere Polizei.«

Zur Interviewsituation

Maryam habe ich durch mein E-Mail-Rundschreiben kennengelernt. Bis zu unserem Interviewtermin haben wir uns über E-Mails ausgetauscht. An einem Montagmittag habe ich sie bei ihr zu Hause aufgesucht, um dieses Interview zu führen. Ich wurde sehr gastfreundlich empfangen und bewirtet.

5.12.1 Wer ist Maryam?

Die 22-jährige Maryam ist in Berlin geboren. Ihre Eltern kamen aus Tunesien mit dem Gedanken, hier zu arbeiten, um Geld zu verdienen. Nach spätestens zwei bis drei Jahren wollten sie wieder zurückkehren.

»Aber das hat bei keinem so richtig geklappt. Wir sind inzwischen hier geboren, aufgewachsen und haben geheiratet, haben Kinder bekommen. Aber unsere Eltern sind immer noch da. Einige sind leider schon verstorben, sie haben es nicht geschafft. Zurzeit denkt bei uns keiner an die Rückkehr. Meine Eltern wünschen sich das zwar, aber die Möglichkeiten verwehren das. Dazu braucht man viel Geld und Arbeit, und die gibt es weder hier noch in Tunesien.«

Sie selbst würde wegen des guten Wetters, der Verwandten und der freundlichen Menschen gerne in Tunesien leben, betrachtet es aber als unrealistisch. In ihrer Schulzeit erreichte sie die Allgemeine Hochschulreife. Nach dem Abitur nahm sie ein Studium zur Grundschullehrerin auf. Zurzeit studiert sie Mathematik und Grundschulpädagogik. Sie hat vor einigen Jahren einen Deutschen, der zum Islam konvertiert ist, kennengelernt und vor einigen Monaten geheiratet. Seit einigen Jahren besitzt sie selbst auch die deutsche Staatsbürgerschaft.

Während ihrer Schulzeit hatte sie überwiegend nicht muslimische Freunde, mit denen sie einiges unternahm: Kino- und Theaterbesuche, spazieren oder einkaufen gehen. Momentan hat sie wegen ihres Studiums keine Freiräume für solche Aktivitäten. Mit ihrem Ehemann besucht sie ihre Verwandten oder Schwiegereltern, die keine Muslime sind. Dorthin gehen sie gerne und verstehen sich glänzend mit ihnen. Überdies versucht sie, mit ihrem Ehemann kulturelle oder gesellige Veranstaltungen in Moscheen oder andernorts zu besuchen. Einige Male im Jahr trifft sie sich mit ihren alten Schulfreunden, um sich auszutauschen, gemeinsam einen Film anzuschauen oder Sport zu treiben. In einem Jugendverein ist sie daneben ehrenamtlich aktiv. Hier engagiert sie sich für die Belange und Schulprobleme muslimischer und nicht muslimischer Mädchen.

Maryam beschreibt ihre Beziehung zu ihren Eltern als »ein recht normales Verhältnis«. Sie hat zwar mit ihren Geschwistern eine arabische Schule besucht. Dort haben sie aber keine islamische Bildung erfahren, sondern wurden lediglich in die arabische Sprache und Grammatik eingeführt. Maryam lernte das Koranlesen und wichtige islamische Grundsätze von ihren Eltern. Augenblicklich ist sie aber der Meinung, dass ihre Eltern ihr nicht viel beigebracht hätten.

»Mit acht Jahren habe ich das Kopftuch getragen, aber das war eine reine Selbstinitiative. Ich hatte eben Lust, das Kopftuch anzulegen. Ich bin zu meinen Eltern gegangen und sie gefragt, ob ich ein Kopftuch tragen darf. Sie haben mir das freigestellt, aber mir gesagt, dass es noch zu früh ist und ich es nicht zu tragen brauche. Aber ich wollte es. In die Schule bin ich auch mit dem Kopftuch gegangen. Alle schauten mich merkwürdig an, aber nach ein, zwei Tagen haben sie sich an mein Tuch gewöhnt.«

Nach einigen Jahren schwand Maryam aber ihre Lust am Kopftuchtragen und sie wollte es wieder ablegen. Auf Ratschlag der Eltern hat sie sich nachhaltig mit dem Islam und mit seinen Bekleidungsvorschriften auseinandergesetzt, sodass sie diesen Wunsch rasch überwunden hat.

»Ich erzählte es meinen Eltern. Sie meinten: ›Warte es mal ab, informiere dich und lies mehr über den Islam! Vielleicht änderst du deine Meinung. Ja, *alhamdulillah* [Gott sei Dank, H.Ö.], so ist es auch gekommen.«

Auf die offene und lockere Art und Weise ihrer Eltern in Erziehungsfragen ist sie stolz und betrachtet diese Vorgehensweise als nachahmenswert. Körperliche Züchtigungen hat es in ihrer Familie nie gegeben, auch wenn sie bedeutende islamische Regeln gelegentlich verletzt habe.

»Meine Eltern sind mit uns sehr locker umgegangen. Sie erklärten uns einiges, hatten viel Geduld mit uns. Ich hatte mich eine Zeitlang auch geschminkt. Meine Mutter war damit nicht einverstanden. Sie sprach mit mir und sagte, dass sie das nicht als schön betrachtet und der Islam auf die natürliche Schönheit Wert legt. Obwohl ich wusste, dass es im Islam nicht so erlaubt ist, habe ich mich weiter geschminkt. Meine Mutter war sauer und hat mir immer wieder gesagt, dass ich das lassen soll, sonst werde sie mir meinen Schminkekasten wegnehmen. Dazu kam es aber nie. Ich habe erst vor Kurzem mit Schminken aufgehört, weil ich den Sinn verstanden habe. Also meine Eltern haben mich zwar aufgeklärt und manchmal ermahnt, aber sie haben mich nie geschlagen oder so.«

Maryam hat einige alltägliche Behinderungen und Beleidigungen als Muslima tunesischer Herkunft in Deutschland erlebt. Über die »schiefen Blicke« mancher Passanten ihr gegenüber ist sie beunruhigt.

»Auf der Straße, in Kaufhäusern und so erlebe ich, dass man mich schief anschaut, ab und zu erlebe ich auch blöde und komische Bemerkungen, wie ›Scheiß Muslim, scheiß Ausländer! Wirst du von deinen Eltern gezwungen, damit du das Kopftuch trägst?‹, und viele andere Dinge.«

Solche Bemerkungen lässt sie aber nicht unwidersprochen.

»Und wenn ich dann zu solchen Bemerkungen mich äußere, dann sind sie baff, weil sie denken, ich kann nicht einmal Deutsch, abgesehen davon, dass ich auch eine deutsche Staatsbürgerin bin.«

Sie hat wegen ihrer Bekleidungsart, vornehmlich wegen ihres Kopftuchs, Schwierigkeiten. An einen Vorfall kann sie sich besonders klar erinnern, der sie noch immer sehr deprimiert, weil sie derartige Reaktionen seitens gebildeter Menschen nicht erwartete. Seither macht sie vor allem einige der »gebildeten Menschen«, wie Politiker, Wissenschaftler, Journalisten etc., für die desolate Lage und die zunehmende Diskriminierung der Muslime in der Öffentlichkeit mitverantwortlich.

»Ich habe in September mein Praktikum in einem Gymnasium in Zehlendorf gemacht. Die ersten drei Wochen verliefen sehr gut. Am ersten Tag hatte mein Mentor einige Bedenken gegen mein Kopftuch. Er fragte mich, ob ich mein Tuch anbehalten möchte, wenn ich im Unterricht hospitiere. Ich bejahte es. Er sagte: ›Na gut.‹ Er hat danach nichts mehr gesagt. In der vierten Woche habe ich in einer anderen Klasse mit zwei weiteren Studentinnen hospitiert. Als die Klassenlehrerin mich sah, guckte sie mich so verwundert an. Später, als ich ihr im Gang begegnete, meinte sie zu mir: ›Ja, ich wollte es ihnen vor meinen Schülern nicht sagen. Aber bei mir bitte nicht mehr hospitieren! Sie tragen ein Kopftuch. Denn ihr Kopftuch ist ein Symbol für Fundamentalismus, ein Symbol für den radikalextremistischen Islam, und so was hat bei mir nichts zu suchen!‹ Ich war baff. Ich verneinte es und wir kamen in eine Diskussion. Ich erzählte ihr, dass ich das Kopftuch wegen meiner religiösen Auffassung trage. Daher kann und wird mein Tuch für gar nichts ein Symbol sein. Die beiden anderen Studentinnen bekamen dieses Gespräch auch mit und waren noch verletzter als ich. Sie haben diese Reaktion von dieser Lehrerin nicht verstanden. Sie konnten es nicht fassen, wie eine Lehrerin so reden kann. Sie haben ihre Verwunderung auch der Lehrerin mitgeteilt. Darauf war die Lehrerin überhaupt nicht froh und beendete dann die Diskussion. Und das ereignete sich eben in der letzten Woche, sodass ich dort glücklicherweise mein Praktikum beendet habe. Die Unterstützung von den beiden Studentinnen fand ich sehr wertvoll und beschützend. Ich wünschte, dass auch andere Nichtmuslime uns gegen Unrecht und Diskriminierung unterstützen. Diese Lehrerin sagte mir in diesem Gespräch fast alles, was so allgemein über Islam gesagt wird: ›Ja, der Islam unterdrückt die Frauen, Islam ist eben Schwert und Feuer, Islam ...‹ Für mich war diese Lehrerin wirklich ein Schock, weil das Lehrerkollegium eigentlich ganz nett war und alle anderen, bei denen ich hospitiert habe, mich sehr gemocht haben und von meinen Kompetenzen überzeugt waren. Aber nur diese Lehrerin hat mich nicht wegen meiner Kompetenzen, sondern wegen meines Kopftuches beurteilt und ausgeschlossen. Leider wurde mein Praktikum mit diesem Schock beendet. Bis heute verstehe ich diese blöde Diskussion über das Kopftuch und allgemein über den Islam und Muslime nicht. Wie können einige überhaupt sagen, dass mein Kopftuch ein Symbol für das und das ist? Und wie können einige überhaupt behaupten, im Islam ist Kopftuch nicht vorgeschrieben? Und überhaupt, wie kann man mir und Millionen von Frauen das Kopftuch verbieten? Ich fasse es nicht. Wie können aufgeklärte und gebildete Menschen so mit uns umgehen und solche Vorurteile haben? Zumindest müssten diese Menschen mehr über Islam und Muslime wissen.«

Demzufolge ist sie in Bezug auf die Zukunft der Muslime in Deutschland nicht optimistisch eingestellt. Dennoch ist sie selbst nicht verstummt und entmutigt, sondern erwartet vielmehr von ihren Glaubensgeschwistern in dieser Gesellschaft, vorbildlich weiterzuleben, bis der Islam und die Muslime als vertrauenserweckend anerkannt werden.

5.12.2 Dimensionen der Religiosität

5.12.2.1 Die Dimension des Glaubens

Maryam ist sich sicher, dass es einen einzigen Gott gibt. Ihr Gottesglaube ist sehr stark. Für sie ist Gott Erhalter und Beschützer der Menschen und anderer Geschöpfe, zugleich gnädig und mächtig. Er werde im Jenseits über seine Geschöpfe richten. Für sie ist Gott allein der wirkliche Eigentümer aller Geschöpfe und Gegenstände. Die Menschen haben von seinem Reichtum auf dieser Erde einiges geborgt bekommen, so Maryam.

Der Koran sei die unübertreffliche letzte Offenbarung Gottes und beinhalte die absolute Wahrheit. Er und die Sunna seien demnach für alle Zeiten und Menschen bestimmt.

Der Glaube an den Tod, an die Auferstehung und ein ewiges Leben im Jenseits sind in Maryams Leben zentral. Das Leben hätte in dieser Welt keine Bedeutung, wenn es kein Jenseits und kein ewiges Leben geben würde.

5.12.2.2 Die Dimension der religiösen Praxis

Das Beten ist für Maryam ein unvergleichliches Erlebnis. Sie hat vor zwei Jahren begonnen, den fünf täglichen Gebeten regelmäßig nachzukommen.

»Ein Leben ohne Gebete kann ich mir aus dieser Sicht heute nicht mehr vorstellen, denn das Gebet ist neben dem *Dua* [Bittgebete, H.Ö.] die einzige Verbindung zu Allah. Wenn man diese nicht einhält, dann finde ich es als Heuchelei.«

Die fünf täglichen Gebete und die anderen Bittgebete stärken ihre Frömmigkeit, daher würde sie sich ohne solche Gebete nicht religiös einschätzen.

»Ich würde heute jedem empfehlen zu beten, das ist wirklich ein gutes und schönes Gefühl.«

Wesentlich früher, mit zehn Jahren, hat sie mit dem Fasten im Monat Ramadan begonnen. Mit den fünf täglichen Gebeten hatte sie deshalb Schwierigkeiten, weil sie zuvor den Sinn des Gebetes nicht verstand, nicht regelmäßig betete oder fastete.

»Wenn man weiß, warum man etwas tut, dann ist man motivierter. Heute kann ich ohne Gebete, Fasten, *Dua* nicht. Wenn ich mal zum Beispiel ein Gebet verpasse, dann fühle ich mich innerlich sehr unwohl. Das Fasten im Monat Ramadan ist was Besonderes. Da ist auch viel los. Man fühlt die Wärme der Menschen und da ist man anders drauf, irgendwie noch menschlicher als in den anderen Monaten.«

Die islamische Trauung (*Nikah*) hat sie bereits vollzogen. Eine standesamtliche Trauung wird in einigen Monaten folgen. *Nikah* ist für sie deshalb bedeutend, weil damit die Eheschließung bekannt wird. Überdies dient der *Nikah* ihr zur Schärfung des Bewusstseins, warum und wozu sie geheiratet hat, dass diese Heirat ausdrücklich auch für das jenseitiges Leben geschlossen wird. *Nikah* zeige, dass »der Ehemann und die Ehefrau auf dieser Erde sich gegenseitig beschützen sollen und Hand in Hand arbeiten sollen, damit sie im Jenseits Segen Allahs für ein ewiges Leben im Paradies bekommen«.

Daraus erschließt sich Maryam die Bedeutung der islamischen Trauung, die sie den Muslimen empfiehlt. *Nikah* sei als etwas Verbindliches anzusehen, durch das der Sinn einer Vermählung und die Gründung einer Familie fühlbarer werden.

5.12.2.3 Die Dimension der religiösen Erfahrungen

Daran, dass der Mensch einen Glauben benötigt, zweifelt sie nicht, da der Glaube erst den Lebenssinn erkläre. Durch den Glauben erfährt sie, was sie zu machen und wie sie sich zu verhalten hat. Zudem könne mit einem Glauben vernünftig zwischen Gut und Böse unterschieden werden. Durch ihren festen Glauben an das Jenseits setzt sie sich auf dieser Erde Grenzen. Auch wenn sie für sichallein ist – sie ist sich stets bewusst, für all ihre Taten im Jenseits vor Gott Rechenschaft ablegen zu müssen. Daher betrachtet sie ihren Glauben als ihre »innere Polizei«. Dieser Glaube schützt sie somit vor unsittlichem und abweichendem Verhalten.

»Und dieser Glaube ist meine innere Polizei. Das heißt, wo mich keiner sehen kann, könnte ich ja alles machen. Aber ich mache es trotzdem nicht, weil ich weiß: Allah sieht mich immer. Deshalb würde ich nie mit diesem Glauben zum Beispiel klauen, hinter einem Menschen lästern und so.«

In kritischen Situationen sind ihr Glaube und ihr Schöpfer Trost und Mut, die ihr ins Bewusstsein rufen, dass das Leben auf dieser Erde endlich ist und sie ein unendliches und glückseliges Leben im Jenseits erwartet. Mit diesen Gedanken kann sie sich vor Depression und Missmut bewahren.

5.12.2.4 Die Dimension des religiösen Wissens

Maryam ist unzufrieden damit, dass sie viele Themenbereiche ihres Glaubens nicht einwandfrei beherrscht. Deshalb bemüht sie sich seit einigen Jahren nachhaltig, an Bildungsveranstaltungen teilzunehmen. An religiöser Weiterbildung ist sie sehr interessiert, beklagt aber die ungenügenden Angebote. Zumeist ist sie auf sich allein gestellt und versucht ihre Bildungsmängel über ihre Religion durch Selbststudium zu beheben.

»Ich lese Bücher über Islam inzwischen wieder leider unregelmäßig. Ich lese zurzeit eine Zeitschrift, wo auch vieles über Islam steht, da kann man auch sein Wissen erweitern. Ich kann nicht so lange lesen und nicht ein ganzes Buch zu Ende lesen. Heute muss ich auch für die Uni viel lesen, sodass ich über Islam heute immer so zwischendurch lese.«

Falls sie überhaupt nicht weiterweiß, wie sie sich religiös verhalten soll, oder wenn sie auf ihre religiösen Fragen keine Antworten findet, fragt sie ihren Ehemann oder versucht im Internet oder durch E-Mail-Anfragen an ihre Freunde Aufklärung zu finden. Sehr hilfreich ist für sie auch ihr Frauengesprächskreis, in dem die Teilnehmerinnen einander helfen.

5.12.2.5 Die Dimension der Konsequenzen aus religiösen Überzeugungen

Kindererziehung ist für Maryam eine wichtige Aufgabe, der sich die Familie und darüber hinaus die Gesellschaft insgesamt zu stellen habe. Mit dem heutigen Erziehungs- und Bildungsverständnis ist sie nicht einverstanden, weil die religiöse Komponente meistens ausgeklammert wird. Folglich verlangt sie, dass den Kindern die religiösen Grundsätze unverfälscht vermittelt werden, damit es nicht zum Werteverfall in der Gesellschaft kommt. Kinder und Jugendliche würden mit ihrem Leben besser zurechtkommen und vor schlechtem Betragen bewahrt sein, wenn ihnen die Werte, die sich aus der Religion ableiten, rechtzeitig vermittelt würden. Zu diesem Zweck wird sie ihre Kinder frühzeitig in die religiösen Grundsätze einweisen und ihnen die islamischen Gebote und Verbote verständlich ans Herz legen.

»Heute wird das leider immer verdrängt. Die wichtigen Werte verlieren! Sie werden nicht mehr als verbindlich angesehen. Kein Respekt vor Älteren; Freundlichkeit, Hilfsbereitschaft ist out; Lügen, Hass, Überheblichkeit ist in. So kann es nicht weitergehen, wird es auch nicht. Mit einem Glauben tut man eben viel Gutes, weil man ja mit den Gedanken aufwächst: ›Ich werde eines Tages sterben und für alle meine Taten werde ich vor Gott Rechenschaft ablegen. Er wird mich belohnen oder bestrafen.‹ Und diesen Gedanken sollten wir auch den Kindern und Jugendlichen vermitteln. Ich denke, dass sie mit diesem Gedanken sich noch besser schützen können – vor Drogen, Klauen, Gewalt und so weiter.«

Da heutzutage vorwiegend Eltern und Verwandte dauerhaft an das islamische Verbot des ehelosen Beischlafs erinnerten, verkennen die Jugendlichen in Maryams Sicht den Sinn dieses göttlichen Verbots und schrecken vor solch »großer Sünde« nicht zurück. Maryam wünscht sich deshalb, dass den Jugendlichen der Sinn dieses Verbots geduldig erläutert wird.

»Man sollte hier den Sinn in den Vordergrund rücken, nicht das Verbot alleine. Viele sehen nur dieses Verbot. Sie denken ja: ›Es ist verboten! Das darfst du nicht und dies darfst du nicht!‹ Solche Gedanken treiben die Jugendlichen erst dazu. Eins ist absolut klar: Gott hat nicht aus Spaß dieses uns verboten, dahinter steckt ein großer Sinn. Und wenn man den Sinn versteht, dann wird man sich auch an dieses Verbot halten, weil man ja selbst davon profitiert.«

Für sie war die Ehe nur mit einem Muslim denkbar, weil Ehepaare mehr Gemeinsamkeiten haben sollten als Unterschiede. Die gleiche Religion gehört für sie dazu. Wenn die Ehepaare nicht die gleichen Werte und Normen verträten, dann würde es in dieser Ehe, schon allein bei der Kindeserziehung, zu Konfrontationen kommen, die die Harmonie einer Ehe aushöhlen würden. Ihre Integration in diese Gesellschaft behindert nicht der Islam, sondern einige muslimische und nicht muslimische Menschen aus ihrer Umgebung. Der Islam fördert ihre Integrationsbereitschaft und unterstützt sie bei diesem Prozess.

»Wenn man den Islam näher betrachtet, wird man sehen, dass der Islam eine Integration sogar von Muslimen fordert, denn ein Muslim muss mit der Gesellschaft, mit seinen Nachbarn und so weiter gut zusammenleben. Er soll mit ihnen gerecht und freundlich umgehen, er darf sie nicht kränken oder gar verletzen. All die sozialen Sachen sind im Islam fest verankert. Nur wir, die Menschen, kennen es nicht und viele Muslime kennen es auch nicht. Dann sagen sie: ›Nee! Deutsche, mit denen wollen wir nicht.‹ Das kommt halt nicht vom Islam, sondern aus den Vorstellungen dieser Menschen, aus ihrer Unwissenheit.«

Seitdem sie sich mit dem Islam intensiv auseinandersetzt, erkennt sie, dass der Islam ein harmonisches Zusammenleben aller Menschen idealisiert, was einer Integration in die hiesige Gesellschaft nicht im Wege stehe.

»Der Islam leidet unter der Unwissenheit der Muslime und der Nichtmuslime. Ich habe es selber auch vor einigen Jahren entdeckt, dass der Islam ein gutes Zusammenleben fördert. Ich denke, mit der Zeit, wenn wir alle daraufhin arbeiten, wird es klappen!«

Dass es im Glauben keinen Zwang und keine Gewalt gibt und geben darf, war ihr nie anders bekannt. Jedwede Gewaltverübung, abgesehen von Notwehr, verurteilt sie folgerichtig als unislamisch und verwerflich.
     Mit einer Klarstellung wendet sie sich an die Gesellschaft:

»Man sieht es ja, die muslimischen Jugendlichen, die ihren Glauben ernst nehmen und praktizieren, fallen nicht so in der Gesellschaft auf. Keine Kriminalität, Körperverletzung, Drogen, Alkohol und so weiter! Und das sollte diese Gesellschaft endlich sehen und anerkennen. Die, die trotz ihres Glaubens das machen, nehmen den Islam nicht ernst, sie heißen oder bezeichnen sich selbst lediglich muslimisch.«

5.12.2.6 Einstellung und Bindung an Moschee und Imame

Maryam besucht wöchentlich ein- bis zweimal einen Verein, der von jungen Männern und Frauen vor einigen Jahren in Berlin initiiert worden ist. Hier organisieren sie gemeinsam Bildungs- und soziokulturelle Veranstaltungen. Darüber hinaus ist ihr Wissensstand – bezogen auf andere muslimische Organisationen – spärlich, sie maßt sich nicht an, deren Arbeit zu beurteilen. Maryam insistiert, dass Menschen in ihrer Urteilsbildung besonnener werden, um andere nicht in Gefahr zu bringen oder ausgegrenzt zu werden.

»Würde ich sie bewerten, ohne einen wirklich zu kennen oder mit ihm gesprochen zu haben – wie es in dieser Gesellschaft leider üblich geworden ist –, bildet man sich seine Meinung. Und diese Meinung ruht nur auf Informationen, die man entweder von da oder dort gehört hat oder auf Medienberichten. Keiner hinterfragt diese Informationen. Das ist sehr, sehr gefährlich, denn ich als Muslima weiß ganz genau, dass viele, viele Berichte und Informationen über den Islam und die Muslime falsch sind. Ich finde solche Vorgehensweisen unmenschlich und nicht korrekt.«

Durchgehend lehnt sie Gruppierungen und Organisationen strikt ab, die sich nicht dem Islam geradlinig und glaubwürdig hingeben. Hinzu kommen auch alle, die es auf »Hass und Unruhe« in der Gesellschaft anlegen.
     Prinzipiell pflegt sie den Gang zur Moschee. Einen festen Zeitplan über ihre Moscheebesuche hat sie aber nicht. Als ihr Frauengesprächskreis sich

in einem Nebenraum einer Moschee getroffen hatte, war sie fast jeden Freitagabend dort. Heute sind ihre Moscheebesuche spärlicher. Im Monat Ramadan und zu den verehrten muslimischen Tagen wie Geburtstag oder Himmelfahrt des Propheten Muhammed bemüht sie sich, in die Moschee zu gehen, um am gemeinschaftlichen Gebet teilzunehmen.

Auf die Frage, woran sie zunächst denkt, wenn sie das Wort »Moschee« hört, antwortet sie mit der Farbe »grün«, Gebet und Frieden. Die Moschee ist für sie Gotteshaus, das allen unverkennbar offen steht. Die ureigene Aufgabe der Moschee sei die Kommunikation zwischen den Gläubigen, für die Angebote in der deutschen Sprache unentbehrlich seien.

»Jeder muss das Gefühl haben, willkommen zu sein. Wenn ich aber in eine türkische Moschee gehe, verstehe ich nichts; wenn ein Türke in eine arabische Moschee geht, versteht er auch nichts. Das darf nicht sein. Zumindest sollten die Menschen dort Deutsch anbieten und sprechen, die Landessprache sollte nicht dort die Moschee beherrschen.«

Die Ausrichtung nach der Herkunftssprache und -kultur verursache, dass sich viele Moscheegemeinden in Deutschland gegründet hätten, die weder miteinander kooperieren noch für einen Austausch eintreten können. Viele in den Moscheegemeindevorständen wiesen keine deutsche Sprachkompetenz auf, was wiederum dafür sorge, dass der Islam, speziell die Lebenswelt der Muslime, nicht zutreffend repräsentiert werde.

»Ich denke, dass die vieles machen, viele Programme anbieten, helfen ... aber leider nur von Herkunftssprache getragen. Sie kooperieren auch nicht miteinander, obwohl sie örtlich nicht so weit auseinander liegen. Ich wünsche mir, dass die auch einige gemeinsame Programme machen, wie ein großes Fest für alle, auch für Nichtmuslime. Denn wir müssen den Islam richtig darstellen. Von Nichtmuslimen können wir es nicht erwarten, nur wünschen.«

Für einen guten Imam sei unerlässlich, dass er über ein überdurchschnittliches Wissen über den Islam und über solides Allgemeinwissen verfüge. Vorzüglich sei ein verheirateter Imam, der die Sorgen und Probleme der Familien besser analysieren und deuten kann. Ergänzend halte er realistische und verständliche Predigten. Dass ein Imam ein mustergültiges Verhalten hat und sich über seine Gemeindearbeit aktiv an gesellschaftlichen Aktivitäten beteiligt sowie eine ausreichende Kompetenz der deutschen Sprache besitzt, müsse selbstverständlich werden. Mittlerweile erfreut sich Maryam an der neuen Generation von Imamen in den Moscheen, die stets gemeinnützige Aufgaben wahrnehmen. Mit Glück erfüllt sie, dass in manchen Moscheegemeinden die Freitagspredigten und andere Veranstaltungen in deutscher Sprache stattfinden. Den erfolgreichen und qualifizierten

Imamen gebühre seitens der Moscheegemeinden ein höheres Verdienst und seitens der Gesellschaft würdige Anerkennung für diese integrativen Bestrebungen.

»Wie ein Pfarrer oder ein Rabbiner für ihre positive Haltung und Einflussnahme auf Jugendliche gelobt und gewürdigt werden, so sollten auch die Imame gewürdigt und gelobt werden. Sie leisten wirklich sehr sinnvolle und gute Arbeit, obwohl sie keine richtig fundierten Ausbildungsmöglichkeiten in dieser Gesellschaft haben. Sie leisten trotz der mager bezahlten Stelle gute Arbeit. Ich kenne einen Imam, der mich wirklich positiv beeinflusst hat – leider ist er aber wieder zurückgekehrt.«

6. Dimensionsbezogene Auswertung: islamische Religiosität und Integration

Der Anspruch dieser Studie ist, die Religiosität muslimischer Jugendlicher unter Berücksichtigung der bisherigen Forschungen und Berichte zum Themenfeld »Jugend, Religiosität und Integration« zu untersuchen. Somit standen in Berlin lebende Muslime zwischen 16 und 25 Jahren im Mittelpunkt der Analyse. Dabei sollten die muslimischen Jugendlichen, anders als in den von mir untersuchten und kritisierten Studien und Arbeiten (Kap. 2.1), als handelnde Subjekte in den Mittelpunkt gestellt werden, um den »Bildern aus zweiter Hand« eine Sichtweise »aus erster Hand« kontrastierend gegenüberzustellen.

Im Folgenden werden die vorangehende personenbezogene Auswertung und auch die Kernaussagen der interviewten muslimischen Jugendlichen einer Querschnittsanalyse unterzogen, um eine zusammenfassende Bewertung der Gespräche vorzunehmen. Dabei werden die Dimensionen der Religiosität sowie Einstellung und Bindung an Moschee und Imame behandelt. Das Ziel dieser dimensionsbezogenen Auswertung ist die Klärung der Forschungsleitfragen.

6.1 Religiosität

6.1.1 Die Dimension des Glaubens

Glauben die muslimischen Jugendlichen entsprechend den islamischen Glaubensgrundsätzen?

Sie glauben entsprechend den islamischen Glaubensgrundsätzen, wenn sie an die sechs Glaubensgrundsätze, nämlich den Glauben an Allah – den einen Gott –, an die Engel, an den Koran und die anderen Offenbarungsbücher, an Muhammed als den letzten Gesandten und alle anderen

Gesandten Gottes, an die Auferstehung und an die Vorherbestimmung (sei es im Guten oder im Schlechten), im freien Willen und bewusst glauben. Diese Überzeugung (*iman*) umfasst zwei Pflichtteile: das rein äußerliche Bekunden der Zugehörigkeit zum Islam durch das bewusste und im freien Willen ausgesprochene Glaubensbekenntnis (*schahadah*) sowie die Verinnerlichung des zunächst nur verbal abgelegten Glaubensbekenntnisses.

In der Befragung wird Gott als Schöpfer des Universums und der Menschheit, einzig, gerecht, allmächtig und barmherzig beschrieben. Folgerichtig betont Fadimah, dass alle Lebewesen und das Universum ihre Schöpfung Gott verdanken. Stefan beschreibt sein Gottesbild, indem er Gott als den Erhabenen und Erhalter des Universums bezeichnet, der gerecht, unabhängig, weder männlich noch weiblich ist und keinerlei Beistand benötigt, weder Anfang noch Ende hat und allwissend ist. Daneben weisen die Jugendlichen in diesem Zusammenhang darauf hin, dass Gott der Richter über die Menschen im Jenseits sein wird, der sie über ihre diesseitigen Taten zur Rechenschaft ziehen wird.

Die Jugendlichen teilen auch einhellig die Überzeugung, dass der Koran das heilige Offenbarungsbuch Gottes ist, das durch den Gesandten Muhammed an die Menschen verkündet worden ist. Überdies sind sie von der Wahrheit und Echtheit des Korans überzeugt und widersprechen durchweg der Meinung, dass manche Aussagen des Korans und der Sunna veraltet und unmodern sind und man deshalb auf einige Gebote und Verbote verzichten kann. Der Koran stellt für sie die letzte und endgültige Offenbarung Gottes dar. Gülsüm erklärt, dass der Islam eine unvergänglich gültige Religion ist. Daher könnten Gottesoffenbarungen, die im Koran niedergeschrieben sind, weder veraltet noch unmodern sein. Auch Orhan und Kenan, sporadische Moscheebesucher, sind von der Verbindlichkeit und Wahrhaftigkeit des Korans überzeugt. Andere, wie Aische, Firdevs und Maryam, weisen darauf hin, dass etwaige Fehler nicht im Koran, sondern in den Übersetzungen gesucht werden sollen. Entrüstet sind sie von Missinterpretationen, die von einigen Personen oder Gruppen bewusst eigennützig praktiziert werden, damit sie ihre Ideologie untermauern können.

Den Glauben an den Tod, an die anschließende Auferstehung und an ein ewiges Leben entweder im Paradies oder in der Hölle teilen alle Jugendlichen. Nicht einer hat diese Glaubensgrundsätze in der Befragung abgelehnt.

Folglich ist der Glaube an die sechs Glaubensgrundsätze, unabhängig von der Frequenz ihrer Moscheegänge, bei allen befragten Jugendlichen vorhanden. Zu ähnlichen Ergebnissen kamen auch Fuchs-Heinritz (2000, S. 175ff.), Karakaşoğlu (2000, S. 99) und Alacacioğlu (2003, S. 101f.).

6.1.2 Die Dimension der religiösen Praxis

Vollführen die muslimischen Jugendlichen die spezifisch islamischen Praktiken?

Die muslimischen Jugendlichen kommen diesen nach, wenn sie den fünf Hauptpflichten des Islam – die Glaubensbezeugung, die fünf tägli-chen Gebete, das Fasten im Monat Ramadan, die Pflichtabgabe und die Pilgerfahrt[1] – zustimmen und diese entsprechend befolgen. Hinzu kommt welchen Wert sie der religiösen Vermählung zuweisen.

Die Jugendlichen haben bei der Befragung Gebeten allgemein eine große Bedeutung beigemessen. Nahezu alle können sich eine Religion, ja ein Leben ohne Gebete nicht vorstellen.

Zehra etwa hat bereits in ihrem zehnten Lebensjahr angefangen, die Gebete täglich zu verrichten, doch setzte sie für einige Jahre – für sie bis heute unerklärlich – aus. Dominik kommt seit ihrem Übertritt zum Islam den vorgeschriebenen Gebetspflichten nach, weil sie ohne Gebete Nachtei-le befürchtet und das Gebet als einen wichtigen Bestandteil des Glaubens empfindet. Keine Motivation findet hingegen Kenan für Gebete im jungen Alter: Täglich zu fest vorgeschriebenen Zeiten zu beten und sich vorher noch einer Waschung zu unterziehen, sei ihm zu anstrengend. Er hat sich aber fest vorgenommen, spätestens ab seinem 40. Lebensjahr damit zu be-ginnen, um sich noch ein ewiges Leben im Paradies zu ermöglichen.

Dagegen sind Bittgebete, besonders in Notlagen, in der Lebenswelt der befragten muslimischen Jugendlichen ein zentrales Hilfsmittel. Kenan und Orhan beispielsweise ersuchen Gott durch ihre innigen Bittgebete um Bei-stand. Zehra ist hochbeglückt, dass Gott ihre Bittgebete erhört (vgl. auch Alacacioğlu 2003, S. 100-105; ZfT 2005b, S. 22-25).

Der Ramadan ist für alle emotional konnotiert und stärkend. Befragte wie Kenan und Orhan, die die fünf täglichen Gebete vernachlässigen und kaum über eine Moscheebindung verfügen, pflegen dennoch im Fasten-monat die Gebete und Moscheebesuche (vgl. Alacacioğlu 2003, S. 104f.; Frese 2002, S. 150ff.). Vom Alkoholkonsum lassen sie vollends ab; die in Kneipen und Bars verbrachte Zeit wird wesentlich kürzer; der Moschee-gang häuft sich, sowohl bei den Männern als auch bei den Frauen. Zehra und Maryam nehmen besonders am Gemeinschaftsgebet in der Moschee teil und kommen der Fastenpflicht gern nach, weil sie während des Fas-tens bedächtig sind und spürbarer die Situation von hungernden Men-schen wahrnehmen. Durch das Fasten erlangen sie mehr Besinnlichkeit. Emin und Firdevs schätzen und ehren den Ramadan darüber hinaus auch,

---

1 | In der Befragung wurden die Pilgerfahrt und die Pflichtabgabe nicht nä-her untersucht, da hier die Jugendlichen befragt wurden, die nach dem islamischen Recht (noch) nicht die Voraussetzungen erfüllen und somit auch von diesen Pflich-ten befreit sind.

weil nahezu alle Muslime sich in ihren Organisationen in diesem Monat wohltätig engagieren. Sie wünschen sich daher solche vielseitigen Programme auch über den Ramadan hinaus. Benjamin und Stefan fasten nach anfänglichen Erschwernissen den gesamten Monat über gern, seitdem sie sich über den Sinn und Zweck des Fastens besser informiert haben. Kein Alkohol, häufige Moscheebesuche und ein Familienleben sind das Ergebnis. So kehrt im Ramadan Frieden und Segen in Fadimahs Familie heim – eine Stimmung, die sie sich im ganzen Jahr wünscht.

Die islamische Trauung (*Nikah*) ist Dominik wichtig: »Man gibt sich vor Allah das Ja und bittet um Gnade und Segen.« Gülsüm hat nach der standesamtlichen die islamische Trauung vollzogen. Maryam hingegen steht nach ihrer islamischen Trauung die standesamtliche bevor.

Die Jugendlichen bewerten den Einfluss des Islam auf ihr Leben uneingeschränkt als positiv. Der Islam bewahrt ihr Leben vor Gefahren und Exzessen, solange sie seinen »Ratschlägen« folgt, so Dominik. Angesichts seiner konstruktiven Entwicklung ist Benjamin Gott sehr dankbar – auch dafür, dass er den Sinn hinter den Geboten und Verboten verstanden hat. Seitdem setzt er sie bewusst und selbstständig in die Tat um. Durch diesen Lebenswandel hat er seinen Lebensalltag geordnet. Islamische Vorschriften haben auch Kenans Lebenswelt einen nicht unerheblichen Einfluss: Wenn er mit seinen nicht muslimischen Freunden unterwegs ist, achtet er darauf, dass er kein Schweinefleisch verzehrt. Gottesfurcht befreite Orhan vom Drogenkonsum. Auch verdankt er seinem Glauben, dass er bisher weder gestohlen noch ein anderes strafbares Verhalten an den Tag gelegt hat. Aisches Lebenswelt dagegen ist nur zeitweilig von den islamischen Werten und Normen getragen; nach einer Missetat aber hinterfragt sie ihre Handlungen, indem sie sich an das jenseitige Leben erinnert. Der Islam habe ihn aus dem Drogen- und Alkoholmilieu befreit, schwärmt Stefan. Islamische Vorschriften und der Glaube stellen für ihn eine Schutzmauer gegen unsittliche und kriminelle Verhaltensweisen dar. Emin hebt hervor, dass sein Leben ohne den Islam durchaus anders wäre, da sich seiner Ansicht nach momentan mehr tadelnswerte als tadellose Vorbilder finden lassen. Durch den Islam kann er sich vor solchen abweichenden Verhaltensweisen und Personen hüten, indem ihm besonders durch seinen Jenseitsglauben immer bewusst wird, dass sein Leben auf dieser Erde vergänglich ist und er für all seine Taten im Jenseits vor Gott Rechenschaft ablegen wird. Dieser Glaube macht ihn zu einem »geduldigen und frommen Menschen«. Seine bisherigen schulischen und beruflichen Erfolge verdankt er dem Islam, weil dieser ihn unaufhörlich auf seine Bildung, Ehrlichkeit, Hilfsbereitschaft, Großzügigkeit und vorbildliche zwischenmenschliche Beziehungen aufmerksam macht. Ähnliche Befunde stellt Hermann Tertilt in seinem Buch »Turkish Power Boys« vor (vgl. Tertilt 1996; Brettfeld/ Wetzels 2003, S. 307; Schiffauer 2000).

Danach erkennen alle Befragten die Säulen des Islam an, kommen aber nur sehr unregelmäßig den Hauptpflichten nach. Während viele nur eine temporäre Bindung an die fünf täglichen Gebete haben (vgl. Frese 2002, S. 148f.; Alacacioğlu 2003, S. 103f.), hegen sie für das Fasten im Ramadan erheblich mehr Zuneigung. Sodann sind alle Befragten mit einer standesamtlichen Trauung allein nicht zufrieden, weil sie durch eine islamische Trauung (*Nikah*) Gottes Segen und somit ein stabileres Familienbündnis erstreben.

6.1.3 Die Dimension der religiösen Erfahrungen

Wie erleben die muslimischen Jugendlichen den islamischen Glauben? Was bedeutet der Islam für sie? Was erwarten sie von der Religion?

Die befragten Jugendlichen, ob mit Moscheebindung oder nicht, vertreten den Standpunkt, dass der Mensch eine Religion oder zumindest den Glauben an ein höheres Wesen benötigt. Damit erkennen die Menschen den Lebenssinn und verhielten sich dementsprechend. Auch benötige der Mensch eine Religion, weil er dadurch eine Orientierung, einen Halt und eine Richtlinie erhalte. Für Kenan und Firdevs ist der Glaube stabilisierend, ungeachtet des Ausmaßes des Regelverhaltens. Daher erwarten sie, dass Religion in dieser Gesellschaft nicht diskreditiert wird. Wenn Religion für Menschen abkömmlich wäre, hätte Gott – so Orhan – keine Religion offenbart und keine Gesandten auserwählt. Gülsüm kann durch ihren Glauben an den Islam ihr Ego und ihre Triebe besser kontrollieren und bändigen, da sie fest daran glaubt, dass Gott sie allerorts sieht und hört – auch wenn sie alleine ist: Durch ihren Jenseitsglauben kann sie sich im Zaum halten. Maryam hat durch ihre Religion den Lebenssinn verstanden und kann zwischen Gut und Böse besser unterscheiden; so weiß sie immerzu, wie sie sich zu verhalten hat. Durch diesen Glauben werden ihr auf dieser Erde Grenzen gesetzt, damit sie nicht entgleist und sündigt. Sie betrachtet ihren Glauben daher als ihre »innere Polizei«, die sie vor unsittlichem und abweichendem Verhalten bewahrt. Nach tief gehendem Selbststudium hat Stefan erkannt, dass der Mensch ohne eine Religion auf dieser Erde nicht existenzfähig ist, weil er dann von einem orientierungs- und ordnungslosen Leben bedroht ist.

Den Islam definieren die Befragten häufig mit Frieden, Gottes- und Menschenliebe, Hoffnung, Glückseligkeit und Fleiß (vgl. Fuchs-Heinritz 2000, S. 176f.; Karakaşoğlu 2000, S. 99). Stefan beispielsweise begreift den Islam auch als Unterstützer für die Vorbereitung auf das Leben in der Ewigkeit und ein bewusstes und frommes Leben auf der Erde. Emin empfindet den Islam als eine Religion, die ihn in jeder Hinsicht positiv erzieht und zum »wahren Frieden« führt. Der Islam liefert auch auf seine diffizilen Fragen verständliche Antworten. Des Weiteren erhält er durch die islamischen Regeln eine Richtlinie, wie er sich zu verhalten hat, damit er im Jenseits von Gott mit dem Paradies belohnt werden wird.

Der Islam stellt in der Lebenswelt der befragten muslimischen Jugendlichen einen wichtigen Zufluchtsort dar. Besonders in Notlagen wenden sich die befragten Jugendlichen durch Gebete – insbesondere durch persönliche Bittgebete, um Gottes Beihilfe zu erlangen – ihrer religiösen Seite verstärkt zu. So berichtet Zehra, dass ihr Glaube und ihre Gebete an Gott für sie in schwierigen Zeiten ein Notanker sind. Vor prekären Situationen oder wichtigen Ereignissen wie Prüfungen fixiert sie sich vornehmlich auf Bittgebete und versucht darüber hinaus, auch vor und während solcher Tage die fünf täglichen Gebete auszurichten. Auch Fadimah nimmt sich gerade in Zwangslagen wesentlich mehr Zeit für Gebete und Bittgebete als im normalen Alltag. Benjamin ist froh, dass der Islam ihn vor Miseren und Hoffnungslosigkeit beschützt. Die islamischen Regeln, die er alltäglich befolgt, dienen ihm besonders in solchen Notlagen als Stütze, um nicht frustriert aufzugeben. Gülsüm dagegen hält die Verbindung zum Islam und zu Gott auch bei Erfolgen und glücklichen Situationen aufrecht.

6.1.4 Die Dimension des religiösen Wissens

Wie schätzen die muslimischen Jugendlichen ihr religiöses Wissen um den Islam ein und was sind diesbezüglich ihre Anliegen?

Bei den Interviews wurde auf die direkte Abfrage des Wissens über den Islam verzichtet, da dies einerseits ein weit gespanntes Instrumentarium erfordert und in einem persönlichen Gespräch das Abfragen eine »Test«-Stimmung erzeugt hätte. Folglich wurden lediglich die Rezeption des eigenen Wissens zum Islam sowie das Interesse an religiöser Weiterbildung erfragt.

Alle Befragten gaben an, über die eigene Religion nicht ausreichend und fundiert informiert und unterricht zu sein (vgl. Alacacioğlu 2003, S. 108; Fuchs-Heinritz 2000, S. 167). Zehra, Aische und Kenan etwa sind mit ihrem religiösen Kenntnisstand nicht zufrieden. Daher ist Aische immer betrübt, wenn sie über ihren Glauben befragt wird, aber sie sich aufgrund ihrer Wissenslücken nicht in der Lage sieht, kompetent darauf zu antworten. Gülsüm schätzt ihr religiöses Wissen ebenfalls als defizient ein. Doch wenn sie sich mit ihren muslimischen Freundinnen und Freunden vergleicht, dann ist sie sehr froh, besser über den Islam informiert zu sein, als das bei ihnen der Fall ist. Fadimah hat zwar früher einige Jahre eine »arabische Schule« besucht, wo sie ausschließlich eine Einführung in die arabische Sprache und Grammatik und nebenbei eine religiöse Unterweisung in den Islam erhalten hat, dennoch stellt sie heute fest, dass ihr religiöses Wissen ziemlich unzureichend ist.

Die wenigsten unter den befragten Jugendlichen haben eine sogenannte »Koranschule« in einer muslimischen Organisation oder Moscheegemeinde besucht. Darüber hinaus erklären durchweg alle Befragten die religiöse Erziehung und Bildung ihrer Eltern als bescheiden und ziemlich oberflächlich. Sie beklagten, dass ihre Eltern kein gesichertes und tief gehendes Wissen vom Islam haben. Die meiste islamische Bildung zu Hause wirkte auf sie daher sehr intuitiv und floskelhaft.

Sodann kritisierten sie ausnahmslos das Fehlen von Weiterbildungsmöglichkeiten, um sich mit der eigenen Religion beschäftigen zu können. Vor allem die desolate Versorgung der muslimischen Schülerinnen und Schüler mit einem islamischen Religionsunterricht und die inadäquate Behandlung des Islam in Schulfächern wie Geschichte finden sie herabwürdigend (vgl. Alacacioğlu 2003, S. 110f.; Roth 2003, S. 135ff.). Aische bekräftigt, dass sie gerne mehr über ihre eigene und andere Religionen kennenlernen möchte, aber nach der Schule nicht die Zeit und Lust findet. Daher wünscht sie sich solche Gelegenheiten im Schulunterricht.

Daraus folgt die Forderung nach einer generellen Einführung von islamischem Religionsunterricht in den Grund- und Oberschulen in Deutschland. Einige Befragte bedauerten, dass Publikationen über den Islam in deutscher Sprache verhältnismäßig notdürftig sind und darüber hinaus viele dieser Veröffentlichungen nach ihrem eigenen Verständnis entweder in einer auffällig wissenschaftlichen Sprache oder in einem provokativen Stil geschrieben sind. Dominik, die hauptsächlich über die deutsche Sprache Zugang zu islamischen Themen hat, vermisst angemessene Publikationen. Die derzeit erhältlichen Bücher in deutscher Sprache über den Islam sind für sie überwiegend unvollkommen oder polemisch. Ferner fühlen sich viele der befragten Jugendlichen in dem Erlernen der eigenen und anderer Religionen alleingelassen. Daher behelfen sich diese Jugendlichen, indem sie ihr Wissen durch Selbststudium untereinander austauschen oder durch gemeinsame Lesungen ihren Wissenshorizont erweitern. Benjamin beispielsweise wohnt dreimal wöchentlich einem Gesprächskreis bei, um sich mit den Teilnehmern über islamische Themen auszutauschen und bei gemeinsamer Lektüre fortzubilden. Auch Maryam nimmt deshalb einmal wöchentlich an einem Frauengesprächskreis teil. Emin konnte seinen unzureichenden Wissensstand über den Islam nicht ertragen und hatte vergeblich versucht, diese »offene Seelenwunde« zu beheben. Er fand aber hierzulande keine passende Möglichkeit, sodass er sich entschlossen hat, in der Türkei ein Studium an einer Theologischen Fakultät aufzunehmen, um sich über seine eigene Religion tief gehend und fundiert zu informieren. Doch nicht jeder der Befragten ist an Weiterbildungsmöglichkeiten oder der Behebung dieses mangelnden Wissensstands über die eigene Religion interessiert. Fadimah und Aische etwa haben derzeit kein Interesse. Aische findet aufgrund ihrer schulischen und privaten Verpflichtungen keine Zeit zum Bücherlesen und Fadimah ist nicht an Weiterbildungsmöglichkeiten interessiert, weil sie zurzeit allgemein vom Lernen nicht begeistert ist (vgl. die Interviews von Kenan und Orhan). Beanstandet wurden allgemein auch die Berichte über den Islam in den Medien (vgl. die Interviews von Emin und Orhan).

6.1.5 Die Dimension der Konsequenzen aus religiösen Überzeugungen

Welche Bedeutung wird dem Islam in Fragen der Kindererziehung, Sexualmoral und Wahl von (Ehe-)Partnern zugewiesen?

Die befragten muslimischen Jugendlichen haben auf die Wichtigkeit der Kindererziehung nach islamischen Werten hingewiesen. Gülsüm legt auf eine Kindererziehung nach religiösen Grundsätzen auch deshalb einen großen Wert, weil sie durch ihre Eltern keine kontinuierliche religiöse Bildung und Erziehung genossen hat – und diese nun vermisst. Sie wird sich daher zumindest bemühen, ihren Kindern eine ausreichende und akkurate religiöse Bildung und Erziehung zu ermöglichen. Dominik hat zwar von ihren Eltern keine muslimische, sondern eine christlich-orthodoxe Erziehung erhalten, die allgemein brauchbar, aber für ihr »Muslim-Sein« zum Teil widersprüchlich sei. Sie hat durch das Selbststudium des Islam Halt und Orientierung erfahren, sodass sie ihre Kinder auf jeden Fall nach religiösen Grundsätzen und nach den Maßstäben des Korans erziehen wird. Genauso sieht sich Emin in die Pflicht genommen, seinen Kindern eine gute allgemeine und religiöse Erziehung und Bildung zu ermöglichen, worüber er im Jenseits ebenfalls Rechenschaft abzulegen hat. Aus diesem Verständnis leitet er ab, dass normalerweise jeder Muslim verpflichtet ist, seine Kinder tugendhaft zu erziehen. Zehra will ihren Kindern jedenfalls eine solide Wertevermittlung und Gottesliebe angedeihen lassen, damit sie sich im erwachsenen Alter respektvoll und hilfsbereit verhalten. Stefan macht die Wichtigkeit einer Kindeserziehung nach religiösen Grundsätzen geltend, indem er bemerkt, dass sich die religiösen Grundsätze der Weltreligionen – wie etwa die »Zehn Gebote« – nicht wesentlich voneinander unterscheiden und in der Familie, in der Schule und in der Gesellschaft offenkundig behandelt und uneingeschränkt vermittelt werden können. Für den Werteverfall und für die inhumanen Beziehungen zwischen den Gesellschaftsmitgliedern macht er deshalb die ablehnende Haltung gegenüber einer religiösen Erziehung oder gar der Religion verantwortlich. Kenan sucht die Schuld dafür, dass er derzeit einigen islamischen Regeln, nämlich den fünf täglichen Gebeten, dem Drogen- und Alkoholverbot etc., nicht regelmäßig nachkommt, bei seinen Eltern, die sich nicht um ein frühzeitiges Einsetzen der religiösen Kindererziehung bemüht haben. Er möchte vermeiden, dass seine Kinder es ihm gleichtun, weshalb er sich frühzeitig für eine perfekte Erziehung einsetzen wird.

Das Ergebnis zur Einstellung der befragten Jugendlichen zum islamischen Verbot des vor- und außerehelichen Geschlechtsverkehrs ist bemerkenswert. Allesamt befürworten sie diese islamische Vorschrift und bezeichnen die Beachtung dieses Verbots als nutzbringend für die gesamte Gesellschaft. Dabei sehen sie es als eine Vorbeugung vor jeglichen unsittlichen Verhaltenstendenzen in der Gesellschaft. Viele der befragten Jugendlichen bekräftigen ihre Zustimmung zu diesem islamischen Verbot auch dadurch, dass sie über einige Episoden aus ihrer Schulzeit erzählen und besonders die Situation der alleinerziehenden Mütter in den Fokus rücken. Benjamin, Zehra, Maryam, Dominik, Fadimah, Gülsüm und Emin befürworten eine strikte Einhaltung dieses Verbots und schätzen es vornehmlich als Präventive gegen Ehebruch und Prostitution. Gülsüm hält die Vermeidung von Untreue für sozialadäquat – gerade in einer »freizügigen und Amoralität geprägten Zeit« sei ein solches Verbot unausweichlich. Sie hat großen Wert darauf gelegt, einen Mann zu heiraten, der sich wahrhaftig des ehelosen Koitus enthält; ihr Willen hat sich mittlerweile verwirklicht. Aische erwartet ebenfalls, dass Männer und Frauen keusch in die Ehe gehen. Firdevs dagegen hat die Triftigkeit des islamischen Verbots des vor- und außerehelichen Geschlechtsverkehrs während einer kurzfristigen Liebesbeziehung kennengelernt: Er hatte im Alter von 15 und 16 Jahren eine Freundin, wo er einigen Versuchungen ausgesetzt war, sich diesen aber durch seinen Glauben entziehen konnte. Zur Begründung seiner Zustimmung trägt Emin vor, dass er während seiner Oberschulzeit unter den Jugendlichen und in den Medien oder auf der Straße im Umgang mit Sexualität Zeuge vieler Vorkommnisse geworden ist, die sehr unmoralisch waren. Die exhibitionistische Freizügigkeit und »Schamlosigkeit« könne er bis heute nicht verstehen. Besonders abstoßend fand er, dass in seiner Schulzeit eine Klassenkameradin mit 15 Jahren durch ihren Freund geschwängert wurde, der sie abrupt verließ, als er von dieser Schwangerschaft gehört hatte. Die Mühsale, in die seine damalige Klassenkameradin getrieben wurde, haben ihn entsetzt. Dadurch erschloss sich ihm, warum im Islam der außereheliche Geschlechtsakt rigoros unterbunden und das Ehebündnis gepriesen wird. Doch nicht allen Befragten gelingt die strikte Bewahrung dieser Grundsätze. Orhan und Stefan etwa haben Schwierigkeiten, dieses Verbot auch bei Aufwallung ihres intimen Begehrens aufrechtzuerhalten. Stefan hatte vor seiner Konversion zum Islam seine sexuellen Bedürfnisse ohne solche Schranken befriedigt, sodass ihm die endgültige Umstellung auf eine gezügelte Lebensweise momentan nicht gelingt. Orhan berichtet von eigenen Erfahrungen zu diesem Thema im Alter von 15, 16 oder 18 Jahren. Seit seiner Absicht sich zu vermählen bemüht er sich um die Einhaltung dieses Verbotes. Auch wenn Kenan dieses Verbot begrüßt, ist er der Ansicht, dass das Einhalten dieses Verbotes besonders im jugendlichen Alter oft schwierig, gar eine große Herausforderung sei. Der Umgang mit der Sexualität in dieser Gesellschaft erschwert seiner Meinung nach die Einhaltung des Verbots zusätzlich, sodass er es zeitweilig ignoriert.

Eine Heirat mit einer nicht muslimischen Frau oder mit einem nicht muslimischen Mann lehnt keiner der Befragten apodiktisch ab. Sie äußern aber Bedenken gegenüber einer Ehe, die zwischen Menschen mit unterschiedlichen und diskrepanten Einstellungen und Vorstellungen zustande kommt. Die Kindererziehung ist ein wichtiger Grund dafür, dass nahezu jeder der befragten Jugendlichen doch lieber muslimische Partner heiraten möchte. Kenan kann sich beispielsweise nicht vorstellen, mit einer nicht muslimischen Frau eine Familie zu gründen, befürchtet er doch, dass die Ehe an den unterschiedlichen Einstellungen und Vorstellungen scheitert. Daher bevorzugt er eine Partnerin, die seinen Einstellungen und Vorstellungen zumindest in großen Teilen entspricht. Emin kann sich ebenfalls eine Ehe mit einer nicht muslimischen Frau nicht vorstellen, auch wenn er zugleich hervorhebt, dass seine Religion, der Islam, keineswegs Einwände gegen eine Heirat mit einer christlichen oder jüdischen Frau formuliert. Er wünscht sich jedoch eine praktizierende muslimische Ehefrau, weil er in der Kindeserziehung den Islam im Ganzen vermitteln möchte und nach seiner Überzeugung hierbei die Ehepartner gemeinsam agieren müssen. Dominiks derzeitig maßgebliches Kriterium für einen denkbaren Bräutigam ist, dass er vorbehaltlos an Gott glaubt; welcher Religion er angehört, ist für sie nicht in erster Linie entscheidend. Orhan kann sich zwar eine Vermählung mit einer Nichtmuslima vorstellen, befürchtet aber eine Instabilität dieser Ehe aufgrund der kulturellen und religiösen Unterschiede. Benjamin kann sich dagegen ohne Weiteres vorstellen, eine nicht muslimische Frau zu heiraten, weil für ihn der »Kern des Menschen«, d.h. eine gute Gesinnung, ausschlaggebend ist. Auch für Firdevs ist eine Ehe mit einer nicht muslimischen Frau nicht ausgeschlossen. Aische indes steht einem Ehebündnis mit einem nicht muslimischen Bräutigam skeptisch gegenüber, ohne dies jedoch gänzlich ausschließen zu können – weil »alles über die Liebe kommt«. Überhaupt nicht vorstellen kann sie sich aber – genauso wie Zehra –, einen schamlosen Mann zu heiraten. Für Fadimah steht im Mittelpunkt, dass der Ehemann an Gott glaubt und einen guten Charakter hat. Folglich messen die befragten muslimischen Jugendlichen dem Islam in Fragen der Kindererziehung, Ehe- und Sexualmoral, Wahl des (Ehe-)Partners eine nicht unerhebliche Bedeutung zu. Allesamt, auch die Jugendlichen mit geringem Moscheekontakt, möchten ihre Kinder nach den religiösen Grundsätzen des Korans und der Sunna erziehen. Daher wurden die Erziehungsmethoden ihrer Eltern harsch kritisiert. Eine fundierte Erziehung und Bildung über den Islam vermissen sie stark. Zu ähnlichen Ergebnissen kommen auch Karakaşoğlu (2000, S. 441ff.) und Alacacioğlu (2003, S. 112f.). Wenngleich sie das Verbot des vor- und außerehelichen Geschlechtsverkehrs als grundlegend erachten, befolgen einige der Jugendlichen dieses Verbot nicht stetig.

6.1.6 Einstellung und Bindung an Moschee und Imame

Wie sehr sind sie in Moscheen organisiert? Was assoziieren sie mit dem Begriff »Moschee«? Erfüllen die Moscheen ihre Aufgaben? Wie ist ihre Einstellung zu Imamen und muslimischen Organisationen?

Annähernd alle befragten muslimischen Jugendlichen sind in keiner muslimischen Organisation aktiv. Die repräsentative Befragung im Oktober 1997 unter 1.000 türkischen Jugendlichen im Alter von 16 bis 25 Jahren in Berlin förderte desgleichen zu Tage, dass die Mitgliedschaft junger Leute in religiösen Vereinen mit rückläufiger Tendenz stagniert (vgl. Senatsverwaltung 1997, S. 12; Worbs/Heckmann 2003, S. 153; ZfT 2005b). Firdevs und Emin sind die einzigen Befragten, die emsig in die Gemeindearbeit involviert sind. Firdevs ist in einem Kulturverein, dem nur urdusprachige Menschen zugehörig sind und den er deshalb als »Familienverein« bezeichnet, engagiert. Darüber hinaus ist er Mitglied einer Jugendorganisation, die vornehmlich eine muslimische Jugendarbeit und den Dialog der Religionen zum Ziel hat. Emin hat ein Ehrenamt in einer Moscheegemeinde inne und wirkt zugleich als Schriftführer im Vorstand mit.

Viele der befragten Jugendlichen kennen die überregional organisierten muslimischen Einrichtungen oder Moscheegemeinden lediglich vom Namen her. Orhan dagegen ist durch die grausamen Ereignisse in Mölln und Solingen, wo rechtsextreme Personen ein Haus angezündet und dadurch Mitglieder einer türkischen Familie getötet haben, auf eine Organisation, nämlich die »Türkische Föderation«, aufmerksam geworden, mit der er sympathisiert. Diese sei damals vernehmlich für die Rechte der Türken eingetreten, einige aus dieser Organisation seien sogar in Gruppen zur Gegenwehr übergangen.

Inhaltliche Ausrichtungen dieser Organisationen sind den Jugendlichen aber kaum bekannt. Dennoch zeigen sie kein Interesse, diese Organisationen näher kennenzulernen. Dementsprechend ist es unter den befragten Jugendlichen nicht selten der Fall, dass sie sich für Initiativen zusammenschließen, um gemeinsam kulturelle und religiöse Veranstaltungen zu organisieren (vgl. Frese 2002, S. 145-147). So etwa Maryam, die zweimal wöchentlich einen von jungen Männern und Frauen gegründeten Kreis besucht, um an der Planung von Bildungs- und soziokulturellen Veranstaltungen mitzuwirken. Alle befragten Jugendlichen, auch diejenigen, die sich aktiv in einer Organisation engagieren – wie Firdevs und Emin –, sind nicht an der ideologischen Dimension interessiert, sondern an den Angeboten und Veranstaltungen, die dabei helfen, den Islam und die islamische Lebensweise besser zu verstehen. Hervorgehoben haben die befragten Jugendlichen auch, dass sie nicht zwischen den Organisationen urteilen und ihre Arbeit bewerten wollen, aber sie rügen ebenfalls strikt die derzeitige Demagogisierung und Ausgrenzung der muslimischen Organisationen in Deutschland. Benjamin, Emin und Stefan etwa geben an, die Angebote dieser Organisationen dann in Anspruch zu nehmen, wenn sie eindeutig erkennen, dass hier der »wahre Islam« vermittelt und sich von einer Ideologisierung sowie Politisierung distanziert wird. Wenn sie denn eine Moschee aufsuchen, ist dies die nächste in ihrer Wohnungsumgebung. Genauso verhalten sie sich bei Angeboten und Veranstaltungen der Organisationen. Falls eine solche für ihren Lebensalltag Nutzen bringt, bemühen sie sich, daran teilzunehmen – ungeachtet dessen, welche Organisation sie leitet (vgl. ZfT 2005a, 2005b).

Jeder befragte Jugendliche kritisiert die muslimischen Organisationenen und Moscheegemeinden, weil sie sich eher über ihre nationale als ihre religiöse Identität definieren. Die Überbetonung der nationalen Identität, der Herkunftssprache und -kultur und gelegentlich die Vermengung mit dem Glauben verstehen sie ausdrücklich als nicht islamisch – dies seien keine »muslimischen«, sondern nationale Organisationen. Sie erwarten von diesen, die Bezeichnung als »muslimische Organisation« oder »Moscheegemeinde« abzulegen. Selbst Orhan, der die türkische Nationalität akzentuiert und die »Türkische Förderation« favorisiert, bemängelt, dass sich die Mitglieder dieser Organisation in ihren Gebetsstätten und Einrichtungen vorwiegend parteipolitisch engagiert. Emin geht weiter, indem er nur Organisationen befürwortet, die »wirklich islamisch heißen und sind«, und postuliert: »Sie sollen in ihrer Arbeit den wahren Islam in den Vordergrund stellen und auch danach handeln. Weder Rasse noch Nationalität darf in den Vordergrund, sondern der Glaube«. Aus diesem Grund fordern die befragten Jugendlichen einhellig vor allem von den Moscheegemeinden, die Universalität und Überparteilichkeit des Islam nicht zu schädigen. Darüber hinaus formulieren sie den Anspruch an die Gemeinden, sich zunehmend über islamische Themen zu einigen, um eine gemeinsame Sprache in der Repräsentation des Islam und der Muslime in dieser Gesellschaft sowie eine harmonische und kooperative Zusammenarbeit zu entwickeln. Auch die muslimischen Organisationen und Moscheegemeinden sollten sich zunehmend für einen organisierten Austausch zwischen Muslimen und Nichtmuslimen einsetzen. Die Arbeit der muslimischen Organisationen und Moscheegemeinden wird durchgängig als unzureichend und unprofessionell bewertet.

Es gibt Organisationen oder Gruppierungen, wie den sogenannten »Kalifatstaat«, »El-Kaida«, »Hizbut-Tahrir« und die »Wahhabiten«, welche die befragten Jugendlichen entschlossen als nicht islamisch einstufen. Zehra beispielsweise spricht solchen Personen bzw. Gruppierungen die Frömmigkeit und das »Muslim-Sein« entschieden ab – jeder Mensch soll frei entscheiden können, welcher Religion oder Kultur er angehört. Darüber hinaus erwartet sie von allen Menschen, dass sie dabei miteinander – und nicht gegeneinander – arbeiten.

Die Befragung ergab, dass die muslimischen Jugendlichen eher eine lockere Bindung zu Moscheegemeinden haben (vgl. Sandt 1996, S. 220f.; Frese 2001, S. 148f.; Worbs/Heckmann 2003, S. 144f; ZfT 2005b). Mehrheitlich besuchen die befragten Jugendlichen die Moschee eher in der Fastenzeit als in den anderen Monaten (vgl. Alacacioğlu 2003, S. 105f.). An Festtagsgebeten wie dem Ramadan- oder Opferfestgebet nehmen die Befragten gern teil. Gleichwohl ist eine regelmäßige Beteiligung am Leben der Moscheegemeinden sehr schwach ausgeprägt. Hauptsächlich besuchen die befragten Jugendlichen eine Moschee, um am Gemeinschaftsgebet teilzunehmen. Einige –etwa Stefan und Maryam –finden sich auch gelegentlich in Veranstaltungen in der Moschee ein, um sich in islamischen Themen weiterzubilden. Die befragten Jugendlichen heben hervor, dass sie unter den Moscheen nicht nach den Trägern unterscheiden bzw. einzelne bevorzugen, um am Gebet oder an Veranstaltungen teilzunehmen. Meistens gehen die Befragten mit Freunden in die Moschee. Für alle hat die Moschee ein hohes Ansehen, weil sie diese als »Gotteshaus« und als »heiligen Ort« definieren (vgl. Sandt 2001, S. 221f.), daher beanstanden sie strikt eine Bevormundung oder die Ausgrenzung von Moscheen. Gülsüm etwa empfindet die Atmosphäre in der Moschee als außerordentlich positiv. Wenn sie eine Moschee betritt, dann spürt sie, wie sich ihre Gedanken ändern, sie merkt, dass sie unvermittelt an Gott denkt und dabei ihre egozentrischen Triebe in den Hintergrund treten. Orhan betont, dass er beispielsweise im letzen Ramadan entdeckt hat, dass die Moschee eine innere Ruhe in ihm bewirkt und er dort weitaus näher an Gott ist. Benjamin ist sich gewiss, dass seine Gebete in einer Moschee gesegneter sind als die außerhalb der Moschee. Besonders gefällt ihm, dass er sich vor oder nach den Gebeten in der Moschee mit anderen Gläubigen in vergnüglichen Gesprächen bei einem Glas Tee in der Gemeindekantine austauschen und sich dabei vom alltäglichen Stress befreien kann.

Mit dem Begriff »Moschee« assoziieren die befragten Jugendlichen Gotteshaus, Gebetshaus, ein sauberer und schöner Gebetsort, Freiheit, Friedlichkeit, Ruhe, Bildungseinrichtung, Gemeinschaft u.a.

Die wichtigste Aufgabe der Moscheen ist nach der Überzeugung der befragten Jugendlichen, für alle offen zu sein und sowohl für Muslime als auch Nichtmuslime als Ansprechpartner zur Verfügung zu stehen. Dafür obliege es ihnen, alle Besucher zu akzeptieren und keinen der Moschee zu verweisen.

Die Moscheegemeindevorstände müssten alles unternehmen, um die Harmonie in der Moschee zu wahren und die Moschee fühlbar zur »Quelle der Toleranz und Liebe« (Zehra) zu entwickeln. Zugleich sollen die Moscheegemeinden »den Weg zum Glauben« (Kenan) erleichtern und sich dabei nicht nur auf die Gebetsmöglichkeiten beschränken, sondern, so Emin, intensiv Bildungsarbeit für Kinder, Jugendliche und Erwachsene anbieten. Fadimah dagegen verlangt von den Gemeindevorständen, sich mehr um eine aktive Informationsarbeit in der Gesellschaft einzusetzen, um die gesellschaftlichen Vorurteile gegenüber dem Islam und den Muslimen abzuschwächen. Auch fordert sie bezahlbare Weiterbildungsangebote. Offene, unverkennbare und stilvolle Moscheebauten mit Minaretten werden von Maryam und Orhan gewünscht. Die Kommunikation zwischen den Gläubigen ist durch die Moscheegemeinden zu fördern, wofür sie verstärkt Angebote in der deutschen Sprache anbieten sollen. Nahezu alle befragten Jugendlichen erwarten von den Moscheegemeinden eine baldige Schließung aller in Hinterhöfen oder Kellern heimischen Moscheegemeinden bzw. Gebetsstätten. Dafür sollen sie sich um Moscheen in frei zugänglichen und leicht sichtbaren Orten bemühen. Auch verlangen sie von den Moscheegemeinden, sich unter allen Umständen von der Parteipolitik oder einer herkunftsorientierten Arbeit fernzuhalten. Die Gemeinden sollen dafür sorgen, dass die deutsche Sprache die Moscheearbeit dominiert, damit alle von den Angeboten profitieren. Ähnliches stellen auch Frese (2001, S. 155f.) und Alacacioğlu (1999, S. 43f.) fest.

Nahezu alle Befragten folgern, dass die Moscheegemeinden ihre Aufgaben nicht vollständig erfüllen. Emin, der selbst ein aktiver Moscheebesucher ist und sogar in einem Moscheevorstand mitwirkt, ist nicht der Meinung, dass die Moscheegemeinden ihre Aufgaben erfüllen, der Bildung nachgehen und dabei über organisierte Bildungsangebote in deutscher Sprache über den Islam, die jedermann offen stehen, verfügen. Andere – etwa Kenan – können aufgrund ihrer lockeren Bindung an die Moschee die dortige Arbeit nicht einschätzen. Gülsüm beanstandet, dass zahlreiche Moscheegemeinden in Deutschland nicht genügend qualifiziertes Personal haben und über keine ordentlichen finanziellen Ressourcen verfügen. Daher wird die ständige Spendenakquisition von Moscheemitgliedern als ziemlich störend empfunden. Indessen sind etwa Maryam und Dominik mit der Arbeit der Moscheegemeinden durchaus zufrieden, da die Moscheen allen offen stehen und allen Gemeindeteilnehmern trotz knapper Mittel ein Programm anbieten.

Die Ansichten der Jugendlichen stimmen bei der Vorstellung von einem »guten Imam« überein – gleichviel ob mit oder ohne enge Moscheebindung. An erster Stelle steht bei ihnen, dass der Imam über ein überdurchschnittliches und fundiertes Wissen um den Islam sowie ein solides Allgemeinwissen verfügt. Auch der vorbildliche Charakter und die Kommunikationsfähigkeit gehören zu den wichtigen Eigenschaften eines Imams. Beachtlich hierbei ist, dass auch diejenigen, die der türkischen Nationalität eine unabdingbare Rolle zuschreiben – etwa Orhan –, das Beherrschen der deutschen Sprache zur Kernkompetenz eines Imams zählen. Besonders erwarten sie ein mustergültiges Verhalten und realistische sowie verständliche Predigten.

Die Imame sollten möglichst jünger als 50 Jahre sein und nach den Gebetszeiten den Gemeindebesuchern überdies mit Bildungsmöglichkeiten, Beratung oder zur Seelsorge bereitstehen. Die Gemeinde ihrerseits müsse ihren Imam als kompetenten Geistlichen anerkennen. Als gut bezeichnet Stefan einen Imam, wenn er Deutsch spricht, agil und nicht arrogant ist.

Die Rekrutierung von Imamen aus dem Ausland durch die Moscheegemeinde sowie deren aktive Mitwirkung in den Moscheevorständen werden von einigen Befragten scharf kritisiert.

Die letzte Frage in diesem Themenbereich widmet sich der Thematik, ob die Imame in den Gemeinden die Lebensweise und -einstellung der Jugendlichen überhaupt beeinflussen können. In diesem Zusammenhang zeigt die Untersuchung, dass alle, ob sie über eine enge oder lose Moscheebindung verfügen, dies bejahen, wenn die Imame ihrem Ideal eines »guten Imams« entsprächen. Emin etwa ist überzeugt, dass die Imame, wenn sie ihr Amt gut ausfüllen, einen gewichtigen positiven Einfluss auf die Lebensweise und Lebenseinstellungen muslimischer Jugendlicher und Erwachsener haben können. Ebenso bekräftigt Firdevs einerseits ihr integratives Wirken und fordert ihnen gegenüber andererseits Anerkennung und Ehrenbezeugung in dieser Gesellschaft. Benjamin bedauert, dass die hiesigen Imame überwiegend nicht auf Deutsch predigen, sodass er keinen unmittelbaren Zugang zu ihnen hat. Er ist sich aber sicher, dass er durch ihre Botschaften sein Leben besser und nachhaltig ordnen könnte. Gerade heute benötigen die muslimischen Jugendlichen sichtbare Vorbilder – die die Imame sein könnten, wenn sie sich verstärkt der Jugendarbeit qualifiziert widmeten und darüber hinaus über eine profunde Allgemein- und Islambildung verfügten. Doch gibt es auch Befragte, die eine Beeinflussung seitens der Imame von sich weisen. Kenan beispielsweise bezweifelt, dass die Imame überhaupt generell die Lebensweisen und -einstellungen jugendlicher Muslime ändern können. Ihn selbst könnten nur Personen beeinflussen, zu denen er absolutes Vertrauen hat.

6.2 Integration

Das obige Integrationsverständnis aufgreifend, können wir eine Person als in Deutschland integriert ansehen, wenn sie

– die im Grundgesetz der Bundesrepublik Deutschland formulierten Grundwerte beachtet;
– einen beharrlichen Willen zum intra-/interkulturellen Austausch und intra-/interreligiösen Dialog hegt;
– Interesse und Engagement entwickelt, die bereitgestellten oder die zur Verfügung stehenden Chancen auch tatsächlich zu ergreifen.

6.2.1 Auswertung der Interviews

Nunmehr wollen wir der Frage nachgehen, ob die Religiosität der befragten Jugendlichen den Integrationsbedingungen widerspricht.

Die meisten von ihnen sind in Deutschland geboren und erfahren ihre Sozialisation ausschließlich hier. Zwar lassen einige ein Defizit im deutschen Sprachverhalten erkennen, sind aber gleichwohl geneigt und befähigt, die deutsche ihrer Herkunftssprache vorzuziehen. Zudem fühlen sie sich in ihren Herkunftsländern wie Touristen –für viele sind diese nicht mehr als Urlaubsorte. Auch wenn die meisten sich darüber beklagen, dass sie wegen ihres mediterranen Aussehens und ihres kulturellen sowie religiösen Hintergrunds Ausgrenzungs- und Diskriminierungserfahrungen haben, fühlen sie sich in Deutschland besser aufgehoben. Eine Rückkehr in das Herkunftsland der Eltern wird folgerichtig ausgeschlossen (vgl. etwa das Interview mit Kenan). Besonders die Jugendlichen mit nachhaltiger religiöser Praxis – etwa Benjamin – fühlen sich in Deutschland wohl und bevorzugen das hiesige Leben. Demzufolge kann festgehalten werden, dass diese Jugendlichen Deutschland als ihre Heimat ansehen. Das demokratische System der Bundesrepublik Deutschland mit seinen bürgerlichen Grundrechten empfinden sie als musterhaft und nachahmenswert. In erster Linie wissen sie die Glaubens-, Gewissens- und Bekenntnisfreiheit (Art. 4 GG) und die Infrastruktur in diesem Land zu schätzen. Selbst Jugendliche wie Orhan, die in nationalistischen Kreisen verkehren, betrachten Deutschland als ihre Heimat. Während Deutschland mit seiner Infrastruktur und seinen Gesetzen durchweg positiv eingestuft wird, werden die Staaten ihrer Eltern durchgehend schonungslos kritisiert. Die Meinung, dass »Islam und Demokratie« sich nicht widersprechen, erst recht keine Gegensätze bilden, teilten alle ausnahmslos (vgl. Karakaşoğlu 2001, S. 442ff.). Emin beispielsweise verdeutlicht, dass der Islam auf den Grundprinzipien der Demokratie, wie Freiheit, individuelle Entscheidungen und Handlungen sowie individuelle Verantwortung, Gleichheit vor Recht und Gesetz sowie Minderheitenschutz, beruht. Für ihn ist der Islam sehr demokratisch. Auch Gülsüm und Stefan sind nicht der Meinung, dass der Islam undemokratisch ist. Der Islam und Demokratie vertragen sich ohne Weiteres, ist sich Benjamin sicher und fährt fort, dass gerade der Islam sein demokratisches Verständnis intensiviert, indem er ihm alle Menschen als Geschöpfe Gottes und als Nachkommen Adams und Evas aufzeigt. Auch Aische kann sich nicht erklären, wie ein Gegensatz unterstellt werden könne. Der Islam ist für Orhan sogar »die Demokratie« und verteidige die Menschenrechte besser als die heutigen Institutionen, die sich das auf die Agenda geschrieben haben. Bestätigt worden sei er durch die Ereignisse in Mölln und Solingen, weil von den Institutionen und von der Gesellschaft schlechthin eine deutliche Verurteilung ausgeblieben sei.

Ebenso verurteilen sie die Personengruppen, die ihr Anliegen mit brachialer Gewalt einfordern bzw. durchzusetzen trachten: Gewalt bzw. gewalttätige Personen/Gruppen sprechen die Befragten jede Beziehung zum Islam ab (vgl. Senatsverwaltung 1997, S. 32). Stefan beispielsweise kann solche Personen bzw. Gruppen nicht akzeptieren, weil sie die religiösen Grundsätze missbrauchen und umdeuten. Daher sind für ihn Gewaltakte weder islamisch noch religiös. Benjamin lehnt Zwang und Gewalt deswegen ab, weil dadurch keine Gläubigen, sondern Heuchler in der Gesellschaft großgezogen würden. Alle Religionen der Welt hätten einen *gläubi-*

gen Menschen zum Ziel, keinen *heuchlerischen*. Daher könne keiner aus irgendeiner Religion Gewalt oder Zwang herleiten, geschweige denn legitimieren. Zehra begreift »Zwang oder Gewalt« als eine »große Sünde« im Islam. Selbst Orhan, der nach den Ereignissen in Mölln und Solingen mit den Gedanken an Gegenwehr gespielt hat, sagt der Gewalt aufgrund seines Glaubens ab. Zudem hat er sich damals solchen »Verteidigungsaktionen« nicht angeschlossen, weil seine Eltern ihn fortwährend darauf aufmerksam machten, dass sie Muslime seien und der Islam Gewalt und Rache verbietet. Er empfiehlt allen Türken und Muslimen, geduldig mit den Angriffen und Diskriminierungen umzugehen, weil eine friedliche Haltung früher oder später Anerkennung und Auszeichnung finden werde. Kritisiert wird in diesem Zusammenhang von einigen die Handhabung des Begriffes *Dschihad* in unserer Gesellschaft. Emin ist empört, dass einige zentrale islamische Termini unredlich ins Deutsche übersetzt werden. Eine seit langer Zeit fällige öffentliche Korrektur seitens der Muslime werde außerdem nicht vorgenommen. Auch weist er darauf hin, dass der Islam von allen Muslimen eine Gleichbehandlung aller Menschen verlangt und jegliche Benachteiligung des Menschen aufgrund seiner Religion, Hautfarbe oder Sprache eine große Sünde ist. So ist er unter keinen Umständen bereit, solche Personen oder Gruppen, die ihr Anliegen durch Zwang oder Gewalt durchzusetzen trachten, zu unterstützen (vgl. Bericht 2005, S. 225-230).

Besonders die Eltern erwarten von ihren Kindern ein erfolgreiches und konfliktfreies Leben in dieser Gesellschaft. Schulische und berufliche Misserfolge sowie Konflikte mit den Gesetzen sind daher die Hauptursachen für verbale Auseinandersetzungen und körperliche Züchtigung seitens der Eltern.

Schulische und berufliche Erfolge sowie ein gesetzestreues Leben werden von den Eltern der Befragten durchweg höher bewertet als die Frömmigkeit ihrer Kinder (vgl. die Interviews mit Orhan, Kenan, Zehra). Selbst wenn die Jugendlichen nicht durchgängig und regelmäßig die islamischen Pflichten einhalten können, verstehen sie ein Leben in Konformität mit den islamischen Werten als Schutzmauer für ein konsequentes und gesetzestreues Leben ohne Drogen- und Alkoholprobleme. Einige der befragten Jugendlichen – etwa Firdevs und Stefan – haben sich durch ihre stärkere Hinwendung zum Islam aus diesem kriminellen Milieu befreien können. Darüber hinaus halten die islamischen Bestimmungen sie – etwa Orhan – von Gewalt fern. Sogar Eltern, die selbst nicht regelmäßig den islamischen Pflichten Folge leisten, argumentieren mit religiösen Begriffen, um ihre Kinder gegenüber Gewalt und Drogen zu sensibilisieren. Die Eltern von Orhan beispielsweise haben ihm, als er nach den Vorfällen in Solingen und Mölln zur Gegenwehr greifen wollte, solche Aktionen verboten, nachdem sie ihm eindringlich erklärt hatten, dass sie als Muslime keine Gewalt und keine Rache üben dürfen. Zudem schicken die Eltern ihre Kinder in Moscheen und in den Islamunterricht, damit sie gemäß islamischen Werten von Kriminalität, Drogen und Respektlosigkeit gegenüber allen Lebewesen verschont bleiben. Dies erklärten Jugendliche mit Moscheebindung ebenso wie solche ohne. Zugleich wünschen sich die befragten Jugendlichen Kinder, die sich im erwachsenen Alter allen Menschen gegenüber respektvoll und hilfsbereit verhalten sowie im jugendlichen als auch im erwachsenen Alter ihre Grenzen kennen und beachten. Dies ermöglicht ihnen allein eine intensive islamische Lehre und eine frühzeitige religiöse Erziehung. Ein Leben nach den islamischen Vorschriften und eine enge Moscheebindung wird von den befragten Jugendlichen gleichsam als eine »Schutzmauer gegen unsittliche und kriminelle Verhaltensweisen« gedeutet. Der Islam, der ihnen nachdrücklich ein vorbildliches und gesetzestreues Leben vorschreibt, verhindert daher, dass sie delinquent werden. Darüber hinaus verstehen sie die bundesrepublikanischen Gesetze nicht im Widerspruch zu den islamischen Werten.

Demnach kann schlussgefolgert werden, dass die muslimischen Jugendlichen den Islam nicht als ein Hindernis für die Identifikation mit diesem Staat und der Einhaltung seiner Gesetze betrachten. Der Islam wird als eine »Energiequelle« für ein Leben im Einklang mit dem Grundgesetz und geltendem Recht gesehen. Im Allgemeinen identifizieren sie sich mit dem demokratischen System und sind von dessen Offenheit und Toleranz beeindruckt. Doch die Faszination wird überschattet von Diskriminierungs- und Ausgrenzungserfahrungen:

Gerade nach dem »11. September« habe sich die Situation und das Leben als Muslim in Deutschland verschlechtert. Den Jugendlichen wird meistens das Gefühl gegeben, dass die Muslime in dieser Gesellschaft nicht als gleichwertig betrachtet und als gleichberechtigt anerkannt werden. Grundsätzlich haben beinahe alle Befragten vornehmlich in Behörden, in der Schule oder auf der Straße, beim Spazierengehen oder Einkaufen Diskriminierung und Zynismus erfahren (vgl. Senatsverwaltung 1997, S. 23; Boos-Nünning/Karakaşoğlu 2005, S. 437-453; Bericht 2005, S. 231-247). Dies weiß Aische zu berichten, die nicht selten auf der Straße mit Bemerkungen wie »Ey! Ihr scheiß Muslime [...]« belästigt wird. Desgleichen konnte Orhan bis heute nicht vergessen, wie einige seiner ehemaligen Lehrerinnen und Lehrer besonders über das Fasten im Ramadan gespottet haben. Ebenfalls hat er die beleidigenden und verletzenden Äußerungen während seiner Ausbildungsplatzsuche durch einen Sachbearbeiter in der Agentur für Arbeit nicht verkraftet. Allerdings nehmen einige Befragten (u.a. Fadimah) nicht bewusst wahr, ob sich die Ausgrenzungen und Übergriffe spezifisch auf Muslime oder generell auf Ausländer richten (vgl. Tietze 2001, S. 10-17).

Besonders unerträglich in dieser Gesellschaft sei die Situation und das Leben als Mädchen und Frau mit muslimischer Identität. Denn Maryam und Gülsüm werden aufgrund ihrer Bekleidung, insbesondere wegen ihres

Kopftuches, diskriminiert. Sie fühlen sich ständig überwacht und den »schiefen Blicken« von Passanten, Arbeitskollegen oder Schulfreunden ausgesetzt. Zehras Schockerlebnis in ihrer Schulzeit, als eine Lehrerin ihr das Kopftuch plötzlich und ohne Grund vom Kopf herunterriss, hat sie sehr entsetzt, weil sowohl ihre als auch die Bemühungen ihrer Eltern dagegen kein Gehör bei den Verantwortlichen der Schule gefunden haben. Weder die Klassenlehrerin noch der Schulleiter wollten ihr glauben, ja haben sogar den Vorfall beschwichtigt – und schließlich Zehra auch noch der Lüge bezichtigt. Die Mutter und die Schwester von Benjamin müssen sich Vorurteilen und Behinderungen wegen ihres Kopftuches erwehren. Insbesondere die sogenannte »Kopftuchdebatte« habe das Leben muslimischer Mädchen und Frauen anhaltend erschwert. Insoweit werden die Medien und Politiker für diese desolate Situation der Muslime in Deutschland mitverantwortlich gemacht. Die Befragten hoffen auf mehr Sachlichkeit und Respekt der Medien und Politiker gegenüber dem Islam und den Muslimen.

Das erfahrene Unrecht führt bei einigen von ihnen zu einer verstärkten Demoralisierung. Bei jenen, die weder ausreichende Bildungserfolge nachweisen können noch bei Ausbildungs- bzw. Arbeitsplatzsuche fündig sind, summiert sich diese Frustration hin zu einem Ausgrenzungsverständnis, d.h. es erwachsen ihnen daraus Gedanken, die hinter dieser Erfolgslosigkeit eine geplante Politik des Staates sehen, den »Fremden« keine Erfolge zu gönnen. Wird also diesen Entwicklungen kein Einhalt geboten, verlieren die Jugendlichen ihr Vertrauen in die staatlichen Instanzen, was dann eine Selbstisolation zur Folge haben kann.

Für eine erfolgreiche Integration ist die Bereitschaft zum intra-/interkulturellen und intra-/interreligiösen Dialog sowie das Engagement zur Ergreifung der zur Verfügung stehenden gesellschaftlichen Chancen erforderlich.

Die aus den qualitativen Interviews gewonnenen Daten zeigen, dass die befragten Jugendlichen zu diesem Dialog bereit sind. Sie verschließen sich nicht anderen Kulturen und Religionen, schon gar nicht schmähen sie diese. Auch wenn der Kontakt zu nicht muslimischen Jugendlichen nicht unmittelbar gesucht wird, betätigen sie sich doch in ihre Freizeit stärker in gemischten – interethnischen oder interreligiösen – Gruppen. Die befragten Jugendlichen gestalten ihre Freizeit am liebsten mit folgenden Tätigkeiten: mit Gleichaltrigen in der Gruppe zusammen sein, Musik hören, Sport ohne Verein (z.B. Fitness), spazieren gehen sowie Kino- und Konzertbesuche (vgl. Münchmeier 2000, S. 231-234; Senatsverwaltung 1997, S. 12). Die befragten muslimischen Jugendlichen betätigen sich freizeitlich außerhalb von muslimischen Einrichtungen und Moscheegemeinden. Muslimische Einrichtungen werden als Freizeitorte von vielen Befragten deshalb gemieden, weil sie sich dort einer Kontrolle ausgesetzt sehen. Daher suchen Kenan, Orhan und Aische lieber Jugendfreizeiteinrichtungen auf, um dort ungehindert zu rauchen, Drogen oder Alkohol zu konsumieren oder in intimen Kontakt zum anderen Geschlecht zu treten.

Bei der Wahl des Freundeskreises spielt die Religion keine dominante Rolle. Wie selbstverständlich pflegen die Jugendlichen zu nicht muslimischen Jugendlichen Beziehungen (vgl. Senatsverwaltung 1997, S. 13; Frese 2002, S. 112; Boos-Nünning/Karakaşoğlu 2005, S. 178-210). Regelmäßige Moscheegänger wie Emin oder Firdevs haben ebenso viele nicht muslimische Freunde wie der spärliche Moscheegänger Kenan. Ebensowenig ist das Geschlecht ein Unterscheidungskriterium dafür, ob jemand über einen muslimischen oder nicht muslimischen Freundeskreis verfügt. Dominik, Aische und Zehra beispielsweise suchen ihre Freunde nicht nach der kulturellen oder religiösen Zugehörigkeit aus. Hierbei ist der Grad der Religiosität nicht maßgeblich (vgl. die Interviews mit Emin und Kenan). Wohl aber spielt er bei Art und Weise von freizeitlichen Aktivitäten und Handlungen – etwa für Stefan und Firdevs – eine wichtige Rolle: Je nachhaltiger die religiöse Praxis ist, umso abgeneigter stehen sie Diskotheken- oder Barbesuchen sowie Drogen- und Alkoholkonsum gegenüber. Des Weiteren haben die befragten muslimischen Jugendlichen im Hinblick auf Eigen- oder Fremdgruppe keine Präferenzen, nach denen sie ein pejoratives Abstufungsgebaren aufweisen. Dies lässt eine grundsätzliche Bereitschaft zur gegenseitigen Toleranz erkennen.

Die befragten Jugendlichen wollen sich in den Moscheen mit Muslimen aus unterschiedlichen Ländern austauschen. Daher erwarten sie von den Moscheegemeinden, dass sie ihre Arbeit nicht ausschließlich in ihrer Herkunftssprache anbieten.

Demzufolge kann abgeleitet werden, dass die muslimischen Jugendlichen keineswegs einen intra-/interkulturellen und intra-/interreligiösen Dialog ablehnen. Vor allem muslimische Jugendliche mit religiöser Lebensführung wünschen einen organisierten Austausch unter den Muslimen und mit den Nichtmuslimen. Diesen betrachten sie sogar als Kernaufgabe aller muslimischen Einrichtungen. Daneben treten sie jeglicher Überbetonung der eigenen Ethnie und Kultur entgegen: Alle Menschen werden als Gottesgeschöpfe und Kinder Adams und Evas gesehen; Muslime als Glaubensgeschwister und Nichtmuslime als Schöpfungsgeschwister.

Die Bereitschaft zur Ergreifung bereitstehender gesellschaftlicher Chancen ist sehr wohl festzustellen, während das Engagement dazu nicht markant ausgeprägt ist. Die meisten verfügen weder über ein ausreichendes religiöses Wissen noch über einen guten Schul- bzw. Ausbildungsabschluss. Die befragten Jugendlichen sind sich ihrer Defizite bewusst und wünschen sich Institutionen, die ihnen helfen können.

Auch haben die meisten sprachliche Probleme, sowohl in der Muttersprache als auch in der deutschen Sprache. Vor allem wissen etliche (auch ihre Eltern) nicht, an wen sie sich in Problemlagen wenden können, wo sie sich beschweren können, wenn sie ungerecht behandelt wurden. So wurde in den Interviews immer wieder von Diskriminierungs- und Ausgrenzungserfahrungen berichtet, die wenigsten haben aber Beschwerde bei den vorgesetzten Stellen erhoben. Dass solche Interventierungsstellen in solchen Fällen bereitstehen, wusste kaum einer. Jugendliche, vor allem junge Mädchen, die mit großer Motivation bis zum Studium vorgedrungen sind, fühlen sich durch Debatten um das »Kopftuch« desavouiert.

Das Interesse an einer erfolgreichen schulischen und beruflichen Eingliederung ist zwar bei allen Jugendlichen unverkennbar, doch ist es Schwankungen unterworfen. Einige halten dies der Schulpolitik und der Einstellung mancher Lehrer vor. Nahezu einhellig ist ihre Meinung, dass sie bei islamischer Lebensführung auf jeden Fall fleißiger gewesen wären und damit bessere Ergebnisse vorzuweisen hätten. Zu empfehlen und geeignet sei die Einhaltung der islamischen Vorschriften deshalb gerade auch für die schulische und berufliche Eingliederung.

In Eigenregie bemühen sie sich durchaus um religiöse Weiterbildung. Vornehmlich die Jugendlichen mit religiöser Lebensführung versuchen durch Selbststudium oder durch Teilnahme an Aktivitäten, ihr religiöses Wissen zu erweitern. Im Vergleich zu den anderen sind sie – etwa Emin, Gülsüm, Firdevs, Benjamin – bildungsfreudiger und im Schul- und Arbeitsleben erfolgreicher. Wie Stefan, Firdevs und Benjamin sind sie außerdem – nicht nur in muslimischen Einrichtungen – öfter gemeinnützig engagiert.

Im Ganzen ist zu sehen, dass die befragten Jugendlichen oft nicht rechtzeitig die ihnen bereitstehenden Chancen ergreifen, auch wenn im Allgemeinen Interesse und Engagement vorhanden sind. Grund dafür ist, dass die wenigsten über die Breite der ihnen bereitgestellten oder zur Verfügung stehenden Chancen (z.B. schulische Angebote, Angebote der Moscheegemeinden etc.) informiert sind. Hinzu kommt auch, dass sie aufgrund ihrer enormen Wissenslücken – sowohl im religiösen als auch im allgemeinen Bereich – nicht wissen, wie sie sich zu verhalten und wohin sie sich bei Diskriminierung oder Ausgrenzung zu wenden haben. So brauchen die muslimischen Jugendlichen auch hier die Unterstützung aller Sozialisationsinstanzen, damit sie nicht mut- und perspektivlos werden. In den Gesprächen wurde dieses bestätigt, da besonders Gesprächspartner aus sozialen Brennpunkten nicht über ausreichende schulische und berufliche Erfolge verfügen und zudem orientierungsbedürftig sind. Besonders diese Jugendlichen beklagen sich über diskriminierende und ausgrenzende Erfahrungen.

Die in dieser Studie vorgestellten Jugendlichen äußern ihre Gedanken zur Integration wie folgt:

Emin sei in diese Gesellschaft weitgehend integriert, weil er die islamischen Werte und Normen praktiziert. Daher betont er, dass der Islam eine

Integration in diese Gesellschaft beschleunigt. Der Befund, dass der Islam integrationshemmend sei, bestätigt sich auch für Firdevs nicht. Seiner festen Überzeugung folgend, dass der Islam die Integration wahrhaft fördert, fordert er eine pedantische Ursachenanalyse des Umstandes, warum sich einige Menschen bisher nicht integriert haben. Nicht der Islam, sondern die Oberflächlichkeit mancher Muslime und die ungenügende religiöse Erziehung und Bildung muslimischer Kinder und Jugendlicher über den Islam seien die wirklichen Motive der derzeitigen Eingliederungsprobleme in Deutschland. Fadimah bekräftigt, dass sie sich als Muslima bereits integriert hat, indem sie die Sprache gelernt hat und sich den Gesetzen dieses Landes ausnahmslos unterwirft. Es ist auch für sie nicht nachvollziehbar, warum den Muslimen vorgeworfen wird, nicht integriert zu sein. So lange Integration fälschlich mit Assimilation gleichgesetzt wird, ist sie nicht bereit, sich zu ihr verleiten zu lassen, da dies ihre persönliche Identität preisgeben würde. Die Menschen selbst hemmen eine Integration in diese Gesellschaft, stellt Zehra fest: Die Leistungen der Muslime würden nicht respektiert und sie nicht ebenbürtig in ihre Reihen aufgenommen. Wenn manche Muslime immer noch nicht integriert seien, dann hauptsächlich aus diskriminierenden und ausgrenzenden Faktoren. Konvertierte Muslime wie Stefan sind durch den Islam noch besser integriert; daher attestiert auch er dem Islam Integrationsförderlichkeit. Dem stimmt auch Maryam zu. Das Zerrbild in der Gesellschaft, dass der Islam die Integration der Muslime hindere, sei der Unwissenheit der Muslime und Nichtmuslime über den Islam zuzuschreiben. Ihr ist nach ihrer intensiven Recherche zu diesem Thema bewusst geworden, dass der Islam Gewähr für ein harmonisches Zusammenleben aller Menschen bietet, sodass er niemals einer Integration im Wege stehen kann. Orhan indessen ist durch dieses Thema sehr irritiert, weil er nicht stetig zu hören bereit ist, dass die Türken oder Muslime sich nicht integrieren ließen. Eine Integration setze die Bereitschaft beider Seiten voraus. Alle müssten sich aufeinander zubewegen. Bei einem Vergleich mit ihren nicht muslimischen Freunden schlussfolgert Gülsüm, dass sie als eine praktizierende Muslima wesentlich integrierter ist als ihre deutschen Freunde. Allerdings fehlt ihr eine öffentliche Würdigung dieses Umstandes seitens der nicht muslimischen Gesellschaft, vornehmlich aber von den Politikern.

6.2.2 Verhältnis zur Religiosität

Diese qualitativ empirische Studie bestätigt, dass der Islam und ein aufgeklärtes und bewusstes Leben nach islamischen Vorschriften einer erfolgreichen Integration in die Gesellschaft nicht entgegenstehen (vgl. Karakaşoğlu 2000; Frese 2001; Kelek 2002; Tietze 2001). Denn die Religiosität muslimischer Jugendlicher ist vereinbar mit den Integrationsbedingungen. Zum einen bestärkt die Religiosität die muslimischen Jugendlichen, die

Grundwerte zu beachten. Diese bilden die grundlegenden Wertvorstellungen für die Gesellschaft und regeln die zwischenmenschlichen Beziehungen, ungeachtet der Religions- oder Kulturzugehörigkeit. Die Grundwerte beachtet, wer die im Grundgesetz der Bundesrepublik Deutschland verankerten Grundrechte anerkennt: die Würde des Menschen (Art. 1 Abs. 1 GG), das Recht auf Leben und körperliche Unversehrtheit (Art. 2 Abs. 2 Satz 1 GG), Gleichberechtigung ungeachtet von Geschlecht, Abstammung, Rasse, Sprache, Heimat, Herkunft, Glauben, politischen Anschauungen (Art. 3 GG), die Glaubens-, Gewissens- und Bekenntnisfreiheit (Art. 4 GG).

Ein religiöser muslimischer Jugendlicher ist jemand, der diese im Grundgesetz verankerten Grundrechte beachtet. Der Islam schreibt den muslimischen Jugendlichen also vor, diese Grundrechte zu beachten.[2]

Das allgemeine Verständnis des Islam bezüglich der zwischenmenschlichen Beziehungen beruht auf der Bewahrung menschlicher Würde, der Kooperation der Völker, einer größtmöglichen Gerechtigkeit und einer garantierten Religionsfreiheit. Danach erschuf Gott den Menschen als das wertvollste Wesen und hauchte ihm von seinem Geiste ein (vgl. Koran, 95:4). Allein aus diesem Grund ist ein Muslim verpflichtet, dieses höchste Gut der Schöpfung vollumfänglich zu schützen – ungeachtet von Religion, Hautfarbe, Sprache und Nationalität (vgl. ebd., 32:7-9; 4:1; 17:70). Daher fordert Gott die Menschen auf, sich untereinander zum Guten zu wenden und zu solidarisieren. Solidarisiert sich ein Mensch nicht, kränkt oder tötet gar einen anderen Menschen, so wird er im Jenseits so bestraft, als hätte er die ganze Menschheit getötet. Solidarisiert er sich dagegen mit einem Geschöpf Gottes, unterstützt er es und hilft ihm in Notlagen, so wird er im Jenseits so belohnt, als hätte er der ganzen Menschheit geholfen. Mit diesem Gebot ordnet der Islam ein solidarisches und friedliches Zusammenleben aller auf der Erde an (vgl. Bilmen o.J., Band 2, S. 216-217).

»[W]er einen Menschen tötet, ohne dass dieser einen Mord begangen oder Unheil im Lande angerichtet hat, wie einer sein soll, der die ganze Menschheit ermordet hat. Und wer ein Leben erhält, soll sein, als hätte er die ganze Menschheit am Leben erhalten [...].« (Koran, 5:32)

---

2 | Heutzutage ist es verbreitet, dass historische Vorfälle oder kulturspezifische Eigenarten eher mit »Islam« in Verbindung gebracht werden. Allein in Deutschland leben heute mehr als drei Millionen Muslime aus über 40 verschiedenen Ländern. Diese Muslime brachten nicht nur unterschiedliche Essgewohnheiten mit, sie haben auch verschiedene Sprachen und Traditionen in die Gesellschaft eingebracht.Trotz der nationalen und kulturellen Unterschiede begreifen sich aber alle als Muslime. Den Islam nun an den unterschiedlichen muslimischen Gesellschaften zu erkennen, ist in der Tat ein schwieriges, wenn nicht unmögliches Unterfangen. Viel einfacher und auch viel wichtiger und richtig ist es, diese Vielfalt unter den Muslimen an den islamischen Quellen, dem Koran und der Sunna, zu messen.

Angesichts der herausgehobenen Stellung dieses Gebotes ermahnte auch
der Gesandte Muhammed die Menschen häufig zu solidarischem und fried-
lichem Zusammenleben:

»Fürchte Allah, wo immer du bist, [...] und behandele die Menschen mit gutem
Charakter.« (Ausspruch des Gesandten Muhammed, in: Rassoul 1993, S. 142)

Der Gesandte Muhammed hat damit den Muslimen verdeutlicht, die ständige Gottesanwesenheit und den Tag der Rechenschaft zu erinnern – ganz
gleich, ob sie allein oder unter Menschen sind. Eindringlich appelliert er an
die Muslime, den Menschen Gutes zu tun und möglichen Schaden von ihnen abzuwenden. Muslime, denen Unrecht geschehen ist, leitet der Gesandte außerdem an zu vergeben:

»Die gute Tat ist nicht der schlechten gleich. Vergelte [etwas] mit dem, was besser
ist, und gleich wird derjenige, mit dem du verfeindet warst, wie ein treuer Freund
sein.« (Koran, 41:34)

Sein Fingerzeig richtet sich zugleich auf die Grundsteine der Menschheit:
Frieden und Freundschaft. In diesem Frieden liegen die Sicherheit und der
Schutz aller Menschen für- und voreinander.

   Mit einem anderen Ausspruch verordnet er den Muslimen, die Gesundheit, die körperliche Unversehrtheit, das Leben und das Eigentum aller zu schützen sowie die Würde und die Ehre aller zu achten.

»O ihr Leute, wahrlich, euer Blut, euer Leben, euer Eigentum, eure Würde und eure
Ehre sind heilig und unantastbar, bis ihr eurem Herrn gegenübersteht.« (Ausspruch
des Gesandten Muhammeds, in: Mertek 2001, S. 172)

Der Islam fordert nicht nur das Recht auf Leben und körperliche Unversehrtheit, sondern tritt auch für ein absolutes Gleichbehandlungsgebot ein
– er duldet daher keinerlei Vorrangstellung unter den Menschen. Diese
zeichnen sich vor Gott nur durch ihre Rechtschaffenheit aus, nicht durch
Herkunft, Hautfarbe, Nationalität oder Kultur.

»O ihr Leute! Euer Herr [Allah, H.Ö.] ist einer, euer Stammvater [Adam, H.Ö.] ist
einer. Die Menschen stammen von Adam, und Adam ist aus Erde. Der Edelste unter
euch vor Allah ist der Gottesfürchtigste von euch. Ein Araber ist nicht vorzüglicher
als ein Nichtaraber, noch ein Nichtaraber vorzüglicher als ein Araber; ein Schwarzer
ist nicht vorzüglicher als ein Weißer, noch ein Weißer vorzüglicher als ein Schwarzer, außer durch Frömmigkeit.« (Ebd., S. 174)

Der Koran stellt mit folgendem Vers die nationale und kulturelle Pluralität
unter seine eigene Obhut, unter seinen besonderen Schutz:

»O ihr Menschen. Wir haben euch ja von einem männlichen und einem weiblichen Wesen erschaffen und Wir haben euch zu Völkern und Stämmen gemacht, damit ihr einander kennenlernt. Gewiss der Geehrteste von euch bei Allah ist der Gottesfürchtigste. Gewiss Allah ist Allwissend und Allkundig.« (Koran, 49:13)

Wer Menschen aufgrund seiner Abstammung, Kultur, Nationalität, Sprache oder Religion ausstößt, handelt eindeutig nicht nach islamischen Quellen, mithin nicht islamisch. Der Islam fordert daher alle auf, aufeinander zuzugehen, sich zu einer Gesellschaft zu integrieren. Die Einladung des Islam, einander kennenzulernen und sich gemeinsam für das Gute einzusetzen, ist an alle gerichtet. Hieraus ergibt sich insbesondere, dass es einem religiösen Muslim keinesfalls verboten ist, Kontakte und Begegnungen mit Nichtmuslimen zu haben. Vielmehr heißt der Islam den Muslimen geradezu, freundschaftliche und nachbarschaftliche Beziehungen zu hegen und zu pflegen (vgl. Koran 49:13; 60:8; 2:148, 177; Bilmen o.J., Band 7, S. 300-301).

Wie aus Aussprüchen des Gesandten Muhammeds hervorgeht, wird die Zufügung von Schaden z.B. schon in dem mutwilligen Eindringen in die Privatsphäre anderer oder in der Verbreitung übler Gerüche, wie den von rohen Zwiebeln und Knoblauch, bestehen (vgl. Bilmen o.J.(a), S. 445-473; Alizade 1990). Auch werden Selbstmorde oder Selbstmordattentate durch die islamischen Schriften eindeutig und direkt verurteilt (vgl. Bilmen o.J., Band 2, S. 46, 216-217). »Und begeht nicht Selbstmord.« (Koran, 4:29) Menschen, die Selbstmord oder Selbstmordattentate verüben wollen, werden nach islamischem Recht mit der ewigen »Höllenpein« konfrontiert (vgl. Koran, 4:93; Bilmen o.J., Band 2, S. 108).

Über die Gleichstellung von Mann und Frau, die ebenfalls einen Grundwert in unserer Gesellschaft darstellt, kann unter Berücksichtigung der primären Quellen des Islam Folgendes festgestellt werden: Mann und Frau haben dieselbe spirituell-menschliche Natur. Der Koran macht in diesem Zusammenhang deutlich, dass kein Geschlecht über oder vor dem anderen steht.

»Ich lasse keine Tat von euch verloren gehen, sei es von einem Mann oder einer Frau [...].« (Koran, 3:195)

Vielmehr wird der Frömmigkeit und Aufrichtigkeit im Herzen der Menschen der entscheidende Wert beigemessen, nicht ihrem Geschlecht, ihrer Hautfarbe oder ihrer Nationalität. Der Koran widmet sich Mann und Frau entsprechend ihrem Wert gleichermaßen:

»O ihr Menschen! Wir erschufen euch aus einem Mann und einer Frau [...].« (Ebd., 49:13)
»Wahrlich die muslimischen Männer und die muslimischen Frauen, die gläubigen

Männer und die gläubigen Frauen, die gehorsamen Männer und die gehorsamen Frauen, die wahrhaftigen Männer und die wahrhaftigen Frauen, die geduldigen Männer und die geduldigen Frauen, die demütigen Männer und die demütigen Frauen, die Männer, die Almosen geben, und die Frauen, die Almosen geben, die Männer, die fasten, und die Frauen, die fasten, die Männer, die ihre Keuschheit wahren, und die Frauen, die ihre Keuschheit wahren, die Männer, die Allah häufig gedenken, und die Frauen, die Allah häufig gedenken, – Allah hat ihnen [allen] Vergebung und großen Lohn bereitet.« (Ebd., 33:35)

Der Islam schenkt beiden Geschlechtern uneingeschränkt Beachtung. Zwar legt er der Frau bereits als Gattin und Mutter eine sehr große Bedeutung bei, versagt ihr aber eine berufliche Perspektive nicht. Wie die Sprache, ethnische Abstammung oder Kultur keine Grundlage für Überlegenheit oder Unterlegenheit darstellt, so ist auch das Geschlecht kein Überlegenkeits- bzw. Unterlegenheitskriterium (vgl. Koran, 17:23; 31:14; Beşer 1995, S. 89-180; Dikmen 1999, S. 221-235).

Die Glaubens-, Gewissens- und Bekenntnisfreiheit (Art. 4 GG) kommt im Koran eindringlich in dem folgenden Koranvers zum Ausdruck:

»Es gibt keinen Zwang im Glauben [...].« (Koran, 2:256)

Die anerkannten Koraninterpretatoren sind der Meinung, dass dieser Koranvers das Fundament der islamischen Toleranz in Sachen des Glaubens und der religiösen Praxis bildet. Demzufolge haben sie diesen Grundsatz als ein striktes Verbot zur Zwangsbekehrungen verstanden, mit der die Glaubens-, Gewissens- und Bekenntnisfreiheit sichergestellt wurde (vgl. Bilmen o.J., Band 1, S. 255-257). Die Bekenntnisfreiheit und das Recht auf freie Religionsausübung bilden damit überragende Schutzgüter im Islam.

»Und wenn dein Herr wollte, würden fürwahr alle auf der Erde zusammen gläubig werden. Willst du etwa die Menschen dazu zwingen, gläubig zu werden?« (Koran, 10:99)

Ebenso wenig darf ein Muslim durch irgendwelche Versprechungen andere Menschen zu einer Konversion überreden. Selbst dem Gesandten Muhammed hat Gott – genau wie allen anderen Menschen – jegliche missionarische Unternehmung untersagt: »Du kannst gewiss nicht jeden rechtleiten [bekehren], den du magst, sondern Allah leitet recht, wen Er will. Und Er erkennt am besten diejenigen, welche sich rechtleiten lassen.« (Koran, 28:56; Bilmen o.J., Band 5, S. 373f.) Der Islam zieht nicht das bloße Lippenbekenntnis, sondern die Überzeugung des Herzens und die rechtschaffene Hingabe zu Gott im freien Willen als Bekenntnis zum Islam vor.

»Die Wahrheit ist von euerem Herrn. Wer nun will, der glaube, und wer will, der glaube nicht [...].« (Koran, 18:29)

»Wir haben dir für alle Menschen das Buch mit der Wahrheit hinabgesandt. Und wer rechtgeleitet ist, der ist es zu seinem eigenen Besten. Und wer irregeht, der geht zu seinem eigenen Nachteil irre, und du bist nicht ihr Beschützer.« (Ebd., 39:41)

Demzufolge kennt der Islam die kulturelle, nationale und religiös-weltanschauliche Pluralität und untersagt den Muslimen, andere Menschen wegen ihrer Religion oder Weltanschauung zu diskriminieren oder Druck, gar Gewalt auszuüben, um sie zu bekehren (vgl. Bilmen o.J., Band 1, S. 255-257; Bilmen o.J., Band 6, S. 356).In Koranverse selbst einen Hinweis auf einen »Religionskrieg« hineinzulesen, verstößt gegen allgemein zulässige Deutungsmethoden im Islam. Die muslimischen Gelehrten weisen darauf hin, dass bei der Koran- und Hadithinterpretation zum Verständnis der Koranverse die islamische Methodologie des *Tafsirs* (Exegese) strikt einzuhalten ist. Zum einen enthält der Koran eindeutige, vieldeutige und sogar nicht deutbare Verse und zum anderen sind gewisse Koranverse zumeist Antworten auf bestimmte prekäre Lebenssituationen, denen die muslimische Gemeinschaft um den Gesandten Muhammed ausgesetzt war (vgl. Bilmen o.J., Band 1, S. 5-7). Als im Jahre 610 n. Chr. Muhammed mit der Verkündung des Islam begann, wurden er und seine Anhänger sukzessiv verfolgt, drangsaliert und sogar aus Mekka vertrieben. Daher sind solche Koranverse, die vom Krieg, vom Töten oder Getötetwerden handeln, historische Dokumente und Belege für die bereits stattgefundenen Gewalttaten. Dementsprechend sind die Koran- und Hadithinterpretatoren der einhelligen Meinung, dass solche Koranverse nicht generell einen »Krieg« billigen, geschweige denn eine »Zwangsbekehrung« (vgl. Bilmen o.J., Band 1, S. 181f.; Band 3, S. 49f., S. 109; Günenç o.J., Band 2, S. 215f.; Gülen 2000, Band 2, S. 175-354). Nicht zu vergessen ist, dass angesichts der durch das Grundgesetz verbürgten Religionsfreiheit diese Koranverse den Muslimen ohnehin keine Handhabe liefern. Islamische Gelehrte wie Hayreddin Karaman stellen in ihren theologischen Analysen fest, dass die Muslime, die in einem »Gastland« leben, die dort gültigen Gesetze achten müssen und nicht gegen sie verstoßen dürfen. Erheblich weiter reicht, dass der zugewanderte Muslim, wenn sein Herkunftsland mit seinem »Gastland« Krieg führen sollte, keinerlei feindliche Interventionen gegen sein »Gastland« unternehmen darf, ist er doch Bürger dieses Landes (vgl. Karaman 2000, S. 266-267). Zweifelsohne kann daher festgehalten werden, dass die Religiosität der Beachtung der Grundwerte nicht entgegensteht.

Zum anderen hegt die Religiosität einen beharrlichen Willen zum intra-/interkulturellen Austausch und intra-/interreligiösen Dialog. Hierbei reicht die passive Achtung vor Muslimen und Menschen mit anderen kulturellen oder religiösen Einstellungen nicht aus, hinzukommen muss der Wille zu einem unumwundenen Austausch und Diskurs mit ihnen. Der Islam schreibt den Muslimen ein friedliches Miteinander, gegenseitiges Kennenlernen und rechtschaffenes Verhalten allen Menschen gegenüber vor (vgl. Koran, 49:13; Bilmen o.J., Band 7, S. 300). Der Koran auferlegt den Muslimen, zu allen Menschen gütig und gerecht zu sein (vgl. Koran, 60:8; Bilmen o.J., Band 8, S. 94). Der Islam gibt den Muslimen auch vor, wie sie mit Nichtmuslimen zu kommunizieren haben. So muss die Kommunikation z.B. während einer Dialogveranstaltung auf »beste Art und Weise« sein. Nichtmuslime aufgrund ihrer Religion oder Weltanschauung anzuprangern, zu beleidigen oder gar zu verspotten, zählt zu den schwerwiegendsten »Sünden« im Islam (vgl. Bilmen o.J., Band 2, S. 385).

»Und streitet nicht mit dem Volk der Schrift; es sei denn auf die beste Art und Weise. Und sprecht: Wir glauben an das, was zu uns und was zu euch herabgesandt wurde; und unser Gott und euer Gott ist Einer; und Ihm sind wir ergeben.« (Koran, 29:46)
»Und schmäht nicht diejenigen, die sie neben Allah anrufen, damit sie nicht ihrerseits aus Feindschaft und Unwissenheit Allah schmähen; denn Wir haben jedem Volk sein Tun wohlgefällig erscheinen lassen. Dann aber ist ihre Heimkehr zu Allah, und Er wird ihnen vorhalten, was sie getan haben.« (Ebd., 6:108)

Der Gesandte Muhammed ermahnte die Muslime, während einer Konversation umsichtig zu sein:

»Wer an Allah und den Jüngsten Tag glaubt, er soll Gutes sprechen oder er soll schweigen. Wer an Allah und den Jüngsten Tag glaubt, der soll seinen Nachbarn ehren. Wer an Allah und den Jüngsten Tag glaubt, der soll seinen Gast ehren.« (Ausspruch des Gesandten Muhammeds, in: Rassoul 1993, S. 131)

Derart müsse der Muslim mit denen, die mit ihm »unter einem Dach« leben, denjenigen, dessen Haus unmittelbar an das eigene angrenzt, die Bewohner der nächsten vierzig Häuser nach jeder Richtung hin, und denjenigen, die im selben Ort wie er selbst wohnen, gute nachbarschaftliche Beziehungen pflegen und helfen, wo seine Hilfe benötigt wird.

Muhammed beschwor die Muslime, dass diejenigen, vor deren Übel ihr Nachbar nicht sicher ist, nicht ins Paradies kommen werden (vgl. An-Nawawi 1996, S. 140). Gute nachbarschaftliche Beziehungen sind also eine notwendige Bedingung für das »ewige« Glück (vgl. Bilmen o.J.(a), S. 451; Alizade 1990, S. 420-431).

Die Muslime haben den »göttlichen« Auftrag, unter den Menschen Frieden zu stiften und ihnen behilflich zu sein (vgl. Koran, 4:114, 128; 8:1).

»Der ist kein Lügner, der Frieden unter den Menschen schafft und Gutes erlangen will, wobei er etwas Gutes sagt, in dessen Unwahrheit Gutes steckt.« (An-Nawawi 1996, S. 120)

»Und tu Gutes, so wie Allah dir Gutes getan hat. Und trachte nicht nach Unheil auf der Erde, denn Allah liebt nicht die Unheilstifter.« (Koran, 28:77)

Der Gesandte Muhammed forderte die Muslime auf, die Menschen »mit gutem Charakter« zu behandeln, d.h. den Menschen Gutes tun und Schaden von ihnen abzuwenden (vgl. Rassoul 1993, S. 142, 173):

»Und dient Gott und gesellt ihm nichts bei. Und zu den Eltern sollt ihr gut sein und ebenso zu den Verwandten, den Waisen und den Armen, weiter zu den fremden Nachbarn, zum Gefährten, der euch zur Seite steht, zu dem, der unterwegs ist, und zu dem, was ihr besitzt. Wer eingebildet und prahlerisch ist, den liebt Gott nicht.« (Koran, 4:36)

»Allah verbietet euch nicht, gegen die gütig und gerecht zu sein, die euch nicht wegen eures Glaubens bekämpft oder euch aus eueren Häusern vertrieben haben. Allah liebt fürwahr die gerecht Handelnden.« (Ebd., 60:8)

Der Gesandte Muhammed definiert einen Muslim als einen Menschen, vor dessen Zunge und Hand die Menschen in Sicherheit sind, d.h. der ihnen nicht schadet (vgl. Mertek 2001, S. 82). Ein Muslim soll daher Menschen mit Toleranz und Hilfsbereitschaft zur Seite stehen, um sich die Barmherzigkeit Gottes zu verdienen (vgl. An-Nawawi 1996, S. 113). Dabei soll er weder übertreiben noch sich in Extremen verlieren. Auch was die Angelegenheiten des Glaubens anbelangt, sind dem Muslim fanatische Einstellungen untersagt. Diese warnt der Gesandte Muhammed: »Mögen die Übertreibenden, d.h. jene, die streng darin sind, wo sie nicht streng sein sollen, zugrunde gehen.« Der Muslim tut gut daran, in der Religion weder zu übertreiben noch zu untertreiben; er soll sich in der »Mitte« bewegen (ebd., S. 74). So wiederholen Muslime täglich vierzigfach in den Gebeten die Rezitation der Sura »Al-Fatiha«, in der sie Gott darum bitten, sie rechtzuleiten (vgl. Bilmen o.J., Band 1, S. 10-13).

Das allgemeingültige Gebot für zwischenmenschliche Umgangsformen stellt der Gesandte Muhammed durch folgende Worte auf:

»Verkündet, was froh macht, verkündet nicht, was erschreckt. Macht es den Menschen leicht, macht es ihnen nicht schwer.« (Ausspruch des Gesandten Muhammeds, in: Mertek 2001, S. 140)

Aus diesen Ausführungen ist zu folgern, dass der Islam geradezu einen beharrlichen Willen zum intra-/interkulturellen Austausch und intra-/interreligiosen Dialog fordert. Die Muslime dürfen sich nicht verschließen und sich gegenseitig ausgrenzen, schon gar nicht eine feindliche Gesinnung annehmen. Ihre islamische Religiosität zeichnet sich dadurch aus, dass sie für einen Dialog mit allen Menschen einsteht. Dadurch sollen sie diese Grundsätze verinnerlichen und so das Zusammenleben der Menschen verbessern (vgl. Koran, 5:32; 2:269; 8:46), das eigene Handeln stets am Prinzip der Wahrhaftigkeit messen und anderen Menschen nicht schaden (vgl. ebd., 2:282; 4:58) und erkennen, dass die Menschen unterschiedliche Bedürfnisse und Interessen haben können. Sie sollen in Konflikten Gewalt abschwören sowie dazu beitragen, dass unter den Menschen Frieden herrscht (vgl. ebd., 2:109; 26:183; 8:61).

Schließlich führt die Religiosität das Interesse und Engagement herbei, die bereitgestellten oder die zur Verfügung stehenden Chancen auch tatsächlich zu ergreifen.

Ein religiöser muslimischer Jugendlicher bemüht sich um eine schulische und berufliche Qualifizierung und Weiterbildung, weist doch der Islam gerade die jungen Muslime an, durchgehend eine anständige Qualifizierung und lebenslange Weiterbildung zu verfolgen.

Das Erlangen von Wissen ist im Islam eine besondere Pflicht für Mann und Frau (vgl. Kerimoğlu 1985, S. 193). Den Rang dieses Gebotes verdeutlicht der Koran, in den die ersten Worte Gottes an den Gesandten Muhammed aufgenommen sind:

»Lies im Namen deines Herrn. [...] Lies, und dein Herr ist der Edelste, Der [das Schreiben, H.Ö.] mit dem Schreibstift gelehrt hat, den Menschen gelehrt hat, was er nicht wusste.« (Koran, 96:1-5)

Islamische Gelehrten bemerken, dass der Muslim, in welche Situation er auch immer gerät, als eine islamische Pflicht mindestens jenes Wissen zu erlangen habe, mit dem er der jeweiligen Situation gerecht werden kann (vgl. Ez-Zernuci 1980, S. 9). Praktisch bedeutet dies, dass muslimische Männer und Frauen verpflichtet sind, neben religiösem Wissen sich auch mindestens so viel Allgemeinwissen anzueignen, wie sie in ihrem Alltag benötigen. Dazu gehört eine gute schulische und berufliche Qualifikation. Hierzulande benötigen sie dazu die deutsche Sprache, sodass hieraus die These folgt, dass der Erwerb der deutschen Sprache für muslimische Jugendliche genauso eine islamische Pflicht darstellt wie der Erwerb von Wissen über den Islam. Kommen sie diesem Gebot nach und streben sie nach Wissen, dann garantiert ihnen Gott im Koran, dass er den »Weg ins Paradies« vereinfachen wird (vgl. Mertek 2001, S. 156; Koran, 5:9). Gott fordert den Muslim daher auf, sich auf diesem Wege zu bemühen und geduldig zu sein. Nur mit seinen Eigenleistungen wird er die Belohnung Gottes erhalten.

»Und dass der Mensch nur empfangen wird, worum er sich bemüht; und dass [die Furcht] seines Bemühens sichtbar werden wird; und dass er dann mit vollem Lohn dafür belohnt werden wird [...].« (Koran, 53:39-41)

Dergestalt sollen Muslime in guten Werken miteinander wetteifern und nicht in feindselige Stimmung und Konkurrenz verfallen.

»Jeder hat ein Ziel, dem er sich zuwendet. So wetteifert miteinander in guten Werken. Wo immer ihr auch seid, Allah wird euch zusammenbringen; wahrlich, Allah hat Macht über alle Dinge.« (Ebd., 2:148)

Bemüht sich ein Muslim um eine lebenslange Weiterbildung, wetteifert in guten Werken mit anderen Menschen und stellt sein Wissen in den Dienst der Menschheit, so wirken seine Taten über den Tod hinaus.

»Wenn der Mensch stirbt, hören seine Werke auf, außer dreierlei: einem auch weiterhin gemeinnützige Almosen, oder dem Wissen, das nutzbar ist, oder einem wahrhaften Nachkommen, der für ihn bittet.« (Ausspruch des Gesandten Muhammeds, in: Mertek 2001, S. 159)

Muslime sind bestrebt, sich »von der Wiege bis zum Grabe« weiterzubilden und rechtschaffene Werke zu setzen (Arvasi 1994, S. 7).

Damit erheischt die Religiosität eines Muslims das Interesse und Engagement, die bereitgestellten und zur Verfügung stehenden Chancen auch tatsächlich zu ergreifen.

Diese Ausführungen belegen deutlich, dass weder der Islam noch die islamische Religiosität einer erfolgreichen Integration entgegensteht (vgl. Bericht 2005, S. 226-228; ZfT 2005b; Kelek 2002; Frese 2001; KAS-Studie 2001; Tietze 2001; Karakaşoğlu 2000).

7. Resümee und Ausblick

7.1 Resümee

Meine Untersuchungen haben ergeben, dass die Religiosität muslimischer Jugendlicher und die Integration nach hiesigem progressivem Verständnis keine Gegensätze darstellen. Weder steht die Integration der Religiosität im Weg noch hintertreibt die Religiosität die Integration. Im Gegenteil: Einerseits geht mit der islamischen Religiosität zwingend die Integration einher, andererseits öffnet die Integration eine Schneise zur islamischen Religiosität.

Die Religiosität, verstanden als Leben nach den Vorgaben einer Religion, bietet muslimischen Jugendlichen die Möglichkeit, ihren Überzeugungen folgend zu fühlen und zu denken.

Um die Art und Ausmaße der Religiosität muslimischer Jugendlicher zu erfassen, wurde unter Zuhilfenahme der anerkannten Glock'schen Untersuchungsmuster eine fünfteilige Kategorisierung der sozialen Äußerungen der Religiosität vorgenommen. Bei ihrer qualitativen Erfassung zeigten sich verschiedene Formen, um als muslimische Jugendliche in Deutschland zu leben.

Dementsprechend wurde eruiert, dass sich muslimische Jugendliche zu den islamischen Glaubensgrundsätzen bekennen und ihre Religionszugehörigkeit als einen wesentlichen Bestandteil ihrer Identität empfinden.

Die meisten unten den Befragten haben jedoch mit der durchgängigen Erfüllung der islamischen Hauptpflichten Schwierigkeiten –trotzdem erkennen sie deren Wichtigkeit an und definieren sich durch ihren Glauben.

Sie assoziieren »Islam« mit den Begriffen Frieden, Gottes- und Menschenliebe, Hoffnung, Glückseligkeit und Fleiß. Den Islam verstehen sie als ein »Buch«, in dem sie auf ihre diffizilen Fragen verständliche Antworten finden.

Nahezu alle befragten muslimischen Jugendlichen sind mit ihrem religiösen Wissensstand nicht zufrieden – sie seien weder ausreichend informiert noch unterrichtet. Hierzu beklagen sie den Mangel an Angeboten und Orten zur religiösen Weiterbildung.

Sie weisen auf die herausragende Bedeutung der Kindererziehung nach islamischen Werten hin. Eine Ehe mit einer nicht muslimischen Frau oder mit einem nicht muslimischen Mann verweigern sie nicht generell.

Die muslimischen Jugendlichen suchen eher in der Fastenzeit im Monat Ramadan sowie zu den Festtagsgebeten eine Moschee auf als zu täglichen Gebeten und dem Freitagsgebet. Dabei werden die Moscheen in unmittelbarer Umgebung bevorzugt.

Die Befragten sind mehrheitlich in keinem muslimischen Verein organisiert. Die inhaltliche Ausrichtung der Organisationen ist den Jugendlichen kaum bekannt, sie bekunden auch kein Interesse, diese näher kennenzulernen. Überdies haben sie mehrheitlich eine lockere Bindung an Moscheegemeinden.

Als wichtigste Aufgabe der Moschee betrachten sie, dass diese für alle offen ist und als Ansprechpartner für Muslime und Nichtmuslime fungiert sowie intensive Bildungsarbeit anbietet. Ein guter Imam zeichne sich durch ein überdurchschnittliches und fundiertes Wissen über den Islam sowie ein solides Allgemeinwissen aus. Dazu gehören ein vorbildlicher Charakter und vor allem Kommunikationsfähigkeit.

Islam und Demokratie bilden also keine Gegensätze. Gewalttätige Personen und Gruppen, gar die Gewalt als solche, werden als »unislamisch« abgelehnt.

Gemäß den Antworten lässt sich schließlich feststellen, dass der soziale Aspekt der Religiosität, und zwar die Befolgung der religiösen Vorgaben, unterschiedlich ausgebildet ist. Gleichwohl erkennen die muslimischen Jugendlichen ihre »Lücken« und zeigen Bereitschaft, diese zu schließen.

Dies kann ihrer Integration nur förderlich sein, hat sich doch herausgestellt, dass – man betrachte Integration und Religiosität der muslimischen Jugendlichen als zwei aufeinander zulaufende Prozesse – sich beide sowohl bei der weiteren Entwicklung von Integrationsgelegenheiten als auch bei der Zunahme an Religiosität muslimischer Jugendlicher letzlich gegenseitig durchdringen werden.

So verstehen die befragten Jugendlichen ein Leben in Konformität mit den islamischen Werten als Schutzmauer für ein konsequentes und gesetzestreues Dasein sowie ein Leben ohne Drogen- und Alkoholprobleme. Der Islam gilt durchaus nicht als Hindernis, Deutschland als Heimat anzusehen und dessen Gesetze einzuhalten.

Folglich gehen der Islam und ein aufgeklärtes Leben nach islamischem Duktus mit einer erfolgreichen Integration Hand in Hand einher.

7.2 Ausblick

Seit Jahrzehnten befinden sich Menschen verschiedener Religionen im Austausch.

Doch derzeit verläuft die Diskussion über den Islam und die Muslime nicht selten entlang eines »Islamismus/Fundamentalismus/Terrorismus«-Paradigmas. Leben in Deutschland nicht über drei Millionen Menschen islamischen Glaubens – die meisten seit über 40 Jahren – ohne Konflikte, ohne terroristische Attentate, Intrigen oder andere kriminelle Machenschaften?

Dass aber Jugendliche (auch muslimische) Schwierigkeiten bei der Integration in die Gesellschaft Probleme haben, soll hier nicht in Abrede gestellt werden. Wie bereits ausgeführt (vgl. Kap. 3.2), ist es vonnöten, Integration als eine »soziale Frage« aufzufassen. Heute sind Jugendliche mit unterschiedlichen sozialen Problemen (fehlende Bildung, geringe soziale Aufstiegschancen, lang andauernde Arbeitslosigkeit u.a.) konfrontiert. Dabei werden Sprachprobleme, Schul- und Ausbildungshindernisse, Rechte und Entfaltungsmöglichkeiten von Mädchen und Frauen sowie berufliche Miseren einzelner Menschen nicht deutscher Herkunft nicht spezifisch als gesellschaftliche Problemlage diskutiert, sondern eben mit dem Islam und der islamischen Religiosität fälschlich in Verbindung gebracht.

Diese Studie hat aber gezeigt, dass gerade die islamischen Quellen und islamische Religiosität die Integration fordern und fördern. Zu diesem Zweck können die islamischen Grundsätze (z.B. einer schulischen und beruflichen Qualifizierung) zur Motivierung der muslimischen Jugendlichen effektiv eingesetzt werden. Sie lassen sich mit den entsprechenden Schlagworten aus den islamischen Quellen (Bildungspflicht, rechtschaffene Werke, ehrlich verdientes Geld, Fürsorgepflicht, Ehrlichkeit, Weiterbildung etc.) ansprechen – nicht nur solche mit religiöser Lebensführung.

Bei Diskriminierungs- und Ausgrenzungserfahrungen bietet die islamische Religiosität den Jugendlichen einen entscheidenden »Ausweg« (vgl. Koran, 103:1-3; 2:45, 152, 250; 22:35). Ebenso bekämpft sie die Ursachen für Kriminalität und Drogenmissbrauch (vgl. Interviews). Ein aufgeklärtes Islamverständnis bewahrt die muslimischen Jugendlichen durchweg vor »extremistischen« Fehltritten.

Ein gesellschaftliches Umdenken ist erforderlich: Speziell ist es wichtig und erforderlich, Abstand von der Vorstellung »Migrant = Türke = Muslim = Fremder« zu nehmen und den Islam nicht als ein »Ausländerphänomen« anzusehen – schon gar nicht ist es mit »Fundamentalismus/Radikalismus/Terrorismus« gleichzusetzen. Die zunehmende Globalisierung und die Realität der »einen« Welt mit ihren kulturellen Überschneidungssituationen stellen uns vor vielfältige neue Herausforderungen – aber auch Gefahren. Deren größte rührt von den lokal bis global agierenden terroristischen Netzwerken. Daher ist die gängige »Zweiteilung der Welt« – einst in eine westliche und östliche bzw. kapitalistische und kommunistische Zone und jetzt in eine westliche und islamische Welt – weder für den Weltfrieden noch für den interkulturellen und interreligiösen Dialog zuträglich. Uns sollte inzwischen durchaus bewusst sein, dass unsere Erde eins ist. Daher lohnt es sich, eine gemeinsame und aufrichtige Gefahrenanalyse voranzutreiben, ohne Kulturen oder Religionen für Kontroversen haftbar zu machen.

Sodann ist von den gängigen und weitverbreiteten Denkfehlern abzusehen, »islamische« Organisationen mit ethnischen Organisationen und sozialen Milieus gleichzusetzen. Es beschleicht nicht wenige der Gedanke: Extremismus in Form des Terrorismus ist eine politische Bewegung der Globalisierungs- und Modernisierungsverlierer, die Religion oder Kultur zu eigennützigem Zwecke instrumentalisiert. Hierzu hat sich zuletzt auch der Bundespräsident a.D. Johannes Rau in seiner Rede beim Festakt zum 275. Geburtstag von Gotthold Ephraim Lessing am 22.01.2004 in Wolfenbüttel manifest und richtungsweisend geäußert:

»Wir müssen die Auseinandersetzung mit dem Fundamentalismus führen, aber differenziert und an der richtigen Stelle. Pauschaler Verdacht stärkt den Fundamentalismus, statt ihn zu schwächen. [...] Zur Auseinandersetzung mit dem Fundamentalismus gehört auch, deutlich zu sagen, dass Fundamentalismus nicht nur die Sache einer Religion oder einer Überzeugung ist. Allen Fundamentalisten ist eines gemeinsam: die Überzeugung, allein im Besitz der Wahrheit vom Sinn menschlicher Existenz und von dem Weg zu sein, der zur Erfüllung dieses Sinnes führt. Darin bekämpfen Fundamentalisten Vertreter anderer Wertordnungen, und manche halten sich sogar für berechtigt, das mit Gewalt zu tun.«

Daher wäre es unser aller Aufgabe, nicht den Floskeln wie »Kampf der Kulturen« nachzueilen, sondern aufrichtig und glaubwürdig für das Gemeinsame, den interkulturellen und interreligiösen Dialog, zu plädieren. Doch können trotz der rasanten informationstechnischen Entwicklungen besonders zwei Probleme für den interkulturellen und interreligiösen Dialog konstatiert werden:

Erstens: Beide Seiten tendieren dazu, die negativen Seiten des jeweils anderen hervorzuheben und ihn darüber zu definieren. So werden zumeist nur diese »Schwächen« mit Augenklappen wahrgenommen, die nur ein Teil der Realität sind. Keiner kann ernsthaft behaupten, dass Deutschland für Skinheads, Fremdenfeindlichkeit oder Völkermord steht – so sollte auch nicht behauptet werden, dass muslimische Gesellschaften für Fanatismus und Intoleranz stehen. Solche Wahrnehmungen und Definitionen be- und verhindern den Dialog.

Zweitens: Dialog findet nicht zwischen heterogenen ganzen Systemen statt, sondern zwischen einzelnen Individuen oder Menschengruppen. Daher stehen sich nicht nur zwei Akteure gegenüber, sondern mehrere. Logischerweise tut es not, eine *pluralistische* Diskussionskultur zu schaffen, die tolerant, respektvoll, aufrichtig und glaubwürdig ist.

Deutschland ist schon lange nicht mehr monokulturell und monoreligiös strukturiert. Diese plurale Wertegemeinschaft ist als Gewinn für die Menschen zu begrüßen. Hierbei geht es weder um Xenophobie noch um Exotismus, vielmehr um gedeihlich-kritisches und konstruktives Miteinander. Alle Mitglieder unserer Gesellschaft sind darauf angewiesen, sich gegen Opportunismus, Demagogie und Agitation zu verwahren – mit einer »Ethik der Vernunft«: Sie ist deshalb erforderlich, weil in einer pluralen Wertegemeinschaft aufgrund unterschiedlicher Werte und Normen, unterschiedlicher Interpretation von Zeichen, Handlungen, Gesten und Worten sowie unterschiedlicher Konzepte von Raum, Zeit oder Denken leicht das Gefühl aufkommen kann, dass sich der in der Begegnung kulturell und religiös anders geprägte Mensch falsch verhält – dabei können in diesen interkulturellen und interreligiösen Überschneidungssituationen folgenschwere Missverständnisse entstehen.

Folglich ist das interkulturelle und interreligiöse Lernen in der Gesellschaft zu forcieren, um in ihr die interkulturelle und interreligiöse Kompetenz zu verbreiten. Hier ist vorrangig die Erwachsenenbildung gefragt. Deren Zielbeschreibungen – wie Toleranz, Friedfertigkeit, Zusammenarbeit, Ideenreichtum, interkulturelle und interreligiöse Kompetenz – zeigen Wege aus interkulturellen und interreligiösen Überschneidungssituationen auf. Bildung kann helfen, die Integration der Muslime und Nichtmuslime in Deutschland und Europa, die bereits im Gange ist, weiter anzukurbeln und eine »Kultur der Toleranz und des Miteinanders« zu entwickeln, indem sie allen bewusst macht, dass die Pflege der »eigenen und fremden« Kultur eine alltägliche Bürgerpflicht ist.

Die jungen Muslime haben es in dieser Studie auf den Punkt gebracht: Sie betrachten sich *zunehmend* als deutsche *und* europäische Muslime. Namentlich Gotthold Ephraim Lessing und Johann Wolfgang von Goethe sind Vorreiter auf diesem Pfad, mit einer klaren Botschaft: Menschen unterschiedlicher Kultur und Religion können gleichberechtigt miteinander leben, und das ist gut für alle.

Sowohl die Mehrheitsgesellschaft mit ihren staatlichen und nicht staatlichen Institutionen als auch die Muslime mit ihren Organisationen und Einrichtungen können sich zu einer gemeinsamen *Gesamtgesellschaft* integrieren. Sie können hierzu einander unterstützen. Dazu sollte man auf der einen Seite

- den Islam als eine gleichberechtigte Weltreligion anerkennen, Muslimen in diesem Lande mehr Möglichkeiten der Partizipation am gesellschaftlichen Leben einräumen und gegenüber dem *gelebten* Islam eine öffentliche Toleranz erkennen lassen;
- den sozialen und strukturellen Integrationsrahmen für Muslime als

Voraussetzung für ein interkulturelles Zusammenleben herstellen;

– objektive Aufklärung und Öffentlichkeitsarbeit über den Islam in der gesamten Gesellschaft mit dem Ziel der allgemeinen Sensibilisierung für den Umgang mit Migranten und Andersgläubigen durchführen;

– den Islam getrennt von »Fundamentalismus/Islamismus« betrachten und schließlich die Ethnisierung von Konflikten und den generellen Fundamentalismusverdacht gegenüber muslimischen Organisationen und Muslimen beenden;

– dafür Sorge tragen, dass der Bund, die Länder und die Kommunen mit muslimischen Organisationen in engerer ständiger Kooperation stehen;

– den Zugang der muslimischen Jugendlichen zu ihren Wurzeln und ihrer Kultur durch spezielle Bildungsangebote, Förderung der Mitgliedschaft und ehrenamtliches Engagement in muslimischen und nicht muslimischen Vereinen, Moscheegemeinden usw. ermöglichen;

– den Bedarf an Lehrstühlen für »islamische Theologie« an deutschen Universitäten decken, um das Lehrpersonal für den islamischen Religionsunterricht, für Vorbeter (Imame) in Moscheen usw. auszubilden;

– den Muslimen, insbesondere muslimischen Jugendlichen, eine fundierte und zusammenhängende religiöse Bildung u.a. durch Einführung eines verbindlichen Islamunterrichts in öffentlichen Schulen sowie durch Darstellung des Islam in offiziellen Schulbüchern ermöglichen, damit sie sich substanziell mit ihrem Glauben auskennen und infolgedessen gegen jedwede »extremistische« Interpretation resistent sind und

– ihnen in Deutschland konkrete Möglichkeiten zur Identitätswahrung und -entwicklung anbieten.

Demzufolge sollte das Festhalten der jungen Muslime an ihrer kulturell-religiösen Identität nicht als Bedrohung, sondern als erhebliche Voraussetzung für Integration dargestellt werden.

Selbstverständlich sind auf der anderen Seite die Muslime aufgerufen, durch wesentliche Eigenanstrengungen aktiv zu diesem »Projekt« beizutragen. Auch das Etikett »Opferstatus« oder ein Leben in Gettos oder gar die Bildung einer Parallelgesellschaft wird weder dem Islam noch den Muslimen gerecht und förderlich. Deswegen mahne ich mit Nachdruck allen hiesigen Muslimen folgende Bemühungen an:

– Die Muslime, insbesondere die muslimischen Organisationen, sind aufgefordert, offensiv gegen den »Missbrauch des Islam« vorzugehen, indem sie unmissverständlich allen terroristischen Akten eine Absage erteilen und sich darüber hinaus auch von Gewaltparolen distanzieren. Wichtig wie erforderlich ist es hierbei auch, allen antisemitischen und rassistischen Erscheinungen innerhalb der muslimischen Gemeinschaft Einhalt zu gebieten.

- Alle muslimischen Organisationen sollten – soweit dies bislang vorgekommen sein sollte – jedwede extremistische oder ausschließlich nationalistische Orientierung und Beeinflussung von Parteien oder Personen aus dem In- und Ausland meiden.
- Eine gezielte gemeinnützige Arbeit soll bestimmend sein. Darüber hinaus müssen sie sich gezielt um die Belange ihrer Gemeindemitglieder kümmern und mit staatlichen und nicht staatlichen Einrichtungen kooperieren.
- Alle muslimischen Organisationen, an erster Stelle die Moscheegemeinden, sollten einen Generationswechsel in ihren Führungsriegen ermöglichen, denn nur mit sprachkompetenten und qualifizierten jungen Menschen, die die Kultur und Rechtsordnung dieses Landes kennen und sich bewusst mit dieser Gesellschaftsordnung identifizieren, können sie in der Gesellschaft integrationsfördernd wirken.
- Moscheegemeinden müssen eine übernationale, interkulturelle und unabhängige Struktur erhalten, die etwa von dafür konstituierten Stiftungen getragen werden kann.
- Moscheegemeinden sollen die Erwachsenenbildung, das interreligiöse/-kulturelle Lernen zur Alltagsbewältigung und zivilgesellschaftlichen Orientierung sowie die psychosoziale Beratung junger muslimischer Frauen und Männer auf ihr Tagesprogramm setzen.
- Der islamische Religionsunterricht soll für Jugendliche und Erwachsene als Lernprozess unter dem Aspekt der Entwicklung von Problemlösestrategien und der Aktivierung von gesellschaftsdienlichem Verhalten gelten.
- Muslimische Einrichtungen sind dazu angehalten, allmählich dazu überzugehen, die deutsche Sprache als Hauptsprache für ihre Aktivitäten zu verwenden.

Deutschland steht für Respekt und Toleranz zwischen Religionen und Kulturen,[1] verfügt damit über einen unentbehrlichen Nährboden zur Ver-

---

1 | Die Fundamente der Kultur in Deutschland bilden Persönlichkeiten wie von Goethe, die mit ihren Veröffentlichungen viele Ideen und Ratschläge hierzu gemacht haben. Daher ist es erneut erforderlich, diese Schriften beispielsweise in der Schule zur maßgeblichen Literatur zu erklären (vgl. von Goethe 1981; Lessing 2000). Unser Grundgesetz, das eine *Kultur der Verständigung und Toleranz* lehrt, muss insoweit ebenfalls als Basislektüre in der Schule behandelt werden, damit sich die jungen Menschen mit diesem identifizieren können (vgl. Grundgesetz der Bundesrepublik Deutschland und Avenarius 2001).

wirklichung dieser Bedingungen. Es ist eine Angelegenheit *aller* Menschen, diese Werte unserer Gesellschaft zu wahren und auszugestalten – gleich ob Christ, Jude oder Muslim!

Literatur

Abdullah, Muhammad Salim: Islam. Muslimische Identität und Wege zum Gespräch. Düsseldorf: Patmos 2002.

Abdullah, Muhammad Salim: Was will der Islam in Deutschland? Gütersloh: Verlagshaus Mohn 1993.

Abdullah, Muhammad Salim: Geschichte des Islam in Deutschland. Graz: Verlag Styria 1981.

Akaltun, Nevzat: İslam Fıkhı ve Hukukuna ait 1099 Fetva. Ankara: Mevlana Kitabevi o.J.

Alacacioğlu, Hasan: Ist Gott noch »in«? Glaube und Glaubenspraxis von Jugendlichen in einer modernen Gesellschaft. In: Wolf-Dietrich Bukow und Erol Yildiz (Hg.): Islam und Bildung. Opladen: Leske+Budrich 2003, S. 93-114.

Alacacioğlu, Hasan: Muslimische Jugendliche in türkisch-islamischen Gemeinden. Abschlussbericht. Münster: Westfälische Univ. 1999.

Alizade, Seyyid Alioğlu Molla Ya'kub: Tam Şirat'ül-Islam. Istanbul: Pamuk Yayınları 1990.

Allport, Gordon Williard: Personal religious orientation and prejudice. Journal of Personality and Social Psychology, 5, 1967, S, 432-443.

An-Nawawi, Imam Abu Zakariya Yahya ibn Scharaf: Riyad-us Salihin. Garching und München: Dar-us-Salam 1996.

Appadurai, Arjun: Modernity at Large: Cultural Dimensions of Globalization. Cambridge (u.a.): Univ. Press 1996.

Appadurai, Arjun: Gender, Genre, and Power in South Asian Expressive Traditions. Cambridge (u.a.): Univ. Press 1991.

Appadurai, Arjun: The social life of things. Commodities in cultural perspective. Cambridge (u.a.): Univ. Press 1988.

Auernheimer, Georg: Einführung in die interkulturelle Pädagogik. 3., neu bearb. und erw. Aufl., Darmstadt: Wiss. Buchges. 2003.

Auernheimer, Georg/Blumenthal, Viktor v./Stübig, Heinz/Willmann, Bodo: Interkulturelle Erziehung im Schulalltag. Münster: Waxmann 1996.

Arvasi, Seyyid Ahmed: Türk İslam Sentezi. İstanbul: Burak Yayınları 1994.

Asımgil, Sevim: Fert ve Ailede Mutluluk Yolu. İstanbul: Tımaş Yayınları 1992.

Aslan, Adnan: Religiöse Erziehung der muslimischen Kinder in Deutschland und Österreich. Stuttgart: Institut für islamische Erziehung 1998.

Atteslander, Peter: Methoden der empirischen Sozialforschung. 9. Auflage. Berlin und New York: Gruyter Studienbuch 2000.

Avenarius, Hermann: Die Rechtsordnung der Bundesrepublik Deutschland. Bonn: Bundeszentrale für politische Bildung 2001.

Bade, Klaus: Einführung: Migration und Integration – Herausforderungen für Deutschland. In: Bade, K./Münz, R. (Hg.): Migrationsreport 2000. Fakten-Analysen-Perspektiven. Frankfurt a.M./New York: Campus 2000, S. 7-22.

Bade, Klaus: Einwanderungskontinent Europa: Migration und Integration am Beginn des 21. Jahrhunderts. Osnabrück: Universitätsverlag Rasch 2001.

Bade, Klaus: Integration gibt es nicht im Passiv. Die deutsche Einwanderungspolitik fördert und belohnt die Eigeninitiative der Migranten zuwenig. In: WELT vom 2.12.2005.

Bade, Klaus: Nachholende Integrationspolitik. Eingangsstatement zur Podiumsdiskussion: Die neue Integrationspolitik des Zuwanderungsgesetzes – eine Zwischenbilanz. Gesprächskreis Migration und Integration. Berlin: Friedrich-Ebert-Stiftung 2005a.

Balic, Smail: Der Islam im Spannungsfeld von Tradition und heutiger Zeit. Würzburg: Echter Verlag 1993.

Barz, Heiner: Jugend und Religion. Opladen: Leske+Budrich 1992.

Beck, Ulrich: Was ist Globalisierung? Irrtümer des Globalismus – Antworten auf Globalisierung. 4. Aufl., Frankfurt a.M.: Suhrkamp 1998.

Beck, Ulrich: Die Individualisierungsdebatte. In: *Schäfers, B. (Hg.) Soziologie in Deutschland. Entwicklung, Institutionalisierung und Berufsfelder, theoretische Kontroversen.* Opladen: Leske+Budrich 1995, S.185-197.

Beck, Ulrich: Risikogesellschaft – auf dem Weg in eine andere Moderne. 1. Aufl., Frankfurt a.M.: Suhrkamp 1986.

Benningshaus, Hans: Einführung in die sozialwissenschaftliche Datenanalyse. München und Wien: R. Oldenbourg Verlag 1998.

Bericht der Beauftragten der Bundesregierung für Ausländerfragen über die Lage der Ausländer in der Bundesrepublik Deutschland. Bonn: Beauftragte der Bundesregierung für Migration, Flüchtlinge und Integration 2000.

Bericht der Beauftragten der Bundesregierung für Ausländerfragen über die Lage der Ausländer in der Bundesrepublik Deutschland. Bonn: Beauftragte der Bundesregierung für Migration, Flüchtlinge und Integration 2002.

Bericht der Beauftragten der Bundesregierung für Ausländerfragen über die Lage der Ausländer in der Bundesrepublik Deutschland. Bonn: Beauftragte der Bundesregierung für Migration, Flüchtlinge und Integration 2005.

Berkenkopf, Beatrica: Kindheit im Kulturkonflikt. Fallstudien über türkische Gastarbeiterkinder. Frankfurt a.M.: Extrabuch 1984.

Bernert, Jan/Lange, Matthias: Interkulturelle Kompetenz in Kommunalverwaltung und Gemeinwesenarbeit am Beispiel der Stadt Göttingen. In: Beauftragte der Bundesregierung für Ausländerfragen (Hg.). Integration in Städten und Gemeinden (In der Diskussion: Nr. 9) Berlin und Bonn 2000, S. 17-32.

Studie »Berliner Jugendliche türkischer Herkunft«. Senatsverwaltung für Gesundheit und Soziales. Pressemitteilung. Berlin: Die Ausländerbeauftragte des Berliner Senat 12.12.1997.

Berufsbildungsbericht. Bonn: Bundesministerium für Bildung und Forschung (BMBF) 2005.

Beşer, Faruk: Kadının Çalışması Sosyal Güvenliği ve İslam. İstanbul: Nun Yayıncılık 1995.

Bhabha, Homi K. (Hg.): Nation and narration. London (u.a.): Routledge 1990.

Bhabha, Homi K.: The location of culture. London (u.a.): Routledge 1994.
Bilmen, Ömer Nasuhi: Kur'an-I Kerim Meali Alisi ve Tefsiri. İstanbul: İpek Yayın o.J.

Bilmen, Ömer Nasuhi: Büyük Islam Ilmıhalı. İstanbul: Bilmen Basım ve Yayınevi o.J.(a).

Bilmen, Ömer Nasuhi: »Hukukı İslâmiyye ve ıstılahatı fikhiyye« kamusu. İstanbul: Üniversite Yayinlari 1972.

Biser, Eugen: Gott ist tot. Nietzsches Destruktion des christlichen Bewußtseins. München: Kösel 1962.

Bitter, Gottfried (Hg.): Neues Handbuch religionspädagogischer Grundbegriffe. München: Kösel 2002.

Boos-Nünning, Ursula; Golomb, Egon: Dimensionen der Religiosität. Zur Operationalisierung und Messung religiöser Einstellungen. München: Kaiser Verlag 1972.

Boos-Nünning, Ursula; Golomb, Egon: Religiöses Verhalten im Wandel. Untersuchungen in einer Industriegesellschaft. Essen: Ludgerus Verlag 1974.

Boos-Nünning, Ursula; Karakaşoğlu, Yasemin: Viele Welten. Lebenslagen von Mädchen und jungen Frauen mit griechischem, italienischem, jugoslowischem, türkischen und Aussiedlerhintergrund. Münster (u.a.): Waxmann 2005.

Boos-Nünning, Ursula (u.a.): Berufswahlsituation und Berufswahlprozesse griechischer, italienischer und portugiesischer Jugendlicher. Beiträge zur Arbeitsmarkt- und Berufsforschung. Nürnberg: Institut für Arbeitsmarkt- und Berufsforschung der Bundesanstalt für Arbeit 1990.

Bortz, Jürgen: Forschungsmethoden und Evaluation. 2., vollst. überarb. und aktualisierte Aufl., Berlin: Springer 1995.

Boudon, Raymond: Soziologische Stichworte. Ein Handbuch. Opladen: Westdeutscher Verlag 1992.

Bouman, Johan: Der gläubige Moslem zwischen Kulturschock und Akkulturation. In: Katholische Bildung. Jahrgang 84/1983, S. 129-135.

Brettfeld, Katrin und Wetzels, Peter: Junge Muslime in Deutschland: Eine kriminologische Analyse zur Alltagsrelevanz von Religion und Zusammenhängen von individueller Religiosität mit Gewalterfahrungen, -einstellungen und –handeln. In: Bundesministerium des Innern (Hg.): Texte zur Inneren Sicherheit. Islamismus. Dezember: BMI 2003, S. 221-316.

Brockhaus: Der Große Brockhaus in zwölf Bänden. 18. völlig neubearbeitete Auflage. Neunter Band PHB-SAC. Wiesbaden: F.A. Brockhaus 1980.

Bukow, Wolf-Dietrich; Ottersbach, Markus: Der Fundamentalismusverdacht. Plädoyer für eine Neuorientierung der Forschung im Umgang mit allochthonen Jugendlichen. Opladen: Leske+Budrich 1999.

Bundesministerium des Innern (Hg.): Texte zur Inneren Sicherheit. Islamismus Bonn: BMI 2003.

Bundesministerium für Bildung und Forschung (BMBF): Berufsbildungsbericht 2003. Bonn: BMBF 2003.

Bundesministerium für Bildung und Forschung (BMBF): Berufsbildungsbericht 2005. Bonn/Berlin: BMBF 2005.

Bundeszentrale für politische Bildung (BpB): Islam – Politische Bildung und Interreligiöses Lernen. Arbeitshilfen für politische Bildung. Bonn: BpB 2002.

Bundeszentrale für politische Bildung (BpB): Weltreligion Islam. Bonn: BpB 2002.

Bursalı, Mustafa Necati: Islami anlatıyorum. Istanbul; Tuğra 1991.

Bursalı, Mustafa Necati: En güzel Vaazlar ve Öğütler. Istanbul: Erhan 1996. Büyük Islam Tarihi. Konya: Esra 1994.

Canan, Ibrahim: Kütüb-i Sitte. Hadis Ansiklopedisi. 18 Bände. İstanbul: Akcağ Yayınları 2003.

Council of Europe: Convention for the Protection of Human Rights and Fundamental Freedoms, as amended by Protocol No. 11, Rome 4.11.1950, abgelesen am 15.2.2005 in: http://conventions.coe.int/Treaty/GER/v3DefaultGER.asp.

Denffer, Ahmad von: Ein Tag mit dem Propheten. Lützelbach: The Islamic Foundation 1981.

Dikmen, Mehmet: Islam'da Kadın Hakları. Istanbul: Türdav Verlag 1999.

DIW-Wochenbericht. Berlin: Deutsches Institut für Wirtschaftsforschung 22 (1999).

Döndüren, Hamdi: Delilleriyle İslam ilmihali. İstanbul: Erkam Yayınları 1998.

Durkheim, Emile: Über soziale Arbeitsteilung. Studie über die Organisation höherer Gesellschaften. Frankfurt a.M.: Suhrkamp 1999.

Durkheim, Emile: Die elementaren Formen des religiösen Lebens. Frankfurt a.M.: Suhrkamp 1984.

Ebu Davud, Süleyman b. Eş'as Es-Sicistani: Sünen-i Ebu Davud. 16 Bände. Istanbul: Şamil Yayınları o.J.

Ebu Hanife, Imam Azam: Fikh-i Ekber- Aliyyül-Kari Serhi. Istanbul: Çağri Yayinlari 1979.

Ehlers, Johanna (Hg.): Mädchen zwischen den Kulturen. Anforderungen an eine interkulturelle Pädagogik. Frankfurt a.M.: IKO – Verl. für Interkulturelle Kommunikation 1997.

Elmalılı, M. Hamdi Yazır: Hak Dini Kur'an Dili. Istanbul: Eser Neşriyat 1979.

Engin, Ismail: Thesen zur ethnischen und religiösen Standortbestimmung des Alevitentums. In: Orient 4/1996.

Esser, Hartmut: Aspekte der Wanderungssoziologie, Assimilation und Integration von Wanderern, ethnischen Gruppen und Minderheiten. Darmstadt/ Neuwied: 1980.

Esser, Hartmut: Integration und ethnische Schichtung. Arbeitspapiere – Mannheimer Zentrum für Europäische Sozialforschung. Mannheim 2001.

EUMC-Annual Report: Racism and Xenophobia in the EU Member States. European Monitoring Centre on Racism and Xenophobia. Luxemburg 2002.

EUMC-Annual Report: Racism and Xenophobia in the EU Member States. European Monitoring Centre on Racism and Xenophobia. Luxemburg 2005.

EUMC-Annual Report: Perceptions of Discrimination and Islamophobia. Voices from members of Muslim communities in the European Union. European Monitoring Centre on Racism and Xenophobia. Luxemburg 2006.

Evangelisches Kirchenlexikon (EKL). Göttingen: Vandenhoeck&Ruprecht 1997.

Ez-Zernuci, Imam B.: Talimü'l Müteallim. Istanbul: Esma Yayınları 1980.

Falaturi, Abdoldjavad: Der Islam. Religion der rahma, der Barmherzigkeit. Köln: Islamisches Wissenschafts und Bildungsinstituts (IWA) 1992

Falaturi, Abdoldjavad: Der Islam im Dialog. Islamwissenschaftliche Akademie. 5. Auflage. Köln: IWA 1996.

Falaturi, Abdoldjavad; Tworuschka, Udo (Hg.): Islam in den Schulbüchern der Bundesrepublik Deutschland 6 Bände. Braunschweig: Georg-Ekkert-Institut für internationale Schulbuchforschung 1988.

Feuerbach, Ludwig: Vorlesungen über das Wesen der Religion. Leipzig: Akademie Verlag 1998.

Flick, Uwe: Qualitative Forschung, Reinbek bei Hamburg: Rowohlt Verlag 1995.

Flick, Uwe: Qualitative Forschung. Theorie, Methoden, Anwendung in Psychologie und Sozialwissenschaften. 4. Auflage Reinbek bei Hamburg: Rowohlt Verlag 1999.

Forstner, Martin: Übersetzung und Kommentar zur »Allgemeinen Islamischen Menschenrechtserklärung« des Islamrats für Europa von 1981. In: CIBEDO Dokumentation Nr. 15/16, Frankfurt a.M. 1982.

Frese, Hans-Ludwig: Den Islam ausleben. Konzepte authentischer Lebensführung junger türkischer Muslime in der Diaspora. Bielefeld: Transcript Verlag 2002.

Fuchs-Heinritz, Werner u.a.: Lexikon zur Soziologie. 3. Auflage. Opladen: Westdeutscher Verlag 1994.

Fuchs-Heinritz, Werner: Religion. In: 13. Shell Jugendstudie. Band 1. Opladen: Leske+Budrich 2000, S. 157-180.

Glock, Charles Y.: Über die Dimension der Religiosität. In: Matthes, Joachim: Kirche und Gesellschaft. Einführung in die Religionssoziologie II. Reinbek bei Hamburg: Rowohlt Taschenbuch Verlag 1968, S. 150-168.

Goethe, Johann Wolfgang von: Johann Wolfgang von Goethe Werke. Erster Band: Gedichte. West-Östlicher Divan. Frankfurt a.M.: Insel-Verlag. 1981.

Gruehn, Werner: Religionspsychologie. Breslau: Hirt1926.

Guardini, Romano: Religion und Offenbarung. 2. Aufl., unveränd. Nachdr. d. 1. Aufl., Würzburg, Werkbund-Verl., 1958, Mainz (u.a.): Matthias-Grünewald-Verl. 1990.

Gülen, Fethullah M.: Fragen die unser modernes Zeitalter an den Islam stellt. Izmir: Kaynak Verlag o.J.

Gülen, Fethullah M.: İnsanlığın İftihar Tablosu Sonsuz Nur. 3 Bände. Izmir: Nil 2000.

Gümüşhanevi, Ahmed Ziyaüddin: Ehl-i Sünnet i'tikadı. İstanbul: Bedir Yayınevi 1994.

Günenç, Halil: Günümüz Meselelerine Fetvalar. 2 Bände. Istanbul: Ilim Yayınları o.J.

Habermas, Jürgen: Die Einbeziehung des Anderen. Studien zur politischen Theorie. 1. Aufl., Frankfurt a.M.: Suhrkamp 1996.

Habermas, Jürgen: Strukturwandel der Öffentlichkeit. Untersuchungen zu einer Kategorie der bürgerlichen Gesellschaft. Frankfurt a.M.: Suhrkamp 1993.

Halebi, İbrahim: Mülteka-l-Ebhur. Übersetzung von Ahmed Davudoğlu. 4 Bände. İstanbul: Sağlam Yayınları o.J.

Halm, Heinz: Die Schia. Darmstadt: Wiss. Buchges. 1988.

Hamburger, Franz: Weiterbildung von Ausländern und Aussiedlern. In: Tippelt, Rudolf (Hrsg.): Handbuch Erwachsenenbildung/Weiterbildung. Opladen: Leske+Budrich 1999, S. 618-625.

Hannemann, Tilman; Meier-Hüsing, Peter: Deutscher Islam – Islam in Deutschland. Marburg: Diagonal-Verlag 2000.

Heckmann, Friedrich: *Städtische Integration ausländischer Minderheiten. Endbericht des EG-Projekts »Amberg – Am Bergsteig«.* Nürnberg: Sozialwissenschaftliches Forschungszentrum 1981.

Heckmann, Friedrich: *Migration und Migrationspolitik in Deutschland 1998-2000.* In Bade, Klaus J. und Münz, Rainer (Hg.): Migrationsreport 2000. Fakten-Analysen-Perspektiven. Frankfurt a.M./New York: Campus 2000, S. 223-278.

Heine, Peter: Terror in Allahs Namen. Extremistische Kräfte im Islam. Freiburg i.Br.: Verlag Herder 2001.

Heitmeyer, Wilhelm: Islamisch-fundamentalistische Orientierungen bei türkischen Jugendlichen. Seite 72-76. In: KjuG 3/1998.

Heitmeyer, Wilhelm; Müller, Joachim; Schröder, Helmut: Verlockender Fundamentalismus, Türkische Jugendliche in Deutschland. Frankfurt a.M.: Suhrkamp Verlag 1997.

Hoffmann-Nowotny, Hans-Joachim: Soziologie des Fremdarbeiterproblems – eine theoretische und empirische Analyse am Beispiel der Schweiz. Stuttgart: Enke 1973.

Hofmann, Murad: Der Islam als Alternative. München: Diederichs 1999.

Holtbrügge, Heiner: Türkische Familien in der Bundesrepublik Deutschland. Erziehungsvorstellungen und familiale Rollen und Autoritätsstruktur. Duisburg: Sozialwiss. Kooperative 1975.

Seyyid Hulusi, Osman: Mecmau'l-Adab. Istanbul: Fatih Kitabevi 1997.

Husserl, Edmund: Die Krisis der europäischen Wissenschaften und die transzendentale Phänomenologie. Den Haag: Husserliana 1954.

Ibn Kesir, Imaduddin Ebu'l-Fida Ismail Ibn Ömer: Hadislerle Kur'an-ı Kerim tefsiri. 16 Bände. İstanbul: Çağrı 1991.

Ibn Mace, Muhammed b. Yezid: Sünen-ü ibn-i Mace. Istanbul: Çağrı Yayınları o.J.

Ibrahim Hakkı: Marifetname. Istanbul: Çelik 2003.

IHF-Report: Intolerance and Discrimination against Muslims in the EU. Developments since September 11. Report by International Helsinki Federation for Human Rights and IHF Research Foundation 2005.

Imam Gazali: İhya'u Ulûm'id-din. 4 Bände. Istanbul: Bedir 1979.

İmam-i Rabbani (Ahmed Faruki Serhendi): Mektubat-ı Rabbani. Übersetzung von Abdulkadir Akçiçek. 2 Bände. İstanbul: Merve Yayınları o.J.

International Organization for Migration (IOM): World Migration 2003: Managing Migration-Challenges and Responses for People on the Move. United Nations publication 2003.

Islam Ansiklopedisi. İstanbul: Şamil Yayınevi 1991.

Islamic Council: Universal Islamic Declaration of Human Rights. In: The London Times, 14. April 1980.

Isoplan (Hg.): Glaubensrichtungen des Islam. In: AID-Ausländer in Deutschland. Aktueller Informationsdienst zu Fragen der Migration und Integrationsarbeit 4 (2001), S. 10-11.

John, Barbara: Managing Diversity in Städten und Stadtteilen – eine Zukunftsaufgabe, 22.2.2004. URL: http://www.stadtteilarbeit.de/seiten/theorie/john/managing_diversity.htm.

Jonker, Gerdien: Probleme der Kommunikation zwischen Muslimen und der Mehrheitsgesellschaft – Analyse und praktische Beispiele. In: Beauftragte der Bundesregierung für Ausländerfragen (Hg.): Vom Dialog zur Kooperation – Die Integration von Muslimen in der Kommune. Dokumentation eines Fachgesprächs. Berlin/Bonn: Beauftragte der Bundesregierung für Ausländerfragen 2002, S. 9-26.

Jonker, Gerdien; Kapphan, Andreas (Hg.): Moscheen und islamisches Leben in Berlin. Berlin: Verwaltungsdruckerei Berlin 1999.

Karakaşoğlu-Aydin, Yasemin: Türkische Muslime in Nordrhein-Westfalen. Endbericht zur Studie »Dialog mit einer neu etablierten religiösen Minderheit in NRW. Türkische Muslime und deutsche Christen im Gespräch unter besonderer Be-rücksichtigung einer Bestandsaufnahme des christlich-islamischen Dialogs und der türkisch-islamischen Dachorganisationen«. Düsseldorf: Ministerium für Arbeit, Gesundheit und Soziales des Landes Nordrhein-Westfalen 1997.

Karakaşoğlu, Yasemin: Muslimische Religiosität und Erziehungsvorstellungen: eine empirische Untersuchung zu Orientierungen bei türkischen Lehramts- und Pädagogik-Studentinnen in Deutschland, Frankfurt a.M.: IKO 2000.

Karakasoglu-Aydin, Yasemin: »Unsere Leute sind nicht so«. Alevitische und sunnitische Studentinnen in Deutschland. In: Barbara Pusch (Hrsg.): Die neue muslimische Frau. Standpunkte und Analysen. Orient-Institut der Deutschen Morgenländischen Gesellschaft. Würzburg: Ergon-Verlag 2001.

Karaman, Hayrettin: Islamın Işığında Günün Meseleleri. 3 Bände. Istanbul: İz Yayıncılık 2000.

KAS-Studie: Türken in Deutschland – Einstellungen zu Staat und Gesellschaft – Arbeitspapier Nr. 53/2001. Sankt Augustin: Konrad-Adenauer-Stiftung e.V. 2001.

Kehl-Bodrogi, Krisztina: Die Kızılbaş, Aleviten. Unters. über eine esoterische Glaubensgemeinschaft in Anatolien. Berlin: Schwarz 1988.

Kelek, Necla: Islam im Alltag. Islamische Religiosität und ihre Bedeutung in der Lebenswelt von Schülerinnen und Schülern türkischer Herkunft. Münster/New York/München: Waxmann 2002.

Kerimoğlu, Yusuf: Emanet ve Ehliyet. İslam İlmihali. 2 Bände. Istanbul: Ölçü Yayınları 1985.

Kerimoğlu, Yusuf: Kelimeler ve Kavramlar. Istanbul: Inkilap 1998.

Khoury, Adel Theodor (u.a.): Islam-Lexikon. Geschichte, Ideen, Gestalten. Freiburg: Herder 1991.

Khoury, Adel Theodor; Heine, Peter: Handbuch Recht und Kultur des Islam in der deutschen Gesellschaft. Gütersloh: Gütersloher Verlagshaus 2000.

Khoury, Adel Theodor: Der Islam und die westliche Welt. Religiöse und politische Grundfragen. Frankfurt a.M.: Primus Verlag 2001.

Koall, Iris: Managing Gender&Diversity. Von der Homogenität zur Heterogenität in der Organisation der Unternehmung. *Münster (u.a.): Lit 2001.*

Koran: Der Koran. Das heilige Buch des Islam. Max Henning – überarbeitet und herausgegeben von Murad Wilfried Hofmann. İstanbul: Çağrı Yayınları 1998.

Kotku, Mehmed Zahid: Tasavvufi Ahlâk. 5 Bände. Istanbul: Bahar Yayinevi 1977.

Kurtubi, Ebu Abdullah Muhammed b. Ahmed: El-Camiu li Ahkami'l-Kur'an

Tefsiri. Istanbul: Buruc Yayinlari 2001.

Kymlicka, Will: Multikulturalismus und Demokratie. Über Minderheiten in Staaten und Nationen. Hamburg: Rotbuch Verlag 1999.

Lamnek, Siegfried: Qualitative Sozialforschung. Bd. I: Methodologie. München: Psychologie-Verl.-Union 1993.

Lamnek, Siegfried: Qualitative Sozialforschung. 3., korr. Auflage, München. Psychologie-Verl.-Union 1995.

Landesschulamt (Hg.): Allgemeinbildende Schulen 2001/02. Ausgewählte Eckdaten aus der IST-Statistik zum Schuljahr 2001/02. Berlin: Landesschulamt 2001.

Leggewie, Claus: Der Weg zur Moschee-eine Handreichung für die Praxis. Bad Homburg v.d. Höhe: Herbert-Quandt-Stiftung 2002.

Lemmen, Thomas: Muslime in Deutschland. Eine Herausforderung für Kirche und Gesellschaft. Baden-Baden. Nomos Verlagsgesellschaft 2001.

Lenzen, Dieter: Erziehungswissenschaft. Ein Grundkurs. Rowohlts Enzyklopädie, Reinbek bei Hamburg: Rowohlt 1994.

Lenzen, Dieter: Pädagogische Grundbegriffe. 2 Bände, Rowohlts Enzyklopädie, Reinbek bei Hamburg: Rowohlt 1989.

Lessing, Gotthold Ephraim: Nathan der Weise. Ein dramatisches Gedicht in fünf Aufzügen. Stuttgart: Philipp Reclam jun. 2000.

Lexikon für Theologie und Kirche (LthK). 3., völlig neu bearb. Aufl. Hg. von Walter Kasper. Freiburg i.Br.: Herder, 1999.

Lockwood, David: Social integration and system integration. In: Zollschan, George K./Hirsch, Walter (Hrsg.): Explorations in social change. London 1964, S. 244-257.

Luckmann, Thomas: Die unsichtbare Religion. Frankfurt a.M.: Suhrkamp Taschenbuch 1991.

Luhmann, Niklas: Funktion der Religion. Frankfurt a.M.: Suhrkamp 1996.

Luhmann, Niklas: Soziale Systeme – Grundriß einer allgemeinen Theorie. 5. Aufl., Frankfurt a.M.: Suhrkamp 1994.

Mann, Golo: Deutsche Geschichte des neunzehnten und zwanzigsten Jahrhunderts. Frankfurt a.M.: Fischer 1958.

Mayring, Philipp: Einführung in die qualitative Sozialforschung. Eine Anleitung zu qualitativem Denken. Weinheim: Psychologie Verlags Union 1999.

Mayring, Philipp: Qualitative Inhaltsanalyse. In: Flick, Uwe (u.a.): Qualitative Forschung. Ein Handbuch. Reinbek bei Hamburg: Rowohlt 2004, S. 468-475.

McLuhan, Marshall: The global village. Der Weg der Mediengesellschaft in das 21. Jahrhundert. Paderborn: Junfermann 1995.

Mernissi, Fatima: Islam and democracy – fear of the modern world. London: Virago 1993.

Mertek, Muhammet: Der Islam. Glaube, Leben, Geschichte. Hamm: INID e.V. 2001.

Mertek, Muhammet: Türkisch-deutsches Wörterbuch islamischer Begriffe mit deutsch-türkischem Glossar. Hamm: Kaynak Verlag 1997.

Mette, Norbert: Religionspädagogik. Düsseldorf: Patmos-Verlag 1994.

Miehl, Melanie/Lemmen, Thomas: Islamisches Alltagsleben in Deutschland Bonn: Friedrich-Ebert-Stiftung 2001.

Mischo, Johannes: Okkultismus bei Jugendlichen. Ergebnisse einer empirischen Untersuchung. Mainz: Matthias-Grünewald 1991.

Mitteilungen der Beauftragten der Bundesregierung für die Belange der Ausländer: In der Diskussion: Integration oder Ausgrenzung? Zur Bildungs- und Ausbildungssituation von Jugendlichen ausländischer Herkunft. Bonn: Beauftragten der Bundesregierung für die Belange der Ausländer April 1997.

Münchmeier, Richard: Miteinander-Nebeneinander-Gegeneinander. Zum Verhältnis zwischen deutschen und ausländischen Jugendlichen. In: 13. Shell-Jugendstudie. Band 1. Opladen: Leske+Budrich 2000, S. 221-260.

Nembach, Ulrich: Jugend und Religion in Europa. Frankfurt a.M.: Lang 1987.

Neumann, Ursula: Erziehung ausländischer Kinder. Erziehungsziele und Bildungsvorstellungen in türkischen Arbeiterfamilien. Düsseldorf: Schwann 1980.

Nielsen, Jorgen: Islam in Westeuropa. Hamburg: E.-B. Verlag 1992.

Nipkow, Karl Ernst: Bildung in einer pluralen Welt. Gütersloh: Gütersloher Verlagshaus 1998.

Nipkow, Karl Ernst: Glaubensentwicklung und Erziehung. Gütersloh: Gütersloher Verlagshaus 1992.

Nökel, Sigrid: Die Töchter der Gastarbeiter und der Islam. Zur Soziologie alltagsweltlicher Anerkennungspolitiken. Eine Fallstudie. Bielefeld: Transcript Verlag 2002.

Nursi, Said: Risale-i Nur Külliyati. Istanbul: Yeni Asya Yayinlari 1999.

Ohms, Constance; Schenk, Christina: Diversity – Vielfalt als Politikansatz in Theorie und Praxis. Von einer Zielgruppenpolitik hin zu einer »Politik der Verschiedenheit« (Politics of Diversity), April 2003. In: http://www.sozialnetz-hessen.de/homosexualitaet/FachtagDiv/Ohms_Grundsatzreferat_Diversity.pdf.

Özbek, Abdullah: Bir Eğitimci Olarak Hz. Muhammed. İstanbul: Esra Yayınları 1994.

Özcan, Mevlüt: Din Görevlisinin el Kitabı. Istanbul: Sabır Yayınları 1998.

Park, Robert Ezra: Race and culture. Glencoe, Ill., 1950.

Pinn, Irmgard: Verlockende Moderne? Türkische Jugendliche im Blick der Wissenschaft. Duisburg: DISS-Verlag 1999.

Proske, Matthias; Radtke, Frank-Olaf: islamischer Fundamentalismus und jugendliche Gewaltbereitschaft. Über eine pädagogische Parallelaktion. In: Neue Sammlung, 39. Jahrgang 1/1999, S. 47-61.

Ramadan, Said: Das Islamische Recht. Theorie und Praxis. Wiesbaden: MSV-Verl. 1996.

Ramadan, Tariq: Der Islam und der Westen – von der Konfrontation zum Dialog der Zivilisationen. Hg. von der Muslim-Studenten-Vereinigung in Deutschland e.V. Köln: MSV-Verl. 2000.

Rassoul, Muhammad Ahmad: Hadit für Schüler. An-Nawawyy's Vierzig Hadite mit Kommentar. Köln: IB Verlag Islamische Bibliothek 1993.

Rau, Johannes: Religionsfreiheit heute – zum Verhältnis von Staat und Religion in Deutschland. Rede von Bundespräsident Johannes Rau beim Festakt zum 275. Geburtstag von Gotthold Ephraim Lessing am 22.01.2004 in Wolfenbüttel. In: Bulletin der Bundesregierung Nr. 07-2 vom 22.01.2004.

Renner, Erich: Erziehungs- und Sozialisationsbedingungen türkischer Kinder. Ein Vergleich zwischen Deutschland und der Türkei. Rheinstetten: Schindele Verlag GmbH 1975.

Roosevelt, Thomas R.: Management of diversity. Neue Personalstrategien für Unternehmen; wie passen Giraffe und Elefant in ein Haus? Wiesbaden: Gabler 2001.

Roth, Erwin: Sozialwissenschaftliche Methoden. Lehr- und Handbuch für Forschung und Praxis. München und Wien: R. Oldenbourg Verlag 1993.

Roth, Hans-Joachim: Religiöse Orientierungen von Jugendlichen und ihre Bedeutung für den institutionellen Umgang im Bildungswesen: die Frage des islamischen Religionsunterrichts – zur Einführung in die Diskussion. In: Bukow, Wolf-Dietrich/Yildiz, Erol: Islam und Bildung. Opladen: Leske+Budrich 2003, S. 135-156.

Sandt, Fred-Ole: Religiosität von Jugendlichen in der Multikulturellen Gesellschaft. Eine qualitative Untersuchung zu atheistischen, christlichen, spiritualistischen und muslimischen Orientierungen. Münster: Waxmann 1996.

Schäfers, Bernhard: Grundbegriffe Soziologie. Opladen: Leske+Budrich 2003.

Schaumann, Lena (u.a.): Lebenssituation und Lebensentwürfe junger türkischer Frauen der zweiten Migrantengeneration. Wiesbaden: Die Bevollmächtigte der Hessischen Landesregierung für Frauenangelegenheiten 1988.

Schiffauer, Werner: Die Gottesmänner. Türkische Islamisten in Deutschland. Frankfurt a.M.: Suhrkamp 2000.

Schilling, Hans: Grundlagen der Religionspädagogik: zum Verhältnis von Theologie und Erziehungswissenschaft. Düsseldorf: Patmos-Verl. 1970.

Schimmel, Annemarie: Die Einflüsse der islamischen Kultur auf das Abendland. In: Tilman Hannemann; Peter Meier-Hüsing (Hg.): Deutscher Islam – Islam in Deutschland. Beiträge und Ergebnisse der 1. Bremer Islam-Woche. Marburg: Diagonal-Verlag 2000, S.179-194.

Schleiermacher, Friedrich: Psychologie. Aus Schleiermacher's handschriftlichem Nachlasse und nachgeschriebenen Vorlesungen. Berlin: Reimer 1862.

Schnell, Rainer u.a.: Methoden der empirischen Sozialforschung. München, Wien: R. Oldenbourg Verlag 1995.

Schrader, Achim: Die Zweite Generation. Sozialisation und Akkulturation ausländischer Kinder in der Bundesrepublik. Kronberg: Athenaeum 1976.

Schwanitz, Dietrich: Bildung – alles was man wissen muß. Frankfurt a.M.: Eichborn 1999.

Schweitzer, Friedrich: Religionspädagogik im 21. Jahrhundert. Gütersloh: Gütersloher Verlagshaus 2004.

Şen, Faruk; Aydin, Hayrettin: Islam in Deutschland. München: Verlag C.H. Beck 2002.

Senatsverwaltung für Gesundheit und Soziales. Die Ausländerbeauftragte des Senats von Berlin. Pressemitteilung zur Repräsentativumfrage vom 12.12.1997.

Shell-Studie Jugend 2000. Band 1 und 2. Opladen: Leske+Budrich 2000.

Simmel, Georg: Gesammelte Schriften zur Religionssoziologie. Berlin: Duncker&Humblot 1989.

Spielhaus, Riem/Färber, Alexa (Hrsg.): Islamisches Gemeindeleben in Berlin. Berlin: Der Beauftragte des Senats von Berlin für Integration und Migration 2006.

Statistisches Bundesamt. In: *http://www.statistisches-bundesamt.de*, abgelesen am 23.12.2006.

Statistisches Landesamt Berlin. In: *http://www.statistik-berlin.de/framesets/berl.htm*, abgelesen am 23.12.2006.

Stöbe, Axel: Die Bedeutung des Islam im Sozialisationsprozess von Kindern türkischer Herkunft und für Konzepte interkultureller Erziehung. Hamburg: E.B.-Verlag 1998.

Tabatabai, Alameh: Das ABC des Islam. Tehran: Sazemane Tabligate Islami 1996.

Taberi, Ebu Cafer Muhammed b. Cerir: Tefsiri Taberi. Istanbul: Hisar 1996.

Taylor, Charles: Multikulturalismus und die Politik der Anerkennung. Frankfurt a.M.: Fischer 1993.

Tertilt, Hermann: Turkish Power Boys. Ethnographie einer Jugendbande. Frankfurt a.M.: Suhrkamp 1996.

Thomä-Venkse, Hanns: Islam und Integration. Zur Bedeutung des Islam im Prozeß der Integration türkischer Arbeiterfamilien in die Gesellschaft der Bundesrepublik Deutschland. Hamburg: E.B.-Verlag 1981.

Thurstone, Louis L.: The measurement of attitude: a psychophysical method and some experiments with a scale for measuring attitude toward the church. Chicago: University of Chicago Press 1964.

Tietze, Nikola: Islamische Identitäten. Formen muslimischer Religiosität junger Männer in Deutschland und Frankreich. Hamburg: Hamburger Edition HIS Verlagsgesellschaft 2001.

Tirmizi, Muhammed b. Isa: Sunenu´t-Tirmizi. Istanbul: Şefkat Yayıncılık o.J.

UN-World Conference: Declaration of The UN World Conference Against Racism and Xenophobia. Durban 2001. In: PUCL Bulletin. *http://www.pucl.org/Topics/International/2002/un-conf.htm*.

Vorhoff, Karin: Zwischen Glaube, Nation und neuer Gemeinschaft: Alevitische Identität in der Türkei der Gegenwart. Berlin: Klaus Schwarz Verlag 1995.

Weber, Max: Gesammelte Aufsätze zur Religionssoziologie. Stuttgart: UTB 1988.

Worbs, Susanne und Heckmann, Friedrich: Islam in Deutschland. In: Bundesministerium des Innern (Hg.): Texte zur Inneren Sicherheit. Islamismus. Bonn: BMI 2003, S. 133-220.

ZfT-Studie: Entwicklung zur Parallelgesellschaft? Die gesellschaftliche und soziale Integration junger türkeistämmiger Migranten. Zentrum für Türkeistudien-aktuell Nr. 114. Essen: ZfT 2005a.

ZfT-Studie: Religiöse Praxis und organisatorische Vertretung türkisch-stämmiger Muslime in Deutschland. Ergebnisse einer telefonischen Befragung. Essen: ZfT 2005b.

Zinser, Hartmut: Psychologische Aspekte neuer Formen der Religiosität. Bericht einer empirischen Untersuchung zu persönlichkeitskeitspsychologischen Dimensionen der Mitgliedschaft der religiösen Bewegungen und der Esoterik. Tübingen: Medien-Verl. Köhler 1997.

Zitelmann, Arnulf: Die Weltreligionen. Frankfurt a.M.: Campus Verlag 2002.

Zuwanderungsgesetz: Gesetz zur Steuerung der Zuwanderung und zur Regelung des Aufenthalts und der Integration von Unionsbürgern und Ausländern. Bundesgesetzblatt. Jahrgang 2004, Teil 1 Nr. 41, ausgegeben zu Bonn am 5.8.2004.

Interviewleitfaden

1. sozialstatistische Angaben

- Alter
- Staatsangehörigkeit/Geburtsland
- Aufenthaltsdauer in Deutschland
- angestrebter Schulabschluss bzw. Ausbildungsabschluss; beruflicher Status

2. Freizeit

1. Mit wem und wo verbringst Du Deine Freizeit?
2. Entspricht das Freizeitangebot der muslimischen Einrichtungen Deinen Wunschvorstellungen?
3. Welche Veränderungswünsche hast Du von den Moscheen bzw. muslimischen Einrichtungen im Bezug auf Freizeitangebote?

3. Verhältnis zu den Eltern

1. Welches Verhältnis hast Du zu Deiner Mutter/Deinem Vater?
2. Denken Deine Eltern daran, in ihre Heimat, wenn sie nicht Deutschland ist, zurückzukehren? Was denkst Du darüber?
3. Was hältst Du davon, dass Menschen im jugendlichen Alter die islamischen Regeln befolgen?
4. Welche Rolle spielen hierbei die Eltern dieser Jugendlichen?
5. Wie reagieren Deine Eltern, wenn Du die Gebote und Verbote im Islam nicht einhältst?

4. Gegenwärtige Situation – Leben als Muslime in Deutschland

1. Welchen Eindruck macht die Situation der Muslime in Deutschland auf Dich?
2. Hast Du Konflikte wegen Deiner muslimischen Identität erfahren?
3. Sind der Islam und die Muslime in Deutschland voll anerkannt? Falls nein:
4. Was müsste sich ändern, damit der Islam und die Muslime in Deutschland voll anerkannt werden?

5. Dimensionen der Religiosität

5.1 Dimension des Glaubens

1. Wie stellst Du Dir Gott/Allah vor?
2. Enthält der Koran die Wahrheit?
3. Bist Du der Meinung, dass manche Aussagen des Korans und der Sunna veraltet und unmodern sind und man deshalb auf einige Gebote und Verbote verzichten kann?
4. Was erwartest Du nach dem Tod?

5.2 Dimension der religiösen Praxis

1. Welche Bedeutung hat das Gebet in Deinem Leben?
2. Was ist für Dich Religion ohne Gebete?
3. Wie findest Du es, dass Menschen fasten?
4. Wie stehst Du zur islamischen Trauung (*Nikah*)?

5.3 Dimension des subjektiven Erlebens

1. Was erwartest Du von einer Religion, damit sie für Dich und den Menschen wirklich etwas bedeutet?
2. Ist der Glaube wichtig für Dich, wenn ja, warum und wozu braucht man ihn?
3. Ist die Religion für Dich der einzig wichtige Zufluchtsort?

5.4 Dimension der religiösen Kenntnis

1. Wie würdest Du Dein religiöses Wissen einschätzen?
2. Liest Du Bücher zum Islam?
3. Bist Du an religiöser Weiterbildung interessiert?

5.5 Dimension der religiösen Konsequenzen (religiöse Wirkungen)

1. Wie wichtig ist es Dir, Kinder nach religiösen Grundsätzen und nach den Geboten des Korans zu erziehen?
2. Was denkst Du über das islamische Verbot des vor- und außerehelichen Geschlechtsverkehrs?
3. Kannst Du Dir vorstellen, einen Menschen zu heiraten, der nicht muslimisch ist?
4. Stellt der Islam für Dich bei der Integration in diese Gesellschaft ein Hindernis dar?
5. Wie verhält sich der Islam zur Demokratie und umgekehrt?
6. Wie erscheint Dir eine Person, die ihre religiösen Anliegen mit brachialer Gewalt einzufordern/durchzusetzen trachtet?

5.6 Einstellung und Bindung an Moschee und Imame

1. Kennst Du muslimische Organisationen? Wenn ja, wie stehst Du zu ihnen?
2. Weißt Du von ihrem organisierten Austausch mit Nichtmuslimen usw.?
3. Wie ist Deine Wunschvorstellung von diesen muslimischen Organisationen? Wie weit entsprechen sie ihr?
4. Gehst Du in die Moschee? Wenn ja, warum und mit wem für gewöhnlich?
5. Woran denkst Du zunächst, wenn Du das Wort »Moschee« hörst?
6. Was ist aus Deiner Sicht die wichtigste Aufgabe einer Moschee?
7. Erfüllen die Moscheen in Deutschland ihre Aufgaben? Wenn nein, worin können sie sich verbessern?
8. Wie stellst Du Dir einen guten Imam vor?

Kultur- und soziale Praxis

Katharina Zoll
Stabile Gemeinschaften
Transnationale Familien in der
Weltgesellschaft

Juni 2007, ca. 240 Seiten,
kart., ca. 25,80 €,
ISBN: 978-3-89942-670-0

Daniel Münster
Postkoloniale Traditionen
Eine Ethnografie über Dorf,
Kaste und Ritual in Südindien

Mai 2007, ca. 264 Seiten,
kart., ca. 27,80 €,
ISBN: 978-3-89942-538-3

Martin Baumann,
Jörg Stolz (Hg.)
**Eine Schweiz –
viele Religionen**
Risiken und Chancen des
Zusammenlebens

Mai 2007, ca. 325 Seiten,
kart., ca. 15,80 €,
ISBN: 978-3-89942-524-6

Klaus Müller-Richter,
Ramona Maria Uritescu (Hg.)
Imaginäre Topografien
Migration und Verortung

April 2007, ca. 340 Seiten,
kart., ca. 27,80 €,
ISBN: 978-3-89942-594-9

Magdalena Nowicka (Hg.)
**Von Polen nach Deutschland
und zurück**
Die Arbeitsmigration und ihre
Herausforderungen für Europa

April 2007, ca. 260 Seiten,
kart., ca. 25,80 €,
ISBN: 978-3-89942-605-2

Pascal Goeke
Transnationale Migrationen
Post-jugoslawische Biografien
in der Weltgesellschaft

März 2007, 392 Seiten,
kart., 33,80 €,
ISBN: 978-3-89942-665-6

Reinhard Johler,
Ansgar Thiel, Josef Schmid,
Rainer Treptow (Hg.)
Europa und seine Fremden
Die Gestaltung kultureller
Vielfalt als Herausforderung

März 2007, ca. 300 Seiten,
kart., ca. 28,80 €,
ISBN: 978-3-89942-368-6

Halit Öztürk
Wege zur Integration
Lebenswelten muslimischer
Jugendlicher in Deutschland

März 2007, 282 Seiten,
kart., 28,80 €,
ISBN: 978-3-89942-669-4

Elias Jammal, Ulrike Schwegler
**Interkulturelle Kompetenz im
Umgang mit arabischen
Geschäftspartnern**
Ein Trainingsprogramm

Februar 2007, 210 Seiten,
kart., 21,80 €,
ISBN: 978-3-89942-644-1

Corinne Neudorfer
**Meet the Akha –
help the Akha?**
Minderheiten, Tourismus und
Entwicklung in Laos

Februar 2007, 300 Seiten,
kart., 29,80 €,
ISBN: 978-3-89942-639-7

Leseproben und weitere Informationen finden Sie unter:
www.transcript-verlag.de

Kultur- und soziale Praxis

Holger Michael
Kulturelles Erbe als identitätsstiftende Instanz?
Eine ethnographisch-vergleichende Studie dörflicher Gemeinschaften an der Atlantik- und Pazifikküste Nicaraguas
Februar 2007, 230 Seiten,
kart., 27,80 €,
ISBN: 978-3-89942-602-1

TRANSIT MIGRATION Forschungsgruppe (Hg.)
Turbulente Ränder
Neue Perspektiven auf Migration an den Grenzen Europas
Januar 2007, 252 Seiten,
kart., 24,80 €,
ISBN: 978-3-89942-480-5

María do Mar Castro Varela
Unzeitgemäße Utopien
Migrantinnen zwischen Selbsterfindung und Gelehrter Hoffnung
Januar 2007, 304 Seiten,
kart., 29,80 €,
ISBN: 978-3-89942-496-6

Sabine Mannitz
Die verkannte Integration
Eine Langzeitstudie unter Heranwachsenden aus Immigrantenfamilien
2006, 346 Seiten,
kart., 30,80 €,
ISBN: 978-3-89942-507-9

Annette Hornbacher (Hg.)
Ethik, Ethos, Ethnos
Aspekte und Probleme interkultureller Ethik
2006, 432 Seiten,
kart., 31,80 €,
ISBN: 978-3-89942-490-4

Maria Wurm
Musik in der Migration
Beobachtungen zur kulturellen Artikulation türkischer Jugendlicher in Deutschland
2006, 248 Seiten,
kart., 25,80 €,
ISBN: 978-3-89942-511-6

Heidrun Schulze
Migrieren – Arbeiten – Krankwerden
Eine biographietheoretische Untersuchung
2006, 282 Seiten,
kart., 27,80 €,
ISBN: 978-3-89942-495-9

Kerstin Hein
Hybride Identitäten
Bastelbiografien im Spannungsverhältnis zwischen Lateinamerika und Europa
2006, 472 Seiten,
kart., 31,80 €,
ISBN: 978-3-89942-447-8

Karin Scherschel
Rassismus als flexible symbolische Ressource
Eine Studie über rassistische Argumentationsfiguren
2006, 254 Seiten,
kart., 25,80 €,
ISBN: 978-3-89942-290-0

Thomas Hüsken
Der Stamm der Experten
Rhetorik und Praxis des Interkulturellen Managements in der deutschen staatlichen Entwicklungszusammenarbeit
2006, 306 Seiten,
kart., 27,80 €,
ISBN: 978-3-89942-444-7

Leseproben und weitere Informationen finden Sie unter:
www.transcript-verlag.de